화엄경청량소

華嚴經淸凉疏

화엄경청량소

제10권

제4 야마천궁법회 ①

[정종분 제19 승야마천궁품 - 제21 십행품 ②]

청량징관 저

석반산 역주

담앤북스

일러두기

1. 본 화엄경소초의 번역에 사용된 원본은 봉은사에 소장된 목판 80권 『화엄경소초회본』이다.

2. 교정본은 민국(民國) 31년(1942) 대만의 화엄소초편인회(華嚴疏鈔編印會) 에서 합본으로 교간(校刊)한 『화엄경소초 10권』을 사용하였다. 그리고 원본현토는 화엄학연구소의 원조각성 강백의 현토본을 참고하였다.

3. 대장경 속에 경전과 합본으로 수록된 것은 없고, 다만 『大正大藏經』 권35에 『화엄경소 60권』이 있으며 권36에 『화엄경수소연의초(華嚴經隨 疏演義鈔) 90권』이 있지만 경의 본문과의 손쉬운 대조를 위해 회본(會本) 을 기본으로 하였으며, 일일이 찾아서 대장경과 대조하지는 못하였다.

4. 교재본이라 한 것은 민족사에서 1997년에 발간한 『현토과목 화엄경』 (전 4권)을 지칭하며 원문 인용은 이 본을 기본으로 하였다.

5. 본 『청량소』 전권에서는 소(疏)의 전문을 해석하였고, 초문(鈔文)은 너무 번다하고 중복되는 부분을 필자가 임의로 생략하였다.

6. 본문에서 이해를 돕기 위하여 도표로 작성한 것은 봉선사 능엄학림의 월 운강백께 허락을 얻어 『화엄경과도(華嚴經科圖)』를 준용(準用)한 것이다.

7. 목차는 『화엄경소초』의 과목을 사용하였고 『화엄경과도』를 준용하였 다. 과목에 이어지는 ( ) 안에는 간편한 대조를 위하여 목판본의 페이 지를 표시하였다.
   예) 一 一) (一) 1. 1) (1) 가. 가) (가) ㄱ. ㄱ) (ㄱ) a. a) (a) ㊀ ①
   ㉮ ㉠ ⓐ A. 갑 ㊉ ㉠ ㄱ ⓐ A ㊉

8. 목차는 되도록 현대적 번역어로 제목을 삼으려 하였고, 풀어서 제목에

이어 표기된 아라비아 숫자는 문단의 개수이다.

9. 경과 소문(疏文)은 조금 띄워서 구별을 두었고, 소문(疏文) 앞에는 ■ 표시를, 초문(疏文) 앞에는 ●로 표시하여 번역문을 수록하였다. ❖ 표시는 역자의 견해를 밝힌 부분이다.

10. 경구(經句)의 번역문은 한글대장경과 민족사 간(刊)『화엄경 전 10권』을 참고하였고, 소(疏) 문장 번역은 직역을 원칙으로 하였다. 인용문은 주로 한글대장경의 번역을 따르고자 노력하였다.

『화엄경청량소』총목차

제2 정석경문(正釋經文)

제1분. 佛果를 거론하며 즐거움을 권하여 신심을 일으키
는 부분 [擧果勸樂生信分]

　　제1과. 교기인연분(敎起因緣分) (제1 세주묘엄품)

　　제2과. 설법의식분(說法儀式分) (제2 여래현상품,
　　　　　제3 보현삼매품)

　　제3과. 정진소설분(正陳所說分) (제4 세계성취품,
　　　　　제5 화장세계품, 제6 비로자나품)

제2분. 인행을 닦아 불과에 계합하는 견해를 내는 부분

[修因契果生解分]

(제2 적멸도량법회, 제3 수미산정법회,

제4 야마천궁법회, 제5 도솔천궁법회,

제6 타화자재천궁법회, 제7 중회보광법회)

제3분. 법문에 의지해 수행으로 이루다 [托法進修成行分]

(제38 이세간품)

제4분. 선재동자가 증입하여 성불하다 [依人證入成德分]

(제39 입법계품)

『화엄경청량소』제10권 차례

제4회 야마천궁법회(四品) ①

大方廣佛華嚴經疏鈔 제19권의 ① 呂字卷上

제19. 세존께서 야마천궁으로 오르는 품[昇夜摩天宮品]

大方廣佛華嚴經疏鈔 제19권의 ② 呂字卷中

제20. 야마천궁에서 게송으로 찬탄하는 품[夜摩宮中偈讚品]

大方廣佛華嚴經疏鈔 제19권의 ③ 呂字卷下

大方廣佛華嚴經疏鈔 제19권의 ④ 調字卷上
제21. 십행법문을 말하는 품[十行品] ①

大方廣佛華嚴經 제19권

大方廣佛華嚴經疏鈔 제19권의 ① 呂字卷上

제19 昇夜摩天宮品

부처님께서는 사바세계의 보리수 아래와 수미산의 법회 장소를 여의지 않고 네 번째 야마천궁법회를 주관하고 계신다. 달이 일천 강에 비치듯이 가지 않는 곳 없으시지만 깨달음을 성취한 본처(本處), 곧 보리수 아래에서 항상 떠나지 않으신다고 말한다. 여기부터는 십행(十行)의 단계를 말하나니, 십주에서 믿음이 정착되었다면 이제 그것을 실천하는 단계로 옮겨 감을 뜻한다. 경문에 이르되,

그때 여래의 위신력으로 시방 일체 세계 낱낱 사천하의 남섬부주와 수미산 꼭대기에서 모두 보니, … 자기가 항상 부처님을 대하였다고 하지 않는 이가 없었다. 그때 세존께서 모든 보리수 아래와 수미산 꼭대기를 떠나지 않으시고 야마천궁의 보배로 장엄한 궁전을 향하시었다[不離菩提樹下 及須彌山頂上昇夜摩天宮].

제4회 야마천궁법회(四品)

제19. 세존께서 야마천궁으로 오르는 품 [昇夜摩天宮品]

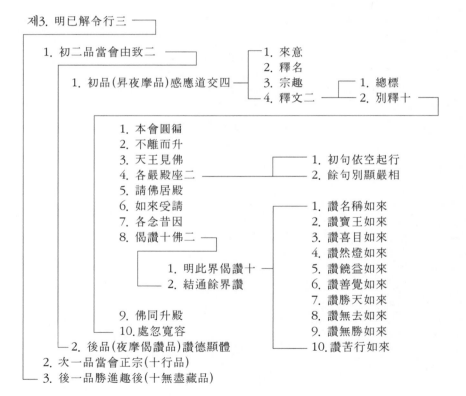

제3장 이미 이해한 이를 수행하게 하다[明已解令行] 3.

一. 처음 두 품은 제4회 법회가 열린 이유[初二品當會由致] 2.

제1. 승야마천궁품은 감응의 길이 교차하다[初品感應道交] 4.

1. 오게 된 뜻[來意] (自下 1上5)

[疏] 自下第四는 中賢十行會라 初, 來意者는 酬前十行問故라 匪知之
艱이오 行之惟艱이니 前解此行이니 若膏明相賴[1]며 目足更資일새 故
次來也니라 次, 品來者는 此會四品을 分三이니 初二品은 當會由致
오 次一品은 當會正宗이오 後一品은 勝進趣後라 於由致中에 後品은
明讚德顯體[2]오 此品은 先明感應道交라 前會가 已終하고 將陳後說
일새 故次來也니라

■ 여기부터 제4. 중간 삼현지위의 십행법회이다. 1. 오게 된 뜻은 앞의
십행의 질문에 답한 까닭이다. 아는 것이 어려움이 아니요, 행하기는
더욱 어렵나니, 앞은 아는 것이요, 여기는 행함이니, 만일 서로 의뢰
함을 밝히려 한다면 눈과 발로 더욱 돕는 연고로 다음에 온 것이다.
1) '품이 온 뜻'은 이 제4회 법회의 네 품을 셋으로 나누리니 (1) 처음
의 승야마천궁품과 야마궁중게찬품 두 품은 제4회 법회를 여는 이유
를 말함이요, (2) 다음 한 품인 십행품은 이번 법회의 바른 종지를 밝
힘이요, (3) 뒤의 한 품인 십무진장품은 승진행으로 뒤로 나아감이
다. (1) (법회를 여는) 이유 중에 가. 뒤 품[야마궁중게찬품]은 공덕을 찬탄
하고 체성을 밝힘이요, 나. 이 품[승야마천궁품]은 먼저 감응의 길이 교

---

1) 賴는 甲續金本作類.
2) 上七字는 南續金本在感應道交後.

차함이다. 앞의 제3회가 끝나고 장차 뒤의 제4회 법회의 설법을 말하려고 다음에 온 것이다.

2. 명칭 해석[釋名] (二釋 1下1)

[疏] 二, 釋名者는 會名有三하니 一, 約處에 名夜摩天宮會라 夜摩는 此云時分이니 卽空居之首라 表十行이 涉有化物에 宜適其時하고 時而後言에 聞者悅伏하며 時而後動에 見者敬從이라 涉有依空과 卽事入玄을 託此而說이라 約人에 名功德林이오 約法에 名十行會니 並如後釋이니라 三皆依主니라

次, 品名者는 大同於會니라 然이나 梵本中에 上無升字하고 下有神變하니 譯者가 以升으로 爲神變이라 升爲神變이 略有四義하니 一, 不離前三而升此故오 二, 升一處가 卽升一切處故오 三, 升以廣其處故오 四, 前後同時無障礙故라 謂佛以圓徧之身으로 不起而升時分天宮이니 升屬如來오 夜摩는 約處니 相違釋也라 前升須彌와 後升兜率도 準此可知니라

■ 2. 명칭 해석이란 1) 법회의 명칭에 셋이 있으니, (1) 장소에 의지하면 '야마천궁법회'라 할 것이다. 야마(夜摩)는 번역하면 '시간의 분량'이니 곧 하늘에 머무는 우두머리이다. 십행이 유를 건너 중생을 교화할 적에 그 시기를 잘 맞추기를 표하고, 때가 된 뒤에 말하면 듣는 이가 기쁘게 조복되며, 때가 된 뒤에 움직이면 보는 이가 공경히 따른다. 유를 건너 공에 의지함과 현상에 합치하여 현묘함에 들어감을 이것에 의탁하여 설한다. (2) 사람에 의지하면 '공덕림보살법회'요, (3) 법에 의지하면 '십행법회'라 하나니 뒤에 가서 해석하겠다. 셋은 모두

의주석(依主釋)이다.

2) 품의 명칭이란 법회의 명칭과 거의 같다. 그러나 범본 중에 위에는 승자(昇字)가 없고, 아래에는 신변(神變)이 있으니 번역하는 이가 승(昇)을 신변(神變)으로 번역한 것이다. 승(昇)이 신변이 된 것이 간략히 네 가지 뜻이 있으니 (1) 앞의 세 장소를 떠나지 않고 이곳으로 오른 까닭이요, (2) 한 곳에 오른 것이 곧 모든 곳에 오른 것이기 때문이다. (3) 오름은 그곳을 넓게 하려는 까닭이다. (4) 앞과 뒤가 동시이고 장애가 없기 때문이다. 말하자면 부처님께서 원만하고 두루 한 몸으로 일어나지 않고 시분천궁으로 오른 것이니, 오른 것은 여래에게 속하고, 야마천은 장소에 의지함이니 '서로 어긋나는 해석[相違釋]'이다. 앞에서 수미산에 오르고 뒤에 도솔천에 오르는 것도 여기에 준하면 알 수 있으리라.

3. 근본 가르침[宗趣] (三宗 2上2)

[疏] 三, 宗趣者는 會品之宗이 並如名說하니 意趣를 可知니라

■ 3. 근본 가르침은 법회와 품의 근본이 동시에 명칭과 같이 설하나니 뜻과 가르침을 알 수 있으리라.

4. 경문 해석[釋文] 2.

1) 총합하여 표방하다[總標] (四釋 2上6)
2) 개별로 해석하다[別釋] 10.
(1) 본회가 원만하고 두루 하다[本會圓徧] (第一)

爾時에 如來威神力故로 十方一切世界——四天下의 南
閻浮提와 及須彌頂上에 皆見如來가 處於衆會어시든 彼
諸菩薩이 悉以佛神力故로 而演說法하여 莫不自謂恒對
於佛이러라

그때 여래의 위신력으로 시방 일체 세계 낱낱 사천하의 남
섬부주와 수미산 꼭대기에서 모두 보니, 여래께서 대중들
이 모인 가운데 계시는데 그 모든 보살들이 부처님의 신통
한 힘으로써 법을 연설하면서 제각기 생각하기를, 자기가
항상 부처님을 대하였다고 하지 않은 이가 없었다.

[疏] 四, 釋文者는 一品을 長分爲十이니 第一, 本會圓徧이니 謂前會不散
而說後會故라 初句는 徧因이오 十方下는 徧相이라 亦有主伴等은 並
如上說이라 但處加須彌에 則而演說法이 通上三會니라

■ 4. 경문 해석이란 한 품을 크게 열 부분으로 나누리니, (1) 본회가 원
만하고 두루 함이니, 이른바 앞의 제3 수미산정법회를 파하지 않고,
뒤의 제4 야마천궁법회를 설하기 때문이다. 첫 구절은 원인이 두루 함
이요, 十方 아래는 모양이 두루 함이다. 또한 설주(說主)와 반중(伴衆)
이 있는 등은 아울러 위에 설한 것과 같다. 단지 장소만 수미산정을
더한다면 법문 연설함은 위의 세 번의 법회와 통하게 된다.

[鈔] 則而演說法等者는 前第三會는 不離前二會而升忉利니 則各有菩
薩이 承佛神力하야 說前二會之法이어니와 今加不離須彌頂上하니 則
加³⁾法慧菩薩이 承佛神力하야 說十住法故로 兼前二會하야 通三會

---

3) 加는 甲南續金本作如.

法也라 餘義는 多同須彌頂品하니라

● '법을 연설함이 위의 세 번 법회와 통한다'는 등은 앞의 제3회는 앞의 두 법회를 떠나지 않고 도리천으로 오른 것이니, 각기 보살이 부처님의 위신력을 받들어 앞의 두 번의 법회의 법문을 설한 것이지만 지금은 수미산 정상을 떠나지 않음을 더했으니, 법혜보살이 부처님의 위신력을 받들어 십주의 법을 설한 연고로 앞의 두 법회를 겸하고, 제3회 설법과 통하게 하였다. 나머지 뜻은 대부분 승수미산정품과 같다.

(2) 수미산정을 떠나지 않고 야마천궁으로 오르시다[不離而升]

(第二 2下5)

(3) 야마천왕이 부처님을 맞이하다[天王見佛] (第三)

爾時에 世尊이 不離一切菩提樹下와 及須彌山頂하시고 而向於彼夜摩天宮寶莊嚴殿하시니라 時에 夜摩天王이 遙見佛來하고

그때 세존께서 모든 보리수 아래와 수미산 꼭대기를 떠나지 않으시고 야마천궁의 보배로 장엄한 궁전을 향하시었다. 야마천왕이 멀리서 부처님이 오시는 것을 보고,

[疏] 第二, 爾時世尊下는 不離而升이라 第三, 時夜摩下는 天王見佛이니 並如前會하니라

■ (2) 爾時世尊 아래는 수미산정을 떠나지 않고 야마천궁으로 오르심이다. (3) 時夜摩 아래는 야마천왕이 부처님을 맞이함이니 아울러 앞

의 수미산정법회와 같다.

(4) 각기 전각을 장엄하고 사자좌를 펴다[各嚴殿座] 2.
가. 공중으로 일어나 가다[初句依空起行] (第四 2下9)
나. 장엄하는 모양을 별도로 밝히다[餘句別顯嚴相] (百萬)

卽以神力으로 於其殿內에 化作寶蓮華藏師子之座하되
百萬層級으로 以爲莊嚴하고 百萬金網으로 以爲交絡하
고 百萬華帳과 百萬鬘帳과 百萬香帳과 百萬寶帳으로 彌
覆其上하고 華蓋鬘蓋와 香蓋寶蓋가 各亦百萬으로 周廻
布列하고 百萬光明이 而爲照耀하고 百萬夜摩天王이 恭
敬頂禮하고 百萬梵王이 踊躍歡喜하고 百萬菩薩이 稱揚
讚歎하고 百萬天樂이 各奏百萬種法音하여 相續不斷하
고 百萬種華雲과 百萬種鬘雲과 百萬種莊嚴具雲과 百
萬種衣雲이 周帀彌覆하고 百萬種摩尼雲이 光明照耀하
니 從百萬種善根所生이며 百萬諸佛之所護持며 百萬種
福德之所增長이며 百萬種深心과 百萬種誓願之所嚴淨
이며 百萬種行之所生起며 百萬種法之所建立이며 百萬
種神通之所變現이라 恒出百萬種言音하여 顯示諸法이
러라

즉시 신통한 힘으로써 그 전각 안에 보련화 사자좌를 변화
하여 만들었는데, 백만 층으로 장엄하고 백만의 황금 그물
이 서로 얽히었고 백만 꽃 휘장, 백만 화만 휘장, 백만 향 휘
장, 백만 보배 휘장이 그 위에 덮이었고, 꽃 일산, 화만 일산,

향 일산, 보배 일산도 각각 백만이 두루 벌였는데, 백만 광
명이 찬란하게 비치고, 백만 야마천왕은 공경하여 정례하
고, 백만 범천왕은 환희하여 뛰놀고, 백만 보살들은 소리 높
여 찬탄하며, 백만 가지 하늘 풍류가 각각 백만 가지 법 음
악을 연주하여 계속하여 끊이지 아니하며, 백만 가지 꽃 구
름, 백만 화만 구름, 백만 장엄거리 구름, 백만 가지 옷 구름
이 두루 덮이었고, 백만 가지 마니 구름에서 광명이 찬란하
니 백만 가지 선근으로 생긴 것이며, 백만 부처님의 두호하
심이며, 백만 가지 복덕으로 자라는 것이며, 백만 가지 깊은
마음과 백만 가지 서원으로 깨끗이 장엄함이며, 백만 가지
행으로 일어난 것이며, 백만 가지 법으로 건립한 것이며, 백
만 가지 신통으로 변화하여 나타난 것이므로, 항상 백만 가
지 음성을 내어 모든 법을 보이었다.

[疏] 第四, 卽以下는 各嚴殿座라 初一句는 總이니 依空起行일새 故云化
作이라 無着導行일새 故曰蓮華오 一行含多일새 所以稱藏이라 餘如
上說하니라 百萬已下는 別顯嚴相이라 於中에 四니 初, 明座體備德
嚴이라 皆云百萬은 位漸增故라 次, 百萬夜摩下는 明座旁圍繞嚴이
오 三, 從百萬下는 法門行德嚴이라 文有八句하야 攝爲四對하니 一,
因緣이오 二, 福智니 深心契理故라 三, 願行이오 四, 體用이니 無生
法體之所起故라 四, 末後一句는 法教流通嚴이니라

■ (4) 卽以 아래는 각기 전각을 장엄하고 사자좌를 마련함이다. 처음
한 구절은 총합하여 표방함이니 가. 공중으로 일어나 가므로 '변화
하여 만든다'고 했다. 집착 없이 이끌어 가므로 연꽃이라 했고, 하나

가 가면서 여럿을 감싸므로 감춘다고 했다. 나머지는 위에 말한 것과 같다. 나. 百萬 아래는 장엄하는 모양을 별도로 밝힘이다. 그중에 넷이니 (1) 사자좌의 체성에 덕과 장엄을 구비함이다. 모두에 '백만'이라 말한 것은 지위가 점차 늘어난 까닭이다. (2) 百萬夜摩 아래는 사자좌 곁에 둘러싼 장엄을 밝힘이요, (3) 從百萬 아래는 법문과 행법의 덕으로 장엄함이다. 경문에 여덟 구절이 있어서 섭수하여 네 가지 대구가 되었으니 가. 인연이요, 나. 복과 지혜니 깊은 마음으로 이치에 계합하는 까닭이다. 다. 서원의 행이요, 라. 체성과 작용이니 무생법의 체성으로 일으킨 바인 까닭이다. (4) 마지막 한 구절은 법과 교법이 유통하는 장엄이다.

(5) 부처님께 오래 머무실 것을 청하다[請佛居殿] (第五 4上1)
(6) 여래께서 청법을 수락하다[如來受請] (第六)

時에 彼天王이 敷置座已에 向佛世尊하여 曲躬合掌하며 恭敬尊重하고 而白佛言하시되 善來世尊이시여 善來善逝시여 善來如來應正等覺이시여 唯願哀愍하사 處此宮殿하소서 時에 佛이 受請하사 卽昇寶殿하시니 一切十方도 悉亦如是하니라

그때에 야마천왕이 사자좌를 차려 놓고는 부처님 세존을 향하여 허리를 굽히고 합장하며 공경하고 존중하여 부처님께 여쭈었다. "잘 오시나이다, 세존이시여. 잘 오시나이다, 선서시여. 잘 오시나이다, 여래 응정등각이시여. 바라옵건대 저희를 가엾이 여기사 이 궁전에 계시옵소서." 부처님이 청

을 받으시고는 보배 궁전에 오르시니, 모든 시방에서도 모두 이와 같았다.

[疏] 第五, 時彼下는 請佛居殿이라 第六, 時佛下는 如來受請이라

■ (5) 時彼 아래는 부처님께 오래 머무실 것을 청함이다. (6) 時佛 아래는 여래께서 청법을 수락하심이다.

(7) 각기 예전에 심은 인행을 기억하다[各念昔因] (第七 4上6)

爾時에 天王이 卽自憶念過去佛所의 所種善根하사 承佛威神하고 而說頌言하시되
그때에 천왕은 지난 세상에 부처님 계신 데서 선근 심은 것을 생각하고 부처님의 위신력을 받들어 게송으로 말하였다.

[疏] 第七, 爾時下는 各念昔因이라 然晉經에 亦有樂音止息이어늘 今略無者는 譯人之意니 謂不如十解의 會事歸理일새 不云樂音止息이오 不及廻向의 事理無礙일새 不云熾然이니 退可同前이오 進可齊後일새 故並略之니라

■ (7) 爾時 아래는 각기 예전에 심은 인행을 기억함이다. 그러나 진 경문에 또한 음악이 그침이 있는데 본경에 생략한 것은 번역한 이의 뜻이다. 말하자면 열 가지 이해 단계의 '현상을 모아서 이치에 돌아감'과 다르므로 '음악이 그침'은 말하지 않았다. 또 십회향 단계의 '현상과 이치가 걸림 없는 단계[事理無礙]'에 미치지 못하므로 '치연하다'는 말도 하지 않았으니 물러나면 앞과 같게 되고, 전진하면 뒤와 같아

지므로 함께 생략한 것이다.

(8) 열 분 부처님을 게송으로 찬탄하다[偈讚十佛] 2.

가. 사바세계의 게송 찬탄[明此界偈讚] 10.

가) 명칭여래를 찬탄하다[讚名稱如來] (第八 4下2)

名稱如來聞十方하사　　　　諸吉祥中最無上이시니

彼曾入此摩尼殿이실새　　　是故此處最吉祥이로다

명칭 여래 시방에 소문 퍼지니

여러 가지 길상 중에 가장 높으며

그 부처님 마니전에 일찍 드시니

그러므로 이곳이 가장 길상해

[疏] 第八, 偈讚十佛이라 此十佛은 是前會十佛之前의 如次十佛이니 明
位漸高며 念昔亦遠이라 理實三世諸佛이 皆同此說이라 餘如前會하
니라 文亦有二니 先, 明此界오 後, 辨結通이라 前中에 十偈는 亦各有
四하니 初句는 標名讚別德이오 次句는 通顯具吉祥이오 三은 憶曾入
此殿이오 四는 結處成勝極이라 亦初一句에 諸頌不同하니 初二字는
別名이오 次二字는 通號요 下三字는 別德이오 亦皆以下는 別德이니
釋上別名이라 一, 以聞十方으로 釋成名稱이오

■ (8) 열 분 부처님을 게송으로 찬탄함이다. 이 열 분 부처님은 앞의 제
3회 수미산정법회 전의 열 분의 순서와 같나니, 지위가 점차 높아지
며, 예전 또한 멀다는 것을 기억한 까닭이다. 이치로는 진실로 삼세
의 모든 부처님이 똑같이 설하는 것이니 나머지는 앞의 수미산정법회

와 같다. 경문이 또한 둘이 있으니 가. 사바세계의 게송 찬탄을 밝힘
이요, 나. 결론하고 통함이다. 가. 중에 열 게송은 또한 각기 네 부분
이 있으니 (가) 첫 구절은 이름을 내세우고 개별 공덕을 찬탄함이요,
(나) 다음 구절은 길상을 구족함을 통틀어 밝힘이요, (다) 셋째 구절
은 일찍이 이 궁전에 오신 것을 기억함이요, (라) 넷째 구절은 도량이
지극히 뛰어남을 결론함이다. 또한 처음 한 구절에서 여러 게송이 같
지 않으니 처음 두 글자[名稱]는 개별 명칭이요, 다음 두 글자[如來]는
전체 명호요, 아래 세 글자[諸吉祥]는 개별 공덕이요, 亦皆 아래는 개
별 공덕이요, 위는 개별 명칭을 해석한 내용이다. 가) '시방에 소문 퍼
짐'으로 명칭을 해석한 까닭이다.

나) 보왕여래를 찬탄하다[讚寶王如來] (二以 5上1)

寶王如來世間燈이라   諸吉祥中最無上이시니
彼曾入此淸淨殿이실새   是故此處最吉祥이로다
보왕여래 세간의 등불이시니
여러 가지 길상 중에 가장 높으며
그 부처님 청정 궁전 일찍 드시니
그러므로 이곳이 가장 길상해

[疏] 二, 以世間燈으로 釋寶王義니 珠有夜光하야 可代燈者일새 爲寶中
　　 王이오 佛有智光하야 照無明夜일새 故曰寶王이라

■ 나) '세간의 등불'로 보왕의 뜻을 해석하였으니, 구슬에 야광(夜光)이
　　 있어서 등불을 대신한다면 보배 중의 왕이 되고, 부처님께 지혜 광명

이 있어서 무명의 밤을 비추므로 '보왕'이라 하였다.

다) 희목여래를 찬탄하다[讚喜目如來] (喜目 5上3)

喜目如來見無礙하사　　　　諸吉祥中最無上이시니
彼曾入此莊嚴殿이실새　　　是故此處最吉祥이로다
희목여래 보는 일 걸림이 없어
여러 가지 길상 중에 가장 높으며
그 부처님 장엄전에 일찍 드시니
그러므로 이곳이 가장 길상해

라) 연등여래를 찬탄하다[讚然燈如來] (然燈 5上5)

燃燈如來照世間하사　　　　諸吉祥中最無上이시니
彼曾入此殊勝殿이실새　　　是故此處最吉祥이로다
연등여래 세상을 밝게 비추매
여러 가지 길상 중에 가장 높으며
그 부처님 수승한 궁전에 일찍 드시니
그러므로 이곳이 가장 길상해

마) 요익여래를 찬탄하다[讚饒益如來] (饒益 5上7)

饒益如來利世間하사　　　　諸吉祥中最無上이시니
彼曾入此無垢殿이실새　　　是故此處最吉祥이로다

요익여래 세상을 이익케 하매
여러 가지 길상 중에 가장 높으며
그 부처님 때 없는 전각 일찍 드시니
그러므로 이곳이 가장 길상해

바) 선각여래를 찬탄하다[讚善覺如來] (善覺 5上9)

善覺如來無有師하사　　　諸吉祥中最無上이시니
彼曾入此寶香殿이실새　　是故此處最吉祥이로다
선각여래 스승을 섬긴 일 없어
여러 가지 길상 중에 가장 높으며
그 부처님 보향전에 일찍 드시니
그러므로 이곳이 가장 길상해

[疏] 三, 四, 五, 六은 義並可知로다
■　다) 라) 마) 바)는 뜻과 함께하면 알 수 있으리라.

사) 승천여래를 찬탄하다[讚勝天如來] (七以 5下4)

勝天如來世中燈이라　　　諸吉祥中最無上이시니
彼曾入此妙香殿이실새　　是故此處最吉祥이로다
승천여래 온 세상의 등불이시매
여러 가지 길상 중에 가장 높으며
그 부처님 묘향전에 일찍 드시니

그러므로 이곳이 가장 길상해

[疏] 七, 以世燈으로 釋勝天者는 身智光照가 勝於天故라
■ 사) 세간 등불로 승천(勝天)여래를 해석한 것은 몸의 광명과 지혜 광
명으로 비춤이 하늘보다 뛰어난 까닭이다.

아) 무거여래를 찬탄하다[讚無去如來] (八以 5下7)

> 無去如來論中雄이라　　諸吉祥中最無上이시니
> 彼曾入此普眼殿이실새　是故此處最吉祥이로다
> 무거여래 논란 중의 영웅이시매
> 여러 가지 길상 중에 가장 높으며
> 그 부처님 보안전에 일찍 드시니
> 그러므로 이곳이 가장 길상해

[疏] 八, 以論雄으로 釋無去者는 具勇智辯하야 不可動故라
■ 아) '논의의 영웅'으로 '감이 없음[無去]'을 해석한 것은 용맹한 지혜 변
재를 구족하여 동요할 수 없는 까닭이다.

자) 무승여래를 찬탄하다[讚無勝如來] (無勝 5下8)

> 無勝如來具衆德하사　諸吉祥中最無上이시니
> 彼曾入此善嚴殿이실새　是故此處最吉祥이로다
> 무승여래 모든 덕을 구족하시니

여러 가지 길상 중에 가장 높으며
그 부처님 선엄전에 일찍 드시니
그러므로 이곳이 가장 길상해

차) 고행여래를 찬탄하다[讚苦行如來] (九十 6上2)

苦行如來利世間하사   諸吉祥中最無上이시니
彼曾入此普嚴殿이실새   是故此處最吉祥이로다
고행여래 세상을 이롭게 하시니
여러 가지 길상 중에 가장 높으며
그 부처님 보엄전에 일찍 드시니
그러므로 이곳이 가장 길상해

[疏] 九,十은 可知로다 又此中殿에 各擧別名하니 初一은 嚴體오 下皆寶
之別德이니 謂此寶淸淨으로 以用莊嚴하니 殊勝無垢오 此寶에 發香
하니 是香이 必妙오 能嚴之寶가 無所不見하니 可謂普眼이라 如是嚴
者는 是善莊嚴이니 無處不嚴일새 名普嚴也라 又善嚴者는 善因生故
니라

■ 자)와 차)는 알 수 있으리라. 또한 이 가운데 전각은 각기 개별 명칭
을 거론하였으니 처음 하나는 '본체를 장엄함'이요, 아래는 모두 보
배의 개별 공덕이다. 말하자면 이 보배청정으로 장엄하는 데 썼으니
'수승하여 때 없음'이요, 이 보배에서 향기가 나오니 이런 향은 반드
시 묘할 것이요, 장엄의 주체인 보배가 보지 못함이 없으니 그래서 '넓
은 눈'이라 하였다. 이렇게 장엄한 것은 장엄을 잘한 것이니, 장엄하

지 않은 곳이 없으므로 '널리 장엄함'이라 했다. 또 '잘 장엄함'이란 좋은 인연으로 생긴 까닭이다.

나. 결론하고 나머지 세계와 통하면서 찬탄하다[結通餘界讚]

(經/如此 6上7)

如此世界中夜摩天王이 承佛神力하사 憶念往昔諸佛功德하고 稱揚讚歎하여 十方世界夜摩天王도 悉亦如是하여 歎佛功德하시니라

이 세계의 야마천왕이 부처님의 신통한 힘을 받들어 옛날의 모든 부처님 공덕을 생각하고 찬탄하는 것처럼, 시방세계의 야마천왕들도 모두 그와 같이 부처님의 공덕을 찬탄하였다.

(9) 시방의 부처님이 함께 장엄전에 오르시다[佛同升殿] (第九 6下2)
(10) 도량이 홀연히 넓어지다[處忽寬容] (第十)

爾時에 世尊이 入摩尼莊嚴殿하사 於寶蓮華藏師子座上에 結跏趺坐하시니 此殿이 忽然廣博寬容하여 如其天衆의 諸所住處하니 十方世界도 悉亦如是하니라

그때 세존께서 마니보배 장엄전에 드시어 보련화장 사자좌에서 결가부좌하시니, 그 전각이 홀연히 넓어져서 하늘 대중들이 있는 처소와 같았으며, 시방세계들도 모두 그와 같았다.

[疏] 第九, 爾時世尊入下는 佛同升殿이라 第十, 此殿下는 處忽寬容이니
並如前會니라

■ (9) 爾時世尊入 아래는 시방의 부처님이 함께 장엄전에 오르심이다.
(10) 此殿 아래는 도량이 홀연히 넓어짐이니 아울러 앞의 제3회 수미
산정법회와 같다.

제19. 승야마천궁품(昇夜摩天宮品) 終

大方廣佛華嚴經 제19권

大方廣佛華嚴經疏鈔 제19권의 ② 呂字卷中

제20 夜摩宮中偈讚品

야마궁중게찬품은 부처님 공덕을 찬탄하고 체성을 밝히는 내용으로 스님들이 새벽마다 종송(鐘誦)을 하면서 항상 지송하는 화엄경 제1의 사구게(四句偈)를 비롯한 화가의 비유와 마음과 부처, 중생이 모두 마음에서 나온다는 유심철학(唯心哲學)을 설하는 내용이다. 낭랑한 새벽 종소리에 실려 오는 게송, 수행인들이 사는 산사의 새벽 풍경이다. 청량스님은 또한 이 게송을 잠시라도 수지하면 지옥고를 면할 수 있다[是以暫持 能破地獄]고 하였는데, 중국 당대(唐代) 문명(文明 원년, 684년, 중종 1년)에 낙양 사람 왕명간(王明幹)의 체험 수기이니 본문에서 확인할 수 있다. 각림(覺林)보살의 게송에 이르되,

心如工畫師하여	能畵諸世間하나니	"마음이 화가와 같아서 모든 세간을 그려 내는데
五蘊悉從生이라	無法而不造로다	오온이 마음 따라 생기어서 무슨 법이나 못 짓는 것 없네.
如心佛亦爾하며	如佛衆生然하니	마음과 같아 부처도 그러하고 부처와 같아 중생도 그러하니
應知佛與心이	體性皆無盡이로다	부처나 마음이나 그 성품 모두 다함없네.
若人欲了知	三世一切佛인댄	만일 어떤 사람이 삼세의 일체 부처님을 알려면
應觀法界性에	一切唯心造니라	마땅히 법계의 성품이 모든 것이 마음으로 된 줄을 보라."

제20. 야마천궁에서 게송으로 찬탄하는 품 [夜摩宮中偈讚品]

제2. 야마궁중게찬품은 불덕을 찬탄하고 체성을 밝히다

[後品讚德顯體] 4.

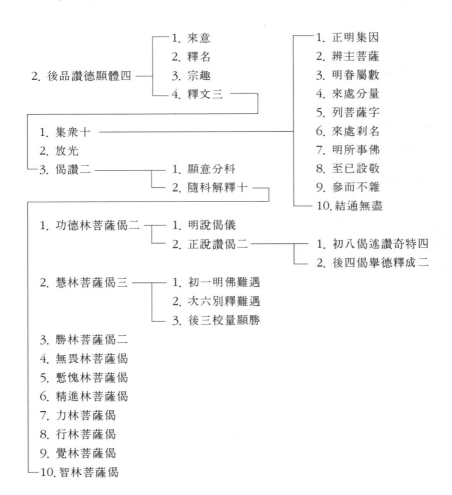

1. 오게 된 뜻[來意] (來意 1上5)

[疏] 初, 來意者는 助化讚揚故며 說行體性故며 行所依故라 然三天偈讚
　　의 來意와 宗趣가 大旨是同이나 但解行願이 以爲異耳니라
■　1. 오게 된 뜻이란 교화를 돕고 부처님 공덕을 찬양하는 까닭이며,
　　행법의 체성을 설하는 까닭이며, 행법의 의지처인 까닭이다. 그러나
　　세 하늘의 게송 찬탄의 오게 된 뜻과 근본 가르침이 큰 뜻으로는 같
　　지만 단지 아는 것과 행함과 원이 다를 뿐이다.

2. 명칭 해석[釋名] (二釋 1上8)
3. 근본 가르침[宗趣] (三宗)

[疏] 二, 釋名이오 三, 宗趣가 亦不異前이나 約處約行이 少有別耳니라
■　2. 명칭 해석이요, 3. 근본 가르침이 또한 앞과 다르지 않지만 장소
　　와 행법에 의지함이 조금 다른 점이 있을 뿐이다.

4. 경문 해석[釋文] 3.

1) 과목 나누기[分科] (四釋 1上10)
2) 과목에 따라 해석하다[隨釋] 2.
(1) 대중이 운집하다[大衆雲集] 10.

가. 운집한 원인을 밝히다[正明集因] (初中)
나. 상수보살을 밝히다[辨主菩薩] (二十)

다. 권속의 숫자를 밝히다[明眷屬數] (三一)

라. 온 곳의 분량을 말하다[來處分量] (四從)

爾時에 佛神力故로 十方各有一大菩薩이 一一各與佛剎
微塵數菩薩로 俱하사 從十萬佛剎微塵數國土外諸世界
中하여 而來集會하시니라
그때 부처님의 신력으로 시방에 각각 큰 보살이 있었는데,
낱낱 보살이 제각기 부처님 세계의 티끌 수효처럼 많은 보
살들과 함께, 십만 세계의 티끌 수 국토 밖에 있는 세계로부
터 와서 모였느니라.

[疏] 四, 釋文者는 文亦有三하니 一, 集衆이오 二, 放光이오 三, 偈讚이라
初中에 有十하니 一, 正明集因이니 亦卽各隨其類하야 爲現神通也라
二, 十方下는 辨主菩薩이오 三, 一一下는 明眷屬數오 四, 從十萬下
는 來處分量이라 然顯數가 隨位增하니 信十이며 住百이며 廻向은 是
萬이니 此合當千이어늘 而云十萬은 或譯人之誤며 或是十百이니 則傳
寫之誤라

■ 4. 경문 해석이란 경문도 셋이 있으니 (1) 대중이 운집함이요, (2) (발
등 위로) 방광함이요, (3) 게송으로 찬탄함이다. (1) 중에 열이 있으니
가. 운집한 원인을 바로 밝힘이니 또한 각기 그 종류를 따라서 신통
을 나툰 것이다. 나. 十方 아래는 상수보살을 밝힘이요, 다. 一一 아
래는 권속의 숫자를 밝힘이요, 라. 從十萬 아래는 온 곳의 분량을 말
함이다. 그러나 숫자가 지위에 따라 증가함을 밝혔으니 십신위는 열
이며, 십주위는 백이며, 십회향위는 만이니, 여기는 천이라야 합당하

지만 '10만'이라 한 것은 혹 번역자의 잘못일 것이며, 혹은 열의 백일 것이니 전해 쓴 이의 잘못일 수도 있다.

마. 보살대중의 이름을 열거하다[列菩薩字] (五其 2上3)

其名曰功德林菩薩과 慧林菩薩과 勝林菩薩과 無畏林菩薩과 慚愧林菩薩과 精進林菩薩과 力林菩薩과 行林菩薩과 覺林菩薩과 智林菩薩이요
그 이름은 공덕림보살, 혜림보살, 승림보살, 무외림보살, 참괴림보살, 정진림보살, 역림보살, 행림보살, 각림보살, 지림보살들이었다.

[疏] 五, 其名下는 列菩薩字라 同名林者는 表十行建立故며 行類廣多故며 聚集顯發故며 深密無間故며 扶疏庇映故라 此十菩薩은 表行之體也니 可以意消息之니라

■ 마. 其名 아래는 보살대중의 이름을 열거함이다. 똑같이 임 자(林字)로 이름한 것은 십행의 지위가 건립함을 표하기 위함이며, 행법의 종류가 넓고 많은 까닭이며, 모으고 쌓아서 밝게 시작하려는 까닭이며, 빽빽하고 깊어서 틈이 없는 까닭이며, 훤히 트이고 감싸서 잘 비치는 까닭이다. 이 열 분의 보살은 십행의 체성을 표하였으니 생각을 없애고 쉬어야 행할 수 있다.

[鈔] 表十行建立故者는 此有五義하니 大意可知로다 初, 言建立者는 於法性無修之中에 而起修故라 二, 萬行非一故오 三, 聚集에 爲十度

四等⁴⁾行이니 顯發性德하야 令現前故라 故로 起信에 云, 以知法性無
慳貪故로 隨順修行檀波羅密等이니라 四, 一一契理日深이오 意趣秘
妙爲密이니 爲相續無間이라 五, 扶疏는 卽茂盛之貌니 如一布施가
國城內外와 頭目髓腦를 而興起故等이라 言庇映者는 一一行門이 與
慈悲俱하야 普蔭一切하야 相映帶故라 若建은 謂修建이오 立은 謂成
立이오 廣은 謂體廣이오 多는 約⁵⁾類異니 則五句皆二하야 便成十義라
下三은 各二를 可知로다 故로 下結에 云, 可以意消息之니라

● '십행의 지위가 건립함을 표하기 위함'이란 여기에 다섯 가지 이치가
있으니 (그래야 비로소) 큰 의미를 알 수 있으리라. (1) '건립한다'는 말
은 법성에는 닦을 것이 없는 중에서 수행하기 시작하는 까닭이다.
(2) 만행은 하나가 아닌 까닭이요, (3) 모으고 쌓음에는 십바라밀과
사무량심의 행법을 하나니 성품의 공덕을 밝게 시작하여 하여금 앞
에 나타나게 하기 위함이다. 그러므로『기신론』에 이르되, "법성에는
간탐이 없는 줄 아는 까닭에 수순하여 단나바라밀을 수행하는 등이
다"라고 하였다. (4) 낱낱이 이치와 계합함을 '깊다'고 말하고, 의취
가 비밀스럽고 묘함을 '빽빽하다'고 하나니 간단 없이 상속한다는 뜻
이다. (5) '훤히 트임'은 곧 무성한 모양이니 마치 하나의 보시가 국
성 안팎과 머리, 눈, 골수를 일으켜 보시함과 같기 때문이라는 등이
다. '감싸서 잘 비친다'는 말은 하나하나 행법의 문이 자비와 함께하
여 널리 일체를 덮어 주어서 서로 비추고 함께하는 까닭이다. 건립은
'수행으로 세운다'는 뜻이요, 세움은 '성취하여 세운다'는 뜻이다. 넓
음은 '체성이 광대함'을 말하고, 많음은 종류가 다름에 의지한 말이

니, 다섯 구절이 모두 둘이어서 문득 열 가지 뜻이 되었다. 아래 세 구절은 각기 둘인 것은 알 수 있으리라. 그러므로 아래에 결론하되, "생각을 없애고 쉬어야 행할 수 있다"고 하였다.

바. 온 국토의 명칭을 말하다[來處刹名] (六此 2下9)
사. 본래 섬기던 부처님을 밝히다[明所事佛] (七此)

此諸菩薩의 所從來國은 所謂親慧世界와 幢慧世界와 寶慧世界와 勝慧世界와 燈慧世界와 金剛慧世界와 安樂慧世界와 日慧世界와 淨慧世界와 梵慧世界니라 此諸菩薩이 各於佛所에 淨修梵行하시니 所謂常住眼佛과 無勝眼佛과 無住眼佛과 不動眼佛과 天眼佛과 解脫眼佛과 審諦眼佛과 明相眼佛과 最上眼佛과 紺靑眼佛이라

그 보살들이 떠나온 세계는 친혜세계·당혜세계·보혜세계·승혜세계·등혜세계·금강혜세계·안락혜세계·일혜세계·정혜세계·범혜세계들이었다. 이 보살들이 각각 부처님 계신 데서 범행을 닦았으니, 이른바 상주안불·무승안불·무주안불·부동안불·천안불·해탈안불·심체안불·명상안불·최상안불·감청안불이었다.

[疏] 六, 此諸菩薩下는 來處刹名이라 同名慧者는 十解之慧에 行所依故라
七, 此諸菩薩各於下는 明所事諸佛이라 同名眼者는 以智導行하야 了了分明하야 成有目之足故라 斯卽十行當位之果일새 佛於此位顯者는 皆名眼故라 宜以當界之佛과 與當界菩薩로 共相屬對하야 思

而釋之니라

■ 바. 此諸菩薩 아래는 온 국토의 명칭을 말함이다. 똑같이 혜 자(慧字)로 이름한 것은 열 분 보살이 아는 지혜가 행법의 의지처인 까닭이다. 사. 此諸菩薩各於 아래는 본래 섬기던 부처님을 밝힘이다. 똑같이 안 자(眼字)로 이름한 것은 지혜로 행법을 이끌어서 요요하고 분명해서 눈 밝은 발을 성취한 까닭이다. 이것이 곧 십행 지위의 과덕이므로 부처님이 이런 지위에서 드러났으므로 모두 '눈'이라 이름한 것이다. 마땅히 당처의 부처님과 당처의 보살과 함께 서로 함께 속하고 상대하여 생각하고 해석할지니라.

[鈔] 宜以當界等者는 以佛은 是當位之果오 菩薩은 卽當位之因이니 如功德林菩薩下釋에 云, 積行在躬하야 功德圓滿일새 故得成於常住之果라 二, 慧爲最勝일새 故成無勝眼이라 三, 悟勝義諦를 名爲勝林이니 故成無住眼佛이라 四, 聞深無畏일새 故成不動이라 五, 崇眞拒迷일새 成大光淨이라 六, 事理無差하야 離身心相일새 故得解脫이라 七, 了相不動하야 得審諦眼이라 八, 照理正修일새 故成明相이라 九, 照心本源일새 果成最上이라 十, 鑑達諸佛하고 迥超聲色하야 心言路絶일새 故名智林이라 故得果妙明하야 爲紺靑眼이라 以菩薩名은 下文自釋일새 故令屬對에 則果號를 可知니라

● '마땅히 당처의 부처님' 등이란 부처님은 해당 지위의 과덕이요, 보살은 해당 지위의 인행이다. 저 공덕림보살의 아래 부분에서 해석하기를, "(1) 행덕을 쌓음이 몸에 있어서 공덕이 원만해지므로 항상 머무는 결과를 이룬다. (2) 지혜가 가장 뛰어나므로 무승안이라 하였고, (3) 승의제를 깨달았으므로 승림이라 이름하였으니 그래서 무주안

불이 되었다. (4) 법문이 깊은 것을 들어서 두려움이 없으므로 부동이 되었고, (5) 진법을 숭상하고 미혹을 막으므로 크고 깨끗한 광명을 이루었다. (6) 현상과 이치에 차별이 없어서 몸과 마음의 모양을 여의므로 해탈을 얻는다. (7) 모양이 동하지 않음을 깨달아서 진리를 살피는 눈을 얻었다. (8) 이치를 비추어 바르게 수행하므로 밝은 모양을 이루었다. (9) 마음의 본원을 비추어서 결과적으로 최상을 성취하였다. (10) 모든 부처님을 보아 통달하고 소리와 형색을 멀리 초월하고 마음이 행함과 말의 길이 끊어졌으므로 '지혜의 숲'이라 이름하였다. 그러므로 과덕이 묘하게 밝음을 얻어서 감청색 눈이 되었다. 보살의 이름은 아래 경문에서 자연히 해석할 것이므로 하여금 속하고 배대하게 하면 과덕의 호칭은 알 수 있으리라.

아. 도착하고 나서 공경을 표하다[至已設敬] (八是 3下8)
자. 참여하면서도 혼란스럽지 않다[參而不雜] (九隨)
차. 결론하고 무진과 통하다[結通無盡] (十如)

是諸菩薩이 至佛所已에 頂禮佛足하고 隨所來方하여 各
化作摩尼藏師子之座하사 於其座上에 結跏趺坐하시니라
如此世界中夜摩天上에 菩薩來集하여 一切世界도 悉亦如
是하니 其諸菩薩世界如來의 所有名號가 悉等無別하니라
이 여러 보살이 부처님 계신 데 이르러 부처님 발에 정례하고, 떠나 온 방위를 따라 제각기 마니장 사자좌를 변화하여 만들고 그 사자좌 위에서 결가부좌하였다. 이 세계의 야마천상에 보살들이 모인 것처럼, 일체 세계에서도 그러하였으며, 그 보살들의 세계와 여래의 이름도 모두 같았다.

[疏] 八, 是諸下는 至已設敬이오 九, 隨所下는 參而不雜이오 十, 如此下
는 結通無盡이니라

■ 아. 是諸 아래는 도착하고 나서 공경을 표함이다. 자. 참여하면서도
혼란스럽지 않음이요, 차. 如此 아래는 결론하고 무진에 통함이다.

(2) 두 발등 위로 방광하다[放光] (第二 4上7)

爾時에 世尊이 從兩足上하여 放百千億妙色光明하사 普照
十方 一切世界夜摩宮中佛及大衆하사 靡不皆現하시니라
그때 세존께서 두 발등으로 백천억 묘한 빛 광명을 놓아 시
방으로 모든 세계를 비추니, 야마천궁의 부처님과 대중이
모두 나타났다.

[疏] 第二, 爾時下는 放光足上이니 謂跌背는 行必動故니 背依輪指하야
得有用故며 表行依信解而成用故라 餘同前會하니라

■ (2) 爾時 아래는 두 발등 위로 방광함이니, 말하자면 발등[跌背]은 가
려면 반드시 움직여야 하는 까닭이며, 등은 발바닥과 발가락을 의지
하여 작용을 얻는 까닭이며, 행법은 믿음과 이해를 의지하여 작용을
성취하는 까닭이다. 나머지는 앞의 제3 수미산정법회와 같다.

3) 게송으로 찬탄하다[偈讚] 2.
(1) 의미를 밝히고 과목 나누다[顯意分科] (第三 4上10)

[疏] 第三, 爾時功德林下는 明說偈讚6)이라 十菩薩說을 卽爲十段이니 亦以東方으로 爲始오 上方으로 爲終이니 各有說偈所依하니 謂承佛力等이라

■ 3) 爾時功德林 아래는 게송으로 찬탄한 뜻을 밝힘이다. 열 분 보살이 설한 것을 열 문단으로 나누었다. 또한 동쪽으로 시작을 삼고 상방으로 끝을 삼았으니 각기 게송을 설하는 의지처가 있으니 '부처님의 위신력을 받든다'는 등을 말한다.

(2) 과목에 따라 해석하다[隨科解釋] 10.
가. 공덕림보살의 게송 찬탄[功德林菩薩偈] 2.

가) 게송을 설하는 광경[明說偈儀] (今初 4下2)

爾時에 功德林菩薩이 承佛威力하사 普觀十方하고 而說頌言하시되
그때에 공덕림보살이 부처님의 위신력을 받들어 시방을 두루 관찰하고 게송으로 말하였다.

[疏] 今初菩薩은 且就能說인대 積行在躬하야 功德圓滿일새 故名功德이오 若就所歎인대 歎佛勝德일새 故云功德林이라 有十二頌하니 以是會主일새 總敍此會普徧之事니라

■ 지금은 가. (공덕림보살의 게송 찬탄)이니 보살은 먼저 설법의 주체에 나

---

6) 讚은 甲續金本作儀誤, 案上疏云 一集衆 二放光 三偈讚 此卽偈讚也 其自科十段中 疏云 各有說偈所依 方爲說偈儀.

아가면 행법을 쌓음이 몸에 있어서 공덕이 원만해지므로 '공덕'이라 이름하였고, 만일 칭찬할 대상에 나아가면 부처님의 뛰어난 공덕을 찬탄하기 위해 '공덕림'이라 하였다. 게송이 12개가 있으니 공덕림이 법회의 설주(說主)이므로 이 법회가 '널리 두루 한 일'임을 총합하여 말하였다.

나) 게송을 바로 설하다[正說讚偈] 2.
(가) 여덟 게송은 기특함을 찬탄하다[初八偈述讚奇特] 4.
ㄱ. 이 품의 방광을 말하다[初一偈敍此品放光] (於中 4下6)

佛放大光明하사   普照於十方하시니
悉見天人尊이   通達無障礙로다
부처님 큰 광명 놓아
시방을 두루 비추시니
천상 인간의 높은 어른 뵈옵기
환히 트이어 걸림이 없네.

[疏] 於中에 二니 初八은 述讚奇特이오 後四는 擧德釋成이라 前中에 四니
　　初一偈는 敍此品放光이오
■ 그중에 둘이니 (가) 여덟 게송은 기특함을 찬탄함이요, (나) 네 게송
　은 공덕을 거론하여 해석함이다. (가) 중에 넷이니 ㄱ. 한 게송은 이
　품의 방광을 말함이요,

ㄴ. 두 게송은 앞 품의 감응에 대해 말하다[次二偈叙前品感應]

(次二 4下10)

佛坐夜摩宮하사　　普徧十方界하시니
此事甚奇特하여　　世間所希有로다
부처님 야마천궁에 앉아서
시방세계에 두루 하시니
이런 일 매우 기특하여
세간에서 드물게 보리.

須夜摩天王이　　偈讚十如來하니
如此會所見하여　　一切處咸爾로다
수야마천왕 게송으로
열 부처님 찬탄하나니
이 모임에서 보는 것처럼
온갖 곳에 모두 그러해

[疏] 次二는 叙前品感應이오
■　ㄴ. 두 게송은 앞 품의 감응에 대해 말함이요,

ㄷ. 세 게송은 이 품의 대중 운집에 대해 말하다[次三偈叙此品衆集]

(次三 5上4)

彼諸菩薩衆이 　　　皆同我等名하여
十方一切處에 　　　演說無上法이로다
저 여러 보살대중들
모두 우리 이름 같은 이
시방의 모든 곳에서
위없는 법 연설하나니

所從諸世界의 　　　名號亦無別하니
各於其佛所에 　　　淨修於梵行이로다
떠나온 여러 세계들
이름도 다르지 않고
제각기 그 부처님 계신 데서
범행을 깨끗이 닦는다.

彼諸如來等의 　　　名號悉亦同이라
國土皆豊樂이요 　　　神力悉自在로다
저 여러 부처님들
명호도 모두 다 같고
국토가 다 풍년들고 즐거워
신력이 모두 자재하시다.

[疏] 次三, 敍此品衆集이오

■ ㄷ. 세 게송은 이 품의 대중 운집에 대해 말함이요,

ㄹ. 두 게송은 자재하고 두루 함을 밝히다[後二偈明自在普周]

(後二 5上7)

十方一切處에　　　　皆謂佛在此라하나니
或見在人間하며　　　或見住天宮이로다
시방세계 모든 곳마다
부처님 여기 계신다지만
혹은 인간에 계시고
혹은 천궁에 계시고

如來普安住　　　　一切諸國土어시든
我等今見佛이　　　處此天宮殿이로다
여래는 모든 국토에
두루 편안히 계시지만
우리는 부처님이 지금
이 천궁에 계심을 보네.

[疏] 後二, 明自在普周오
■　ㄹ. 두 게송은 자재하고 두루 함을 밝힘이요,

(나) 네 게송은 공덕을 거론하여 해석하다[後四偈擧德釋成] 2.
ㄱ. 두 게송은 인행을 들어 작용을 밝히다[初二偈擧因顯用]

(後四 5上10)

昔發菩提願하사　　普及十方界실새
是故佛威力이　　　充徧難思議로다
옛적 보리를 이루려는 소원
시방세계에 두루 하였으매
그리하여 부처님 위신력
가득 차서 헤아릴 수 없고

遠離世所貪하사　　具足無邊德이실새
故獲神通力하시니　衆生靡不見이로다
세상의 탐욕 멀리 떠나고
그지없는 공덕 구족하시매
신통한 힘 얻으신 일
중생들 못 보는 이 없네.

[疏] 後四, 擧德釋成이라 中에 二니 前二는 擧因顯用이오

■ (나) 네 게송은 공덕을 거론하여 해석함이다. 그중에 둘이니 ㄱ. 두
　게송은 인행을 거론하여 작용을 밝힘이요,

ㄴ. 두 게송은 과덕과 작용이 깊고 넓음을 밝히다[後二偈辨果用深廣]

(後二 5下3)

遊行十方界하시되　如空無所礙하시니
一身無量身이여　　其相不可得이로다
시방세계 다니시기

허공처럼 장애 없으니
한 몸인가 한량없는 몸인가
그 모양 찾을 길 없고

佛功德無邊하시니　　云何可測知아
無住亦無去하시되　　普入於法界로다
그지없는 부처님 공덕
어떻게 헤아릴 수 있으랴.
머물지 않고 가지 않지만
온 법계에 두루 드시네.

[疏] 後二, 辨果用深廣이라 於中에 一, 體用自在니 上半은 不去徧至오
下半은 卷舒相盡이니 謂一身卽多는 則一相不可得이오 多卽是一은
則多相不可得이라 是故로 恒一恒多며 恒非一多라 由此自在하야 一
塵內身이 無不周於十方이오 徧十方身이 並潛一塵之內하야 皆悉圓
徧이오 非分徧故로 難思議也니라 後一은 深廣相成이니 上半은 牒廣
辨深이오 下半은 釋深顯廣이니 謂不住故로 無處不至오 不去故로 不
離本位니 此釋深也라 塵毛等處에 無不普入은 廣無邊也라

■ ㄴ. 두 게송은 과덕과 작용이 깊고 넓음을 밝힘이다. 그중에 ㄱ) 체
성과 작용이 자재함이니 위의 반은 가지 않으면서 두루 이름이요, 아
래의 반은 펴고 거둠이 서로 다함이니, 이른바 한 몸이 곧 여러 몸인
것은 하나의 모양도 얻지 못함이요, 여러 몸이 곧 한 몸인 것은 여러
모양을 얻지 못함이다. 이런 까닭에 항상 하나면서 항상 여럿이고,
항상 하나도 여럿도 아님이다. 이런 자재함으로 인해 한 티끌 속 몸

이 시방세계에 두루 하지 않은 곳이 없고, 시방에 두루 한 몸이 동시에 한 티끌 속에도 숨어서 모두 다 원만하고 두루 함이요, 부분적으로 두루 함이 아닌 까닭에 사의하기 어려운 것이다. ㄴ) 한 게송은 깊고 넓어서 서로 성취함이니 위의 반은 넓음을 따라서 깊음을 밝힘이요, 아래의 반은 깊음을 해석하여 넓음을 밝힘이다. 말하자면 머물지 않는 연고로 가지 않는 곳이 없고, 가지 않는 연고로 본래 자리를 떠나지 않나니, 이것은 깊음에 대한 해석이다. 티끌과 모공 등의 곳에 널리 들어가지 않음이 없는 것은 '광대하고 끝없다'는 뜻이다.

[鈔] 一塵內身等者는 以卽一恒多故等이라

● '한 티끌 속의 몸' 등이란 하나와 합치하여 항상 여럿이라는 등이다.

나. 혜림보살의 게송 찬탄[慧林菩薩偈] 2.

가) 게송을 설하는 광경[明說偈儀] (第二 6上3)

爾時에 慧林菩薩이 承佛威力하사 普觀十方하고 而說頌言하시되
그때에 혜림보살이 부처님의 위신력을 받들어 시방을 두루 관찰하고 게송으로 말하였다.

[疏] 第二, 上明功德하고 此辨智慧라 悟此除冥難遇之慧일새 故名慧林이니 偈中에 歎此니라

■ 나. 혜림보살의 게송 찬탄이니 위에서는 공덕에 대해 밝혔고, 여기서는

지혜에 대해 밝혔다. 이런 어둠을 없애고 만나기 어려운 지혜를 깨달았으므로 혜림이라 이름하였으니, 게송 중에도 이에 대해 찬탄하였다.

나) 바로 게송으로 찬탄하다[正說讚偈] 3.
(가) 만나기 어려운 부처님에 대해[初一明佛難遇] (十頌 6上6)

世間大導師　　　離垢無上尊이여
不可思議劫에　　難可得値遇로다
세간에 가장 크신 길잡이
때 없고 가장 높은 세존
부사의한 겁을 지나도
만나 뵈올 수 없네.

[疏] 十頌을 分三이니 初一은 明佛難遇오
■ 열 게송을 셋으로 나누니 (가) 한 게송은 부처님 만나기 어려움에 대해 밝혔다.

(나) 여섯 게송은 만나기 어려움을 별도로 해석하다[次六別釋難遇] 3.
ㄱ. 두 게송은 만나기 어려움을 더욱 자세히 밝히다[初二益廣難遇]
(次六 6上9)

佛放大光明하시니　　世間靡不見이라
爲衆廣開演하사　　　饒益諸群生이로다
부처님 큰 광명 놓으시니

세간에 못 보는 이 없고
대중에게 널리 연설하시어
모든 중생을 이익케 하며

如來出世間하사　　　爲世出癡冥하시니
如是世間燈이여　　　希有難可見이로다
여래께서 세상에 나심은
세상 사람 어두운 데서 뛰어나도록
이러한 세상의 등불
희유하여 보기 어렵네.

[疏] 次六은 別釋難遇라 於中에 亦三이니 初二는 益廣難遇오

■ (나) 여섯 게송은 만나기 어려움에 대해 별도로 해석함이다. 그중에
　　또 셋이니 ㄱ. 두 게송은 만나기 어려움을 더욱 자세히 밝힘이요,

ㄴ. 인행이 원만해도 만나기 어렵다[次一因圓難遇] (次一 6下1)

已修施戒忍과　　　　精進及禪定과
般若波羅蜜하사　　　以此照世間이로다
보시 · 지계 · 인욕
정진 그리고 선정
반야바라밀다를 이미 닦아
이것으로 세간을 비추며

■ ㄴ. 한 게송은 인행이 원만해도 만나기 어려움을 밝혔다.

ㄷ. 세 게송은 과덕이 깊어도 만나기 어렵다[後三果深難遇] (後三 6下5)

　　如來無與等하시니　　　求比不可得이라
　　不了法眞實이면　　　　無有能得見이로다
　　여래는 동등할 이도 없고
　　짝을 구해도 얻을 수 없나니
　　진실한 법을 알지 못하고는
　　아무도 보지 못하나니

　　佛身及神通이　　　　　自在難思議라
　　無去亦無來하시되　　　說法度衆生이로다
　　부처님의 몸과 신통
　　자재하심 헤아릴 수 없어
　　가는 일 없고 오는 일 없지만
　　법을 말하여 중생 건지네.

　　若有得見聞　　　　　　清淨天人師면
　　永出諸惡趣하여　　　　捨離一切苦로다
　　청정한 천상 인간의 길잡이
　　누구라도 뵙기만 하면
　　나쁜 갈래에서 영원히 나와

모든 고통을 여의게 되리.

[疏] 後三은 果深難遇라

■ ㄷ. 세 게송은 과덕이 깊어도 만나기 어려움을 밝혔다.

(다) 세 게송은 비교하여 뛰어남을 밝히다[後三校量顯勝] (三有 6下9)

無量無數劫에　　　　　修習菩提行이라도
不能知此義면　　　　　不可得成佛이로다
한량없고 수 없는 겁 동안
보리의 행을 닦으셨으매
이 이치 알지 못하고는
부처를 이룰 수 없으며

不可思議劫에　　　　　供養無量佛이라도
若能知此義면　　　　　功德超於彼로다
헤아릴 수 없는 겁 동안
한량없는 부처님 공양했나니
이런 뜻 만일 안다면
공덕이 저보다 뛰어나리.

無量刹珍寶를　　　　　滿中施於佛이라도
不能知此義면　　　　　終不成菩提로다
한량없는 세계에 가득한

그런 보배로 부처님께 공양했나니
이러한 이치 알지 못하면
끝까지 보리를 이룰 수 없네.

[疏] 三, 有三偈는 校量顯勝이라 於中에 初一은 長時大行校量이오 次一
은 長時供佛校量이오 後一은 勝物供佛校量이라

■ (다) 세 게송은 비교하여 뛰어남을 밝힘이다. 그중에 ㄱ. 한 게송은
오랫동안 크게 행함으로 비교함이요, ㄴ. 한 게송은 오랫동안 부처
님께 공양함으로 비교함이요, ㄷ. 한 게송은 뛰어난 물품으로 공양
함으로 비교함이다.

다. 승림보살의 게송 찬탄[勝林菩薩偈] 2.

가) 게송을 설하는 광경[說偈儀] (第三 7上2)

爾時에 勝林菩薩이 承佛威力하사 普觀十方하고 而說頌
言하시되
그때에 승림보살이 부처님의 위신력을 받들어 시방을 두루
관찰하고 게송으로 말하였다.

[疏] 第三, 勝林은 悟勝義甚深之法故라

■ 다. 승림보살의 게송 찬탄에서 '승림(勝林)'이란 뛰어난 이치로 깊고
깊은 법을 깨달은 까닭이다.

나) 바로 게송을 설하다[正說偈] 2.

(가) 세 게송은 부처님 공덕이 넓고 넓음을 밝히다[初三明佛德廣博] 2.

ㄱ. 세 게송을 총합하여 과판하다[總判三偈] (偈讚 7上6)

[疏] 偈歎深廣無涯之德이라 十頌을 分二니 初三은 明佛德廣博이오 後七
　　은 顯法體甚深하야 橫豎互顯이라 前中에 初二는 喩況이오 後一은 法
　　合이라

■ 나) 깊고 넓어 끝없는 공덕을 게송으로 찬탄함이다. 열 게송을 둘로
　　나누리니 (가) 세 게송은 부처님 공덕이 넓고 넓음이요, (나) 일곱 게
　　송은 법의 체성이 매우 깊어서 종횡으로 번갈아 밝힘이다. (가) 중에
　　ㄱ. 두 게송은 비유로 견줌이요, ㄴ. 한 게송은 법과 합함이다.

ㄴ. 첫 여름날에 대해 별도로 해석하다[別釋孟夏月] 6.

ㄱ) 총합하여 경문의 뜻을 밝히다[總顯文意] (喩言 7上8)

　　譬如孟夏月에　　　　空淨無雲曀하면
　　赫日揚光輝하여　　　十方靡不充이로다
　　비유컨대 첫 여름날
　　구름 없는 깨끗한 허공
　　붉은 태양 광명이 찬란해
　　시방에 가득 차거든

　　其光無限量하니　　　無有能測知라
　　有目斯尚然이어든　　何況盲冥者아

그 빛이 한량이 없어
헤아려 알 수 없나니
눈뜬 사람도 그렇거든
하물며 소경들이랴.

諸佛亦如是하사   功德無邊際하시니
不可思議劫에   莫能分別知로다
부처님들도 그와 같아서
끝 간 데 없는 크나큰 공덕
부사의한 겁을 지나면서도
분별하여 알 수 없느니.

[疏] 喩言孟夏月者는 取意譯也라

■ '첫 여름날'이라 비유한 것은 뜻을 취한 해석이다.

ㄴ) 범본과 회통하다[會梵本] (梵本 7上8)

ㄷ) 더위 뒤의 달의 모양[出後熱月相] (如來)

[疏] 梵本敵對翻하면 云後熱月이라 西域에 如來聖敎에 一歲를 立爲三際
    하니 謂熱雨寒이라 西域記에 云, 從正月十六日로 至五月十五日이
    爲熱時라하니 則後熱月言은 兼得此方孟夏後半이라 餘之二際는 各
    有四月이니 準釋可知니라

■ 범본을 상대하여 번역하면 '더위 뒤의 달'이라 한다. 서역에서 부처님
  의 성스러운 가르침에 한 해를 세 시기로 세웠으니 소위 (1) 더위[熱]

(2) 우기[雨] (3) 서늘함[寒]이다. 『대당서역기』에 이르되, "1월 16일부터 5월 15일까지가 더운 시기이다"라 하였으니 '더운 시기'가 된다. 그러니 '더위 뒤의 달'이란 말은 겸하여 중국의 '첫여름 후반'에 해당한다. 나머지 두 시기는 각기 4개월이니 준하여 해석하면 알 수 있으리라.

ㄹ) 뒤와 회통하여 힐난을 해명하다[會後通難] (赫日 7下2)
ㅁ) 시분에 대해 자세히 말하다[委彰時分] (彼方)
ㅂ) 간정기의 주장을 파하다[結破刊定] (不見)

[疏] 赫日之言은 但取陽光時長하야 難窮其際耳니라 彼方에 或爲四時는 與此名同이나 但以正月黑半으로 爲首耳니라 不見此文하고 妄爲異解로다

■ '붉은 태양'이란 말은 단지 볕 드는 때가 긴 것만 취하여 그 시기를 추측하기 어려울 뿐이다. 저 방소에 혹 네 시기란 이곳과 이름은 같지만 다만 1월 반 달인 날(22일)로 초하루를 삼았다. (간정공은) 이 문장을 보지 못하고 망녕되게 다르게 이해하였구나!

[鈔] 喩言孟夏月者取意譯也下에 疏文有六하니 一, 總顯文意오 二, 梵本下는 會梵經이니 此卽刊定이 引梵破經이라 如下當說이니 今疏에 取其所引하야 令順同今經호리라 三, 西域如來聖敎下는 出後熱月相하야 明其三際는 但是佛敎所用이오 俗之所用은 不必要三하고 亦說四時等故라 四, 赫日之言下는 會經通難이니 卽刊定에 破云호대 四月赫日이 豈勝六月이리오 故로 孟夏之言이 不順赫日라할새 故로 疏에 出意云호대 但取光長者故라 晉經에 云, 譬如春後月에 虛空無

雲翳어든 日曜清淨光이라하니 春後가 與孟夏로 無違니 赫日은 明取光遠이로다 五, 彼方或爲四時下는 委彰時分하야 以正濫釋이라 六, 不見此文下는 結破刊定이니 謂彼破譯者云호대 準梵本하면 應云後熱月이오 不合言孟夏月이라 若取意總譯인대 應云, 譬如盛暑月에 赫日光熾然이어든 於淨虛空中에 無邊光照曜니 由方言에 實無敵對翻故로 應取意譯也라

● 喩言孟夏月者取意譯也 아래에 소의 문장에 여섯이 있으니 ㄱ) 총합하여 경문의 뜻을 밝힘이요, ㄴ) 梵本 아래는 범본 경전과 회통함이니 이는 간정공이 범본을 인용하여 본경을 파함이다. 아래에 가서 설한 내용과 같나니, 지금 소가가 그 인용한 범본을 취하여 하여금 지금의 본경과 수순하여 같게 하리라. ㄷ) 西域如來聖敎 아래는 더위 뒤의 달의 모양을 내어서 그 삼제를 설명함은 단지 부처님 가르침에 쓰일 뿐만이 아니요, 세속에서 쓰일 데는 반드시 삼제가 필요하지 않고, 또한 사철의 시기 등도 말한 까닭이다. ㄹ) 赫日之言 아래는 경전과 회통하여 힐난을 해명함이니, 곧 간정기에서 본경을 파하여 이르되, "4월의 붉은 태양이 어찌 6월보다 뛰어나리오. 그러므로 첫 여름이란 말이 붉은 태양과 맞지 않는다"라 하므로 소가가 의미를 내보여서 말하되, 다만 광명이 긴 것만 취한 까닭이다. 진경에 이르되, "비유컨대 첫 여름 어느 날 구름 없는 깨끗한 허공, 붉은빛 청정한 광명이 퍼져"라 하였으니 봄의 뒤가 첫 여름과 어긋남이 없으니 붉은 태양은 광명이 먼 것을 분명하게 취하였다. ㅁ) 彼方或爲四時 아래는 시분을 자세히 밝혀서 잘못된 해석을 바로잡았다. ㅂ) 不見此文 아래는 간정공을 결론적으로 타파함이니 이른바 저들이 번역자를 파하여 말하되, "범본에 준해 보면 응당히 '더위 뒤의 달'이라 해야 한다.

'첫 여름날'이라 말함이 합당치 않다." 만일 의미를 취하여 총합하여 번역한다면 응당히 "비유컨대 더위가 성한 날에 붉은 태양빛이 치성하거든 깨끗한 허공중에서 그지없는 광명이 밝게 비춘다"고 하였으니 방언에 진실로 적대함 없이 뒤바꾼 연고로 응당히 의미를 취하여 번역하였다.

言後熱月者는 西域에 時節名字를 兩說하니 一은 云, 一年三時니 謂春夏秋가 各四月이라 從十一月半已後로 至三月已前은 名春時오 餘二時는 準知니라 一은 云, 一年六時가 各兩月이니 謂從十一月後半으로 至正月前半은 名春時오 二, 從正月半으로 至三月前半은 爲熱時오 三, 從此後로 至五月前半은 名雨時오 四, 從此後로 至七月前半은 名秋時오 五, 從此後로 至九月前半을 名雪時오 六, 從此後半으로 至十一月前半을 名極寒時라 今此梵本에 云後熱月者는 當此國二月半已後와 三月半已前이니 彼方兩熱月中이 後熱月也라 然此與西國으로 時復不同이라 此地는 正暄하고 西域은 已熱하니 是以로 但可取意譯耳라하니 上卽刊定記義니라

● '더위 뒤의 달'이라 말한 것은 서역에서 시절과 이름을 두 가지로 말하니 어떤 이는 이르되, "1년이 세 철이니 이른바 봄, 여름, 가을이 각기 4개월이다. 11월 반 이후로부터 3월 이전까지를 봄이라 이름하고, 나머지 두 철은 준하여 알 것이다." 어떤 이는 이르되, "1년의 여섯 철이 각기 2개월이니 이른바 ① 11월 후반부터 1월 전반까지 봄철이요, ② 1월 후반부터 3월 전반까지 여름철이요, ③ 3월 후반부터 5월 전반까지가 우기철이요, ④ 5월 후반부터 7월 전반까지가 가을철이요, ⑤ 7월 후반부터 9월 전반까지가 눈 오는 겨울철이요, ⑥ 9월 후반

부터 11월 전반까지가 지극히 추운 겨울철이라 하였다." 지금 여기
서 범본에 이르되, "'더위 뒤의 달'이라 말한 것은 이곳 중국의 2월 후
반부터 3월 전반까지이니 저 서역의 더운 두 달이 더위 뒤의 달이다.
그러나 이곳과 서역이 시절이 또한 같지 않다. 중국의 땅은 따뜻할
즈음에 서역은 이미 더울 때이니 이런 까닭에 단지 의미만 취하여 해
석해야 한다." 여기까지는 간정기의 주장이다.

餘之二際準知者는 應云, 從五月十六日로 至九月十五日은 爲夏니
卽雨際오 從九月十六日로 至正月十五日은 卽寒際니 卽雨熱寒之
三際也라 斯卽俱舍光法師義오 若泰法師意인대 從十月半爲首라
泰公은 約晝夜停等後하야 說增減하고 光公은 約晝夜極長時後하야
說增減이라 然其兩說이 亦不愜西域記文이라 刊定이 承謬하야 更斥
經義일새 故云不見此文하고 妄爲異解니라 然疏文이 已正이나 所引
猶略하니 今當具引하리라 …〈아래 생략〉…

● '나머지 두 시기는 각기 4개월이니 준하여 알 수 있다'는 것은 응당히
말하되, 5월 16일로부터 9월 15일까지는 여름이 되니 곧 비 오는 시
기요, 9월 16일부터 1월 15일까지는 곧 추운 시기이니 곧 비 오는 시
기와 더운 시기와 추운 시기의 세 시기이다. 이것은 곧 구사론 광(光)
법사[7]의 뜻이요, 만일 태(泰)법사의 주장이라면 10월 15일부터 머리
를 삼았으리라. 태(泰)법사는 낮과 밤에 머무는 등을 잡은 뒤에 늘어
나고 줄어듦을 말하였고, 광(光)법사는 낮과 밤이 가장 긴 시기를 잡
아서 늘어나고 줄어듦을 말하였다. 그러나 그 두 가지 설이 또한『대

---

7) 俱舍光法師 :『구사론광기』의 저자 보광을 가리킨다. 보광(普光, -) : 중국 당대 승려 현장(玄奘)을 스승으로 삼
고, 대자은사에 있으면서 역경에 참례하여 두각을 나타내다. 20년 동안 현장이 번역한 경전 가운데 대부분을 그가
필수(筆受)하고 현장이『구사론』을 번역함에『구사론기』30권을 지어 주석(註釋), 구사종의 기초를 삼았다.

당서역기』의 문장과 많은 부분이 맞지 않다. 간정공이 잘못 이어받아서 다시 경의 뜻을 배척하는 연고로 말하되, "이 경문은 보지 않고 망념되게 다른 견해로 삼은 것이다." 그러나 소문이 이미 옳지만 인용한 부분이 오히려 간략하니 지금은 마땅히 구제적으로 인용하겠다. …〈아래 생략〉…

(나) 일곱 게송은 법의 체성이 매우 깊음을 밝히다[後七顯法體甚深] 2.
ㄱ. 대의를 총합하여 밝히다[總顯大意] 3.
ㄱ) 표방하다[標] (後七 10下1)

[疏] 後七中에 令於依他하야 修三無性觀이라
■ (나) 일곱 게송 중에 의타성으로 하여금 세 가지 무성관법을 닦게 함이다.

ㄴ) 해석하다[釋] 3.
(ㄱ) 의타성에 의지하여 총합하는 닦는 원인을 밝히다
　　[明依他上總修所以] (以餘 10下1)
(ㄴ) 삼무성은 삼성을 여의지 않음을 밝히다[明三無性不離三性] (卽依)
(ㄷ) 서로 융합하고 통하다[明融通] (三性)

[疏] 以餘之二性이 不離依他故니 由於二性하야 成依他故라 謂圓成은 是依他體性이오 徧計는 但橫執依他며 又迷眞似現故라 卽依三性하야 說三無性이라 三性尙一이어니 豈有三無리오 三無는 但是卽有之無오 三性은 但是卽無之有라 有無不二가 爲一實性이오 有無形奪이 性亦非性이니

■ 나머지 두 가지 성품이 의타성을 떠나지 않는 까닭이니, 두 가지 성품으로 인해 의타성을 이루는 까닭이다. 말하자면 원성성은 의타성의 본체요, 변계성은 단지 의타성을 고집하는 것일 뿐이며, 또한 진여를 미혹하여 나타나는 듯하기 때문이다. 곧 삼성에 의지하여 삼무성을 설하였다. 삼성도 오히려 하나인데 어찌 삼무성이 있으리오. 삼무성은 단지 유와 합치한 무일 뿐이다. 삼성은 단지 무와 합치한 유일 뿐이다. 유와 무가 둘이 아닌 것이 하나의 실성이 되고, 유와 무가 형상을 뺏는 것이 성품이기도 하고 또한 성품이 아니기도 하나니,

ㄷ) 결론하다[結] (故於 10下6)

[疏] 故於一依他中에 具修諸觀이니라
■ 그러므로 하나의 의타성 중에 여러 관법을 갖추어 닦는다.

[鈔] 後七中等者는 文分爲四니 一, 總標意니 唯識第九에 廣明이라 已如上引하니라 二, 以餘之二性下는 出於一性에 修三所以오 三, 故於一依他下는 結成上義오 四, 文卽分三下는 正釋經文이라 二中有三하니 初, 明三性卽一性이오 二, 明三無性이 卽三性이오 三, 明融通爲一이라 初中[8]에 圓成은 卽是依他之體니 故觀依他에 必觀其體라 離依他性하면 無可橫執일새 故徧計性도 亦約依他니라 又迷眞似現者는 此之一句는 具足三性이니 迷卽徧計오 眞卽圓成이오 似卽依他라 前意에는 明二不離依他하고 此義에는 明二能成依他일새 故但觀依他에 已具三性이니라

---

8) 上八十六字는 南金本無, 此下에 甲南續金本有謂字.

即依三性下는 第二, 明三無性이 不離三性이니 全是唯識偈文이라 具足하면 應云, 即依此三性하야 立彼三無性이니 初는 則相無性이오 次는 無自然性이오 後는 由遠離前의 所執我法인 性이라하니 明[9]三無性이 依三性有也니라

三性尙一下는 三, 明融通이니 謂三性是有도 尙猶是一이온 三無無相이어니 豈定有三이리오 故收三性에 但是一有오 三無가 但是一無라 離有하면 無無일새 故有無不二니라 初句는 約顯이오 後, 有無形奪下는 約遮라 餘義는 玄中에 已具其相하니라

● (나) 일곱 게송 등이란 소문을 넷으로 나누었으니 ㄱ. 의미를 총합하여 표방함이요, 『성유식론』제9권에 자세히 밝혔다. 이미 위에서 인용한 것과 같다. ㄴ. 以餘之二性 아래는 한 가지 성품에서 나온 것이 삼무성을 닦는 이유요, ㄷ. 故於一依他 아래는 위의 뜻을 결론함이요, ㄹ. 文卽分三 아래는 경문을 해석함이다. ㄴ. 중에 셋이 있으니 ㄱ) 삼성이 곧 일성임을 설명함이요, ㄴ) 삼무성이 곧 삼성임을 설명함이요, ㄷ) 융통하여 하나가 됨을 설명함이다. ㄱ) 중에 원성성은 곧 의타성의 본체이니 그러므로 의타성을 관찰할 적에 반드시 그 본체를 관찰한다. 의타성을 여의면 가로로 고집할 수 없는 연고로 변계성도 또한 의타성에 의지한 것이다. '또한 진여를 미혹하여 나타난 듯하다'는 것은 이 한 구절에 삼성을 구족하였으니 미혹하면 변계성이요, 진실하면 원성성이요, 비슷하면 의타성이다. 앞의 의미로는 두 성품이 의타성을 여의지 않음을 설명하였고, 지금의 이치로는 두 가지 성품이 능히 의타성을 이룸을 설명한 까닭에 단지 의타성에 이미 삼성을 구족했음을 관찰한 것이다.

---

9) 明은 南續金本作則.

(ㄴ) 即依三性 아래는 삼무성이 삼성을 여의지 않음을 설명함이니 온전히 『성유식론』 게송 문장이다. 갖추어 응당히 말하면, "곧 이 세 가지 자성에 의거해서 그 세 가지 무자성을 건립한다. (그러므로 부처님께서 비밀한 뜻으로 모든 법은 자성이 없다고 말씀하신다.) 처음의 것[徧計性]에서는 곧 상무자성(相無自性)을 말하고, 다음의 것[依他性]에서는 무자연성(無自然性)을 말한다. 나중의 것[圓成性]에서는 앞의 변계성(徧計性)에서 집착된 자아와 법을 멀리 떠난 것에 의거하는 자성을 말한다"라고 하였으니, 세 가지 자성 없는 도리는 세 가지 자성에 의거해서 있음을 설명한 내용이다.

(ㄷ) 三性尚一 아래는 융합하여 통함을 설명함이니, 이른바 세 가지 성품이 유인 것도 오히려 하나일 것이고, 셋도 모양 없음이 아닐 텐데 어찌 셋이 정해져 있으리오. 그러므로 삼성을 거두면 단지 한 가지로 유일 뿐이요, 삼성이 없음이 단지 한 가지로 무일 뿐이다. 유를 여의면 무도 없을 것이므로 유와 무가 둘이 아니다. a) 첫 구절은 간략히 밝힘이요, b) 有無形奪 아래는 차전(遮詮)에 의지한 분석이다. 나머지 이치는 현담에서 이미 그 모양을 구비하여 밝힌 적이 있다.

ㄴ. 게문을 개별로 해석하다[別釋偈文] 2.
ㄱ) 과목 나누기[分科] (文 卽 11下2)

[疏] 文卽分三이니 初三은 作生無自性性觀이오 次二는 兼修勝義無自性性觀이오 後二는 修相無自性性觀이니라

■ 게문을 셋으로 나누리니 (ㄱ) 세 게송은 생무자성성관을 지음이요, (ㄴ) 두 게송은 승의무자성성관을 겸하여 닦음이요, (ㄷ) 두 게송은

상무자성성관을 닦음이다.

[鈔] 初三은 作生無自性性觀者는 卽第二依他上의 無性也니 卽唯識에
云, 次無自然性이라 然三無性名은 須彌偈品文中에 已有어니와 今復
略釋호리라 謂法從緣하니 無自然生性故라 上의 生自性은 卽是所無
오 下의 一性字는 是無性性이니 謂無自然生之自性으로 爲其性故라
言勝義無自性性者는 卽第三無性이니 勝義自性은 卽是所無오 下
一性字는 義同於前이니 顯無彼勝義之性으로 爲其性故라 勝義는 卽
是圓成이오 圓成은 卽是眞如라 故로 唯識에 云, 此諸法의 勝義며 亦
卽是眞如라 常如其性故로 卽唯識의 實性이라하니라 言相無自性性
者는 卽第一無性이니 謂徧計之相을 亦不可得이 如繩上蛇라 下一性
字는 是第一性이니 以相無自性으로 而爲其性故니라

● (ㄱ) '세 게송은 생무자성성관을 지음'이란 곧 두 번째 의타성상의 무
자성이다. 『성유식론』에 이르되, "다음은 무자연성을 말한다"고 하
였다. 그런데 세 가지 무자성이란 명칭은 수미정상게찬품 경문에 이
미 있었거니와 지금 다시 간략히 해석하겠다. 말하자면 법은 인연을
따르나니 자연히 생김이 없는 성품인 까닭이다. 위의 생기는 자성은
곧 없음이요, 아래의 성(性)이란 한 글자는 자성이 없음의 성품이니
말하자면 자연히 생김이 없는 자성으로 그 성품을 삼은 까닭이다.
'승의무자성의 성품'이라 말한 것은 셋째 무성이니 승의의 자성은 곧
없는 것이요, 아래의 성이란 한 글자는 이치가 앞과 같나니 저 승의의
자성이 없음으로 그 성품을 삼은 것을 밝힌 까닭이다. 승의(勝義)는
곧 원성성이요, 원성성은 곧 진여이다. 그러므로 『성유식론』에 이르
되, "이것이 모든 법의 뛰어난 이치이며 또한 곧 진여이다. 상주하고

평등한 것이면서도 그것의 자성이기 때문에 곧 유식의 참다운 성품이로다"라고 하였다. '모양에 자성이 없는 성품'이라 말한 것은 곧 첫째 무성이다. 말하자면 변계성의 모양을 또한 얻을 수 없는 것이 마치 먹줄 위의 뱀과 같다. 아래의 성품 한 글자는 곧 첫째 성품이니 모양이 자성이 없음으로 그 성품을 삼은 까닭이다.

ㄴ) 과목에 따라 해석하다[隨釋] 3.
(ㄱ) 세 게송은 생무자성성관을 짓다[初三作生無自性性觀] 3.
a. 첫 게송은 무생을 바로 관찰하다[初偈正觀無生] (今初 12上5)

諸法無來處며 　　　　　亦無能作者며
無有所從生일새 　　　　不可得分別이로다
모든 법이 온 데도 없고
누가 지은 이도 없으며
어디로부터 난 데도 없나니
어떻다고 분별할 수 없네.

[疏] 今初를 即分爲三이니 初偈는 正觀無生이라 初句는 果空이니 謂緣生果法은 非先有體라 從世性微塵과 及未來藏과 因緣心識中來니 若有來處인대 即先已有어늘 如鳥來棲樹하니 何得言生이리오 次句는 因空이니 旣無有果하니 對何說因이리오 又世性等은 亦是妄計니 因緣有故라 次句는 雙遣이니 所從은 是因이오 所生은 是果라 又初句는 不自生이오 次句는 不他生이오 次句는 不共生이라 又初句는 非先有而生이오 次句는 非先無而生이오 次句는 非半有半無니 三義가 各以末

句로 息妄成觀이니라

■ 지금은 (ㄱ) (생무자성성관을 지음)을 셋으로 나누리니 a. 첫 게송은 무생(無生)을 바로 관찰함이다. a) 첫 구절[諸法無來處]은 결과가 공함이니, 이른바 연기로 생긴 결과의 법은 먼저 자체가 있는 것이 아니다. 세간 성품의 티끌과 미래의 창고와 심식의 인연으로부터 온 것이니, 만일 온 곳이 있다면 곧 먼저 이미 있어야 하거늘 새가 와서 잠자던 나무에서 온 것과 같나니 어찌 생이라고 말하리오. b) 다음 구절[亦無能作者]은 원인이 공함이니, 이미 결과가 없으니 무엇을 상대하여 원인을 말하리오. 또한 세간의 성품 따위는 역시 망녕된 계탁이니 인연으로 있기 때문이다. c) 다음 구절[無有所從生]은 동시에 보냄이니 '어디로부터 온 바[所從]'는 원인이요, '태어난 곳'은 결과이다. 또 첫 구절은 자연히 생긴 것이 아니요, 다음 구절은 다른 데서 생긴 것도 아니요, 다음 구절은 함께 생긴 것도 아니다. 또 첫 구절은 선대로부터 생긴 것이 아니요, 다음 구절은 선대에 없다가 생긴 것도 아니요, 다음 구절은 반은 있고 반은 없는 것도 아니다. 세 가지 이치가 각기 마지막 구절[不可得分別]로 망념을 쉬면 관법을 성취하게 된다.

[鈔] 初句, 果空等者는 卽中論의 先有先無門觀也라 然亦名奪破니 於中에 先奪破其所計先有호대 總擧諸宗이라 世性微塵은 卽是外道오 及未來藏은 卽一切有部오 因緣은 通大小乘이오 約相心識은 卽唯識唯心所現이오 若執定有는 皆爲所遣이라 從若有來處下는 縱破라 鳥來棲樹는 卽中論에 靑目이 釋無來文이니 謂先有鳥하야 而來就樹하면 可名爲來어니와 今從無之有日生이니 曾何先有리오 次句因空者는 卽經의 亦無能作者니 能作은 是因이오 因者는 卽我也라 亦卽牒辭니

則通於法이니라 瑜伽論에 云호대 順益이 是因義니 謂無常法爲因이오 無有常法이 能爲法因이라 又雖無常法이 爲無常因이나 然與他性으로 爲因하고 亦與後自性으로 爲因하야 非卽此刹那라하니라 從旣無有果下는 破也니 卽相待門破를 可知로다

● 첫 구절은 결과가 공함 따위는 곧『중론』의 먼저 있고 먼저 없는 문의 관법이다. 그런데 또한 빼앗아 타파함이라 이름하나니 그중에 그 계탁한 먼저 있음을 먼저 빼앗아 타파하였으되 여러 종파를 총합하여 거론함이다. '세간 성품의 티끌'은 곧 외도요, 미래의 창고는 일체유부종이요, 인연은 대승과 소승에 통함이요, '모양에 의지한 심식'은 곧 유식과 유심에서 나타낸 바요, 만일 정해진 유라 집착함은 모두 보낼 대상이다. 若有來處부터 아래는 놓아 타파함이다. '새가 잠자던 나무에서 옴'이란 곧『중론』에서 청목(靑目) 논사가 옴이 없음을 해석한 문장이니 말하자면 먼저 새가 있어서 나무에서 오고 나아간다면 어디서 왔다고 이름할 수 있지만 지금은 없음에서부터 존재함을 생이라 하였으니 일찍이 무엇이 있었으리라. 다음 구절은 원인이 공함이란 곧 경문의 '또한 누가 지은 이도 없으며'이니 짓는 주체는 원인이고, 원인은 곧 '나'이다. 또한 따온 말이니 저 법에 통한다.『유가사지론』제5권[10] 에 이르되, "이익을 수순함이 곧 원인의 이치이다. 이른바 무상한 법[無常法]이 원인이 되며, 항상한 법이 없음은 능히 법의 원인이 된다는 뜻이다. 또 비록 무상함의 법이 무상한 원인이 된다 하더라도 그러나 다른 성품에게 원인이 되고, 또한 뒤로는 자성에게 원인도 되는데, 곧 한 찰나 동안에 되는 것은 아니다"라고 하였다. 旣無有果부터 아래는 타파함이니 곧 상대하는 문을 타파함은 알 수 있으리라.

---

10)『유가사지론』제5권 本地分中有尋有伺等三地의 ② 내용이다.

從又世性等亦是妄計因緣有故者는 亦因緣門이니 因緣無性故라 亦無體門이니 但有妄計오 無實體故니라 又初句不自生等者는 上之四句에 各別門破어니와 今通用因緣門하야 以四로 開破하고 略無無因이라 中觀論에 云[11] 諸法不自生이며 亦不從他生이며 不共이며 不無因일새 是故知無生이라하며 而雜集論에 二門釋之하니 一은 云不自生者는 謂一切法이 非自所作이니 彼未生時에 無自性故라 不從他生者는 謂彼法緣은 非作者故라 不從共生者는 謂卽由此二種因故로 非不自作과 他作故라 不無因生者[12]는 緣望衆生에 有功能故라 二, 又因緣互奪이니 釋云호대 自種有故로 不從他等이라하니 次後當釋호리라

又初句非先有下는 前來에 唯初句가 用先有門이어니와 今通三句가 皆用先有先無門이라 中論因緣品에 云, 果先於緣中에 有無俱不可라 先無가 爲誰緣이며 先有를 何用緣가 影公이 云, 因中에 先有인대 則可境界가 在六根이오 因中에 先無인대 則因同非因이라 因同非因인대 則可鑽氷出火오 境界가 在六根인대 則可湯中에 求氷이라 若亦有亦無인대 則具上二過라 其第四句는 乃非此門이라 故로 中論에 云, 若果非有生인대 亦復非無生이라 亦非有無生이어니 何得言有緣이리오하니라

● 또한 세간의 성품 따위는 또한 망녕된 계탁이니 인과 연이 있는 까닭이란 역시 인연문이니, 인연은 자성이 없기 때문이다. 또한 자체가 없는 문이니 단지 망녕된 계탁만 있고 실다운 체성이 없는 까닭이다. 또 첫 구절은 자생이 아니라는 등은 위의 네 구절에게 각기 별도의 문으로 타파하였는데 지금은 통틀어 인연문을 사용하여 네 가지로 열어 타파하고 인연 없음은 생략하여 없다. 『중관론』에 이르되, "모든 법

---

11) 이는 觀因緣品 第一의 偈頌이다.
12) 著下에 南續金本有謂字.

은 자생이 아니며 또한 다른 것으로부터 생긴 것도 아니며 함께함도 아니며 원인 없음도 아니다. 이런 연고로 태어남이 없는 줄 알아라" 라고 하였으며 『대승잡집론』에는 두 문으로 해석하였으니 하나는 '자생이 아니다'라고 한 것은 이른바 일체법이 자신이 지은 것이 아님 이니 저가 생기지 않았을 때에 자성이 없는 까닭이다. 다른 것으로부터 생긴 것이 아님은 이른바 저 법의 인연은 지은 자가 아닌 까닭이다. 함께 태어남이 아님은 이른바 이런 두 가지 원인으로 인해 자작과 타작이 아님도 아닌 까닭이다. '원인 없이 태어남이 아님'이라는 것은 인연으로 중생을 보면 공능이 있기 때문이다. 둘은 또 인과 연을 서로 뺏음이니 해석하되, "자체의 종자가 있는 연고로 다른 등으로부터 난 것이 아니다"라고 하였으니 다음에 장차 해석하겠다.

又初句非先有 아래는 앞에서 오면 오직 첫 구절만이 먼저 있다는 문을 썼거니와 지금은 통틀어 세 구절이 모두 먼저 있고 먼저 없는 문을 사용한 것이다. 『중론』인연품에 이르되, "또한 결과가 발생하기 전에는 인연 가운데 결과가 있다거나 없다고 할 수 없다. 없다고 하면 그 인연은 무엇을 위한 인연이며 이미 있다고 하면 왜 인연을 필요로 하겠는가?" 영공법사가 이르되, "원인 중에 먼저 있다면 경계가 육근 속에 있을 것이요, 원인 중에 먼저 없다면 원인은 원인이 아님과 같게 된다. 원인이 원인 아님과 같다면 얼음을 뚫어서 불을 구할 수 있을 것이요, 경계가 육근 속에 있다면 끓는 물 속에서 얼음을 구할 수 있을 것이다. 만일 있기도 하고 없기도 한다면 위의 두 가지 허물을 구비한 것이다. 그 넷째 구절은 비로소 이런 문이 아닐 것이다. 그러므로 중론에 이르되, '결과가 이미 있는 것에서 생긴 것도 아니요, 없는 것에서 생긴 것도 아니며, 있는 것과 없는 것이 합쳐진 것에서 생긴

것도 아니라면 어째서 결과를 생기게 하는 인연이 있다고 말할 수 있
겠는가?' "라고 하였다.

b. 무생으로 무멸을 해석하다[次偈以無生釋無滅] (次偈 14上1)

一切法無來일새   是故無有生이니
以生無有故로   滅亦不可得이로다
온갖 법이 온 데가 없으니
그러므로 난 것이 아니요
이미 난 것이 아닌지라
멸한다고도 할 수 없네.

[疏] 次偈는 以無生으로 釋無滅이라 略有三義하니 一, 無生可滅故오 二,
無待對故오 三, 例生從緣故니라
■ b. 다음 게송은 무생으로 무멸을 해석함이다. 간략히 세 가지 뜻이 있
   으니 첫째, 생이 없어도 죽을 수가 있기 때문이요, 둘째, 기다려 상대할
   것이 없기 때문이요, 셋째, 생을 유례하여 인연이 따라오기 때문이다.

[鈔] 次偈以無生者는 一, 是無體門이오 二, 相待門이오 三, 因緣門이니라
● b. 다음 게송은 무생 때문이란 첫째는 체성이 없는 문이요, 둘째는
   상대하는 문이요, 셋째는 인연문이다.

c. 관법으로 이룬 이익[觀成利益] (後偈 14上3)

一切法無生이며　　亦復無有滅이니
若能如是解하면　　斯人見如來로다
온갖 법이 난 일도 없고
또 멸함도 없나니
이렇게 이해한다면
이 사람 여래를 보게 되오리.

[疏] 後偈는 觀成利益이니 經에 云, 無生이 卽是佛故라 論에 云, 若見因
緣法하면 則爲能見佛이라하니 依他因緣이 卽無生故니라

■ c. 뒤의 게송은 관법으로 이룬 이익이니, 경문에 이르되, "태어남이 없
는 것이 바로 부처이다"라고 한 까닭이다. 논에 이르되, "만일 인연법
을 본다면 능히 부처님을 볼 수 있다"라고 하였다.

[鈔] 經云等者는 正是大品에 法尙이 答常啼云호대 諸法如가 卽是佛이오
諸法無生이 卽是佛等이라하니라 下句에 旣云, 斯人은 見如來라하니
卽無生이 是佛義耳라 須彌偈讚品에 一切慧菩薩이 云, 一切法無生
하고 一切法無滅하니 若能如是解하면 諸佛常現前이라하니라 論云等
者는 卽中論四諦品末에 云, 是故로 經中에 說호대 若見因緣法하면
則爲能見佛이며 見苦集滅道라하니 而論引經은 卽智嚴經이니 至第
十菩薩하야 當具引之하리라

● 경문에 말한 등은 바로 『대품반야경』에서 법상(法尙)보살이 상제(常
啼)보살에게 대답하기를, "모든 법이 진여임이 바로 부처요, 모든 법
태어남 없음이 곧 부처이다"라고 한 등이다. 아래 구절에 이미 말하
기를, "이런 사람 여래를 본다"고 하였으니, 무생이 곧 부처라는 뜻일

뿐이다. 수미정상계찬품에서 일체혜보살이 이르되, "온갖 법이 나지도 않고 온갖 법이 없어지지도 않나니 만일 능히 이렇게 안다면 부처님께서 항상 그 앞에 게시리"라고 하였다. '논에 이르기를' 등이란 곧 『중론』 사성제품 끝에 이르되, "이런 까닭에 경에서 말하기를 '만일 인연법을 본다면 곧 능히 부처를 볼 수 있으며, 고집멸도를 본다'"고 하였으니, 중론에서 경을 인용한 것은 곧 『지엄경(智嚴經)』이니 제10 지림(智林)보살에 이르러 당연히 구체적으로 인용하겠다.

(ㄴ) 두 게송은 승의무자성성관을 닦다[次二兼修勝義無自性性觀] 2.
a. 처음 게송은 관법의 대상을 보내다[初偈遣所觀] (次二 14下4)

諸法無生故로   自性無所有니
如是分別知하면   此人達深義로다

모든 법이 난 일이 없으매
제 성품도 있는 것 아니니
이렇게 분별하여 알면
이 사람 깊은 이치 통달하리라.

[疏] 次, 二偈는 約依他兼修勝義無自性性觀中에 前偈는 遣所觀이라 上半은 辨觀이오 下半은 明益이니 各含二義일새 故致兼言이라 一者, 成前이니 謂非唯能相之生이 生卽無生이라 所生法體가 從緣無性일새 卽無所有니 此顯依他無生[13]이 是圓成性이라 益云深者는 卽事而眞故라 二는 云, 無生眞性이 亦無所有가 卽彼勝義無自性性이라 益云

---

13) 生은 續金本作性.

深者는 眞性不立故라

■ (ㄴ) 두 게송은 의타성에 의지하여 승의무자성성관을 겸하여 닦음이다. 그중에 a. 앞의 게송은 관법의 대상을 보냄이다. a. 위의 반[諸法無生故 自性無所有]은 관법을 밝힘이요, b) 아래의 반[如是分別知 此人達深義]은 이익을 밝힘이니, 각기 두 가지 뜻을 포함하므로 '겸한다'고 말하였다. 첫째, 앞을 이룸이니 이른바 오직 모양을 만드는 생이 아니요, 생이 곧 무생이라 생긴 바의 법체가 인연을 따라 자성이 없으므로 곧 무소유인 것이니, 이것은 의타성의 무생(無生)이 바로 원성성임을 밝힌 부분이다. (관법의) 이익에서 '깊다'고 말한 것은 현상과 합치하는 진여(眞如)인 까닭이다. 둘째에 말하되, "생이 없는 진여의 성품이 또한 무소유인 것이 곧 저 승의무자성성(勝義無自性性)이다. 이익을 '깊다'고 말한 것은 진여의 성품은 건립하지 않기 때문이다.

[鈔] 各含二義者는 釋上兼修之言이라 而云各者는 正取上半, 觀相과 下半, 觀益이 爲各二義니 卽依他圓成이 如下疏列이오 而下遣能에 亦含依圓하니 故此各言이 兼於能所하야 方順二偈兼修之言이라 一者成前下는 別示二義之相이니 此卽依他中義也라 先明觀相이니 由前偈에 遣能相이라 四相에 略擧生滅이나 已含住異라 此偈는 遣所相色心法體니 由四相相이 成其有爲當法緣生일새 故無自性이라 觀益可知로다 二云無生下는 卽兼修勝義無性義也니라

● '각기 두 가지 뜻을 포함한다'는 것은 위의 '겸하여 닦는다'는 말을 해석함이다. 그러나 '각자'라 말한 것은 바로 위의 반은 관법의 모양과 아래의 반은 관법의 이익이 각기 두 뜻임을 취한 것이니, 곧 의타성과 원성성이 아래 소에서 나열한 것과 같고, 아래 주체를 버림에도 역시

의타성과 원성성을 포함하나니, 그러므로 '각기'라는 말이 주체와 대상을 겸하는 것이 비로소 두 게송에서 '겸하여 닦는다'는 말을 따르는 것이다. 一者成前 아래는 두 가지 뜻의 모양을 개별로 보임이니 이것은 곧 의타성 중의 뜻이다. 먼저 관법의 양상을 밝혔으니 앞의 게송에서 주체의 양상을 보낸 것이다. 네 가지 양상이 간략히 생멸을 거론했지만 이미 머무는 것과 다른 점을 포함하고 있다. 이 게송은 양상의 대상인 형색과 마음과 법의 체성을 보내었으니 네 가지 양상의 상이 그 유위인 해당 법이 인연으로 생김을 이룸으로 말미암아 '자성이 없다'는 것이다. 관법의 이익은 알 수 있으리라. 二云無生 아래는 곧 승의무자성의 뜻을 함께 닦는다는 뜻이다.

b. 뒤의 게송은 바로 밝히다[後偈正明] (後二 15下8)

以法無性故로   無有能了知니
如是解於法하면   究竟無所解로다
법이 제 성품이 없으므로
능히 알 이도 없는 것이니
이렇게 법을 이해하면
필경에 이해할 것 없으리.

[疏] 後偈는 遣能觀이라 然有二義하니 一, 成前所觀이니 謂以無性故로 無有能了가 如無有人이 能了龜毛長短大小라 知無所了가 是究竟了라 二, 是正遣能了니 旣無所了에 亦無能了라 能所兩亡이 爲究竟解니라
■ b. 뒤의 게송은 관법의 주체를 보냄이다. 그런데 두 가지 뜻이 있으니

① 앞의 관법의 대상을 이룸이니 이른바 무성이므로 '능히 알 이도 없는
것'이 마치 어떤 사람이 거북이 털이 길고 짧고 크고 작고를 알지 못함
과 같다. 그러므로 알 것이 없는 줄 아는 것이 마지막에 아는 것이다.
② 바로 아는 주체를 보냄이니 이미 알 것이 없으면 또한 아는 주체도
없는 것이라 주체와 대상이 함께 없는 것이 '마지막에 아는 것'이다.

[鈔] 後偈, 遣能觀者는 然此疏中에 二義가 亦通前依圓이니 前義는 依他
와 圓成이 俱無所了오 後義는 依圓을 皆無能了니 皆由卽性이 卽無
性故라 故疏結云, 能所雙亡이니 卽正結上二義也며 亦通結上二偈
能所니라

● '뒤의 게송은 관법의 주체를 보냄'이란 그런데 이 소문에서 두 가지 뜻
이 또한 앞의 의타성과 원성성에 통하나니, 앞의 뜻은 의타성과 원성
성이 둘 다 깨달을 것이 없음이요, 뒤의 뜻은 의타성과 원성성이 다
알 주체도 없으니 모두 체성에 합치함이 곧 자성이 없음인 까닭이다.
그러므로 소가가 결론하기를 '주체와 대상이 함께 없는 것'이라 하였
으니, 곧 바로 위의 두 가지 뜻을 결론함이며, 또한 위의 두 게송의 주
체와 대상을 통틀어 결론한 내용이다.

(ㄷ) 뒤의 두 게송은 상무자성성관을 닦다[後二修相無自性性觀] 2.
a. 첫 게송은 바로 밝히다[初偈正明] (後二 15下8)

所說有生者는　　　以現諸國土니
能知國土性하면　　其心不迷惑이로다
나는 것 있다고 말하는 이는

국토가 지금 있지 않느냐 하거니와
국토의 성품을 능히 알면
그 마음 미혹하지 않으리.

[疏] 後二偈는 明相無自性性觀中에 初偈는 正明이오 後偈는 總結이라 前
中에 上半은 顯執이니 不了國等依他하야 謂爲現見하고 妄計爲生이라
故로 晉經에 云, 所言有生者는 當知由所生이라하니라 下半은 明觀이
니 若知無性하면 則離徧計故라

■ (ㄷ) 뒤의 두 게송은 상무자성성관을 밝힌 중에 a. 첫 게송은 바로 설
명함이요, b. 뒤 게송은 총합하여 결론함이다. a.에서 위의 반[所說有
生者 以現諸國土]은 집착을 밝힘이니, 국토 등의 의타성을 알지 못하여
'현재에 보는 것을 망녕되게 생이라 계탁한다'고 말한다. 그러므로 진
경문에 이르되, "생이 있다고 말한 이유는 생의 대상으로 인함인 줄
마땅히 알라"고 하였다. 아래의 반[能知國土性 其心不迷惑]은 관법을 밝
힘이니, 만일 자성이 없음을 알게 되면 변계성을 떠나기 때문이다.

b. 뒤 게송은 총합하여 결론하다[後偈總結] (後偈 16上1)

世間國土性이   觀察悉如實하니
若能於此知하면   善說一切義로다
세간과 국토의 성품을
관찰하면 실상과 같나니
만일 여기에서 알면
일체 이치를 잘 말하리라.

[疏] 後偈는 總結이니 稱於事理之實하야 以觀世等일새 故善說也니라

■ b. 뒤 게송은 총합하여 결론함이니, 현상과 이치의 실법과 칭합하게 세상을 관하는 등이므로 '잘 말한다'고 하였다.

[鈔] 不了國等者而言等者는 國은 卽共業緣生이라 以後偈에 總結云호대 世間國土性이라하니 世間之言은 通有情世間일새 故致等言이라 言謂 爲現見者는 以中論內에 小乘被破에 皆悉救云호대 世間現見故라하 니 意云不合與世間으로 相違오 又佛言하사대 世智說有일새 我亦說 有오 世智說無일새 我亦說無라하시니 今現見有國等諸法이어니 豈得 言無리오 故引晉經云호대 當知由所生이라하니 所生卽現일새 故見國 等이니라

● '국토 등의 의타성을 알지 못하여'라고 말한 등에서 국토는 공업으로 인연하여 생김이다. 뒤 게송에 총합하여 결론하기를, '세간과 국토의 성품'이라 하였으니 세간이란 말은 중생세간과 통하므로 이렇게 말 하였다. '현재 보는 것을 망녕되게 생이라' 말한 것은 『중론』에서 소 승이 타파함을 보고 모두가 구제하여 말하기를, "세간을 현재에 보 기 때문이다"라고 하였으니 의미로는 세간과 서로 어긋남이 합당하 지 않다. 또 부처님은 말씀하시기를, "세간 지혜로는 있다고 말하므 로 나 또한 있다고 말하며 세간 지혜로 없다고 말하므로 나 또한 없 다고 말한다"라고 하였으니 지금 현재에 국토 등 모든 법이 있다고 보았는데 어찌 없다고 말하리오. 그러므로 진경(晉經)을 인용하여 말 하되, "마땅히 알라, 태어날 대상이기 때문이다"라고 하였다. 태어난 것은 곧 나타나므로 국토 등을 보았다.

라. 무외림보살의 게송 찬탄[無畏林菩薩偈] 2.

가) 게송을 설하는 광경[說偈儀] (第四 16上10)

爾時에 無畏林菩薩이 承佛威力하사 普觀十方하고 而說
頌言하시되
그때에 무외림보살이 부처님의 위신력을 받들어 시방을 두
루 관찰하고 게송으로 말하였다.

[疏] 第四, 以信樂力으로 聞深不畏를 名無畏林이라 偈歎信向益深德故라
■ 라. 무외림보살의 게송 찬탄에서 믿고 안락한 힘으로 깊은 법을 들어
   도 두려워하지 않는 것을 '무외림'이라 이름하였다. 믿음으로 향하면
   갈수록 공덕이 깊어짐을 게송으로 찬탄한 까닭이다.

나) 바로 게송을 설하다[正說偈] 2.
(가) 믿음의 대상 경계[初一所信之境] (十頌 17下3)

如來廣大身이   究竟於法界실새
不離於此座하고   而徧一切處로다
여래의 넓고 크신 몸
끝없는 법계에 가득하매
이 자리에서 떠나지 않고
온갖 곳에 두루 하도다.

[疏] 十頌을 分二니 初一은 所信之境이니 謂法身體가 卽法界오 智身이 證極法界일새 致令應用之身으로 不動而徧이라

■ 나) 열 게송을 둘로 나누리니 (가) 한 게송은 믿음의 대상 경계이다. 말하자면 법신의 본체가 곧 법계요, 지신(智身)이 지극한 법계를 증득하므로 응용하는 몸으로 움직이지 않고 두루 함에 이르게 된다.

(나) 아홉 게송은 듣고 믿는 이익[餘九聞信之益] 5.

ㄱ. 듣고 믿으면 악을 여읜다[初一聞信離惡] (後九 17下6)

若聞如是法하고　　　恭敬信樂者는
永離三惡道의　　　　一切諸苦難이로다

만일 이러한 법을 듣고
공경하여 믿고 좋아하는 이는
세 가지 나쁜 갈래와
모든 고난을 길이 여의리.

[疏] 後九는 聞信之益이라 分五니 初一은 聞信離惡이오

■ (나) 아홉 게송은 듣고 믿는 이익이다. 다섯으로 나누리니 ㄱ. 한 게송은 듣고 믿으면 악을 여읨이요,

ㄴ. 두 게송은 그 듣기 어려움을 밝히다[次二辨其難聞] (次二 17下9)

設往諸世界의　　　　無量不可數라도
專心欲聽聞　　　　　如來自在力하나니

한량도 없고 셀 수도 없는
모든 세계를 두루 다니더라도
여래의 자재하신 힘을
지극한 정성으로 들으려 하라.

如是諸佛法이　　　　是無上菩提일새
假使欲暫聞이라도　　無有能得者로다
이러한 부처님 법들은
참으로 위없는 보리니
설사 잠깐만 듣고자 하여도
능히 들을 이 없느니라.

[疏] 次二는 辨其難聞이오
■　ㄴ. 두 게송은 그 듣기 어려움을 밝힘이요

ㄷ. 세 게송은 듣고 믿으면 성불에 이른다[次三聞信成佛] (次三 18上3)

若有於過去에　　　　信如是佛法이면
已成兩足尊하여　　　而作世間燈이로다
지난 세상에 누구나
이런 부처님 법을 믿은 이는
이미 양족존을 이루어
세간의 등불 되었느니라.

若有當得聞　　　　　如來自在力하고
聞已能生信이면　　　彼亦當成佛이로다
만일 오는 세상에라도
여래의 자재한 힘을 듣고
듣고 나서 신심을 내는 이 있으면
마땅히 부처를 이루리라.

若有於現在에　　　　能信此佛法이면
亦當成正覺하여　　　說法無所畏로다
만일 지금 세상에서도
이런 부처님 법을 믿으면
마땅히 정각을 이루고
법을 말하기 두렵지 않으리라.

[疏] 次三은 明聞信成佛이니 將過去已成하야 證現未當成이라

■　ㄷ. 세 게송은 듣고 믿으면 성불에 이름이니 과거에 이미 이룸을 가져
　　서 현재와 미래에 당연히 성불함을 증명하는 것이다.

ㄹ. 들음은 반드시 이유가 있다[次一聞必有由] (四有 18上5)

無量無數劫에　　　　此法甚難値니
若有得聞者는　　　　當知本願力이로다
한량없고 수없는 겁 동안에
이 법은 만나기 어려운 것이니

만일 들은 이 있다면
본래의 원력인 줄 알아라.

[疏] 四, 有一偈는 明聞必有由하야 勵物起願이라

■ ㄹ. 한 게송은 들음은 반드시 이유가 있어서 중생들에게 격려하여 원
을 일으키도록 한다.

ㅁ. 두 게송은 수행을 시작하여 얻는 이익[後二顯起行益] (五有 18上8)

若有能受持   如是諸佛法하고
持已廣宣說이면   此人當成佛이어든
이러한 부처님의 법을
누구나 능히 받아 지니고
또 다른 이에게 널리 말하면
이 사람 마땅히 부처 이루리니

況復勤精進하여   堅固心不捨아
當知如是人은   決定成菩提로다
하물며 부지런히 정진하여
견고한 마음 버리지 않으면
이러한 사람은 결정코
보리를 성취할 줄 알아라.

[疏] 五, 有二頌은 顯其行益이라

■ ㅁ) 두 게송은 수행을 시작하여 얻는 이익을 밝힘이다.

마. 참괴림보살의 게송 찬탄[慚愧林頌] 2.

가) 게송을 설하는 광경[說偈儀] (第五 18上10)

爾時에 慚愧林菩薩이 承佛威力하사 普觀十方하고 而說
頌言하시되
그때 참괴림보살이 부처님의 위신력을 받들어 시방을 두루
관찰하고 게송으로 말하였다.

[疏] 第五, 拒妄崇眞하고 拒迷崇智를 名爲慚愧林[14]이라 偈讚如來大智
勝盆이니라
■ 마. 참괴림보살의 게송 찬탄에서 망법을 막고 진리를 숭상하며, 미혹
을 거부하고 지혜를 숭상함을 참괴림(慚愧林)이라 이름한다. 여래의
큰 지혜의 뛰어난 이익을 게송으로 찬탄하였다.

나) 바로 게송을 설하다[正說偈] 3.
(가) 세 게송은 설법이 부사의하다[初三法說難思] 3.
ㄱ. 들으면 뛰어난 이익이 생긴다[聞生勝盆] (十頌 17下3)

若人得聞是   希有自在法이면
能生歡喜心하여   疾除疑惑網이로다

---

14) 林은 甲南續金本作故.

만일 어떤 사람이
이 희유하고 자재한 법을 듣고
능히 기쁜 마음을 내면
모든 의심을 빨리 제하리.

[疏] 頌을 分三이니 初三은 法說難思오 次六은 以喩並決이오 後一은 結德
　　歸佛이라 今初니 初偈는 明聞生勝益하야 令物希聞이라 自在法者는
　　卽佛智也라

■ 나) 열 게송을 셋으로 나누리니 (가) 세 게송은 설법이 부사의함이요,
(나) 여섯 게송은 비유로 함께 결정함이요, (다) 한 게송은 공덕이 부
처님께 돌아감으로 결론함이다. 지금은 (가)이다. ㄱ. 첫 게송은 들
으면 뛰어난 이익이 생겨서 중생들이 듣기를 희망하게 됨을 밝혔다.
'자재한 법'이란 곧 부처님의 지혜이다.

ㄴ. 부처님의 일체 종지[佛窮種智] (次偈 17下7)

一切知見人이　　　　自說如是言하시되
如來無不知실새　　　是故難思議로다
일체를 알고 보는 사람
스스로 이렇게 말하되
여래는 모르는 것이 없다 하나니
그러기에 헤아릴 수 없나니

[疏] 次偈는 佛窮種智일새 故下位難思니라

■ ㄴ. 다음 게송은 부처님의 궁극의 일체 종지이므로 아래 지위는 부사
의한 것이다.

ㄷ. 지혜가 태어나는 곳을 밝히다[顯智從生] 3.
ㄱ) 경문의 해석을 참고하다[按文釋] 2.
(ㄱ) 표방하여 거론하다[標擧] (後偈 17下9)

無有從無智하여　　　而生於智慧니
世間常暗冥일새　　　是故無能生이로다
지혜 없는 데서는
지혜가 날 수 없나니
세간은 항상 어둔 것이매
지혜를 낼 수 없느니라.

[疏] 後偈는 顯智從生이니 此文은 反顯이라 然有二意하니
■ ㄷ. 뒤의 게송은 지혜가 태어난 곳을 밝힘이니, 이 경문은 반대로 밝
힘이다. 그러나 두 가지 뜻이 있으니,

(ㄴ) 바로 해석하다[正釋] 2.
a. 앞을 성취하다[成前] (一者 17下4)

[疏] 一者, 成前이니 謂欲生智慧인대 當於佛求니 佛無不知故라 不應求之
於凡이니 凡暗冥故라 猶簪芙蓉에 必於深水니 而於木末에 安可得耶아
■ a. 앞을 성취함이니, 이른바 지혜가 생기려고 하면 마땅히 부처를 구

해야 하나니, 부처님은 알지 못함이 없기 때문이다. 응당히 범부에게 구하지 말지니 범부는 (진리에) 어둡기 때문이다. 마치 연꽃을 빼내려 하면 깊은 물에 들어가야 함과 같나니, 나무 끝에 서서 어찌 얻을 수 있겠는가?

[鈔] 後偈顯智從生[15]下는 疏文有三하니 一, 按經釋이오 二, 會實義오 三, 若準晉下는 會晉經이라 今初에 有二意하니 前意[16]中에 云, 猶搴芙蓉於深水는 即顯所應이오 而於木末은 非所應也라 即楚辭意니 彼云호대 搴芙蓉於木末이라하니 此明不應也니라

● ㄷ. 後偈顯智從生 아래는 소문에 셋이 있으니 ㄱ) 경의 해석을 참고함이요, ㄴ) 실법의 이치를 모음이요, ㄷ) 若準晉 아래는 진역 경전과 회통함이다. 지금은 ㄱ)에 두 가지 뜻이 있으니 앞의 뜻 중에 이르되, "마치 연꽃을 빼내려면 깊은 물에 들어간다는 것은 곧 응할 곳을 밝힘이요, '나무 끝에 서서'는 응할 곳이 아니다"라 하였으니, 곧 『초사(楚辭)』의 주장이니 저에 이르되, "나무 끝에 서서 연꽃을 빼내려 한다"고 하였으니 이것은 응할 수 없음을 밝혔다.

b. 뒤를 성취하다[成後] 2.
a) 바로 해석하다[正釋] (二者 18上6)

[疏] 二者는 成後니 智從熏習自種而生이오 不從煩惱無智所生이라 是故下는 言二心不同時라 屬自愚智故니 故應愼所習也니라

■ b. 뒤를 성취함이니 지혜는 훈습하고 종자로부터 생김이요, 번뇌나

---

15) 上五字는 南續金本作有一偈.
16) 意는 甲續金本作二.

지혜 없는 데서 생기는 바가 아님이다. 是故 아래는 두 마음은 동시가 아님을 말한 부분이다. 자신의 어리석고 지혜로움에 속한 것이니 그러므로 응당히 습관 들임에 조심해야 한다.

(a) 초문(鈔文)의 종자신훈에 대한 삼가의 주장[種子新熏有三家說] 2.
㊀ 호월[또는 청목]은 종자뿐이다[護月(淸目)唯種子] (第一 18上10)

[鈔] 二者成後者는 於中有二하니 先, 正釋이오 後, 釋難會通이라 前中에 謂由本有無漏種子와 與多聞熏習和合하야 而生無漏智故라 依唯識論인대 本有新熏을 三師異說하니 第一, 護月[17]等師는 唯立本有라 故로 論에 云, 有義는 一切種子가 皆悉性有오 不從熏生이니 由熏習力하야 但可增長이라하고

● b. 뒤를 성취함이란 그중에 둘이 있으니 a) 바로 해석함이요, b) 힐난을 해석하고 회통함이다. a) 중에 이른바 본래 있는 무루종자와 다문훈습이 화합하여 무루의 지혜를 생기게 하는 까닭이다. 『성유식론』에 의지한다면 본유와 신훈을 세 법사가 다르게 설명하나니 ㊀ 호월(護月 또는 청목) 등은 오직 본유만 세울 뿐이다. 그러므로 『성유식론』에 이르되, "다음과 같은 견해가 있다.[18] 일체 종자는 모두 본래부터 존재하는 것이지, 훈습에 의해 생겨나는 것이 아니다. 훈습력에 의해 다만 증장할 뿐이다"라고 하였다.

㊁ 난타는 신훈뿐이다[難陀唯新熏] (第二 18下2)

---

17) 護月은 甲南續金本作靑目, 原本作護月; 與述記合.
18) 이하 종자의 新熏本有를 판별한다. 우선 唯本有說의 내용을 서술한다. 이것은 호월(護月, Candrapla)의 주장이라고 한다.

[鈔] 第二, 難陀는 唯立新熏하니 故로 論에 云, 有義는 種子가 皆熏故로 生이니 所熏能熏이 俱無始有라 故諸種子가 無始成就라하며

- ㉢ 난타법사는 오직 신훈뿐이라 세웠다. 그러므로 논에 이르되, "다음과 같은 견해가 있다.[19] 종자는 모두 훈습을 받아서 생겨난다. 훈습의 대상과 훈습하는 주체가 모두 아득한 옛적부터 있기 때문에 종자는 아득한 옛적부터 이루어진다."[20]고 하였고,

(b) 호법논사는 둘을 구비한다[護法具二種] (第三 18下4)

[鈔] 第三, 護法은 正義니 論에 云, 有義는 種子가 各有二類하니 一者, 本有오 二者, 始起라 乃至云호대 由此하야 應信有[21]諸有情이 無始時來로 有無漏種하야 不由熏習하고 法爾成就라하며 又云호대 其聞熏習은 非唯有漏라 聞正法時에 亦熏本有無漏種子하야 令漸增盛하야 展轉乃至生出世心이라하노라 釋曰, 出世心者는 卽是見道라 其第三義는 正同瑜伽三十五種性品이니 論에 云, 云何種性고 謂略有二種하니 一, 本性住種性이오 二, 習所成性이라 住種性者는 謂諸菩薩이 六處殊勝하야 有如是相이라 從無始世展轉傳來로 法爾所得을 名本性住種性이라하니라 今疏에 云熏習은 卽是新熏自種而生者니 熏但熏舊오 無別新成이니라

- (b) 호법논사의 정의이니 논에 이르되, "(그러므로 다음과 같이 믿어야 한다.) 어떤 이의 이치는 유루법의 종자도 이에 비추어서 ㉮ 본유종자와

---

19) 다음에 唯新熏說의 내용을 서술한다. 이것은 십대논사 중에서 難陀·勝軍의 주장이라고 한다.
20) 唯本有家가 앞에서 일체 종자는 아득한 옛적부터 존재한다는 경문을 인용했기 때문에, 여기서 그에 답하여 말한다. 즉 能熏과 所熏이 모두 아득한 옛적부터 있기 때문에, 모든 종자가 아득한 옛적부터 성취된 것이라고 말한 것이지, 종자 그 자체가 本有라는 뜻은 아니라고 회통한다.
21) 有는 金本作凡誤.

㉴ 신훈종자의 두 가지가 있음을 알아야 한다"라고 하였다. 나아가 이르되, "이로 인해 모든 유정은 아득한 옛적부터 무루의 종자가 있으며, 훈습에 의하지 않고 본래부터 성취된 것이다. (이후에 승진하는 지위[22])에서 훈습해서 증장케 한다. 무루법이 일어나는 것도 이것[본유무루종자]이 원인이 된다. 무루가 일어날 때[23])에 다시 종자[신훈종자]를 훈습해서 이룬다)"라고 하였으며, 또 이르되, "문훈습은 오직 유루종자는 아니다. 정법을 들을 때에 역시 본유의 무루종자를 훈습하여 점차 증성하게 해서, 전전하여 내지 출세간의 마음을 일으킨다. (따라서 역시 이것[본유무루종자]을 문훈습이라고 이름한다.)"라고 하였다. 해석하자면 줄세간의 마음이란 바로 견도위이다. 그 세 번째 이치는 『유가사지론』의 35가지 종성과 완전히 같다. 논에 이르되, "어떤 종성인가. 이른바 대략 두 종류가 있으니 ① 본성주종성이요 ② 훈습으로 성취한 종성이다. '종성에 머무름[住種性]'이란 이른바 모든 보살이 육처가 뛰어나서 이러한 모양이 있다. 아득한 옛적부터 법이 으레 얻은 것을 본성주종성이라 이름한다"라고 하였다. 지금 소에서 이르되, "훈습은 곧 신훈하여 종자로부터 생긴 것이니 훈은 단지 훈습이 오래인 것이요, 신훈으로 이룬 것과 다르지 않다"라고 하였다.

b) 힐난을 해명하다[釋難] 2.
(a) 첫째 힐난을 해명하다[通第一難] (若爾 19上4)

[疏] 若爾인대 何以經言煩惱泥中에 有佛法矣[24])오 此說在纏如來藏故라

---

22) 五位 중에서 資糧位를 가리킨다.
23) 見道에 들어갈 때를 말한다.
24) 矣는 金本作耶.

然此大智는 從藏德生이오 非從迷起니라

■ 만일에 그렇다면 어찌하여 경문에서는 '번뇌의 진흙 속에 불법이 있다'고 하였는가? 여기서는 재전여래장(在纏如來藏)을 설한 까닭이다. 그러나 이런 큰 지혜는 여래장으로부터 공덕이 생긴 것이요, 미혹에서 생겨난 것이 아니다.

[鈔] 若爾何以經言下는 第二, 釋難會通이라 有兩重難하니 初는 卽引淨名第二의 佛道品難이니 因淨名이 問文殊言호대 何等爲如來種고 文殊師利言하사대 有身爲種이오 無明有愛爲種이오 四顚倒爲種이오 五蓋爲種이오 六入爲種이오 七識處爲種이오 八邪法爲種이오 九惱處爲種이오 十不善道爲種이니 以要言之컨대 六十二見과 及一切煩惱가 皆是佛種이니라 何謂也오 答曰, 若見無爲가 入正位者인대 不能復發阿耨多羅三藐三菩提心이니 譬如高原陸地에 不生蓮華하고 卑濕淤泥에 乃生是華라 如是見無爲하야 入正位者인대 終不復能生於佛法이니 煩惱泥中에 乃有衆生起佛法耳라하니라 今疏引此하야 以爲難耳니라 又入大乘論第一에 引龍樹偈云호대 不從虛空有며 亦非地種生이오 但從煩惱中하야 而證成菩提가 皆此義也니라

● b) 若爾何以經言 아래는 힐난을 해석하고 회통함이다. 두 가지 거듭 힐난함이 있으니 ㉠『유마경』제2 불도품을 인용한 힐난이다. 유마거사가 문수보살에게 질문하기를, "무엇이 '여래의 종자'입니까?" 문수사리가 말하였다. "'신체가 있음'이 종자가 되며, '무명과 존재에 대한 집착[有愛]'이 종자가 되며, (탐욕과 진에와 어리석음이 종자가 되며,) '네 가지 전도(顚倒)'가 종자가 되며, '다섯 가지 번뇌[五蓋]'가 종자가 되며, '육입(六入)'이 종자가 되며 '일곱 가지 마음가짐[七識處]'이 종자

가 되며, '여덟 가지 삿된 법[八邪法]'이 종자가 되며, '아홉 가지 괴로운 것[九惱處]'이 종자가 되며, '열 가지 선하지 아니한 길[十不善道]'이 종자가 됩니다. 요점을 들어 말하자면 62종의 사견과 일체 번뇌가 다 부처의 종자가 됩니다." "왜 그렇습니까?" 문수사리가 답하였다. "만약 무위를 보아서 바른 지위에 들어간 사람은 다시는 아눗다라삼약삼보디심을 발하지 아니합니다. 비유하자면 마치 높은 언덕과 육지에는 연꽃이 나지 아니하고 낮고 습한 진흙에 연꽃이 나는 것과 같습니다. 이처럼 무위법을 보고 바른 지위에 들어간 사람은 마침내 다시는 불법 중에 태어나지 아니하고 번뇌의 진흙 속에 중생이 있으므로 그곳에서 불법을 일으킬 뿐입니다"라고 하였다. 또한『입대승론(入大乘論)』[25] 제1권에서 문수보살 게송을 인용하여 말하되, "허공에서부터 나온 것이 아니요, 땅에 심은 종자로부터 나온 것도 아니요, 단지 번뇌로부터 나와서 증득하여 보리를 이루었네"라고 한 것이 모두 이런 뜻이다.

此說在纏下는 疏答이라 然約彼經文인대 見無爲入正位者는 不生佛法이니 則已入見道일새 便不能發이라 若約迦葉이 領解云호대 如是聲聞諸結斷者가 於佛法中에 無所復益인대 則諸凡夫와 地前菩薩는 有諸煩惱일새 增修對治하야 成諸度門하야 得爲佛種이라 若已斷結인대

---

25) [범] Mahāyānavatāra. 2권. K-621, T-1634. 인도 견의(堅意)보살 지음. 북량(北涼)시대(397-439)에 도태(道泰)가 번역하였다. 불법(佛法) 비방의 죄보·보살의 10행(行)과 10지(地)·부처님의 법신(法身) 등에 대하여 설한 논서이다. '대승불교의 개론서라 할 수 있으며, 모두 3품으로 이루어져 있다. 상권에서는 1. 대승을 비방하는 것은 지옥에 떨어지는 원인이 되는 동시에 깨달음에 도달하는 원인이 되기도 한다고 설한다. 2. 또한 보살장(菩薩藏)이 있는 곳을 대승이라 하고, 용수와 제바(提婆)의 게송을 인용하여 연기와 공(空)의 원리를 설한다. 하권에서는 제2 '기론공품(譏論空品)'에서 3. 진공(眞空)을 관철하여 묘유(妙有)라는 보살도의 문(門)으로 나오는 것에 대해 설한다. 제3 '순수제행품(順修諸行品)'에서는 4. 부처님의 법신이 정거천(淨居天)에 있으면서 수직(受職) 성도한 것이 염부제(閻浮提)의 성불과 다르지 않다고 설한다. 또 5. 색신(色身)보다 법신을 존중할 것과 6. 보리심의 이익에 대해서도 설명한다.

不可得爲一切智因이니 故로 諸菩薩이 留惑潤生하야 以至惑盡이라
故로 攝論에 云, 煩惱伏不起는 如毒呪所害오 留惑至惑盡은 證佛一
切智라하니 此是經之顯意니라 今疏所明은 乃是經之密意니 而是勝
鬘楞伽等義라 故云在纏如來藏이니라 煩惱如泥하야 覆於二藏이라
然大智가 自從所藏인 不空大智光明徧照法界義生이니 故로 二相이
亦異니라

● 此說在纏 아래는 소가의 대답이다. 그러나 저 경문을 잡는다면 무위
로 바른 지위에 들어감을 보는 것은 불법이 생겨나지 않음이니 이미
견도(見道)에 들었으므로 문득 능히 발생하지 않은 것이다. 만일 가
섭이 안 것을 잡아 말하면 "이러한 성문들이 모든 번뇌를 단절한 이
가 불법 가운데에서 다시 이익 얻음이 없다면 모든 범부와 십지 이전
보살은 여러 번뇌가 상대하여 다스림을 더욱 닦아서 모든 바라밀 문
을 이루어 부처 종자가 됨을 얻게 된다"라고 하리라. 만일 이미 번뇌
를 단절했다면 온갖 지혜의 원인을 얻을 수가 없을 것이니 그러므로
모든 보살이 번뇌가 남아 있어서 물이 들고 생겨나서 번뇌가 다함에
이르게 될 것이다. 그러므로 『섭대승론』26)에 이르되, "번뇌를 조복해
도 소멸하지 않으니 독(毒)이 주문에 해를 입는 것과 같네, 미혹을 머
물게 하고 미혹이 다함에 이르러 부처님의 모든 것을 아는 지혜를 증
득하네"라고 하였으니 이것은 경문에서 드러낸 의미이다. 지금 소가
가 밝힌 내용은 비로소 경의 비밀한 의미이니 『승만경』과 『능가경』 따
위의 이치이다. 그러므로 '번뇌에 얽힌 여래장[在纏如來藏]'이라 한다.
번뇌는 진흙과 같아서 두 가지 창고에 덮임과 같다. 그러나 큰 지혜
가 자연히 저장 장소인 공하지 않은[不空] 큰 지혜 광명이 법계를 두

---

26) 『섭대승론』은 상·중·하 세 권으로 구성되며, 無着보살이 짓고 玄奘삼장이 번역하였다. 인용문은 하권 제11
彼果智分의 게송이다. 煩惱伏不起는 煩惱伏不滅로 나온다.

루 비춘다는 이치로부터 생겨났으니 그래서 두 가지 모양이 또한 다르기도 한 것이다.

(b) 둘째 힐난을 해명하다[通第二難] (若爾 20上8)

[疏] 若爾인대 煩惱卽菩提를 復云何通고 約體性故며 從所迷故니 如波與濕이니라

■ 만일에 그렇다면 번뇌가 곧 보리인 것을 다시 어떻게 해명하겠는가? 체성에 의지한 까닭이며 미한 데서부터 온 까닭이니, 파도나 습기와 같다.

[鈔] 若爾等者는 卽第二重難이니 旣言卽者인대 則不得云二事別也니 謂迷眞起妄을 說爲煩惱하고 妄體卽眞을 元是佛種이라 無行經에 云, 淫欲이 卽是道오 恚癡²⁷⁾亦復然等이니라 約體性故下는 疏答上難이 有其二意하니 一, 約體性者인대 煩惱性이 卽菩提는 非約相也라 故로 淨名에 云, 煩惱是道場이니 知如實故라하며 無行經에 云, 貪欲及瞋恚를 無有能得者라 是法皆如空이니 知是卽成佛이라하니 故知煩惱實性이 卽²⁸⁾菩提耳니라 亦就相에 明二事不一이니라 二는 云, 約所迷故者는 卽第二義也니 謂迷眞起妄일새 離眞에 則無能迷妄心이니 故云卽菩提耳라 眞卽性淨菩提니라 如波與濕은 雙喩上二와 濕은 是波性이오 波是濕相이라 動濕에 成波니 是波所依라 能所不同일새 故非一也니라

● ‘만일 그러한’ 등은 둘째 거듭 힐난함이니 이미 말한 대로라면 두 가

---

27) 癡는 甲續金本作瞋.
28) 卽은 甲南續金本作爲.

지 일은 다르다고 말하지 않았다. 말하자면 진법을 미혹하여 망념을 일으킨 것을 번뇌라 말하고, 망념의 본체는 곧 진법인 것을 원래로 '부처종자'라 한다. 『제법무행경』에 이르되, "음욕이 곧 도요, 성냄과 어리석음도 마찬가지이다" 등으로 말하였다. 約體性故 아래는 소가가 위의 힐난에 답한 것이 두 가지 뜻이 있으니 (1) 체성에 의지한다면 번뇌의 체성이 곧 보리인 것은 모양에 의지함이 아니다. 그러므로 『유마경』에 이르되, "번뇌가 곧 도량이니 사실대로 알기 때문이다"라고 하였고, 『제법무행경』에 이르되, "탐욕과 진에는 능히 얻으려는 자가 없다. 이 법이 모두 허공과 같나니 이를 알면 곧 부처를 이룬다"고 하였다. 그러므로 번뇌의 진실한 체성이 곧 보리일 뿐이다. 또한 모양에 나아가면 두 가지 일이 하나가 아님을 밝혔다. (2) 두 번째에 이르되, "미혹한 대상에 의지함 때문이란 둘째 이치이다. 말하자면 진여를 미혹하여 망념을 일으키므로 진여를 여의면 능히 망념을 미혹할 것도 없나니 그래서 '보리와 합치한다'고 하였을 뿐이다." 진여는 곧 본성이 청정한 보리이다. 파도와 습기와 같음은 위의 둘을 함께 비유하고 습기는 파도의 본성이요, 파도는 습기의 모양이다. 습기를 움직이면 파도가 되나니 파도의 의지처이다. 주체와 대상이 같지 않으므로 하나가 아닌 것이다.

ㄴ) 실법의 이치로 회통하다[會實義] (然實 21上1)

[疏] 然實義者는 眞妄愚智를 若約相成인대 二門峙立이어니와 若約相奪인대 二相寂然이오 雙照二門인대 非卽非離라 若說一者인대 離之令異니 如此章中이오 若云異者인대 合之令同이니 如後章是라 善須得意

하고 勿滯於言이어다

■ 그러나 '실법의 이치'란 진법과 망법, 어리석음과 지혜를 만일 서로 성립함에 의지한다면 두 문이 서로 대치하지만, 만일 서로 뺏음에 의지하면 두 모양이 고요할 것이요, 동시에 두 문을 비추면 합치하지도 여의지도 않는다. 만일 하나라고 말한다면 여의어서 하여금 다르게 하나니 이런 가름과 같고, 만일 다르다고 말한다면 합하여 같게 할 것이니, 뒤의 가름과 같게 된다. 잘 구하여 뜻을 얻을 일이지 말에 지체하지 말지니라.

[鈔] 然實義者下는 第二, 會實義니 通會兩章하야 方顯中道니 正通煩惱가 卽菩提難이니 是顯眞妄交徹之義라 雖說三門이나 義含四句하니 謂初二門은 峙立이니 依理成事에 則唯妄非眞이오 事能顯理에 則唯眞非妄일새 故各峙立이니라 …〈아래 생략〉…

● ㄴ) 然實義者 아래는 실법의 이치로 회통함이니 두 가름을 회통하여 바야흐로 중도를 밝혔으니 번뇌가 곧 보리라는 힐난을 바로 해명함이니 진법과 망법이 서로 사무친 이치를 드러내었다. 비록 세 문을 말했지만 이치로는 네 구절을 포함하였다. '이른바 처음 두 문은 대치하여 성립하나니 이치에 의지하여 현상을 이룰 적에 망법뿐이요, 진지는 아니며, 현상이 능히 이치를 밝힐 적에 진지(眞智)뿐이요, 망념이 아니다. 그러므로 각기 대치하여 성립하는 것이다. …〈아래 생략〉…

ㄷ) 다른 경전과 회통하다[會他經] (若準 21下10)

[疏] 若準晉經云하면 非從智慧生이며 亦非無智生이니 了達一切法하야

滅除世間暗이라하니 則顯智體가 絶於愚智라 不稱實了에 則名無智니 此偈는 雙明性相이오 後喩는 但顯二相不同이니라

■ 만일 진역 60권경에 준해 말하면, "지혜로부터 생긴 것이 아니며, 또한 지혜 없는 데서 생긴 것도 아니니 일체법을 요달하여 세간의 어둠을 멸해 없애야 한다"고 하였으니 지혜의 본체가 어리석음이나 지혜를 단절한 것이다. 실법에 칭합하여 요달하지 않으면 '지혜 없음'이라 이름하나니, 이 게송은 체성과 모양을 함께 밝힘이요, 뒤의 비유는 단지 두 모양이 같지 않음을 밝힌 것이다.

(나) 여섯 게송은 비유로 함께 결정하다[次六以喩並決] 2.
ㄱ. 다섯 게송은 두 체성이 서로 어김을 밝히다[初五明二性相違]

(二並 22上8)

如色及非色이　　　　此二不爲一인달하여
智無智亦然하여　　　其體各殊異로다
빛과 빛 아닌 것
이 들이 하나 될 수 없나니
지혜와 무지도 그러하여
그 자체 각각 다르고

如相與無相과　　　　生死及涅槃이
分別各不同인달하여　智無智如是로다
모양 있는 것 모양 없는 것
나고 죽는 것과 열반도

차별하여 각각 다르니
지혜와 무지도 그러하고

世界始成立에   無有敗壞相하니
智無智亦然하여   二相非一時로다
세계가 처음 생길 적에는
파괴되는 모양 없나니
지혜와 무지도 그러하여
두 모양이 한때가 아니고

如菩薩初心이   不與後心俱인달하여
智無智亦然하여   二心不同時로다
보살의 처음 마음은
나중 마음과 함께하지 않나니
지혜와 무지도 그러하여
두 마음이 동시 아니고

譬如諸識身이   各各無和合인달하여
智無智如是하여   究竟無和合이로다
말하자면 모든 식과 몸이
각각 화합하지 않나니
지혜와 무지도 그러하여
끝까지 화합이 없고

[疏] 二, 並決中에 二니 先五는 明二性相違오 後一, 辨功能不等이라 今初라 唯第二偈에 三句는 是喩오 餘偈喩合에 各有半偈라 一, 約色非色者는 非色은 謂心이니 緣慮와 質礙가 體性不同故라 二中에 有二喩하니 相無相者는 理事相反이오 生死涅槃은 眞妄相反이니 雖同一體나 分別義門에 不相是故라 三, 成之與壞는 約相에 別故라 四, 初心과 後心이 時不同故라 五, 諸識身의 所用이 別故며 緣會不同故라 眼無耳用이라 又此眼識이 不合餘根이라 識身은 同識이로대 尙不相合이어든 愚智는 性異어니 安得相生이리오

■ (나) 비유로 함께 결정함 중에 둘이니 ㄱ. 앞의 다섯 게송은 두 체성이 서로 어김을 밝힘이요, ㄴ. 뒤의 한 게송은 공능이 같지 않음을 말함이다. 지금은 ㄱ.이다. 오직 두 번째 게송에서 세 구절은 비유요, 나머지 게송은 비유와 합이 각기 반의 게송이다. ㄱ) 첫째 게송의 빛과 빛 아님에 의지함은 비색은 마음을 말하나니 연려심(緣慮心)과 질애심(質礙心)이 체성이 같지 않은 까닭이다. ㄴ) 둘째 게송 중에 두 비유가 있으니 모양 있고 모양 없음은 이치와 현상이 서로 반대이며, 생사와 열반은 진여와 망법이 서로 반대이니 비록 동일한 몸이지만 이치를 분별하는 문에서는 서로 옳지 않은 까닭이다. ㄷ) 셋째 게송의 성립과 파괴는 모양에 의지하여 다른 까닭이다. ㄹ) 넷째 게송의 처음 마음과 나중 마음이 시간적으로 같지 않은 까닭이다. ㅁ) 다섯째 게송의 모든 인식과 몸의 쓰임새가 다른 까닭이며 인연과 아는 것이 같지 않은 까닭이다. 눈은 귀로 쓸 수가 없으며 또 이런 눈의 인식이 다른 감관과 합하지 않는다. 인식과 몸은 동일한 인식이지만 오히려 서로 합하지 않거든 어리석음과 지혜도 체성이 다를 텐데 어찌 서로 생겨날 수 있겠는가?

[鈔] 諸識身下는 釋此有四意니 一, 眼唯見色하고 耳唯聞聲等이라 二, 緣會不同者는 眼以[29)]色等으로 而爲緣故며 耳用聲等하야 而爲緣故라 三, 眼無耳用者는 對於果位互用而說인대 初意는 顯自오 此意는 遮他라 四, 又此眼識不合餘根者는 亦對六根互用義說이니 以互用義로 或言眼根이 發於眼識而了六境[30)]이오 餘根亦爾라하니 卽第三意對之라 二, 或言호대 眼根이 能發六識하야 以了六境은 此意對之니 此識이 不合餘根에 此根도 亦不發餘識이라하며 更有說言호대 言互用者는 眼根이 發耳識하야 而能齅於香等이라하니 亦不出上之二意니라 從識身同識下는 結其不同이니라

● 諸識身 아래는 이를 해석함에 네 가지 의미가 있으니 (1) 눈은 오직 형색만 보고 귀는 오직 소리만 듣는다는 따위이다. (2) '인연과 아는 것이 같지 않다'는 것은 눈은 형색 등으로 인연을 삼은 까닭이다. 귀는 소리 등을 써서 인연을 삼은 까닭이다. (3) '눈은 귀로 쓸 수가 없다'는 것은 과위를 상대하여 바꾸어 사용한다고 말한다면 (1)의 뜻은 자신을 밝힘이요, 지금의 뜻은 다른 것을 막음이다. (4) 또 '이런 눈의 인식이 다른 감관과 합하지 않는다'는 것은 또한 육근을 상대하여 서로 사용한다는 뜻으로 말함이니 바꾸어 사용하는 뜻으로 혹은 말하되, "안근이 안식을 발하여 육경을 아는 것이요, 나머지 감관도 마찬가지이다"라 하였으니 곧 셋째 의미로 상대함이다. 혹은 말하되, "안근이 능히 육식을 발하여 육경을 아는 것은 이 뜻으로 상대함이니 이런 인식이 나머지 감관과 합하지 않을 적에 이 근도 또한 나머지 인식을 발하지 않는다"라고 하였으며, 다시 어떤 이가 말하되, "바꾸어 사용한다고 말한 것은 안근이 귀의 인식을 발하여 능히 향기

---

29) 以는 甲南續金本作與.
30) 境은 甲南續金本作識誤.

등을 말한다"라고 하였으니 또한 위의 두 가지 의미에서 벗어나지 않는다. 識身同識 아래는 그 같지 않음을 결론함이다.

ㄴ. 공능이 같지 않음을 말하다[後一辨功能不等] (二功 23上6)

如阿伽陀藥이　　　　能滅一切毒인달하여
有智亦如是하여　　　能滅於無智로다
마치 '아가타' 약이
온갖 독을 멸함과 같이
지혜도 그와 같아서
무지를 능히 멸하느니라.

[疏] 二, 功能不等者는 非唯二性이 各別이라 然智能滅愚하고 愚不滅智라 藥能去毒하고 毒不去藥하며 亦猶明能滅暗하고 暗不滅明이라

■ ㄴ. 공능이 같지 않음을 말함이란 오직 두 가지 체성이 각기 다른지라 그러나 지혜가 능히 어리석음을 없애지만 어리석음은 지혜를 없애지 못할 뿐만 아니라, 약은 능히 독을 제거하지만 독은 약을 제거하지 못하며, 또한 밝음은 어둠을 없애지만 어둠은 밝음을 없애지 못함과 같다.

[鈔] 二功能不等下는 先, 法說이오 後, 擧二喩하야 皆明不等이라 此亦生公十四科의 善不受報義니 彼問云호대 善惡相傾이 其猶明暗不並인대 云何言萬善理同이며 惡異가 各有限域耶아 答이라 明暗이 雖相傾이나 而理實天[31]絶이니 明能滅暗일새 故無暗而不滅이니 所以一燭之

火가 與巨澤火同이라 暗不能滅明은 以其理盡暗質故也라하니 思之
可知니라

● ㄴ. 功能不等 아래는 ㄱ) 법으로 설함이요, ㄴ) 두 가지 비유를 들어
서 같지 않음을 모두 밝혔다. 이 또한 도생(道生)법사의 14가지 과목
중의 '선이 과보를 받지 않음의 뜻[善不受報義]'이니 저가 묻기를 "선과
악이 서로 기울어짐이 밝음과 어둠이 함께하지 않음과 같다면 어떻
게 만 가지 선한 이치가 같다고 말하며, 악이 달라짐이 각기 한계와
영역이 있겠는가?" 답한다. "밝고 어둠이 비록 서로 기울었지만 이치
는 진실로 하늘만큼 떨어졌으니 밝음은 능히 어둠을 없애는 연고로
어둠이 없으면 없앨 것도 없으니 때문에 한 가지 횃불로 인해 연못에
불이 붙음과 같다. 어둠은 능히 밝음을 없애지 못함은 그 이치가 어
둠의 바탕이 다한 까닭이다. 생각해 보면 알 수 있으리라.

(다) 공덕이 부처님께 돌아감을 결론하다[後一結德歸佛] (三一 23下5)

如來無有上이시며　　亦無與等者라
一切無能比일새　　是故難値遇로다
여래는 위가 없고
같을 이도 없으며
온갖 것이 짝할 이 없나니
그래서 만나기 어렵느니라.

[疏] 三, 一偈는 結歸如來니 逈出世表일새 故難値遇니라

---

31) 天은 金本作天誤.

■ (다) 한 게송은 공덕이 부처님께 돌아감을 결론함이니, 세간의 겉에서 멀리 벗어나므로 '만나기 어렵다'는 뜻이다.

바. 정진림보살의 게송 찬탄[精進林菩薩偈] 2.

가) 게송을 설하는 광경[說偈儀] (第六 23下7)

爾時에 精進林菩薩이 承佛威力하사 普觀十方하고 而說頌言하시되
그때 정진림보살이 부처님의 위신력을 받들어 시방을 두루 관찰하고 게송으로 말하였다.

[疏] 第六, 勤觀理事가 同無差別이니 離身心相일새 故名精進이라 十頌總相이 顯佛此德이니 前卽無差之差오 此乃差之無差라 二章相接하야 顯非卽離며 亦互相成이니라

■ 바. 정진림보살의 게송 찬탄에서 이치와 현상이 같아서 차별이 없음을 부지런히 관찰하나니 몸과 마음의 모양을 떠났으므로 '정진'이라 이름하였다. 열 게송의 총상이 부처님의 이런 공덕을 밝혔으니 (1) 앞은 무차별 속의 차별이요, (2) 여기는 차별 속의 무차별이다. 두 가름이 서로 맞닿아서 합치하고 여읨이 아니며, 또한 번갈아 서로 이룸을 밝혔다.

[鈔] 二章相接者는 非卽離義는 已如上明이라 言互相成者는 由非卽故로 方成不離等이니라 故有問言호대 若言不一者인대 卽應離於金하고 別

有器體라 若異金有體者인대 卽應與³²⁾金不異오 以同金有體인대 無
差別故라 言無差別者는 一種有體故로다 答호대 只由不異하야 方得
不一이니 何者오 若異인대 卽妄自有體하야 不依眞立이니 不依眞故로
卽不得有妄이라 今有妄者는 由不異故로 得成不一이니 以妄無自體
故로 妄依眞成이라 以妄成故로 與眞不一이 如波依水에 由不異水하
야 遂得成波니 以波成故로 與濕不一이라 此上은 卽以不異로 成不
一也라 言不一成不異者는 卽如上章이니 由有能依所依일새 故得交
徹不異하니 如有波故로 說波卽濕이오 由有濕故로 說水卽波等이니라

● '두 가름이 서로 맞닿아서'란 합치하거나 여읨이 아닌 뜻이란 것은 이
미 위에서 밝힌 것과 같다. '번갈아 서로 이룬다'는 말은 합치하지 않
음으로 인해 바야흐로 여의지 않음을 성립한다는 등이다. 그러므로
어떤 이가 묻기를, "만일 하나가 아니라고 말한다면 응당 금을 여의
고 따로이 그릇의 자체가 있어야 한다. 만일 금과 다른 자체가 있다
고 한다면 곧 응당 금과 다를 것이요, 금과 같은 자체가 있다고 한
다면 차별이 없는 까닭이다. '차별이 없다'는 말은 한 종류로 자체가
있기 때문이다"라고 하였다. 대답하되 "단지 다르지 않음으로 인해
바야흐로 하나도 아님을 얻었으니 무슨 까닭인가? 만일 다르다면
곧 망법이 자신에게 자체가 있어서 진법(眞法)에 의지하지 않고 성립
하게 되나니, 진법에 의지하지 않은 연고로 망법(妄法)이 있음을 얻지
못했다. 지금 '망법이 있다'는 것은 다르지 않음으로 인해 하나가 아
님을 이루었으니 망법은 자체가 없는 연고로 망법은 진법에 의지하여
성립하는지라 망법이 성립한 까닭에 진법과 하나가 아님이 마치 저
파도가 물을 의지하면 물과 다르지 않음으로 인해 드디어 파도를 이

---

32) 與는 續金本作於.

루게 되나니, 파도가 된 연고로 습기와 하나가 아니게 된다. 이 위는 다르지 않음으로 하나가 아님을 이룬 것과 합치한다. '하나가 아닌 것이 다르지 않음을 이룬다'고 말한 것은 곧 위의 가름과 같나니 의지하는 주체와 의지할 대상으로 인하여 다르지 않음과 서로 사무침을 얻었으니, 마치 파도가 있기 때문에 파도가 곧 습기라 말함이요, 습기가 있는 연고로 물이 곧 파도라 말함과 같다."

나) 바로 게송을 설하다[正說偈] 2.
(가) 과목 나누기[分科] (十頌 24下2)
(나) 과목에 따라 해석하다[隨釋] 2.
ㄱ. 법에 의지하여 함께 표방하다[初一約法雙標] (今初)

諸法無差別을   無有能知者요
唯佛與佛知시니   智慧究竟故로다
모든 법 차별이 없고
능히 알 사람도 없으나
부처님들만이 아시나니
지혜가 끝까지 이른 까닭이라.

[疏] 十頌을 分二니 初一은 約法雙標오 後九는 就喩雙釋이라 今初也니 初句는 標其所知니 五類之法이 皆無有差라 餘三句는 對人以顯이오 次句는 揀非餘境이라 下半은 唯佛究盡이니라

■ 열 게송을 둘로 나누었으니 ㄱ. 한 게송은 법에 의지하여 함께 표방함이요, ㄴ. 뒤의 아홉 게송은 비유에 나아가 함께 해석함이다. 지금

은 ㄱ.이니 ㄱ) 첫 구절은 그 아는 바를 표방함이니, 다섯 종류의 법이 모두 차별이 없다. ㄴ) 나머지 세 구절은 사람을 상대하여 밝힘이요, ㄷ) 다음 구절[無有能知者]은 나머지 경계와 다르다고 구분함이요, ㄹ) 아래의 반은 오직 부처님만이 끝까지 궁구했다는 뜻이다.

ㄴ. 아홉 게송은 비유에 나아가 함께 해석하다[後九就喩雙釋] 2.
ㄱ) 총합하여 과판하다[總判] (後九 24下6)

[疏] 後九는 釋中에 前五는 釋所知오 後四는 釋能知라 前中에 初四는 正釋이오 後一은 遣疑라

■ ㄴ. 아홉 게송은 비유에 나아가 함께 해석함 중에 (ㄱ) 앞의 다섯 게송은 알 대상을 해석함이요, (ㄴ) 뒤의 네 게송은 아는 주체를 해석함이다. (ㄱ) 중에 a. 네 게송은 바로 해석함이요, b. 한 게송은 의심을 보냄이다.

ㄴ) 개별로 해석하다[別釋] 2.
(ㄱ) 다섯 게송은 알 대상을 해석하다[前五偈釋所知] 2.

a. 바로 해석하다[初四正釋] 2.
a) 네 게송을 총합하여 설명하다[總明四偈] (前中 24下7)

[疏] 前中에 皆上半은 喩오 下半은 法이라 無差所由는 在於末句라 然其能喩가 不離諸法일새 取其所易하야 喩其所難耳니라

■ a. 중에 모두 위의 반은 비유요, 아래의 반은 법이다. 차별이 없는 이유

는 저 마지막 구절에 있다. 그러나 비유하는 주체가 모든 법을 여의지 않으므로 그 바뀐 것을 취하여 그 힐난하는 대상에 비유했을 뿐이다.

[鈔] 然其能喩者는 如云衆生非衆生이니 三世生滅이 皆是初句諸法中收라 並無差別이니 斯則難見이어니와 若就未來無過去相하면 則無相理가 昭然易見이니 故喩色心無相之難이니라

● 그러나 비유하는 주체란 마치 '중생이 중생이 아니다'라고 한 것과 같나니, 삼세(三世)의 나고 죽음이 모두 첫 구절의 모든 법에서 거둔 것이다. 아울러 차별이 없으니 이렇다면 보기 어렵거니와, 만일 미래는 과거의 모양이 없음에 나아가면 모양 없는 이치가 환하게 잘 보이게 되나니, 그러므로 형색과 마음이 모양이 없다는 힐난을 비유하였다.

b) 네 게송을 개별로 해석하다[別釋四偈] 4.
(a) 첫 게송을 해석하다[釋初偈] 2.
㉠ 두 가지 설명을 함께 표방하다[雙標二說] (一體 25上3)

如金與金色이   其性無差別인달하여
法非法亦然하여   體性無有異로다
마치 금과 금빛이
그 성품 차별 없나니
법과 법 아닌 것도 그러해
성품이 다르지 않네.

[疏] 一, 體色無別喩니 此喩爲總이라 喩雖是一이나 法合有二하니 該橫豎

故라

■ (a) 첫 게송에서 본체와 형색이 차별이 없다는 비유이니, 이 비유가 총상이 된다. 비유가 비록 하나이지만 법과 합이 둘이 있으니 세로와 가로로 포괄하는 까닭이다.

[鈔] 此喻爲總者는 法非法言이 該通性相과 及諸法故라

● '이 비유가 총상이 된다'는 것은 법과 비법이란 말이 체성과 모양 및 모든 법을 포괄하여 통하기 때문이다.

㊀ 두 가지 설명을 함께 해석하다[雙釋二說] 3.
① 세로로 이치와 현상이 서로 사무침을 잡아 말하다[約竪說]
(竪約 25上6)

[疏] 竪約理事交徹이라 法者는 事也오 非法은 理也니 色卽空故라 亦可法은 眞法也오 非法은 妄法也라 取文雖異나 義旨乃同이니 謂如金之黃色이 與金體斤兩으로 性無差別하야 隨取互收라 合中에 金是所依니 喻其眞法이오 色是能依니 喻妄非法이라 以妄無體하야 攬眞而起일새 則眞無不隱코 唯妄現也며 以眞體實하니 妄無不盡이오 唯眞現也라 是則無體之妄이 不異體實之眞일새 故云無有異也라 亦同密嚴에 如金與指環이 展轉無差別이니라

■ ① 세로로 이치와 현상이 서로 사무침에 의지한 해석이다. 법이란 현상법이요, 비법은 이치이니 형색이 곧 공한 까닭이다. 또한 법은 진법이라야 가능하며, 비법은 망법이다. 취한 경문은 비록 다르지만 이치의 뜻은 비로소 같나니, 말하자면 마치 금의 노란색이 금의 본체의 근량

으로는 체성이 차별이 없는 것과 같아서 취함을 따라 번갈아 거둔다. 합함 중에 금은 의지할 대상이니 그 진법에 비유하였고, 형색은 의지하는 주체이니 망녕된 비법에 비유하였다. 망법은 자체가 없어서 진법을 잡고 생기나니 진법은 숨지 않음이 없이 (드러내어도) 오직 망법만이 드러나며, 진법의 자체가 진실하니 망법이 다하지 않을 것도 없으며 오직 진법만이 나타난다. 이러하다면 자체가 없는 망법이 체성이 진실한 진법과 다르지 않으므로 '다름이 없다'고 말한다. 또한 『밀엄경(密嚴經)』에서 '마치 금과 금반지가 전전히 차별이 없다'고 주장함과 같다.

[鈔] 取文雖異者는 謂若理若事와 若眞若妄이 此文乃異나 互相交徹하야 義旨則齊니라 亦同密嚴者는 問明에 已引하니 云, 如來淸淨藏이 世間阿賴耶가 如金與指環이 展轉無差別이라 則金色은 如指環이오 金體는 卽金이라 然此上不異가 總有四句하니 一, 以本成末에 本隱末存이라 此卽存隱不異니 卽疏에 云以妄無體하야 攬眞而起일새 則眞無不隱코 唯妄現也가 是矣니라 二, 攝末歸本에 末盡本顯이니 此卽顯滅明不異라 故로 疏에 云, 以眞體實하니 妄無不盡이오 唯眞現也니라 三, 攝本從末에 末存하고 攝末歸本에 本顯이니 此則兩法俱存이나 但眞妄有異니 卽有眞有妄으로 明不異니 故로 疏에 云, 是則無體之妄이 不異體實之眞일새 故云無有異也니라 四, 攝本從末에 本隱은 是不無義오 攝末歸本에 末盡은 是不有義니 此則不有不無로 明不異라 亦是末後二句니라

又非異故로 非邊이오 不一故로 非中이오 非邊非中일새 是無寄法界니 妙智所證이며 湛然常住라 無所寄也니라 又非一이 卽非異故로 恒居邊而卽中等이라 又非一이 卽生死오 非異가 卽涅槃이라 非一이 卽

非異故로 恒住生死卽處涅槃等이라[33] 然其法體는 圓融無礙니라 上
來所說非一異等은 亦是假言이니 故前疏에 云, 善須得意라 以法就
喩에 金等도 亦然하니라

● '취한 경문은 비록 다르다'는 것은 이른바 이치와 현상, 진법과 망법
이 문장은 다르지만 서로 번갈아 사무쳐서 이치의 뜻이 비슷하다. '또
한 밀엄경과 같다'는 것은 보살문명품에 이미 인용하였으니『밀엄경』
에 이르되, "여래의 청정한 장은 세간의 아뢰야식인 것이 마치 금과 금
반지의 관계처럼 전전히 차별이 없다"고 한 것과 같다. 금색은 금반지
와 같고 금의 본체는 곧 금이다. 그러나 이 위의 같지 않음에 총합하
여 네 구절이 있으니 ① 근본으로 지말을 이룰 적에 근본은 숨고 지말
은 존재한다. 이것은 존재하고 숨는 것이 다름이 없으니 소가가 이르
되, "망법은 자체가 없어서 진법을 잡고 생기므로 진법이 숨기지 않음
이 없고 오직 망법만 나타나는 것이 이것이다"라고 하였다. ② 지말
을 거두어 근본에 돌아갈 적에 지말이 다하면 근본이 드러남이니 이
것은 밝음을 없앰과 다르지 않음을 밝혔다. 그러므로 소가가 이르되,
"진법의 본체가 진실하니 망법은 다하지 않을 수 없고 오직 진법만이
나타난다." ③ 근본을 거두어 지말을 따를 적에 지말이 존재하고 지
말을 거두어 근본에 돌아갈 적에 근본이 나타남이니 이것은 두 법이
함께 존재하지만 단지 진법과 망법은 차이가 있음이니 진법이 있고 망
법이 있음과 다르지 않음을 설명하였다. 그러므로 소가가 이르되, "이
렇다면 자체가 없는 망법이 자체가 진실한 진법과 다르지 않게 되므
로 '다름이 없다'고 말한다." ④ 근본을 거두고 지말을 따를 적에 근
본은 숨으니 '없지 않다'는 뜻이요, 지말을 거두어 근본으로 돌아갈

---

33) 等下에 南續金本有云云二字.

적에 지말이 다함은 있지 않다는 뜻이니 이것은 유도 아니요, 무도 아님과 다르지 않음을 설명하였다. 역시 마지막 두 구절이다.

또한 다르지 않으므로 끝이 아니요, 하나가 아닌 연고로 중간이 아니요, 끝도 중간도 아니므로 법계에 의탁함이 없으니 미묘한 지혜로 증득할 대상이며, 담연히 항상 머무는지라 의탁할 것도 없다. 또한 하나가 아님이 곧 다른 것도 아니므로 항상 끝에 살면서도 중간과 합치한다는 등이다. 또한 하나가 아님은 곧 생사요, 다르지 않음은 곧 열반이다. 하나가 아님이 다르지 않음인 연고로 항상 생사에 머무는 것이 곧 열반에 머무는 것과 같다. 그러나 그 법의 본체는 원융하여 걸림이 없다. 여기까지 하나도 다른 것도 아니라 설한 등은 또한 빌려 온 말이다. 그러므로 앞의 소에서 이르되, "잘 구하여 뜻을 얻었다. 법으로 비유에 나아갈 적에 금 따위도 또한 마찬가지이다."

② 가로로 법과 비법을 잡아 설하다[約橫說] (橫者 26下2)

[疏] 橫者는 異法相望이니 法者는 可軌之法也오 非法者는 不可軌之法也라 又法은 謂有法이오 非法은 謂無라 故로 中論에 釋法不生非法云호대 有不生無故라 體性無異者는 謂同如故니라

■ ② '가로로 설함'이란 법상과 다르게 바라봄이니, 법이란 법도가 되는 법이요, 비법이란 법도가 되지 못하는 법이다. 또 법은 유의 법이요, 비법은 무의 법을 말한다. 그러므로『중론』에서 "법은 비법을 생기게 하지 못한다"는 것을 해석하되, "유는 무에서 생겨나지 않는 까닭이다." '체성이 다름이 없다'는 것은 '진여와 같다'는 말이다.

[鈔] 橫者異法相望者는 卽一切差別法無差別也라 法은 卽是善法이오 非法은 卽惡法이니 故로 百論에 取般若意云호대 福尙捨은 何況罪아 以金剛에 云, 法尙應捨어든 何況非法가하니 故以非法으로 而名爲罪니라 又法謂有法者는 亦是橫論이니 有無相對라 疏故中論下는 引論하야 證成無法이 爲非法也니 卽第三論의 成壞品頌에 云, 從法不生法이오 亦不生非法이오 從非法不生 法及於非法이라하니 直釋偈意인대 法卽是有니 如色心等이오 非法은 是無니 如兔角等이라 若從法生法인대 如母生子오 法生非法은 如人生石女兒오 從非法生法은 如兔角生人이오 從非法生非法者는 如龜毛生兔角이라 故로 長行에 釋云호대 從法不生法者는 若至若失에 二俱不然이오 從法不生非法者는 非法은 名無所有오 法名爲有니 云何從有相하야 生無相이리오 從非法不生法者는 非法은 名爲無니 無云何生有리오 若從無生有者인대 是則無因이니 無因則有大過라 是故로 不從非法하야 生法이니라 不從非法生非法者는 兔角이 不生龜毛라하니라

● ② 가로로 설함이란 법상과 다르게 바라봄이란 곧 일체 차별한 법과 무차별한 법이다. 법은 곧 선법이요, 비법은 곧 악법이니 그러므로 『백론(百論)』에서 반야의 의미를 취하여 말하되, "복도 오히려 버려야 하는데 어찌 하물며 죄이겠는가?" 하였고, 『금강경』에 이르되, "법도 오히려 버려야 하거늘 어찌 하물며 비법이겠는가?"라고 하였으니 그러므로 비법을 죄라고 이름하기 때문이다. 또 '법은 유의 법'이라는 것은 또한 횡으로 논한 것이니 유와 무가 상대한 뜻이다. 疏故中論 아래는 논문을 인용하여 무의 법이 비법이 됨을 증명한 것이니, 곧 제3권 성괴품(成壞品) 게송에 이르되, "법에서 법이 나지 않고 법 아님도 나지 않으며 법 아님에서도 법이나 법 아님이 나지

않는다"라고 하였다. 게송의 의미를 바로 해석하면, 법은 곧 유의 법이니 형색과 마음 등과 같고, 비법은 무의 법이니 토끼의 뿔 등과 같다. 만일 법에서 법이 생긴다면 어머니가 아들을 낳음과 같고, 법에서 비법이 생김은 마치 사람 중에 돌여자[石女]가 아이를 낳음과 같으며, 비법에서 법이 생김은 마치 토끼의 뿔에서 사람이 태어남과 같고, 비법에서 비법이 나는 것은 거북이 털에서 토끼의 뿔이 나는 것과 같다. 그러므로 장항에 해석하되, " '법에서 법이 나지 않음'은 저 가고 잃음에 둘 다 그렇지 않음이요, '법에서 비법이 나지 않는다' 는 것은 비법은 있는 것이 아니요, 법은 유라 이름하나니 어떻게 유의 모양을 따라서 무의 모양이 나겠는가? '비법에서 법이 나지 않는 것'은 비법은 무라 이름하나니 무에서 어떻게 유가 나겠는가? 만일 무에서 유가 나온다면 이것은 원인 없음이니, 원인이 없다면 큰 잘못이 있는 것이다. 이런 까닭에 비법에서 법이 나지 않는 것이다. '비법에서 비법이 나는 것이 아니라는 것'은 토끼의 뿔이 거북이 털을 낳을 수 없다"고 하였다.

③ 위의 두 가지 설을 단절하다[斷上二說] (然前 27上10)

[疏] 然이나 前義는 正順於喩하고 後義는 乃順標中諸法之言이라 要由初義性相無差하야사 方得顯於後義事事無差라 若但用後義인대 未顯相全同性이어니 那得顯於事事가 同於一性이리오

■ 그러나 앞의 이치는 바로 비유를 따르고 뒤의 이치는 비로소 표방한 중에 모든 법의 말씀을 따른 것이다. 중요한 것은 첫째 이치인 체성과 모양이 차별 없음으로 인하여 비로소 뒤의 이치인 현상과 현상이

차별 없음을 밝히게 된다. 만일 뒤의 이치만 사용한다면 모양이 체성과 완전히 같음을 밝히지 못할 텐데 어찌 현상과 현상이 한 성품과 같음을 밝힐 수 있겠는가?

[鈔] 然前義下는 斷上二說이니 前義는 即事理無礙오 後義는 即事事無礙라 疏若但用後義下는 反以理結하야 要用上二니 謂要由事理無礙하야사 方得以理融於事니 事事가 隨理而融通耳라 此中에 更有別義니 謂又若依前義인대 則心等四類가 即第五無爲오 若依後義인대 由無爲故로 前四無差라 又依前義인대 是性無異일새 故無有差오 若依後義인대 是同一如體일새 故無差也니라

● ③ 然前義 아래는 위의 두 가지 설을 단절함이니, (1) 앞의 이치는 현상과 이치가 걸림 없는 도리요, (2) 뒤의 이치는 곧 현상과 현상이 걸림 없는 도리이다. 소의 若但用後義 아래는 이치를 반대로 결론하여 위의 두 가지 설을 사용하려 하였다. 말하자면 현상과 이치가 걸림 없음으로 인하여 비로소 이치가 현상을 융합함을 얻게 되나니 현상과 현상이 이치를 따라 융통할 뿐이다. 이 가운데 다시 특별한 뜻이 있으니 이른바 또 만일 앞의 이치[性相無差]에 의지한다면 마음 등 네 종류가 곧 다섯째 무위법일 것이요, 만일 뒤의 이치를 의지한다면 무위법인 연고로 앞의 네 가지와 차별이 없다. 또 앞의 이치를 의지한다면 성품과 다름이 없으므로 차이남도 없을 것이요, 만일 뒤의 이치를 의지한다면 진여의 본체와 동일하므로 차이가 없게 된다.

(b) 둘째 게송을 해석하다[釋第二偈] (第二 28上1)

衆生非衆生이　　　二俱無眞實하니

如是諸法性이　　　實義俱非有로라

중생과 중생 아닌 것

둘이 다 진실치 않아

이와 같이 모든 법의 성품

진실한 뜻이 모두 있지 않네.

[疏] 第二偈는 假名不實喩니 以眞奪俗일새 是故로 無差라 攬緣成衆生일
새 卽虛非衆生이라 所遣旣無어니 能遣이 安有리오 故俱無實이요 以
喩諸法이 皆無實義니 並從緣故라 若以正報로 爲衆生하고 依報로 非
衆生인대 乃全是所喩라 非實之相을 尙難顯了니라

● (b) 둘째 게송은 빌린 이름이 진실치 않음을 비유함이니, 진제로 속제
를 뺏는 연고로 차별이 없다. 인연으로 된 중생을 잡았으므로 곧 허
망하게 중생이 아니요, 보낼 대상이 이미 없으니 보내는 주체가 어찌
있으리오. 그러므로 모두 실다움이 없고, 모든 법이 모두 실다운 이치
가 없음으로 비유하였으니 아울러 인연을 따르는 까닭이다. 만일 정
보로써 중생을 삼고 의보로써 중생 아님을 삼는다면 비로소 완전히
비유할 대상이 된다. 실답지 않은 모양을 오히려 밝게 알기가 어렵다.

[鈔] 第二偈[34]下는 初, 立二相이오 次, 所遣旣無下는 釋無實義오 以喩
下는 釋合下半이오 後, 若以正報下는 結彈古釋이니라

● ㉠ 第二偈 아래는 두 모양을 건립함이요, ㉡ 所遣旣無 아래는 진실
한 이치가 없음을 해석함이다. ㉢ 以喩 아래는 아래의 반을 합함이

---

34) 上鈔는 南續金本作以眞奪俗.

요, ㈃ 若以正報 아래는 고인들의 해석을 비판함이다.

(c) 셋째 게송을 해석하다[釋第三偈] (第三 28上7)

譬如未來世에　　　無有過去相인달하여
諸法亦如是하여　　無有一切相이로다

마치 오는 세상에는
지나간 세상의 모양이 없듯이
모든 법도 그와 같아서
온갖 모양이 있지 않네.

[疏] 三, 三世互無喩니 喩無相故로 無別이라 謂若未來에 有過去者인대
應名過去니 何名未來리오 故知定無過現之相이로다 文擧一隅나 應
反餘二니 諸法無相이 如彼互無니 此以差別로 喩無差別이니라

■ (c) 셋째 게송은 삼세를 번갈아 없다는 비유이니 모양 없음을 비유한
연고로 차별이 없다. 이른바 만일 미래에 과거가 있다고 한다면 응당
히 과거라 이름해야지 어찌하여 미래라 하겠는가? 그러므로 과거나
현재의 모양이 결정코 없음을 알겠다. 경문에서 한 모퉁이를 거론하
였지만 응당히 나머지 둘과 반대이니 모든 법이 모양 없음이 마치 저
들이 번갈아 없음과 같나니 이것은 차별로써 무차별을 비유하였다.

[鈔] 文擧一隅應反餘二者는 應明現在無過未로 過去에 無現未等이라
故로 論語에 云, 擧一隅에 不以三隅反[35]이라

---

35) 此下에 續金本有諸法亦然四字 係牒下疏文 誤移於此.

- '경문에서 한 모퉁이를 거론하였지만 응당히 나머지 둘과 반대'라는 것은 응당히 현재 속에 과거와 미래가 없음으로 과거에는 현재와 미래가 없다는 따위를 밝혔다. 그러므로『논어(論語)』술이편(述而編)에 이르되, "(공자가 말씀하시되, 배우는 사람이 발분하지 않으면 그를 열어 주지 않고, 애가 타서 노심초사하지 않으면 그를 발하게 해 주지 아니하며,) 한 구석을 들어 주어서 남은 세 모퉁이를 돌이키지 못하면 (다시 가르쳐 주지 않는다)"36)라고 하였다.

(d) 넷째 게송을 해석하다[釋第四偈] (四四 28下5)

譬如生滅相이　　　　　種種皆非實인달하여
諸法亦復然하여　　　　自性無所有로다

마치 나고 멸하는 모양
가지가지가 진실치 못해
모든 법도 그와 같아서
제 성품 없는 것이니

[疏] 四, 四相非實喩니 喩無性故로 無差別이라 生等四相이 離所相法하야 無別自性이오 一切諸法이 離所依理에 無別自性이니 此以相無로 喩於性無니라

■ (d) 넷째 게송은 네 가지 모양이 실답지 않다는 비유이니, 체성이 없는 연고로 차별이 없음을 비유한 것이다. 태어남 등 네 가지 모양이 형상의 대상인 법을 떠나서 자성과 다르지 않음이요, 일체의 모든 법

---

36) 論語 述而編 제7에 운, "子曰 不憤 不啓 不悱 不發 擧一隅 不以三隅反 則不復也."

이 의지할 대상인 이치를 떠나 자성과 다르지 않나니, 이것은 모양 없음으로 체성 없음에 비유한 내용이다.

b. 의심을 보내다[後一遣疑] (後遣 20下9)

涅槃不可取나　　　　　說時有二種하니
諸法亦復然하여　　　　分別有殊異로다
열반을 취할 수 없지만
말하는 데 두 가지 있는 것
모든 법도 그와 같아서
분별하느라 다른 것이니

[疏] 後, 遣疑者니 疑云호대 若都無別인대 云何見有性相等殊오할새 故此釋云호대 亦如涅槃이 體離有無하고 百非斯絶이나 而强立名字하야 曰餘無餘라 諸法亦然하야 眞俗並虛나 分別成異니 若離分別하면 則無一切境界之相이니라

■ b. 의심을 보냄이다. 의심하여 이르되, "만일 모두 다른 점이 없다면 어찌하여 체성과 모양 등이 다름을 발견하였는가?"라고 하므로 여기서 해석하기를 "또한 열반이 자체가 유와 무를 떠나고 백비(百非)도 여기서 끊어졌지만 억지로 이름을 세워서 유여열반, 무여열반이라 말함과 같다. 모든 법도 역시 그러하여 진제와 속제가 함께 텅 비었지만 분별하여 다름을 이루었으니 만일 분별을 떠나면 일체 경계의 모양이 없게 된다."

[鈔] 諸法亦然眞俗並虛等者는 故로 肇公이 云호대 涅槃은 蓋是鏡像之所
歸며 絶稱之幽宅也라 豈可以有無로 標牓[37]이리오 故有餘無餘는 乃
出處之異號며 應物之假名耳라하니라 若離分別等者는 卽起信論이니
前文에 已引이라 此論前文에 云, 一切境界가 唯依妄念하야 而有差
別이니 次云호대 若離心念하면 則無一切境界之相이라하니라

● 모든 법도 역시 그러하여 진제와 속제가 함께 텅 비었다는 등은 그러
므로 승조(僧肇)법사가 이르되, "열반은 대개 거울에 비친 모습이 돌
아갈 곳이요 칭호가 단절된 그윽한 집이다. 어찌 유와 무로써 표방
할 수 있으리오. 그러므로 유여 무여는 이에 나온 곳이 다른 호칭이
며 중생에게 응대하는 거짓 이름일 뿐이다"라고 하였다. '만일 분별
을 떠나면' 등은 곧『기신론』이니 앞의 경문에 이미 인용하였다. 이
『조론(肇論)』의 앞 문장에 이르되, "일체 모든 법이 오직 망념에 의하
여 차별이 있으니," 다음에 이르되, "만일 마음의 망념을 여의면 일체
경계의 모양도 없느니라"고 하였다.

(ㄴ) 네 게송은 아는 주체를 해석하다[後四偈釋能知] 4.
a. 첫째 게송을 해석하다[釋第一偈] (第二 29上9)

如依所數物하여   而有於能數라
彼性無所有니   如是了知法이로다
마치 셀 바 물건 있으므로
능히 셈하는 것 있거니와
그 성품 모두 없는 것이니

---

37) 牓은 金本作榜.

이렇게 법을 알아야 하네.

[疏] 第二, 四偈는 喩能知者니 皆展轉遣疑라 初偈는 疑云호대 既有分別하면 則有能知라할새 故釋云호대 離所數物하면 無能數數이라 既所知無性이어니 何有能知리오 無知之知가 是眞了法이니라

■ (ㄴ) 네 게송은 아는 주체를 비유함이니, 모두 전전히 의심을 보냄이다. a. 첫째 게송은 의심하기를, "이미 분별이 있으면 아는 주체가 있으리라"고 하였으므로 해석하기를, "셀 대상인 물건을 떠나면 셈하는 주체가 헤아릴 수 없으리라. 이미 알 대상이 체성이 없을 텐데 어찌 아는 주체가 있으리오." 알지 못함을 아는 것이 진정으로 아는 법이다.

b. 둘째 게송을 해석하다[釋第二偈] (次復 29下3)

譬如算數法이　　　　增一至無量이라
數法無體性이로되　　智慧故差別이로다
저 셈하는 법이
하나씩 더하여 한량이 없나니
산수의 법이 제 성품 없거늘
지혜로 차별을 내느니라.

[疏] 次, 復疑云호대 若依向喩하야 能數로 喩能知인대 能知는 雖無나 所知猶有라할새 故復用能數法하야 以喩所知호대 智慧差別로 以喩能知하야 反覆相遣하야 顯無差理니 謂一上에 加一을 名之爲二오 乃至

百千이 皆是諸一이니 由能數智하야 作百千解라 故로 晉譯中第三句
에 云, 皆悉是本數라하니라 今譯에는 明一多相待일새 故無體性이니
喩彼妄想이 於無性中에 計爲有無耳니라

■ b. 다시 의심하되, "만일 앞의 비유를 의지하여 셈하는 주체로서 아
는 주체를 비유한다면 아는 주체가 비록 없지만 알 대상이 아직 남아
있다"라고 하므로 다시 셈하는 주체의 법을 써서 알 대상을 비유하
되, 지혜롭게 차별함으로 아는 주체를 비유하여 반복하여 서로 보내
어 무차별의 이치를 밝혔다. 말하자면 하나 위에 하나를 더하는 것
을 둘이라 이름하고, 나아가 백천 가지도 모두 하나이니 셈하는 주
체의 지혜로 인해 백천 가지 이해를 짓게 된다. 그러므로 진경(晉經)[38]
중에는 셋째 구절[數法無體性]에 이르되, "모두가 다 근본 숫자이다"라
고 하였다. 본경에서는 "하나와 여럿이 상대함을 밝힌 연고로 제 성
품이 없다"고 번역하였으니 저 망녕된 생각이 체성이 없는 중에서 유
나 무라고 계탁함에 비유하였을 뿐이다.

[鈔] 反覆相遣者는 謂以所知로 遣能知하고 復以能知로 遣所知耳니라
● '반복하여 서로 보낸다'는 것은 이른바 알 대상으로 아는 주체를 보
내고, 다시 아는 주체로 알 대상을 보냈을 뿐이다.

c. 셋째 게송을 해석하다[釋第三偈] (次又 30上1)

譬如諸世間이   劫燒有終盡이나

---

38) 『60권 화엄경』 정진림보살 게송에 云, "涅槃不可取 說時有二種 諸法亦如是 無有差別相/ 譬如種種數 皆悉是
數法 諸法亦如是 其性無別異/ 譬如數法十 增一至無量 皆悉是本數 智慧故差別/ 譬如諸世界 劫燒有終敗
虛空無損減 無師智亦然/ 十方空無異 衆生起分別 如是取如來 虛妄不見佛."

虛空無損敗인달하여　　佛智亦如是로다
말하자면 모든 세간들
겁 불이 탈 때는 끝나거니와
허공은 무너지지 않나니
부처님 지혜도 그러하니라.

[疏] 次, 又疑云호대 都無能所인대 何名佛智오할새 故로 釋云호대 能所雙
亡하야사 佛智斯顯이니 故所知妄法은 如世成壞오 能知眞智는 湛若
虛空이라 尙不初成이어니 況當有敗아 如出現品하니라 又權智로 照俗
은 同世成壞오 權卽是實은 如不離空이니라

■ c. 또 의심하되, "주체와 대상이 모두 없다면 무엇을 부처님 지혜라
이름하는가?"라고 하므로 해석하기를, "주체와 대상이 함께 없어지
면 부처님 지혜가 그때 드러날 것이니 그러므로 알 대상인 망법은 세
간의 이루었다 무너짐과 같고, 아는 주체의 진실한 지혜는 담담하기
가 허공과 같다. 오히려 처음 이루어짐도 아닌데 하물며 나중에 패하
여 없어짐이 있겠는가?" 여래출현품의 내용과 같다. 또한 방편 지혜
로 속제를 비춤은 세간의 이루고 무너짐과 같고, 방편이 곧 실법임은
'여의지 않는 공[不離空]'과 같다.

[鈔] 況當有敗者는 經에 云,[39] 譬如世界有成壞나 而其虛空不增減하야
一切諸佛成菩提에 成與不成無差別이 是也니라

● '하물며 나중에 패함이 있다'는 것은 본경에 이르되, "비유하건대 세계

---

[39] 如來出現品의 偈云, "譬如世界有成敗나 而於虛空不增減인달하야 一切諸佛出世間이나 菩提一相恒無相
이로다 / 如人化心化作佛에 化與不化性無異인달하야 一切衆生成菩提에 成與不成無增減이로다."(교재 권
3 p. 294-)

가 이뤄지고 무너지더라도 허공은 더하거나 덜하지 않아 모든 부처 보리 이룸에 이루고 못 이루고 차별이 없네"라고 한 것이 이것이다.

d. 마지막 게송을 해석하다[釋末偈] (末偈 30上8)

如十方衆生이　　　　各取虛空相인달하여
諸佛亦如是하여　　　世間妄分別이로다
마치 시방의 중생들이
제각기 허공의 모양 말하듯이
모든 부처님도 그와 같거늘
세상에서 허망하게 분별하도다.

[疏] 末後에 疑云호대 佛智旣等인대 應用何殊리오 釋云호대 隨心妄取오 佛無異相이라 又謂常無常은 如各取空이오 佛智雙非는 如空無別이라

■ d. 마지막에 의심하되, "부처님 지혜가 이미 같은데 응하여 씀이 무엇이 다르리오." 해석하기를, "마음을 따라 허망하게 취한 것이요, 부처님은 다른 모양이 없다." 또 이르되, "항상하고 무상함은 각기 허공을 취함과 같으며 부처님의 지혜를 함께 부정함은 허공과 같아 다름이 없다"는 뜻이다.

사. 역림보살의 게송 찬탄[力林菩薩頌] 2.

가) 게송을 설하는 광경[說偈儀] (第七 1上5)

爾時에 力林菩薩이 承佛威力하사 普觀十方하고 而說頌言하시되

그때 역림보살이 부처님의 위신력을 받들어 시방을 두루 관찰하고 게송으로 말하였다.

[疏] 第七, 智了三種世間하야 性相諸邊에 不動일새 故名力林이니라

■ 사. (역림보살의 게송 찬탄)에서 지혜로 삼종 세간을 알아서 체성과 모양이 여러 부분에서 동요하지 않으므로 '역림(力林)'이라 이름하였다.

나) 게송을 바로 설하다[正說偈] 2.
(가) 과목 나누기[分科] (十頌 1上8)

[疏] 十頌이 顯佛離相眞智라 於中에 分三이니 初四는 徧明世間이오 次五는 雙遣世及出世오 後一은 觀成利益이라

■ 나) 열 게송이 부처님의 모양을 여읜 진실한 지혜를 밝혔다. 그중에 셋으로 나누리니 ㄱ. 네 게송은 두루 세간을 밝힘이요, ㄴ. 다섯 게송은 세간과 출세간을 함께 보냄이요, ㄷ. 뒤의 한 게송은 관법으로

이룬 이익이다.

(나) 과목에 따라 해석하다[隨釋] 3.
ㄱ. 네 게송은 두루 세간을 밝히다[初四徧明世間] 2.
ㄱ) 두 게송은 지말을 거두어 근본으로 돌아가는 관법
[初二偈攝末歸本觀] (今初 1上9)

一切衆生界가　　　　皆在三世中하고
三世諸衆生이　　　　悉住五蘊中이로다
모든 중생세계는
다 삼세 가운데 있고
삼세의 중생들은
모두 오온 중에 있나니

諸蘊業爲本이요　　　諸業心爲本이라
心法猶如幻하니　　　世間亦如是로다
모든 온은 업이 근본이요
모든 업은 마음이 근본이니
마음이란 법 요술 같으매
세간도 그러하니라.

[疏] 今初라 略有二觀하니 初二偈는 攝末歸本觀이니 顯衆生世間空이오
　　　後二는 緣生無作觀이니 兼顯器世間空이라 今初也니 初二句는 推假
　　　名衆生이 不出三世하야 顯是無常이오 次二句는 推三世衆生이 不出

於蘊하야 顯無有我오 次句는 蘊由業生으로 以明果空하야 顯非邪因
이오 次句는 推業唯心하야 明心外無法이오 次句는 體心如幻하야 不
離性空과 及與中道니 如幻無性故며 非有非無故라 末句는 以本例
末이니 則上五가 一如하야 皆展轉緣生故니라

■ 지금은 ㄱ.이다. 간략히 두 가지 관법이 있으니 ㄱ) 두 게송은 지말
을 거두어 근본으로 돌아가는 관법이니, 중생세간이 공함을 밝힘이
요, ㄴ) 두 게송은 연생이므로 지음 없는 관법이니, 겸하여 기세간이
공함도 밝힌 내용이다. 지금은 ㄱ)이니 (ㄱ) 두 구절은 거짓 이름인
중생이 삼세를 벗어나지 못함을 미루어서 무상함을 밝혔고, (ㄴ)
다음 두 구절은 삼세의 중생이 오온을 벗어나지 못함을 미루어서
'내'가 없음을 밝혔고, (둘째 게송의) (ㄷ) 다음 구절은 오온은 업으로
인해 생김으로 결과가 공함을 밝혀서 삿되지 않은 원인을 밝혔고,
(ㄹ) 다음 구절은 업은 오직 마음뿐임을 미루어 마음 밖에 법이 없
음을 밝혔고, (ㅁ) 다음 구절은 자체인 마음은 허깨비와 같아서 본
성이 공함과 중도를 여의지 않나니 허깨비와 같이 체성이 없는 까닭
이며, 유도 아니고 무도 아닌 까닭이다. (ㅂ) 마지막 구절은 근본
으로 지말을 유례함이니, 위의 다섯이 한결같아서 모두 전전히 인연
으로 생겨난 까닭이다.

ㄴ) 두 게송은 연생이므로 지음 없는 관법[後二偈緣生無作觀] 2.
(ㄱ) 총합하여 과목 나누다[總科] (二緣 1下9)

世間非自作이며   亦復非他作이로되
而其得有成이며   亦復得有壞로다

세간은 스스로 지음도 아니요
다른 이가 지음도 아니지마는
이루어짐이 있으매
역시 파괴함도 있는 것

[疏] 二, 緣生無作觀中에 初偈는 無作故로 緣成이오 後偈는 緣成이 卽無
作이니라

■ ㄴ) 연생이므로 지음이 없는 관법 중에 a. 첫 게송은 지음이 없는 연
고로 인연으로 된 것이요, b. 뒤 게송은 인연으로 된 것이 곧 지은 이
가 없다는 뜻이다.

[鈔] 二緣生無作觀[40]下는 疏文有二하니 先, 總科니 謂前偈上半은 無作이
오 下半은 緣成이라 後偈의 上半은 緣成이오 下半은 卽無作이라

● ㄴ) 緣生無作觀 아래는 소문이 둘이 있으니 (ㄱ) 총합하여 과목 나
눔이니 이른바 a. 앞 게송의 a) 위의 반은 지음이 없음이요, b) 아래
의 반은 인연으로 됨이다. b. 뒤 게송의 a) 위의 반은 인연으로 됨이
요, b) 아래의 반은 지은 자가 없음이다.

(ㄴ) 개별로 해석하다[別釋] 2.
a. 첫 게송은 지은 이가 없이 인연으로 됨을 노래하다[初偈無作緣成] 2.

a) 위의 반을 해석하다[釋上半] 2.
(a) 표방하다[標] (今初 2上2)

---

40) 上鈔는 南續金本作二有二頌.

(b) 해석하다[釋] 4.

㉠ 외도가 제 성품이 지었다 함이 아님을 노래하다[約外道非自性等作]

(一約)

[疏] 今初라 言不自他作者는 通遣諸非니 一, 約外道에 非自性等作이며 亦非梵天等他作이오 但以虛妄이니 無業報故라 廣如三論破하니라

■ 지금은 a.이다. '자작도 아니요, 타작도 아니다'라고 말한 것은 모든 잘못을 통틀어 보냄이니, ㉠ 외도가 제 성품이 지었다 함이 아님을 노래함이니 또한 범천 등이 지은 것도 아니요, 단지 허망함이니 업과 보답이 없는 까닭이다. 자세한 것은 삼론종(三論宗)에서 타파함과 같다.

[鈔] 二, 今初下는 正釋初偈라 於中에 先, 解上半이라 自有四重하니 一, 破外道오 二, 破小乘이오 三, 遣法相이오 四, 約無相宗說이라 今初라 非自性等作者는 卽明非自作也라 外道宗計之盛이 不出數論勝論하니 數論은 計自性能作이라 自性은 卽冥諦能作이오 而我非能作者며 但是知者라하니라 而疏言等은 卽等於我니 我爲能作者는 卽勝論師라 次, 言亦非梵天等作者는 且等取安茶[41] 自在梵天이라 安茶는 卽安茶論師所計라 第一疏에 已明하니라 自在는 卽塗灰外道所計니 合上하야 爲共作이오 離上에 爲無因이라 故但擧自作이니 四句已備니라 但以虛妄者는 卽總破四句니 四句之計가 皆無業報니라 言廣如三論破者는 不欲繁文하야 指廣有原이니라 然三論에 皆破어니와 百論에 廣破二宗하니 今取順非四句作苦리라 且依十二門論釋云인대 然

---

41) 安茶는 原本作案茶 下同; 自從南續金本及玄談作安茶.

自性一計는 第一疏鈔에 已廣破竟하니라 衛世가 計我爲自를 今當更
釋호리라 卽觀作者門第十偈에 云, 自作과 及他作과 共作과 無因作인
如是를 不可得이니 是則無有苦라하고 長行에 以因緣門으로 釋하니 則
通小乘大乘等이라

次, 約破外道說하리라 先, 總敍云호대 如經說하사대 有裸形迦葉이 問
佛호대 苦自作耶아 佛黙然不答이어시늘 世尊하 若爾인대 苦不自作者
오 是他作耶아 佛亦不答이어시늘 世尊하 若爾인대 苦自作他作耶아 佛
亦不答이어시늘 世尊하 若爾者인대 苦無因無緣作耶아 佛亦不答하시
니라 釋曰, 下에 論破가 有二意하니 一, 約性空이니 結云, 如是四問에
佛皆不答하시니 當知苦則是空이로다

● a. 今初 아래는 첫 게송을 바로 해석함이다. 그중에 a) 위의 반을 해
석함이다. 자연히 네 번 거듭함이 있으니 (a) 외도의 주장을 파함이
요, (b) 소승의 주장을 파함이요, (c) 법상종을 보냄이요, (d) 무상
종의 주장을 의지함이다. 지금은 (a)이다. '제 성품 등이 지음이 아니
라' 함은 곧 자작(自作)이 아님을 설명함이다. 외도의 종지로 계탁함
이 왕성함은 수론파(數論派)와 승론파(勝論派)에서 벗어나지 않나니,
(1) 수론파는 "제 성품이 짓는다고 계탁하는 주장이다. 자성은 곧 명
제(冥諦)가 짓는 주체요, 내가 짓는 주체가 아니며 단지 아는 자일 뿐
이다"라고 말한다. (2) 그러나 소가가 말한 등은 나와 똑같으니 내
가 짓는 주체가 되는 것은 승론파의 스님들이다. (3) '범천 등이 지음
도 아니라'는 말은 우선 안다(安荼)와 자재천을 똑같이 취한 주장이
다. 안다는 곧 안다(安荼) 논사의 주장이다. 제1권 소에서 이미 밝혔
다. 자재천은 곧 재를 바르는 외도[塗灰 외도]의 주장이니 위와 합하여
함께 지음이 됨이요, 위를 여의면 '원인 없음'이 된다. 그러므로 단지

제 성품이 지음만 거론하였으니 네 구절이 갖추어졌다. 단지 허망함 때문이란 네 구절을 총합하여 파함이니 네 구절의 계탁이 모두 업과 보답이 없다는 주장이다. '자세한 것은 삼론종에서 타파함과 같다'고 말한 것은 문장을 번거롭게 하지 않으려고 자세함은 근거가 있다고 지적하였다. 그러나 삼론종에서 모두 타파했거니와 『백론(百論)』에서 널리 두 종파를 파하였으니 지금은 네 구절이 고통을 짓는 것이 아님을 따라 취하겠다. ① 우선 『십이문론(十二門論)』에 의지해 해석한다면, 그런데 제 성품이라는 계탁은 제1권 소초에 이미 자세하게 타파하였다. (그중에) 위세사(衛世師, 승론과 외도)가 '나'를 자성으로 계탁함을 지금 다시 해석하리라. 짓는 자를 관하는 문의 열 번째 게송에 이르되, "자신이 지음과 타인이 지음과 함께 지음과 원인 없이 짓는 이런 것을 얻을 수 없으니 이것은 고제가 없는 주장이다"라 하였고, 장항에서는 인연문으로 해석하였으니 소승과 대승 등과 통하는 주장이다.

(2) 외도를 파함에 의지하여 설하겠다. 가. 총합하여 밝히기를, "경문에 설하되 나형(裸形) 외도인 가섭이 부처님께 여쭙기를, '고통은 자신이 짓습니까?' 부처님께서 묵연히 대답하지 않으셨다. 세존께서 그러했는데 '고통은 자신이 지은 것이 아니라면 다른 이가 지은 것인가?' 부처님께 또한 대답하지 않으셨는데 '세존이시여, 만일 그렇다면 고통은 자신도 짓고 다른 이도 짓습니까?' 부처님이 또 대답하지 않으셨는데, '세존이시여, 만일 그렇다면 고통은 원인도 없고 인연도 없이 짓는 것입니까?' 부처님이 역시 대답하지 않으셨다. 해석하자면 아래 논에서 파함이 두 가지 주장이 있으니 (1) 성품이 공함에 의지한 주장이니 결론하기를 이러한 네 번의 질문에 부처님이 모두 답하지

않으시니 고통은 공함을 마땅히 알지니라."

第二, 約外道說이니 問日, 佛說是經에 不說苦空은 隨可度衆生하사 作是說이라 是裸形迦葉이 謂人是苦因이라하야 有我者가 說好醜皆神所作이나 神常淸淨하야 無有苦惱라 所知所解가 悉皆是神이 作好醜苦樂하야 還受種種身이라 以是邪見故라 問佛苦自作耶아 是故로 佛不答은 苦實非是我作이라 若我是苦因이라 因我生苦인대 我卽無常이니 何以故오 若法是因이며 及從因生法인대 皆亦無常이오 若我無常인대 則罪福果報가 皆悉斷滅이며 修梵行福報도 是亦應空하리라 若我是苦因인대 則無解脫이니 何以故오 我若作苦인대 離苦에 無我能作苦者니 以無身故라 若無身而能作苦者인대 得解脫者도 亦應是苦리니 如是則無解脫이어니다 而實有解脫하니 是故로 苦自作不然이니라 釋日, 此破我爲自作이니 故로 疏에 云自性等이라하니 等於我故니라

次破他作이니 論에 云, 他作苦도 亦不然이니 離苦에 何有人이 而能作苦與他리오 復次若他作苦者인대 則爲是自在天作이니 如此邪見問故로 佛亦不答이라 而實不從自在天作이니 何以故오 性相違故라 如牛子가 還生牛라 若萬物이 從自在天生인대 皆應似自在天이니 是其子故라 復次若自在天이 作衆生者인대 不應以苦與子니 是故로 不應言自在天作이니라

● (2) 외도에 의지해 설하는 주장이니 질문하되, 부처님이 이 경을 설할 적에 고통이 공하다고 말하지 않은 것은 제도할 중생에 따라 이렇게 설한다. 나형외도인 가섭이 이르되, 사람이 고통의 원인이라 하여 '내'가 있다는 이가 설하되, '잘생기고 못생긴 것이 모두 신들의 지은 바

이지만 신은 항상 청정하고 고뇌가 없다. 알고 이해하는 것이 모두 신이 좋고 나쁘고 괴롭고 즐거움을 지어서 도리어 갖가지 몸을 받는다.' 이것이 삿된 소견이기 때문이다. 부처님께 '고통은 자신이 지은 것입니까?' 질문한 까닭에 부처님이 답하지 않은 것은 고통은 진실로 내가 지음이 아니라는 뜻이다. ① 만일 내가 고통의 원인이다. 나로 인해 고통이 생긴다면 나는 무상함이다. 왜냐하면 만일 법이 원인이며 원인에서 법이 생긴다면 모두가 무상함이요, 만일 내가 무상하다면 죄와 복의 과보가 모두 단멸할 것이며 범행을 닦은 복된 과보도 역시 공할 것이다. 만일 내가 고통의 원인이라면 해탈이 없을 것이다. 왜냐하면 내가 고통을 지었다면 고통을 여의면 내가 능히 고통을 지음이 없게 되나니 몸이 없는 까닭이다. 만일 몸이 없이 능히 고통을 짓는다면 해탈을 얻는 것도 또한 응당히 고통일 것이니 이러하다면 해탈이 없을 것이다. 그러나 진실로 해탈이 있으니 이런 연고로 고통을 내가 지음은 그렇지 않은 것이다. 해석하자면 이것은 내가 스스로 지은 것을 타파함이다. 그래서 소가가 이르되, '자성 등이다'라고 하였으니 나와 동등한 까닭이다.

② 다른 이가 지었음을 타파함이다. 논에 이르되, "다른 이가 고통을 지었다는 것도 그렇지 않다. 고통을 여읠 적에 어찌하여 어떤 사람이 고통을 지어서 다른 이에게 줄 수 있으리오. 또다시 만일 다른 이가 고통을 짓는다면 이것은 자재천이 지음이 될 것이니 이런 사견과 같이 부처님께 질문한 까닭에 부처님이 대답하지 않으신 것이다. 진실로 자재천으로부터 지은 것이 아니다. 왜냐하면 체성과 모양이 어긋나는 까닭이다. 마치 송아지가 도리어 소를 낳는다는 것과 같다. 만일 세상만물이 자재천에서 태어났다면 모두 응당히 자재천과 같을

것이니 그의 자식인 까닭이다. 또다시 만일 자재천이 중생을 만들었다면 응당 고통을 자식에게 주지 않을 것이니 이런 연고로 응당 자재천이 지었다고 말하지 않는다.

問曰, 衆生이 從自在天生이오 苦樂이 亦自在天生이어늘 以不識樂因일새 故與其苦니라 答曰, 若衆生이 是自在天子者인대 唯應以樂遮苦하고 不應與苦며 亦應但供養自在天하면 則滅苦得樂도 而實不爾라 但自行苦樂因緣하야 而自受報오 非自在天作이니라 復次彼若自在者인대 不復有所須오 有所須自作인대 不名自在오 若無所須인대 何用變化作萬物을 如小兒戲리오 復次若自在가 作衆生者인대 誰復作自在오 若自在가 自作인대 則不然하니 如物不能自作이라 若更有作者인대 不名自在라하야 下廣有破하니 具如彼論하니라 乃至云호대 若自在가 作苦樂等事인대 而自成壞世間法等이오 又自在가 亦從他作인대 則無窮이오 無窮則無因이니 故非自在로다 次,42) 破共作호대 有上二過故라 假因和合故며 非無因이라 四皆邪見일새 故佛不答하니라 破梵天等은 例同自在니 約人雖異나 他作義同이니라

● ③ 묻기를, 중생이 자재천이 낳았고 고통과 즐거움도 자재천이 생기게 하였는데 즐거움의 원인을 알지 못하기 때문에 고통을 주는 것이다. 대답하되, 만일 중생이 자재천의 아들이라면 오로지 즐거움으로 고통을 막아야 하고 고통을 주지 말아야 하며, 또한 단지 자재천신에 공양 올리면 고통을 없애고 즐거움을 얻어야 하는데 실제로는 그렇지 않다. 단지 스스로 고통과 즐거움의 인연을 행하여 스스로 보답을 받는 것이요, 자재천이 지음이 아니다. 또다시 저가 만일 자재

---

42) 次는 南本作以, 續金本作以; 據論應從原本作次.

천이라면 다시 필요한 바가 있지 않을 것이요, 필요한 바를 스스로 짓는다면 자재라고 이름하지 못할 것이요, 만일 필요한 것이 없다면 어찌하여 변화를 써서 만물을 짓는 것이 마치 어린아이 장난과 같으리오. 또다시 만일 자재천 스스로 지었다면 그렇지 않을 것이니 만물은 능히 자신이 지을 수가 없음과 같다. 만일 다시 짓는 이가 있다면 자재라고 이름하지 못한다 하여 아래에 자세하게 논파하였으니 자세한 것은 저 논서를 참고하라. 나아가 말하되, "만일 자재천이 고통과 즐거움 등의 일을 짓는다면 자신이 세간법 등을 이루고 무너지게 할 것이요, 또 자재천이 역시 다른 이로부터 짓는다면 끝이 없을 것이요, 끝이 없음은 원인이 없음이니 그러므로 자재함이 아니다." ④ 함께 지음을 타파하되, 위의 두 가지 허물이 있기 때문이다. 원인을 빌려 화합한 까닭이며 원인 없음이 아니다. 네 가지가 모두 사견이므로 부처님이 대답하지 않으셨다. 범천 등을 타파함은 자재천과 유례함이니 사람에 의지함이 비록 다르지만 다른 이가 지었다는 뜻과 같다.

然此方妄計가 亦自西天相傳之說하니 按三王曆에 云, 天地渾沌에 盤古가 生其中하야 一日에 九變호대 神於天하고 聖於地하고 主於天地라 天이 日高一丈에 地가 日厚一丈하며 盤古도 亦長一丈이라 如此萬八千年[43]然後에 天地開闢하니라 盤古는 龍身人首오 首極東西하고 足極東西하며 左手로 極南하고 右手로 極北하며 開目成晝[44]오 合目成夜며 呼爲暑오 吸爲寒이며 吹氣成風雲하고 叱[45]聲爲雷霆이라 盤古死에 頭爲甲하고 喉爲乙하고 肩爲丙하고 心爲丁하고 膽爲戊하고

---

43) 年은 甲南續金本作歲.
44) 晝는 甲南續金本作曙.
45) 叱은 南續金本作吒.

脾爲己하고 脇爲庚하고 肺爲辛하고 腎爲壬하고 足爲癸하고 目爲日月하고 髭爲星辰하고 眉爲斗樞하고 九竅가 爲九州하고 乳爲崑崙하고 膝爲南岳하고 股爲泰山하고 尻[46]爲魚鼈하고 手爲飛鳥하고 爪爲龜龍하고 骨爲金銀하고 髮爲草木하고 毫毛가 爲鳧鴨하고 齒爲玉石하고 汗爲雨水하며 大腸은 爲江海하고 小腸은 爲淮泗하고 膀胱은 爲百川하고 面輪은 爲洞庭이라하나라 韋昭同記에 曰, 世俗相傳爲盤古가 一日에 七十化하니 覆爲天하고 偃爲地라 八萬歲에 乃死라하나라 然盤古事迹은 近爲虛妄이오 旣無史籍하니 難可依憑이오 但是古來相傳詭妄耳나라 斷曰, 誠如所言인대 亦依稀西域梵天韋紐等이로다 今旣破邪하니 敍之無失이로다

- 그러나 이 지방의 망녕된 계탁이 또한 서천에서 서로 전해 온 주장이니 『삼왕력(三王曆)』[47]을 참고하면 이르되, "하늘과 땅이 혼돈할 적에 반고(盤古) 씨가 그 속에서 생겨서 하루에 아홉 번 변하되 하늘을 신묘하게 하고 땅을 성스럽게 하였다. (반고는) 하늘과 땅의 주인이 되어 하늘은 하루에 1장(丈)씩 높아졌고, 땅은 하루에 1장씩 두터워졌다. 반고도 키가 지극히 커져서 이렇게 18,000세(歲)가 흘러서, 그런 뒤에 하늘과 땅이 열렸다. 반고는 몸은 용이요, 머리는 사람 모습이 되었고, 머리는 동서로 뻗쳤고, 발은 동서에 닿았다. 왼손은 남쪽까

---

46) 尻는 南續金本作屍.
47) 盤古 는 중국에서 전하여 내려오는 전설상의 신화적 거인으로, 삼국시대의 吳나라 서정(徐整)이 쓴『三五歷記』에 盤古의 전설이 기록되어 있다. "天地混沌如鷄子 盤古生其中, 萬八千歲 天地開闢, 陽淸爲天, 陰濁爲地, 盤古在其中 一日九變, 神於天, 聖於地 天日高一丈, 地日厚一丈 盤古日長一丈, 如此萬八千歲 天數極高, 地數極深, 盤古極長[아주 오랜 옛날에는 천지가 계란의 흰자위같이 혼돈하였으며, 盤古는 그 안에서 태어나서 18,000歲를 보냈다. 천지가 개벽하며 밝고 푸른 것은 하늘이 되었고, 어두컴컴하고 탁한 것은 땅이 되었으며, 盤古는 그 안에 있으면서 하루에 아홉 번 변하였고, 신묘함이 하늘에 이르렀고, 거룩함이 땅에 이르렀다. 반고는 땅을 딛고 서서 하늘을 밀어 올려서, 하늘은 하루에 1丈씩 높아졌고, 땅은 하루에 1丈씩 두터워졌다. 盤古가 하늘과 땅 사이를 하루에 1丈씩 밀어 올리면서 18,000歲가 흘러서, 하늘은 지극히 높아졌고, 땅은 지극히 깊어졌으며, 盤古의 키는 지극히 커졌다."

지 오른손은 북쪽까지 지탱하였고, 눈을 뜨면 낮이 되고 눈을 감으면 밤이 되었으며, 숨을 내쉬면 더위가 되고 숨을 들이쉬면 추위가 되었고, 기침을 하면 바람과 구름이 되고, 고함 소리는 뇌성벽력이 되었다. 반고가 죽으며 머리는 갑, 목구멍은 을, 어깨는 병, 심장은 정, 쓸개는 무, 비장은 기, 옆구리는 경, 폐는 신, 신장은 임, 발은 계가 되고, 눈은 해와 달, 수염은 별, 눈썹은 지도리, 아홉 구멍은 구주[중국 전토의 아홉 구역 이름]가 되고, 젖은 곤륜산, 무릎은 남악, 정강이는 태산, 꽁무니는 물고기와 자라, 손은 나는 새, 손톱은 거북과 용, 벼는 금과 은, 머리카락은 풀과 나무, 터럭은 오리, 치아는 옥과 돌, 땀은 빗물이 되고, 대장은 강과 바다, 소장은 강물, 방광은 하천, 얼굴은 뜨락이 된다"라고 하였다. 『위소동기(韋昭同記)』에 이르되, "세간에서 서로 전하기를 반고가 하루에 70번 변화하니 덮으면 하늘이 되고 누우면 땅이 된다. 8만 세에 마침내 죽었다"고 하였다. 그런데 이런 반고의 행적은 허망함에 가깝고 이미 역사 기록이 없으니 의지하거나 믿을 수 없다. 단지 예로부터 서로 전해 오는 거짓말일 뿐이다. 단정해 말하면 말한 바가 진실하다면 또한 서역과 범천에서 희귀한 자료들이다. 지금은 이미 삿되다고 파하였으니 밝히더라도 허물이 없으리라.

㉡ 소승에서 동류인으로 자작이 아님에 의지한 해석[約小乘非同類自作]

(二 約 5上9)

[疏] 二, 約小乘이니 非同類因自作이며 亦非異熟因他作이니 以皆相待하야 無自性故니라

■ ㉡ 소승에 의지한 해석이니 동류인(同類因)으로 자작이 아니며 또한

이숙인(異熟因)으로 타작(他作)이 아님이니 모두 상대하여 제 성품이
없는 까닭이다.

㊂ 인연으로 상대함에 의지한 해석[約因緣相待] (三約 5下1)

[疏] 三, 約因緣相待니 如十地論과 及對法에 所明하니라
■ ㊂ 인연으로 상대함에 의지한 해석이니『십지경론』과『대법론』에서
밝힌 내용과 같다.

[鈔] 三約因緣者는 十地는 在下오 對法에 云, 自種有故로 不從他오 待
衆緣故로 非自作이오 無作用故로 不共生이오 有功能故로 非無因이
라하니 斯則以因爲自하고 以緣爲他하고 假因으로 遣緣하고 假緣으로
遣因하고 假無用으로 以遣共하고 假有功으로 以遣無因이라 十地에
更廣하리라
● ㊂ 인연으로 상대함에 의지한 해석에서『십지경론』은 아래에 있고,
『대법론』에는 이르되, "자신의 종자가 있으므로 타작이 아니요, 여러
인연과 상대하므로 자작도 아니요, 짓고 쓰는 자가 없으므로 함께
생김도 아니요, 공능이 있는 연고로 원인 없음이 아니다"라고 하였
다. 이렇다면 원인은 자작이 되고 인연은 타작이 되며, 원인을 빌림으
로 인연을 보내고 인연을 빌림으로 원인을 보내고 작용 없음을 빌려
서 함께 지음을 보내고 공능(功能) 있음을 빌려서 원인 없음을 보내었
다. 십지품에 가서 다시 자세하게 설명하겠다.

㊃ 원인으로 결과를 봄에 의지한 해석[約以因望果] 3.

① 표방하다[標] (以因 5下6)
② 논문을 인용하여 해석하다[引論正釋] (中論)

[疏] 四, 約以因望果니 中論에 云, 自作及他作과 共作無因作이라하야 如
    是說諸苦나 於果則不然이라하니라
■ ㉃ 원인으로 결과를 봄에 의지한 해석이니『중론』에 이르되, "자기의
    지음과 남의 지음과 함께 지음과 원인 없이 지음과 이렇게 여러 가지
    괴로움을 말하나 결과는 그렇지 않다"라고 하였다.

③ 소가의 해석[疏釋] 2.
㉮ 앞의 두 구절을 해석하다[釋前二句] (此自 5下7)

[疏] 此自他言은 含於二意하니 一, 以果爲自며 以因爲他라 論에 云, 果
    法이 不能自作己體故라 二, 以因爲自며 以緣爲他니 此明不從因緣
    하야 無果待對故라
■ 여기서 자작과 타작이란 말은 두 가지 의미를 포함하였으니 첫째, 결
    과로 자작이 되며, 원인으로 타작이 된다. 논에 이르되, "결과의 법이
    능히 자기 몸을 스스로 짓지 않는 까닭이다." 둘째, 원인이 자작이 되
    고 인연으로 타작이 되었으니 여기서는 인과 연으로부터 결과가 없
    이 기다려 상대한 까닭이다.

㉯ 뒤의 두 구절을 해석하다[釋後二句] 2.
㉠ 앞을 발판으로 시작하다[躡前生起] (離旣 5下10)
㉡ 논문을 인용하여 해석하다[引論正釋] (故論)

[疏] 離旣不成하니 合亦不成이라 故라 論에 云, 若彼此共成인대 應有共作苦[48]이어니와 彼此가 尙無作이어니 何況無因作이리오하니 彼此는 即自他也니라

■ 여읨이 이미 되지 않으니 합함도 역시 되지 않는다. 그러므로 논에 이르되, "만일 이것과 저것이 함께 이루었다면 응당히 고통을 함께 지었거니와 저와 내가 오히려 작자가 없는데 어찌 하물며 원인 없이 지으리오" 하였으니 저와 나는 곧 자작과 타작이다.

[鈔] 四約以因者는 初, 標也니 即約無相宗說이라 中論云下는 二, 引論正釋이니 即破苦品이라 初引一偈는 即初總標니 偈明四句不作이라 三, 此自他下는 疏釋이니 …〈아래 생략〉…

● ㉔ 원인으로 결과를 봄에 의지한 해석이란 ㉮ 표방함이니 무상종의 주장을 의지한 해석이다. ㉯ 中論云 아래는 논문을 인용하여 해석함이니 곧 파고품(破苦品)이다. 처음 인용한 한 게송은 곧 첫째, 총합하여 표방함이니 게송에서 네 구절이 짓지 않음을 설명함이다. ③ 此自他 아래는 소가의 해석이니 …〈아래 생략〉…

b) 아래의 반을 해석하다[釋下半] (下半 6下6)

[疏] 下半은 二意니 一, 不礙緣成으로 以遣無因이오 二, 非但不礙幻有라 亦由有空義故로 能成因果니 是則不動眞際코 建立諸法이라 又非但說於苦에 四種義不成이라 一切外萬物에 四義皆不成이라 成壞之言은 顯兼器界니라

---

48) 苦는 原本作若誤.

■ b) 아래의 반은 두 가지 의미이니 ① 인연으로 됨에 걸림 없음으로 원인 없음을 보냄이요, ② 허깨비처럼 있음과 걸림 없음일 뿐만 아니라 또한 유가 공한 이치인 연고로 원인과 결과를 이루나니 이렇다면 진제(眞際)를 움직이지 않고 모든 법을 건립함이다. 또한 단지 고통을 설할 적에 네 가지 이치가 성립하지 않을 뿐 아니라 일체의 외적인 만물에 네 가지 이치가 모두 성립되지 않는다. '이루고 파괴한다'는 말은 기세간을 겸하여 밝힌 내용이다.

[鈔] 下半二意者는 卽經의 而其得有成亦復得有壞니 前意則上半의 性空은 不礙⁴⁹⁾오 下半은 緣成이니 卽事理無礙*義라 後意는 由上性空하야 成於下半이니 卽以有空義故로 一切法得成이니 則是事理相成門이니라

又非下는 卽⁵⁰⁾中論結例之言이오 成壞之言이 顯兼器界者는 中論은 正約正報하고 今經은 意在雙含耳니라

● b) 아래의 반의 두 가지 의미란 곧 본경이 "그 얻고 이룸이 또다시 파괴함이 있음을 얻음이니, 앞의 의미는 위의 반의 게송이 체성이 공함은 걸림 없음이요, 아래의 반은 인연으로 됨이니 곧 현상과 이치가 걸림 없는 이치이다. 뒤의 의미는 위의 체성이 공함으로 인해 아래의 반이 성립하였으니 곧 유가 공하다는 이치인 연고로 일체법을 얻은 것이니 바로 현상과 이치가 서로 이루는 문이다.

又非 아래는 곧 『중론』에 유례함을 결론한 말이요, '이루고 파괴한다는 말은 기세간을 겸하여 밝힌다'는 것은 『중론』은 정보를 의지하였

---

49) 礙는 甲本作閡 下同 아래 *표시
50) 卽下에 甲南續金本有是字.

고, 본경은 의미가 의보와 정보를 모두 포함했다는 뜻일 뿐이다.

b. 인연으로 되어서 지은 이가 없다[後偈緣成無作] (後偈 7上7)

　　世間雖有成이며　　　世間雖有壞나
　　了達世間者는　　　　此二不應說이로다
　　세간이 이루기도 하고
　　세간이 파괴도 하거니와
　　세간을 분명히 통달한 이는
　　이 둘을 말하지 않느니라.

[疏] 後偈는 緣成이 卽無作者라 向約幻有하야 雖言成壞나 幻有卽空일새
　　故不應說이니 是則不壞假名而說實相이니라
■　b. 뒤 게송은 인연으로 되어서 지은 이가 없음이다. 앞에서 허깨비처
　　럼 있음을 의지하여 비록 이루고 파괴한다고 말했지만 허깨비처럼 있
　　음이 곧 공이므로 응당 설하지 않았으니 이러하다면 빌린 명칭을 무
　　너뜨리지 않고 실다운 모양을 설한 것이다.

ㄴ. 다섯 게송은 세간과 출세간을 함께 보내다[次五雙遣世出世] 4.
ㄱ) 처음 두 게송을 해석하다[釋初二偈] (第二 7下4)

　　云何爲世間이며　　　云何非世間고
　　世間非世間이　　　　但是名差別이로다
　　어떤 것을 세간이라 하고

어떤 것을 세간 아니라 하는가.
세간과 세간 아닌 것
이름만이 다를 뿐

三世五蘊法은　　　說名爲世間이요
彼滅非世間이니　　如是但假名이로다
삼세와 오온법을
말하여 세간이라 하고
저가 멸한 것을 세간 아니라 하니
이와 같이 이름만 빌렸을 뿐

[疏] 二, 五頌의 雙遣中에 初半偈는 假徵이오 次半은 標答이오 次偈는 出
體釋成이라 蘊은 是世間이오 緣成寂滅은 卽出世間이라 故로 淨名經
에 云, 世間性空이 卽是出世間이라하니 一體에 說二일새 故云假名이라

■　ㄴ. 다섯 게송은 세간과 출세간을 함께 보냄 중에 ㄱ) 첫 게송의 위의
반은 질문을 빌림이요, 다음의 반의 게송은 답으로 표방함이요, ㄴ)
다음 게송은 체성을 내보이며 해석함이다. 오온은 세간법이요, 인연
으로 되어 고요함은 출세간법이다. 그러므로 『유마경』에 이르되, "세
간의 본성이 공한 것이 곧 출세간이다"라 하니 체성이 하나에 두 가
지를 말했으므로 '거짓 이름'이라 한 것이다.

[鈔] 故淨名下는 引證이니 卽不二法門品이라 第十二那羅延菩薩이 曰,
世間出世間爲二어니와 世間性空이 卽是出世間이니 而於其中에 不
入不出하며 不溢不散이 是爲入不二法門이 是也라 又思益第一에

云, 五陰은 是世間이니 世間所依止라 依止於五陰에 不脫於世間이니라 菩薩이 有智慧하야 知世間實性하나니 所謂五陰如라 世間法에 不染이라하니라 又云, 五陰無自性이 卽是世間性이라 若人不知是하면 常住於世間이어니와 若見知五陰하면 無生亦無死라 是人行世間호대 而不依世間이니라 凡夫不知法하고 於世에 起諍訟호대 是實是不實이라하나니 但是二相中에 我常不與世로 起於諍訟事하니 世間之實相을 悉已了知故라하니 與此大同이니라

● 故淨名 아래는 인용하여 증명함이니『유마경』불이법문품이다. 12번째 나라연(那羅延)보살이 말하되, "세간과 출세간이 둘이지만 세간의 본성이 공한 것이 곧 출세간이니, 그 가운데에 들어가지도 아니하고 나가지도 아니하며 넘치지도 아니하고 흩어지지도 아니하나니, 이것이 둘이 아닌 법문에 들어가는 것이라 합니다." 또『사익범천경』[51]제1권[出過世間品 제4]에 이르되, "오음이 세간이니 세간의 의지처이다. 오음을 의지하면 세간을 벗어날 수 없다. / 보살은 지혜 있어서 세간의 실다운 성품 아나니 이른바 오음의 진여라, (이로 인해) 세간법에 물들지 않는다네"라고 하였다. 또 이르되, "오음은 제 성품이 없음이 곧 세간의 본성이라 만일 사람이 이 도리를 알지 못하면 항상 세간에 머물러 살거니와/ 만일 오음을 보고 알면 남도 죽음도 없나니 이런 사람 세간에 다니지만 세간에 의지하지 않는다네. / 범부는 법을 알지

---

51) 사익범천소문경(思益梵天所問經)【범】Brahmaviśeacintīparipcchā(sūtra). 4권. K-143, T-586. 後秦 鳩摩羅什이 402년에 長安의 逍遙園에서 번역. 줄여서『사익경』·『사익범천문경』이라 하며, 별칭으로『사익의경(思益義經)』이라 한다. 1. 여래광(如來光)의 명호 공덕, 2. 보살의 지성(志性) 견고, 3. 4성제·성현행(聖賢行)의 둘이 없음과 차별 없음 4. 보살의 발심과 부지런한 정진, 5. 제법은 평등하여 생사와 열반이 없다는 것 등에 대하여 설한 경전이며 4권 18품으로 이루어진다. 용어면에서 지심(持心)범천을 사익(思益)범천으로, 명망(明網)보살을 망명(網明)보살로 표현한 점들을 제외하면,『지심범천소문경』과 내용상으로 거의 같다. 주석서로 세친(世親)의 논(論) 4권·현명(賢明)의 주(註) 10권·원징(圓澄)의 간주(簡註) 4권 등이 있으며, 이역본으로『승사유범천소문경(勝思惟梵天所問經)』·『지심범천소문경(持心梵天所問經)』이 있다.

못하고 세간에서 다툼과 소송 일으키되 실법이다 실법 아니다 말하지만 단지 이 두 모양에서/ 나는 항상 세간과 더불어 쟁송하지 않나니 세간의 실성을 이미 아는 연고라"고 하였으니 이것과 대개 같은 내용이다.

ㄴ) 셋째 게송을 해석하다[釋第三偈] (次二 8上8)

云何說諸蘊이며　　　諸蘊有何性고
蘊性不可滅일새　　　是故說無生이로다
무엇을 여러 가지 온이라 하며
온은 무슨 성품이 있는가.
온의 성품 멸할 수 없으며
그래서 남이 없다 하느니

[疏] 次二句는 徵蘊名體니 世以蘊으로 爲體인대 蘊以何로 爲體오 次二句는 標答이니 上句는 答體오 下句는 答名이니 應名無生五蘊이라 旣云性不可滅하니 則顯前非事滅이라

■ ㄴ) 다음 게송의 두 구절은 오온의 이름과 체성을 물었으니, 세간에서 오온으로 체성을 삼는다면 오온은 무엇으로 체를 삼는가? 다음 두 구절은 답으로 표방함이니 위 구절은 체성을 답함이요, 아래 구절은 명칭을 답함이니 응당히 '무생(無生)의 오온'이라 이름해야 한다. 이미 '성품을 멸할 수 없다'고 하였으니 앞의 현상법이 멸함이 아님을 밝힌 내용이다.

[鈔] 則顯前非事滅者는 然滅有二種하니 謂理及事故라 上出世間에 亦有二種하니 一, 約事出이니 謂地前이 爲世間이오 登地는 爲出世間도 此約事滅이라 由偈에 但云彼滅非世間은 則通二釋하니 以此文證하야 明非事滅이라 二者, 約相에 名世오 約性에 爲出世니 卽今文意가 卽約理滅이라 合於淨名思益等經이니라

● '앞의 현상법이 멸함이 아님을 밝힌다'는 것은 그러나 멸함에 두 종류가 있으니 이른바 이치와 현상이기 때문이다. 위의 출세간에 또한 두 종류가 있으니 현상이 나옴을 잡았으니 이른바 십지 이전은 세간법이요, 십지에 오름은 출세간법이 된 것도 여기서 현상법이 멸함을 잡은 것이다. 게송에는 단지 말하되, "저기서 세간법이 아님을 멸함"은 두 가지 해석과 통하나니 이런 경문을 증거로 현상이 멸함이 아님을 밝힌 것이다. 둘째, 모양을 잡을 적에 세간이라 이름하고 성품을 잡을 적에 출세간이라 이름하나니 곧 지금 경문의 의미가 곧 이치가 멸함을 잡은 해석이다. 『유마경』과 『사익범천경』등을 합한 내용이다.

ㄷ) 넷째 게송을 해석하다[釋第四偈] (次一 8下6)

分別此諸蘊인댄　　其性本空寂이라
空故不可滅이니　　此是無生義로다
이 온을 분별하여 보면
그 성품 본래부터 공적하여
공적하므로 멸할 수 없어
이것이 남이 없다는 이치니라.

[疏] 次一偈는 釋成空故로 不滅이라 亦非事在不滅이니 則知本自不生이 是無生義라

■ ㄷ) 한 게송은 공한 연고로 멸하지 않음을 해석하였다. 또한 현상 아님은 멸하지 않음에 있으니 본래 스스로 나지 않음이 남이 없는 이치임을 알게 된다.

[鈔] 則知等者는 旣言空故不可滅은 是無滅義라 而結云此是無生義者는 以無可滅故니 是本自不生이라 卽法自在菩薩이 曰, 生滅爲二어니와 法本不生이오 今則無滅이라하니 得此無生法忍이 是爲入不二法門也니라

● '본래 스스로 나지 않음' 등이란 이미 '공적하므로 멸할 수 없다'고 말한 것은 멸하지 않음의 뜻이다. 그러나 결론에서 '이것이 남이 없는 이치'라고 말한 것은 멸할 수 없는 까닭이니 바로 본래 스스로 나지 않는다는 뜻이다. 법자재(法自在)보살이 말하되, "나고 멸함은 둘이지만 법은 본래 나지 않음이요, 지금은 멸하지 않음"이라 하였으니 이런 무생법인(無生法忍)을 얻음이 바로 둘이 아님에 들어간 법문이다.

ㄹ) 다섯째 게송을 해석하다[釋第五偈] (後偈 9上1)

衆生旣如是인댄　　　諸佛亦復然이니
佛及諸佛法이　　　　自性無所有로다
중생이 이미 이러하면
부처님도 역시 그러함이니
부처님과 부처님의 법이

그 성품 있는 것 아니네.

[疏] 後一偈는 例出世間하야 顯智正覺世間도 亦應緣無性이라 又證無性
之理가 爲自體故니라

■ ㄹ) 뒤의 한 게송은 출세간에 유례하여 지정각세간을 밝힌 것도 또한
인연에 응하되 제 성품이 없는 것이다. 또한 체성 없는 도리를 깨달
은 것이 자체가 된 까닭이다.

[鈔] 又證無性之理者는 前約應身하야 論無性이오 此約眞身하야 論無性
이니라

● 또한 '체성 없는 도리를 증득함'이란 앞은 응신에 의지하여 자성 없음
을 논하였고, 여기서는 진신에 의지해 체성 없음을 논하였다.

ㄷ. 관법으로 이룬 이익[後一觀成利益] (末後 9上5)

能知此諸法이   如實不顚倒하면
一切知見人이   常現在其前이로다
이런 모든 법이
진실하여 뒤바뀌지 않은 줄 알면
온갖 것을 알고 보는 이
그의 앞에 항상 나타나리.

[疏] 末後一偈는 明觀益者는 佛以實法으로 爲其體니 故見法에 則常見
佛也라

■ ㄷ) 마지막 한 게송은 (관법으로 이룬 이익을 설명함이니) 관법의 이익이란 부처님이 실다운 성품으로 본체를 삼았으니 그러므로 법을 보면 항상 부처를 보게 된다고 말한다.

아. 행림보살의 게송 찬탄[行林菩薩頌] 2.

가) 게송을 설하는 광경[說偈儀] (第八 9上8)
나) 바로 게송을 설하다[正說偈] 2.
(가) 과목 나누기[分科] (十頌)

> 爾時에 行林菩薩이 承佛威力하사 普觀十方하고 而說頌言하시되
> 그때 행림보살이 부처님의 위신력을 받들어 시방을 두루 관찰하고 게송으로 말하였다.

[疏] 第八, 照理觀佛하야 而起正修일새 故名行林이니라 十頌이 觀佛體相普周德이라 於中分二니 前七은 約喻顯修오 後三은 見實成益이라
■ 아. 행림보살의 게송 찬탄이니 이치를 비추고 부처를 관찰하여 올바른 수행을 시작했으므로 '행림'이라 이름하였다. 열 게송이 부처님의 체성과 모양이 널리 두루 한 공덕을 관찰함이다. 그중에 둘로 나누니 ㄱ. 앞의 일곱 게송은 비유에 의지해 수행을 밝힘이요, ㄴ. 뒤의 세 게송은 실법을 보고 이익을 이룸이다.

(나) 과목에 따라 해석하다[隨釋] 2.

ㄱ. 일곱 게송은 비유에 의지해 수행을 밝히다[前七約喩顯修] 2.

ㄱ) 두 게송은 지대의 종자는 체성이 없이 널리 두루 한 비유
  [初二地種無性普周喩] (前中 9下2)

譬如十方界에   一切諸地種이
自性無所有로되   無處不周徧인달하여
비유하면 시방의 세계가
모든 지대의 종성이라
제 성품 있는 것 아니지만
두루 하지 않은 곳 없듯이

佛身亦如是하여   普徧諸世界하시되
種種諸色相이   無住無來處[52]로다
부처님 몸도 그와 같아서
모든 세계에 두루 했으나
가지가지 빛과 모양이
머문 곳도 온 곳도 없네.

[疏] 前中에 復二니 初二는 地種無性普周喩로 喩佛無生徧應德이라

■ ㄱ. 중에 다시 둘이니 ㄱ) 두 게송은 지대의 종자는 체성이 없이 널리
   두루 한 비유로 부처님이 나고 죽음이 없이 두루 응하시는 덕을 비유
   하였다.

---

52) 住는 明淸合金本作住, 麗宋元本作主.

ㄴ) 다섯 게송은 업의 모양은 의지함 없이 일을 성취하는 비유

　[後五業相無依成事喩] 2.

(ㄱ) 세 게송은 비유이다[前三偈喩] (後五 9下7)

　　　但以諸業故로　　　說名爲衆生이나
　　　亦不離衆生하고　　　而有業可得이로다
　　　다만 모든 업인 연고로
　　　중생이라 말하거니와
　　　역시 중생을 떠나서는
　　　업을 찾아볼 수 없네.

　　　業性本空寂이나　　　衆生所依止요
　　　普作衆色相이나　　　亦復無來處로다
　　　업의 성품 본래 공적하나
　　　중생들이 의지한 바며
　　　여러 가지 모양 두루 짓지만
　　　온 곳은 역시 없어라.

　　　如是諸色相과　　　業力難思議니
　　　了達其根本이면　　　於中無所見이로다
　　　이러한 모든 빛깔과
　　　업의 힘 헤아릴 수 없어
　　　근본을 분명히 알면
　　　그 가운데는 볼 것도 없네.

[疏] 後五는 業相無依成事喩로 喩佛難思現用德이라 於中에 二니 三偈는 喩요 二偈는 合이라 前中에 初一은 明業果互依오 次偈는 明相依無性이라 業不離生일새 故業性空이오 因業有生일새 故生無來處라 後偈는 雙結難思하야 顯成眞觀이라 若逆推其本하면 業復有因이나 卒至無住하니 無住無本일새 故無所見이라 無見之見이라야 方了業空이니라

■ ㄴ. 뒤의 다섯 게송은 업의 모양은 의지함 없이 일을 성취하는 비유로 부처님은 불가사의하게 작용을 나타내는 덕을 비유하였다. 그중에 둘이니 (ㄱ) 세 게송은 비유로 밝힘이고, (ㄴ) 두 게송은 법과 합함이다. (ㄱ) 중에 a. 한 게송은 업과 과보가 서로 의지함을 설명함이다. b. 다음 게송은 서로 의지하지만 체성 없음을 설명함이다. 업이 중생을 떠나지 않으므로 업의 체성은 공하고 업으로 인해 중생이 있으므로 중생은 온 곳이 없음이다. c. 뒤 게송은 불가사의를 함께 결론하여 진실한 관법을 성취함을 밝혔다. 만일 거꾸로 근본을 추적하면 업은 다시 원인이 있지만 마침내 머물지 않음에 이르게 되나니, 머묾도 없고 근본이 없으므로 볼 것도 없는 것이다. 볼 것 없음을 보아야 비로소 업이 공한 도리를 알게 된다.

[鈔] 若逆推等者는 前偈는 因業有生이 即是順明이오 今明生依於業하고 業亦從緣일새 故云性空이니 已是逆推라 言卒至無住는 即淨名經意니 彼逆推云호대 身孰爲本고 答曰, 欲貪이 爲本이니라 又問호대 欲貪은 孰爲本고 答云, 虛妄分別이 爲本이니라 又問호대 虛妄分別은 孰爲本고 答曰, 顚倒想爲本이니라 又問, 顚倒想은 孰爲本고 答曰, 無住爲本이니라 文殊師利여 從無住本하야 立一切法이라하니 今經中三

은 並攝在業이오 衆生卽身이오 空寂無來는 卽無住本이니라

● '만일 거꾸로 근본을 추적한다'는 등은 앞의 게송은 업으로 인해 중생이 있음은 순리로 설명함이요, 지금에 중생은 업에 의지하고 업 또한 인연을 따름을 밝혔으므로 '본성이 공하다'고 하였으니 이미 거꾸로 추적한 것이다. '마침내 머물지 않음에 이른다'는 말은 『유마경』의 뜻이니 저기에 거꾸로 추적하여 말하되, "몸은 무엇이 근본인가?" 대답하되, "탐욕이 근본이다." 또 묻되, "탐욕은 무엇이 근본인가?" 대답하되, "허망한 분별이 근본이다." 또 묻되, "허망한 분별은 무엇이 근본인가?" 대답하되, "뒤바뀐 망상이 근본이다." 또 묻되, "뒤바뀐 망상은 무엇이 근본인가?" 대답하되, "머물지 않음이 근본이다. 문수사리여, 머물지 않는 근본에서 온갖 법을 건립한다"고 하였으니 본경 중의 셋은 함께 업에 포섭되고 중생은 곧 몸이요, 공적하여 오고 감이 없음은 곧 머물지 않음이 근본이 된다.

(ㄴ) 두 게송은 법과 합함이다[後二偈合] (二頌 10下2)

佛身亦如是하여   不可得思議니
種種諸色相으로   普現十方刹이로다
부처님 몸도 그와 같아서
헤아릴 수 없거니와
가지가지 모든 빛과 모양
시방세계에 두루 나타나

身亦非是佛이며   佛亦非是身이니

但以法爲身하면   通達一切法이로다

몸도 부처 아니고
부처도 몸 아니지만
다만 법으로 몸을 삼아
온갖 법을 통달하도다.

[疏] 二頌合中에 初偈는 難思普應으로 合上業果互依오 次二句는 以互
不相是로 合互依無性이라 身若是佛인대 轉輪王等이 卽是如來오 佛
若是身인대 正覺之心이 應同色相이라 後二句는 結示眞體는 唯如唯
智하야 合第三偈의 難思達本이니라

■ (ㄴ) 두 게송은 법과 합함 중에 a. 첫 게송은 헤아리기 어렵게 널리 응
함으로 위의 업과 보가 서로 의지함과 합함이요, b. 다음 게송의 a)
두 구절은 번갈아 서로 아니라 함으로 서로 번갈아 체성 없음에 의지
함과 합하였다. 몸이 만일 부처라면 전륜왕 등이 곧 여래일 것이요,
부처님이 만일 몸이라면 바르게 깨달은 마음이 응당 형색의 몸과 같
을 것이다. b) 뒤의 두 구절은 진실한 본체는 오직 진여요, 오직 지혜
뿐임을 결론하여 보여서 셋째 게송[業力難思議 了達其根本]의 헤아릴 수
없이 근본을 통달함과 합함이다.

[鈔] 身若是佛者는 身謂色相之身이니 卽金剛經에 云, 若以三十二相으
로 觀如來者인대 轉輪聖王이 卽是如來라하니라 後二句는 結示라 三
은 卽如如요 四는 卽如如智니라

● 몸이 만일 부처라는 것에서 몸은 형색의 몸을 말하니『금강경』에 이
르되, "만일 32가지 상호로 여래를 관찰한다면 전륜왕이 곧 여래일

것이다"라고 하였다. (b) 뒤의 두 구절은 결론하여 보임이다. 셋째 구절은 여여(如如)요, 넷째는 여여한 지혜이다.

ㄴ. 세 게송은 실법을 보면 이익을 이루다[後三見實成益] 2.
ㄱ) 체성이 같음에 의지한 해석[約同體釋] (二有 11上2)

若能見佛身이　　　清淨如法性하면
此人於佛法에　　　一切無疑惑이로다
만일 부처님 몸이
청정하여 법의 성품 같음을 보면
이 사람 부처와 법에
조금도 의혹 없으리.

若見一切法이　　　本性如涅槃하면
是則見如來가　　　究竟無所住로다
만일 온갖 법들의
본성품 열반 같음을 알면
이런 이는 여래가
끝까지 머문 데 없음을 보리.

若修習正念하여　　明了見正覺이
無相無分別하면　　是名法王子로다
만일 바른 생각을 닦아
분명하게 정각을 보면

모양도 없고 분별도 없어
이름을 법왕자라 하리.

[疏] 二, 有三偈는 明見實中에 初頌은 見佛이 卽了法이니 以見佛稱性에
不疑同體故라

■　ㄴ. 세 게송은 실법을 보면 이익을 이룸 중에 ㄱ) 첫 게송은 부처를
보는 것이 법을 아는 것이니, 부처님은 본성과 칭합함을 볼 적에 체성
이 같음을 의심하지 않기 때문이다.

[鈔] 以見佛稱性者는 三寶同體니 佛卽是法이오 法卽是衆일새 故로 經에
云, 淸淨如法界者는 如卽稱義니 人信法界나 難信法佛일새 故致如
言이니 實則佛身이 卽法界也니라

●　'부처님은 본성과 칭합함을 본다'는 것은 삼보가 한 몸이니 부처는
곧 법이요, 법은 곧 승가[衆]이므로 본경에서 '청정하여 법계와 같다'
고 말한 중에 여(如)는 곧 칭합의 뜻이니, 사람은 법계를 믿지만 법이
부처임을 믿기 어려우므로 같다는 말이 왔으니, 실제로 부처님 몸이
바로 법계이다.

ㄴ) 실법을 봄에 의지한 해석[約見實釋] (又上 11上9)

[疏] 次偈는 見法이 卽見佛이오 了法이 卽性淨이니 知佛不住性相故라 後
偈는 明了正修行하야 照了無相하고 心寂分別하고 寂照雙流일새 故
名正念이라 則從佛法生이 是法王子故라 又上三偈는 初, 知離를 名
爲法이오 次, 知法을 名爲佛이오 後, 知無를 名爲僧이니 窮見三寶之

實體也니라

■ ㄴ) (실법을 봄에 의지한 해석)에서 (ㄱ) 다음 게송은 법을 보는 것이 곧
부처를 보는 것이요, 법을 아는 것이 곧 본성이 청정함이니 부처님은
체성과 모양에 머물지 않음을 아는 까닭이다. (ㄴ) 뒤 게송은 바른
수행을 알아서 모양 없음을 비추어 알고 마음에서 분별이 고요해진
연고로 '바른 생각'이라 이름한다. 불법에서 태어난 이를 '법왕자'라
하기 때문이다. 또한 위의 세 게송에서 ㄱ) 첫 게송은 여읠 줄 아는 것
을 법이라 하고, ㄴ) 다음 게송은 법을 아는 것을 부처라 하고, ㄷ)
뒤 게송은 (모양과 분별이) 없음을 아는 것을 승가라 이름하였으니 궁
극에 가서 삼보의 실체를 본다는 뜻이다.

[鈔] 初知離名爲法者는 卽思益第一이니 已如上引이니 第四句에 云, 是
菩薩徧行이라하니라

● 첫 게송에서 '여읠 줄 아는 것을 법이라 한다'는 것은 곧 『사익범천경』
제1권이니 이미 위에서 인용함과 같다. 넷째 구절에서 '이것이 보살의
보편한 수행이다'라고 하였다.

자. 각림보살의 게송 찬탄[覺林頌] 2.

가) 게송을 설하는 광경[說偈儀] (第九 11下4)
나) 바로 게송을 설하다[正說偈] 2.
(가) 총합하여 과판하다[總判] 2.
ㄱ. 의미를 밝히고 과목 나누다[叙意分科] (十頌)

爾時에 覺林菩薩이 承佛威力하사 偏觀十方하고 而說頌
言하시되
그때 각림보살이 부처님의 위신력을 받들어 시방을 두루 관
찰하고 게송으로 말하였다.

[疏] 第九, 照心本末을 名爲覺林이라 十頌이 顯於具分唯識이라 大分爲
二니 前五는 約喩顯法이오 後五는 法合成觀이라

■ 자. 각림보살의 게송 찬탄이니 마음의 근본과 지말을 비추는 것을
'각림'이라 이름하였다. 열 게송을 유식을 갖추어 나눔을 밝혔다. 크
게 둘로 나누니 ㄱ) 다섯 게송은 비유에 의지해 법을 밝힘이요, ㄴ)
다섯 게송은 법과 합으로 관법을 이룸이다.

ㄴ. 과목에 따라 개별로 해석하다[隨科別釋] 2.
ㄱ) 앞의 다섯 게송을 해석하다[釋前五偈] 2.
(ㄱ) 잘못 이해한 것을 가려내다[揀謬解] (前中 11下6)

[疏] 前中에 二니 前二는 約事오 後三은 約心이라 乍觀此喩에 似前喩所
作하고 後喩能作이나

■ ㄱ. 중에 둘이니 ㄱ) 앞의 두 게송은 현상에 의지하여 해석함이요,
ㄴ) 뒤의 세 게송은 마음에 의지하여 해석함이다. 잠시 이 비유를 관
찰하면 앞은 지을 대상에 비유하였고, 뒤는 짓는 주체를 비유함과
같다.

(ㄴ) 바른 이치를 밝히다[顯正義] 2.

a. 바로 설명하다[正明] (細尋 11下7)

[疏] 細尋喩意하면 前喩却親일새 故喩眞妄依持라 後喩心境依持나
■ 비유한 의미를 자세히 살펴보면 앞의 비유[화가의 비유]가 도리어 가까우므로 진법과 망념의 의지처를 비유하였다. 뒤의 비유[사대종의 비유]는 마음과 경계의 의지처이다.

b. 두 가지로 나타낸 이유[現二所以] 2.
a) 법상종에 의지해 밝히다[顯法相宗] (然依 11下8)
b) 두 가지를 구비한 이유[具二所以] (而卽)

[疏] 然依生滅八識에 但有心境依持어니와 而卽如來藏心일새 故有眞妄
依持니 以會緣入實에 差別相盡이오 唯眞如門이라 卽前喩所顯은 攝
境從心하야 不壞相故라 是生滅門이니 卽後喩所明은 存壞不二하야
唯一緣起니 二門無礙하야 唯是一心이라
■ 그러나 생멸하는 여덟 가지 인식에 의지하면 단지 마음과 경계의 의지처[四大種]만 남겠지만, 그러나 여래장과 합치한 마음이므로 진법과 망념의 의지처가 있나니, 인연을 알고 실제에 들어가면 차별된 모양이 다하고 오직 진여문뿐이다. 앞에서 비유로 밝힐 대상은 경계를 섭수하여 마음을 따라서 모양을 무너뜨리지 않는 까닭이니 곧 생멸문이다. 뒤에서 비유로 밝힐 대상은 존재하고 없어짐이 둘이 아니어서 오직 하나의 연기법일 뿐이니 두 문이 걸림이 없어서 오로지 일심뿐이다.

ㄴ) 뒤의 다섯 게송을 해석하다[釋後五偈] (故下 12上2)

[疏] 故로 下合中에 但明心造라 欲分義別하야 喻顯二門이니 是名具分唯
識이니라

■ 그러므로 아래 합에서 단지 '마음이 만들었다'고 밝힌 것이다. 부분
적인 이치로 구별하려고 두 문으로 비유하여 밝혔으니 이것을 '구분
유식(具分唯識)'이라 이름한다.

[鈔] 具分唯識者는 已如上釋하니 正取眞妄合成하야 以爲具分이니라 乍
觀此喩等者는 卽揀刊定이니 刊定에 云, 前二는 喩眞妄心所作하야
以辨唯識이오 次二는 喩眞妄心能作하야 以辨唯識이라하니 今言似者
는 大種異色이 似畵師所作이라 然不離心有오 彩畵者는 似能作也나
則麤觀에 似爾나 細尋不然이니라 細尋已下는 卽顯正義라 然依生滅
八識下는 辨二所由니 顯法相宗은 但是心境依持라 而卽如來藏下
는 辨具二所以라 於中에 先, 總이오 後, 以會緣入實下는 別示二相이
니 卽以起信의 眞如生滅二門으로 爲二義耳라 存壞不二며 唯一緣起
로 結歸華嚴이라 會緣入實은 壞也오 不壞相故로 存也라

● 구분유식(具分唯識)이란 이미 위에 해석한 것과 같다. 진법과 망념을
합해 이룸을 바로 취하여 구분하겠다. '잠시 이런 비유를 관찰한다'
는 등은 간정공의 주장과 구분함이니, 간정(刊定)법사가 이르되, "앞
의 두 게송은 진법과 망심으로 지은 바를 비유하여 유식을 밝힘이요,
다음 두 게송은 진법과 망심으로 짓는 주체를 비유하여 유식을 밝혔
다"라고 하였으니 지금 본소에 '비슷하다'고 말한 것은 사대종과 형
색이 다른 것이 화가가 지은 바와 같다는 뜻이다. 그러나 마음을 떠

나서 존재함이 아니요, 그림을 그리는 것은 짓는 주체와 같지만 언뜻 보면 그런 것 같지만 자세히 살펴보면 그렇지 않은 것이다. b. 細尋 아래는 바른 이치를 밝힘이다. 然依生滅八識 아래는 둘을 밝힌 이유이니 (a) 법상종에 의지해 밝힘은 단지 마음과 경계의 의지처일 뿐이다. (b) 而即如來藏 아래는 두 가지로 밝힌 이유이다. 그중에 ㊀ 총합하여 표방함이요, ㊁ 以會緣入實 아래는 별도로 두 가지 모양을 보임이니 곧 『기신론』의 진여문과 생멸문으로 두 가지 이치를 삼은 것이다. 존재와 파괴함이 둘이 아니며 오직 하나의 연기이므로 결론하여 화엄으로 돌아온 것이다. '인연을 알고 실제에 돌아옴'은 파괴함이요, 모양을 무너뜨리지 않는 연고로 존재하게 두는 것이다.

言二門無礙者는 結歸起信에 依一心法하야 立二種門이라 故須具足二義하야사 方名具分唯識이니라 問이라 唯識第九에 亦說其所轉依가 有其二種하니 一, 持種依니 謂第八識이오 二, 迷悟依니 謂卽眞如어늘 何以說言然依生滅八識하야 唯有心境依持오 答이라 彼雖說迷悟依하니 非卽心境持[53]나 以眞如不變이 不隨於心變萬境故로 但是所迷耳라 後還淨時에 非是攝相이 卽眞如故로 但是所悟耳어니와 今乃心境依持가 卽是眞妄이오 非有二體일새 故說一心이니 約義不同하야 分成兩義하야 說二門別이라 故로 論에 云, 然此二門이 皆各總攝一切法故니 以此二門이 不相離故라하니라 廣如問明品과 及玄談中하니라

● '두 문이 걸림 없다'고 말한 것은 『기신론』으로 결론하여 돌아옴에, 일심의 법에 의지하여 두 가지 문을 세운다. 그러므로 모름지기 두 가지 이치를 구족해야만 비로소 유식을 갖추어 분별한다고 이름할

53) 依持는 甲南續金本作持種.

수 있다. 묻는다. 『성유식론』 제10권에 "또한 그 전의되는 것[所轉依] 이 두 종류가 있다고 말했으니 ① '종자를 지니는 의지처[持種依]'이니, 근본식[제8식]을 말한다. (이것이 능히 잡염법과 청정법의 종자를 지니므로 잡염 법과 청정법에 모두 의지처가 된다. 성스러운 道가 전의해서 잡염법을 버리고 청정법을 얻게 한다. 나머지 依他起性, 곧 7식도 역시 의지처이긴 하지만, 종자를 집지[持]하지 못하기 때문에 여기서는 말하지 않는다.) ② '미혹과 깨달음의 의지처[迷悟依]' 이니 곧 진여를 말한다. (이것이 능히 미혹과 깨달음의 근본이 됨으로써, 모든 잡염법과 청정법이 그것에 의지해서 생겨날 수 있다. 성스러운 도가 전의해서 잡염법을 버리고 청정법을 얻게 한다. 나머지 다른 것, 곧 8식도 역시 미혹과 깨달음의 법의 의지 처가 되긴 하지만, 근본이 아니기 때문에 여기서는 말하지 않는다.)" "어찌하여 설 하기를, 그런데 생멸하는 여덟 가지 인식에 의지하여 오로지 마음과 경계의 의지처가 있을 뿐이라 하였는가?" 답한다. "저가 비록 미하고 깨달음에 의지한다고 말했지만 마음과 경계와 합치한 의지처가 아니 지만 진여가 변하지 않음이 마음이 만 가지 경계로 변함을 따르지 않 는 연고로 단지 미할 대상일 뿐이다. 뒤에 정법으로 돌아올 적에 모 양에 포섭되지 않는 것이 바로 진여인 연고로 다만 깨달을 대상인 것 이다. 지금은 바야흐로 마음과 경계의 의지처가 곧 진법과 망심이요, 두 가지 체성이 있는 것이 아니므로 일심이라 말했으니 이치가 같지 않음에 의지하여 두 가지 이치로 나누어 성취하여 두 문이 다르다고 말하였다." 그러므로 『기신론』에 이르되, "그런데 이 두 가지 문이 모 두 각기 일체법을 총합하여 섭수하기 때문이다. 이 두 가지 문이 서 로 여의지 않기 때문이다"라고 하였다. 자세한 것은 보살문명품과 현담(玄談)에 설한 내용과 같다.

(나) 개별로 해석하다[別釋] 2.

ㄱ. 다섯 게송은 비유에 의지하여 법을 밝히다[前五約喩顯法] 2.

ㄱ) 앞의 두 게송을 해석하다[釋前二偈] 2.

(ㄱ) 총합하여 이유를 밝히다[總明所由] (今初 13上5)

[疏] 今初二偈는 眞妄依持니 卽眞如門으로 攝一切法也라

■ 지금은 ㄱ) 앞의 두 게송은 진법과 망심의 의지처이니 곧 진여문으로
온갖 법을 섭수한다는 뜻이다.

(ㄴ) 경문을 개별로 해석하다[別釋經文] 2.

a. 첫 게송을 해석하다[釋初偈] (初偈 13上5)

譬如工畫師가   分布諸彩色하고
虛妄取異相이나   大種無差別이니
마치 그림 잘 그리는 화가가
여러 가지 채색을 칠해 가면서
허망하게 여러 모양 그리지마는
대종은 차별이 없으며

[疏] 初偈의 初句는 總喩一心이오 次句는 喩[54]隨緣熏變하야 成依他也오
次句는 不了依他일새 故成徧計오 第四句는 喩依他相盡하야 體卽圓
成이니라

---

54) 喩는 甲續本作遇誤.

■ a. 첫 게송의 a) 첫 구절[譬如工畫師]은 총합하여 일심에 비유하였고, b) 다음 구절[分布諸彩色]은 인연 따라 훈습하여 변하여 의타성을 이룸에 비유하였고, c) 다음 구절[虛妄取異相]은 의타성을 요달하지 못한 연고로 변계성을 이루었고, d) 넷째 구절[大種無差別]은 의타성의 모양이 다하여 자체가 곧 원성성임에 비유하였다.

[鈔] 初偈依持眞妄者는 含眞含妄하고 有能有所라 論에 云, 所言法者는 謂衆生心이니 是心이 則攝一切世間出世間法이라 故로 下合에 云, 心如工畫師니라 次句는 隨緣熏變等者는 起信論에 云, 自性淸淨心이 因無明風動하야 有其染心이라하며 楞伽經에 云, 藏識海常住어늘 境界風所動으로 種種諸識浪이 騰躍而轉生이라하니 亦是不生不滅이 與生滅和合하야 非一非異가 名阿賴耶識이 是也라 次句, 不了依他等者는 以經에 云, 虛妄取異相故라 故로 起信에 云, 一切諸法이 皆依妄念하야 而有差別하니 若離心念하면 則無一切境界之相이라하시니라 第四句, 喩依他等者는 以言大種無差別故라 大種은 卽喩眞如니 謂心體離念이 卽是如來平等法身이오 從緣無性이 卽眞如矣니라 又一二兩句는 卽不染而染이오 三四兩句는 卽染而不染이니 故有後偈가 喩不卽離니라

● a. 첫 게송에서 (a) '진법과 망심에 의지했다'는 것은 진법과 망심을 포함하고 주체[能]와 대상[所]이 있다는 뜻이다. 『기신론』에 이르되, "말한 바 법은 중생심을 가리킨다. 이 마음이 모든 세간과 출세간의 법을 섭수한다"고 하였으니, 그러므로 아래 합함에 이르되, "마음이 그림 잘 그리는 화가와 같다"고 하였다. (b) 다음 구절[分布諸彩色]은 '인연 따라 훈습하여 변함' 등이란 『기신론』에 이르되, "자성청정심이

무명의 바람으로 인해 요동해서 그 물든 마음이 생긴다"고 하였으며, 『능가경』에 이르되, "장식의 바다가 상주하지만 경계의 바람이 일어나 갖가지 알음알이의 물결이 뛰놀고 구르면서 생겨나네"라고 하였다. 이 또한 불생불멸이 생멸심과 화합해서 하나도 아니요, 다른 것도 아닌 것이 아뢰야식이라 이름하는 것이 이것이다. (c) 다음 구절은 '의타성을 알지 못하는' 등이란 경문에 이르되, "허망하게 여러 모양 그리지마는"이라 하였다. 그러므로 『기신론』에 이르되, "일체 모든 법이 모두 망념에 의지하여 차별이 생기나니 만일 마음으로 생각함을 떠나면 일체의 경계의 모습이 없어진다"라고 하였다. (d) 넷째 구절에 '의타성에 비유하는' 등이란 "대종은 차별이 없는 까닭이다"라고 말했다. 대종(大種)은 곧 진여에 비유하였으니, 말하자면 마음의 본체가 망념을 떠남이 곧 여래의 평등한 법신이요, '인연 따라 체성이 없음'은 곧 진여라는 뜻이다. (1) 또 첫째와 둘째의 두 구절은 곧 '물듦이 없이 물듦[不染而染]'이요, (2) 셋째와 넷째 두 구절은 '물들여도 물들지 않음[染而不染]'이니, 그러므로 뒤의 게송에는 '합치하거나 여의지 않음[不卽不離]'에 비유한 것이다.

b. 뒤 게송을 해석하다[釋後偈] 3.
a) 총합하여 밝히다[總明] (後偈 14上1)

> 大種中無色이며   色中無大種이로되
> 亦不離大種하고   而有色可得이로다
> 대종 가운데 빛깔이 없고
> 빛깔 중에 대종이 없지만

그러나 대종을 떠나서
빛깔을 찾을 수도 없느니라.

[疏] 後偈는 喩依圓眞妄이 非卽離義니

■ b. 뒤 게송은 의타성과 원성성이 진법과 망념인 것이 곧 합치하지도 여의지도 않은 뜻임을 비유하였으니,

b) 별도로 해석하다[別釋] 2.
(a) 위의 반을 해석하다[釋上半] (上半 14上1)
(b) 아래의 반을 해석하다[釋下半] (下半)

[疏] 上半은 不卽이니 能所異故라 大種中에 無色하니 身所觸故오 色中에 無大種하니 眼所見故라 又能造는 無異나 畫色差別故오 喩妄依眞하니 能所異故라 性無差別이나 相不同故라 下半은 不離義니 謂所造 靑等이 離能造地等하면 無別體故며 假必依實하야 同聚現故며 喩妄 必依眞이니 性相交徹故라

■ (a) 위의 반[大種中無色 色中無大種]은 합치하지 않음이니, 주체와 대상이 다른 까닭이다. 대종 가운데 형색이 없으니 몸으로 접촉한 바인 까닭이요, 형색 중에 대종이 없으니 눈으로 본 것이기 때문이다. 또 짓는 주체는 달라지지 않지만 그림 그리는 데 따라 다르기 때문이다. 망념은 진법에 의지함을 비유하였으니 주체와 대상이 다른 까닭이다. 본성에는 차별이 없지만 모양이 같지 않기 때문이다. ㉢ 아래의 반[亦不離大種 而有色可得]은 여의지 않음의 뜻이다. 말하자면 지을 대상인 청색 등이 짓는 주체인 지대 등을 여의면 본체와 다름이 없기 때

문이다. 가명은 반드시 실법을 의지해서 함께 모아서 나타나기 때문이며, 망념은 진법에 의지한다는 것을 비유하였으니, 체성과 모양이 서로 사무치는 까닭이다.

c) 비방을 해명하다[解妨] (然大 14上6)

[疏] 然大必能造色하고 非色能造大니 喩妄必依眞起하고 眞不依妄生이니 故不云也라 然不離於色코 有大種可得이니라

■ 그러나 대종은 반드시 형색을 짓는 주체이고, 형색은 대종을 만들 수가 없나니, 망념은 반드시 진법에 의지하여 생겨남을 비유하였고, 진법은 망념에 의지하여 생기는 것이 아니다. 그래서 말하지 않은 것이다. 하지만 형색을 여의지 않고도 대종은 얻을 수가 있다.

[鈔] 大種中無色身所觸故者는 堅濕煖動이 皆是觸故라 言色中無大種 眼所見故者는 約顯色說이니 靑黃赤白이 眼之境故라 直就法體인대 大種은 是觸이오 色卽是色이어니와 若就根得인대 謂身及眼이라 又能造無異色者는 然取增勝이니 地多則黃이오 水多則白이오 火多에 卽赤이오 風多에 卽靑이라 而堅濕煖動이 共造於靑하고 亦共造於黃赤及白하니 在能造邊에 同一堅等이오 及所造邊에 卽有靑等일새 故云 能造無異畵色差別故라하니라 喩妄依眞下는 合이니 先, 合能所異故라 亦應具言, 眞中에 無妄하니 聖智境故오 妄中에 無眞하니 凡所知故라 從性無差別下는 合上又能造無異等이니라 假必依實等者는 諸宗正義에 堅等爲實이오 色等爲假라하야늘 唯成實宗은 色香味觸은 實也오 地水火風은 假也라하니 以其是數論弟子가 後入佛法일새 尙

順本師故라 故로 智論에 云, 精巧有餘나 而明實이 未足이라하니라

然大必能造色下는 通妨이니 妨云호대 上非卽中에 旣云大種中에 無色하니 色中에 無大種이라하야 今非離中에 何不言大種이 不離色하고 色不離大種고 答意는 可知로다 上明眞妄⁵⁵⁾依持는 但取心中의 眞如一門하야 對妄染說이니라

● '대종 가운데 형색이 없으니 몸으로 접촉한 바인 까닭'이란 단단하고 습하고 따뜻하고 움직임이 모두 접촉인 까닭이다. '형색 중에 대종이 없으니 눈으로 본 것'이란 드러난 형색에 의지해 말함이니 푸르고 노랗고 빨갛고 흰색이 눈의 경계인 까닭이다. 바로 법의 본체에 나아가면 사대종은 접촉이요, 형색은 곧 형색이겠지만 만일 감관에 의지해 얻는다면 몸과 눈을 말한다. '또한 짓는 주체는 달라지지 않지만'이란 그렇게 취함이 증가하고 뛰어날 것이니 지대(地大)가 많으면 노랄 것이요, 수대(水大)가 많으면 흴 것이요, 화대(火大)가 많으면 빨갈 것이요, 풍대(風大)가 많으면 파랄 것이다. 그러나 단단하고 습하고 따뜻하고 움직거림이 함께 청색을 만들고 또한 노랗고 빨갛고 하얀색을 만들었으니 짓는 주체 쪽에 있을 적에 똑같이 단단한 등이요, 지을 대상 쪽에 있을 적에 청색 등이 있으므로 "짓는 주체는 달라지지 않지만 그림 그리는 데 따라 다르기 때문이다"라고 하였다. 喩妄依眞 아래는 합함이니 (1) 주체와 대상이 달라짐과 합한 것이다. 또한 응당히 구비하여 말하면 "진법에는 망심이 없나니 성인의 지혜경계인 까닭이요, 망념 등에는 진법이 없으니 범부가 아는 경계인 까닭이다. 性無差別 아래는 위의 또한 짓는 주체는 달라지지 않음과 합하였다. '가명은 반드시 실법을 의지한다'는 등이란 모든 종파의 정의에서 "단

---

55) 妄은 甲南續金本作如誤.

단함 등은 실법이요, 빛깔 등은 가법이다" 하거늘 오직 성실종(成實宗)
만은 "빛깔, 향기, 맛과 촉감은 실법이요, 지수화풍은 가법이다"라고
하였으니 그로 인해 수론파의 제자가 뒤에 부처님 법에 들어가면 오
히려 본래의 스승을 따르기 때문이다. 그러므로 『대지도론』에 이르되,
"정교함은 충분하지만 분명하고 실다움은 충분치 못하다"라고 하
였다.

c) 然大必能造色 아래는 비방을 해명함이다. 비방하기를 "위는 합치
하지 않음 중에 이미 말하되, '대종 중에 빛깔이 없고 빛깔 중에 대종
이 없지만'이라 말해서 지금은 여의지 않음 중에 어째서 '사대종이 빛
깔을 여의지 않고 빛깔이 사대종을 여의지 않는다'라고 말하지 않았
는가? 대답한 의미는 알 수 있으리라. 위에서 진법과 망심의 의지처
를 단지 마음속 진여문 하나만 취하여 허망하게 물듦에 상대하여 설
했음을 밝혔을 뿐이다.

ㄴ) 뒤의 세 게송을 해석하다[釋後三偈] 2.
(ㄱ) 총합하여 이유를 밝히다[總明所由] (後三 15上6)

[疏] 後三, 約心者는 喩於唯識心生滅門이라

■ ㄴ) 세 게송은 해석함에 마음을 의지했다는 것은 유식의 심생멸문에
   비유한 내용이다.

(ㄴ) 경문을 바로 해석하다[正釋經文] 3.
a. 첫 게송을 해석하다[釋初偈] 3.
a) 총합하여 설명하다[總明] (於中 15上6)

心中無彩畵하고　　　彩畵中無心이로되
然不離於心하고　　　有彩畵可得이로다
마음속에 그림이 없고
그림 속에 마음이 없지만
그러나 마음을 떠나서
그림을 찾을 수도 없나니

[疏] 於中에 初一은 亦明心境不卽離義라
■ 그중에 a. 첫 게송은 또한 마음이 경계와 합치하지도 여의지도 않은
이치를 설명하였다.

[鈔] 初一亦明心境者는 對上眞妄일새 故有亦言이라 然後三偈는 亦似上
二偈오 此偈는 似前第二偈니 以因不卽離之便일새 故先明之라 後
二偈는 似前初偈니 至下當知리라
● a. 첫 게송은 마음이 경계와 합치하지도 여의지도 않음을 밝혔다는
것은 위에서 진법과 망심을 상대했으므로 '또한'이란 말이 있는 것이
다. 그 위의 세 게송은 또한 위의 두 게송과 비슷하며, 이 게송은 앞의
둘째 게송[大種中無色 色中一]과 비슷하나니 원인이 합치하지도 여의지
도 않은 쪽인 연고로 먼저 설명하였다. 뒤의 두 게송은 앞의 첫 게송
과 비슷하나니 아래에 가서 알게 되리라.

b) 개별로 해석하다[別釋] (上半 15下1)

[疏] 上半은 不卽이니 心中無彩畵니 不可見故며 彩畵中에 無心은 無慮知

故며 喩能變所變인 見相別故라 下半은 不離니 隨心安布故로 喩離
心하면 則無境界相故라

■ b) (개별로 해석함 중에) (a) 위의 반은 합치하지 않음이니 '마음속에 그
림이 없으니'는 볼 수가 없기 때문이며, '그림 속에 마음이 없음'은 생
각으로 알 수 없기 때문이며, 변하는 주체와 대상인 보는 것과 모양
이 다름에 비유한 까닭이다. (b) 아래의 반은 여의지 않음이니 마음
을 따라 편안히 벌여놓은 연고로 마음을 여읜 것에 비유하면 경계의
모양이 없는 까닭이다.

[鈔] 今初非卽離中에 言見相別者는 且順上喩有知無知니 以見分으로 合
心은 有慮知義오 以相分으로 合畫는 無慮知故라 以器世間은 卽是
第八之相分故라 喩離心者는 三世所有 皆是一心作故니라

● 지금은 a. 합치하지도 여의지도 않는 이치 중에 '보는 모양이 다르다'
고 말한 것은 우선 위에서 알고 모르고를 비유함에 따른 것이니 견분
(見分)으로 마음과 합함은 '생각하여 아는 이치'가 있고, 상분(相分)으
로 그림과 합함은 생각하여 아는 이치가 없기 때문이다. 기세간(器世
間)은 곧 제8식의 상분인 까닭이다. '마음을 여읜 것을 비유함'이란
'삼세에 있는 것이 모두 한 마음이 지은 것'인 까닭이다.

c) 비방을 해명하다[解妨] (要由 15下7)

[疏] 要由心變於境이오 非是境能變心이라 故로 云唯識하고 不言唯境이라
但云然不離於心有彩畫可得하고 不言然不離於畫하고 而有心可得
이니라

■ 마음으로 인해 경계를 변화시키려고 함이요, 경계를 변하게 하는 마음이 아니므로 '오직 인식뿐'이라 말하였지, '오직 경계뿐'이라 말하지 않았다. 단지 그러나 '마음을 떠나지 않고 그림을 그릴 수 있다'고 말하였지만, 그러나 '그림을 떠나지 않고 마음으로 얻을 수 있다'고 말하지는 않았다.

[鈔] 要由心變下는 解妨이니 妨은 一如前이오 答意는 亦爾니라
● c) 要由心變 아래는 비방을 해명함이니 비방은 한결같이 앞과 같고, 답한 뜻도 역시 그러하다.

b. 다음 게송을 해석하다[釋次偈] 2.
a) 비유에 의지하다[約喩] (次一 16上2)

彼心恒不住하여　　　　無量難思議라
示現一切色하되　　　　各各不相知로다
저 마음 항상 머물지 않고
한량없고 헤아릴 수도 없어
온갖 빛깔 나타내지만
각각 서로서로 알지 못하나니

[疏] 次一偈는 喩能所變之行相으로 明畫師巧思不住하야 變能多端이라 所畫非心이어니 誰相知者리오
■ b. 다음 한 게송은 변하는 주체와 대상의 행상으로 화가가 잘 생각함에 머물지 않음이 분명함에 비유하여 변함이 능히 여러 가지이다.

그리는 대상은 마음이 아닐 텐데 누가 서로 아는 자이겠는가.

b) 법과 합함을 밝히다[顯合] 2.
(a) 마음이란 글자를 해석하다[釋心字] (法合 16上3)

[疏] 法合에 彼心者는 眞妄和合心也라
■ b) 법과 합함에서 저 마음이란 '진법과 망념이 화합한 마음'이다.

(b) 나머지 경문을 해석하다[釋餘文] 2.
㊀ 법상종에 의지한 해석[約法相宗] 2.
① 위의 반을 해석하다[釋上半] (恒言 16上4)

[疏] 恒言은 遮斷이오 不住는 遮常이니 如瀑流故라 含一切種일새 故云無
量이오 相甚深細일새 名難思議라
■ (b) '항상하다'는 말은 단견을 차단함이요, '머물지 않음'은 상견(常
見)을 차단한 것이니 마치 폭포수와 같은 까닭이다. 일체종자를 포
함하고 있으므로 '한량 없다'고 말하고, 모양이 더욱 깊고 미세하므
로 '사의하기 어렵다'고 하였다.

[鈔] 次一偈喩等者는 大同前喩니 心如工畫師하야 分布諸彩色等[56]이라
先明喩中에 先釋上三句라 所畫非心下는 釋第四句라 法合에 言眞
妄和合心者는 揀異法相宗心이니 卽起信에 云, 不生不滅이 與生滅
和合하야 非一非異를 名阿梨耶識이 是也라 恒言遮斷等은 卽唯識

---

56) 等은 南金本作第誤.

論[57]의 第八識初能變中에 第九, 因果譬喩門이니 具云恒轉如瀑流라 論에 先問云호대 阿賴耶識이 爲斷가 爲常가 答云호대 非斷非常이니 以恒轉故라 謂此識이 無始時來로 一類相續하야 常無間斷이니 是界趣生施設本故며 性堅持種하야 令不失故라 轉은 謂此識이 無始時來로 念念生滅하야 前後變異호대 因滅果生하야 非常一故며 可爲轉識熏成種故라 恒은 言遮斷이오 轉은 表非常이니 猶如瀑流가 因果法爾라 如瀑流水가 非斷非常이오 相續長時하야 有所漂溺하야 此識亦爾하야 從無始來로 生滅相續하야 非常非斷이오 漂溺有情하야 令不出離가 是也니라

● b. 한 게송은 비유 등이란 앞의 비유와 크게는 같으니 "마음은 그림 잘 그리는 화가와 같아서 여러 가지 채색을 칠한다"는 등이다. a) 비유를 밝힘 중에 먼저 (a) 세 구절을 해석함이다. (b) 所畵非心 아래는 넷째 구절을 해석함이다. b) 법과 합함에서 '진법과 망념이 화합한 마음'이라 말한 것은 법상종의 마음과 구분함이니 곧『기신론』에 이르되, "불생불멸이 생멸과 더불어 화합해서 하나도 아니고 다름도 아닌 것을 아뢰야식이라 이름한다"라고 한 것이 이것이다. '항상함'이란 단견을 차단함 등은『성유식론』의 제8식의 처음 능변심(能變心) 중에 제9 인과법으로 비유한 문이니, 구비하여 말하면, "항상 유전하는 것이 폭포수와 같다"라고 하였다. 논에서 먼저 묻기를, "아뢰야식은 단절되는가, 아니면 상주하는가?" 대답하되, "단절되는 것도 아니요, 상주하는 것도 아니다. 항상 유전하기 때문이다." '항상'이라는 것은, 이 식이 아득한 옛적부터 한 종류[無覆無記]로 상속해서 항상 중단됨이 없는 것을 말한다. 이것은 삼계(三界)와 오취(五趣)와 사생(四

---

57) 論下에 甲南續金本作論釋.

生)을 시설하는 근본이기 때문이며, 체성이 견고하여 종자를 지녀서 잃지 않게 하기 때문이다. '구른다'는 말은 이 식(識)이 아득한 옛적부터 생각 생각에 생멸해서 전 찰나와 후 찰나에 달라지되 원인이 멸하면 결과가 생겨나므로 상주하거나 하나가 아니기 때문이며, 전식(轉識)이 종자를 훈습할 수 있기 때문이다. '항상'은 단절되는 것을 부정하고, '유전'은 상주함이 아님을 나타내는 말이다. 비유하면 폭포수와 같이 인과법도 그러하다. 마치 폭포수가 단절되지도 상주하지도 않고 상속해서 오랫동안 떠다니고[漂] 빠짐[溺]이 있는 것과 같이 이 식도 또한 그러해서 아득한 옛적부터 생멸하고 상속해서 상주하지도 단절되지도 않으며, 중생을 인천에서 떠다니고 (지옥 등 악취에 빠지게 해서) 벗어나지 못하게 하는 것이 이것이다.

含一切種者는 即第三因相門이니 故로 彼偈에 云, 一切種은 相甚深細니 即含二門이라 彼偈에 云, 不可知執受處了는 其了一字가 即第五行相門이오 其執受處는 即第四所緣門[58]이오 其不可知는 即能所緣行相之內의 差別之義라 論에 先問云호대 此識行相所緣이 云何오 即合問也 謂不可知執受處了니 了는 謂了別로 爲行相故오 處는 謂處所니 即器世間이니 是諸有情의 所依處故라 執受는 有二하니 謂諸種子와 及有根身이라 次論에 云, 不可知者는 謂此行相이 極微細故로 難可了知라此明見分 或此所緣內執受境이 亦微細故며 外器世間量을 難測故로 名不可知라하니라 故로 經偈에 云, 阿陀那識이 甚深細하야 一切種子如瀑流라 我於凡愚에 不開演은 恐彼分別하야 執爲我가 是也니라

58) 緣下에 原南續金本有行相二字, 據論及述記刪.

● '일체종자를 포함한다'는 것은 셋째 인상문(因相門)이니 그러므로 저 게송에 이르되, "일체종자는 모양이 더욱 심오하고 미세하다"라고 하였으니 곧 두 문(因相門과 果相門)[59]을 포함한다. 저 게송에 이르되, "집수(執受)와 기세간[處]과 요별작용을 알기 어렵다"고 한 것은 그 '안다[了]'는 한 글자가 다섯째 행상문(行相門)이요, 집수(執受)와 처(處)는 넷째 소연문(所緣門)이요, '알기 어렵다'는 것은 소연문과 행상문 속의 차별한 뜻이다. 논에서 먼저 묻기를, "이 식의 인식작용[行相][60]과 인식대상[所緣]은 어떠한가?(곧 합하여 질문한 것) 감지하기 어려운 집수와 기세간[處]과 요별[了]이라고 말한다. 요(了)는 요별이니, 곧 인식작용[行相]인 연고요, 처(處)는 처소이니, 곧 기세간이다. 이것은 모든 유정의 의지처이기 때문이다. 집수(執受)에 두 가지가 있으니, 곧 모든 종자와 신체[有根身]이다. 다음에 논에 이르되, " '알기 어렵다[不可知]'는 것은 바로 이것의 인식작용이 매우 미세하므로 감지하기 어려운 것을 말한다.(여기서 견분을 밝혔다) 또는 이것의 인식대상인 내부세계의 집수대상[執受境]도 역시 미세하기 때문이며, 외부세계의 기세간의 크기가 광대해서 측량하기 어렵기 때문에 '알기 어렵다'고 말한다.[61]"라고 하였다. 그러므로 『해심밀경』 제1권의 게송에 이르되, "아타나식은 매우 심오하고 미세하고, 일체종자식은 폭포수와 같으니 나는 범부와

---

59) 두 문은 十義門 중의 문이니, ① 自相門: 아뢰야식, ② 果相門: 이숙식, ③ 因相門: 일체종자식, ④ 所緣門: 執受와 處, ⑤ 行相門: 요별, ⑥ 相應門: 촉·작의·수·상·사, ⑦ 受俱門: 捨受, ⑧ 三性門: 무부무기성·촉 등도 그러함, ⑨ 因果譬喩門: 항상 유전(상속)하는 것이 폭포수와 같음, ⑩ 伏斷位次門: 아라한위이다.
60) 행상에서 行은 遊履, 相은 體相의 뜻이다. 能緣인 견분이 所緣境인 體相에 遊履하는 것, 즉 인식작용의 의미이다.
61) 보고 듣는 등 6식의 작용은 쉽게 느낄 수 있으나, 아뢰야식의 경우는 感知하기가 매우 어렵다. 왜냐하면 이 식의 인식작용은 일반인들이 감지하기 어려울 정도로 매우 미세하게 이루어지기 때문이다. 여기서 '미세(微細, skma)'라고 한 것은 웬만큼 총명한 사람도 알기 어렵기 때문에 그렇게 표현한다. 아뢰야식의 인식대상인 종자는 말할 것도 없고, 신체[有根身]의 경우도 알기 어렵다. 여기서 '根'은 미세하고 투명한 물질인 勝義根을 가리키기 때문이다. 또한 자연계는 너무나 광대하고 측량하기 어려우므로-色境이나 聲境처럼 부분적인 것이 아니라-아뢰야식이 자연계를 인식대상으로 하여 끊임없이 미세한 인식작용을 한다는 사실이 일반인에게는 감지되기 어렵다.

소승에게는 열어 보이지 않노니, 그들이 분별하고 집착해서 자아로 삼을까 염려되기 때문이다"라고 함이 이것이다.

② 아래의 반에 대한 해석[釋下半] (次句 17上10)

[疏] 次句는 頓現萬境이라 下句는 喩所變境이 離心無體라
■ ② 아래의 반의 구절은 만 가지 경계가 단박에 나타남이다. 아래 구절은 변하는 경계가 마음을 여의고 체성이 없음을 비유한 내용이다.

[鈔] 次句頓現者는 亦卽彼果相門이니 云異熟이니 論에 云此是能引諸界趣生善不善業異熟果故라하니 卽通辨此識能變之義라 此是第一能變이니 頓現萬境이라 故로 楞伽에 云, 譬如明鏡이 頓現萬像하야 現識處現도 亦復如是라하니라
下句喩所變等者는 以無體故로 無可相知라 故로 問明品에 云, 諸法無作用하고 亦無有體性이니 是故로 彼一切가 各各不相知라하니라
● ② '아래의 반의 구절은 만 가지 경계가 단박에 나타남'이란 역시 저 『유식론』의 과상문(果相門)이니 '다르게 성숙된다'고 말한다. 논에 이르되, "이것은 능히 모든 삼계(三界)·육취(六趣)·사생(四生)을 이끄는 선업과 불선업의 이숙과이므로 이숙식(異熟識)이라고 이름한다"고 하였으니 곧 이 식이 능히 변화시킨다는 뜻을 통틀어 밝힌 것이다. 이것이 제1 능변식이니 만 가지 경계가 단박에 나타난다. 그러므로『4권 능가경』에 이르되, "비유하건대 밝은 거울이 만 가지 색상을 단박에 나타내되 현식(現識)에 색상이 나타남도 또한 이와 같다"라고 하였다. 아래 구절에서 '변하는 경계를 비유한' 등이란 체성이 없는 연고

로 모양을 알 수도 없다는 뜻이다. 그러므로 보살문명품에 이르되, "모든 법은 작용이 없으며 또한 체성도 없어 그러므로 저 모든 것은 각각 서로 알지 못한다네"라고 하였다.

㊁ 법성종에 의지한 해석[約法性宗] (又常 17下7)

[疏] 又常不住者는 無住爲本故오 無量難思는 總標深廣이라 下二句는 釋이니 示現一切하야 廣故로 難思오 各不相知하야 深故로 難思니라

■ 또 '항상하고 머물지 않는다'는 것은 머물지 않음을 근본으로 삼은 까닭이요, '한량없고 사의하기 어렵다'는 것은 깊고 넓음을 총합하여 표방함이다. 아래 두 구절은 해석이니 일체를 나타내 보여서 넓으므로 사의하기 어려움이요, 각기 서로 알지 못하고 깊으므로 사의하기 어려운 것이다.

[鈔] 又常不住下는 上約法相이니 常不住言은 是刹那生滅이오 今明不者는 卽是無義오 常不住者는 卽常無住라 無住는 卽實相異名이라 故로 從無住本하야 立一切法이라하니 斯法性宗의 眞心이 隨緣하야 成滿有故라 深廣難思를 前之經偈로 亦可證此니라

● 又常不住 아래는 위는 법상종에 의지하였으니 '항상하고 머물지 않는다'는 말은 찰나 간에 생멸함이요, 지금 불자(不字)를 설명한 것은 곧 무(無)의 뜻이요, '항상하고 머물지 않음'이란 곧 '항상하되 머묾이 없다'는 뜻이다. 머묾이 없음은 '실다운 모양[實相]'의 다른 이름이다. 그러므로 '무주의 근본으로부터 온갖 법을 건립한다'고 하였으니 여기서는 법성종(法性宗)의 참된 마음이 인연을 따라 유를 성만하기 때

문이다. 깊고 넓으며 사의하기 어렵다는 앞의 경전 게송으로 또 이 부
분을 증명할 수 있다.

c. 뒤 게송을 해석하다[釋後偈] (三一 18上5)

譬如工畵師가   不能知自心하되
而由心故畵인달하여   諸法性如是로다
마치 그림 그리는 화가가
자기의 마음 알지 못하지만
마음으로 그림을 그리나니
모든 법의 성품도 그러하니라.

[疏] 三, 一偈는 重喩上來不相知義니 謂非唯所畵之法이 自不相知라 喩
　　所變之境이 無有體性이라 能畵之心이 念念生滅하야 自不相知니 故
　　亦不能知於所畵로 雙喩心境이 皆無自性하야 各不相知일새 故言不
　　能知自心而由心故畵라 又雖不知畵心이나 而由心能畵니 喩衆生이
　　雖迷心現量이나 而心變於境이라 又由不能知所畵하고 但畵於自心
　　일새 故能成所畵니 喩衆生이 由迷境唯心하야 方能現妄境이라 又喩
　　正由無性하야사 方成萬境이니 故云諸法性如是니라
■　c. 한 게송은 위로부터 '서로 알지 못한다'는 이치를 거듭하여 비유한
　　내용이다. 말하자면 오직 그림 그릴 대상의 법이 자연히 서로 알지 못
　　할 뿐만 아니라 변하는 경계가 체성이 없음에 비유한 내용이다. 그림
　　그리는 주체의 마음이 생각 생각 생멸해서 자연히 서로 알지 못하나
　　니, 그러므로 또한 그릴 대상을 알지 못하는 것으로 마음과 경계가

모두 자성이 없어서 각기 서로 알지 못함을 함께 비유한 연고로 능히 자기의 마음을 알지 못하지만 마음으로 인해 그림을 그리는 것이다. 또한 비록 그리는 마음을 알지 못하지만 마음으로 인해 능히 그림을 그리는 것이다. 중생이 비록 마음의 현량을 미하지만 마음이 경계를 변하게 함에 비유하였다. 또한 그릴 대상을 알지 못함으로 인해 단지 자심을 그리는 연고로 그릴 대상을 능히 성취하나니 중생이 경계가 오직 마음뿐임을 미혹하여 비로소 망녕된 경계를 나타낸다. 또한 바로 성품 없음으로 인해 비로소 만 가지 경계를 이룸에 비유하였으니, 그래서 '모든 법의 성품도 그러하다'고 하였다.

[鈔] 能畫之心者는 心雖慮知나 今取生滅不住일새 故不能知니 以前念이 已滅하고 後念未生이라 未生일새 無體能知前念이오 前念已滅일새 復無可知며 前念이 亦不知後라 前念已滅하니 無有能知오 後念未生하니 亦無所知라 能知之心이 旣不自知어니 安能知所리오 雙喩心境下는 合文을 可知로다 然釋此偈에 總有四意하니 一, 明性空이니 以性空故로 不能知自心이라 以性空故로 不能知畫하고 由心故畫라 二, 又雖不知下는 明雖性空이 不礙緣起오 三, 又由不能下는 明由迷眞起似니 若悟自心하면 不造妄境이라 四, 又正由下는 卽以有空義故로 一切法이 得成耳니 故云諸法性如是者는 通結四意라 上來喩竟하다

● '그림 그리는 주체의 마음'이란 마음은 비록 생각하여 알지만 지금은 생멸하여 머물지 않음을 취했으므로 능히 알지 못하나니, 앞 생각이 멸하고 뒤 생각이 생기지 않는 까닭이라 생기지 않으므로 체성이 없어서 앞 생각을 알지 못함이요, 앞 생각이 이미 멸했으므로 다시 알

수가 없으며, 앞 생각이 또한 뒤 생각을 알지 못한다. 앞 생각은 이미 멸했으니 능히 아는 것이 없고 뒤 생각은 생기지 않았으니 또한 아는 것이 없다. 아는 주체의 마음이 이미 스스로 알지 못하는데 어찌 앞 대상을 알겠는가? 雙喩心境 아래는 합한 문장이니 알 수 있으리라. 그러나 이 게송을 해석할 적에 총합하여 네 가지 의미가 있으니 ① 본성이 공함을 설명함이다. 본성이 공하므로 자기 마음을 알지 못한다. 본성이 공하므로 그림을 알지 못하면서 마음으로 인해 그림을 그린다. ② 又雖不知 아래는 비록 본성이 공해도 연기법을 장애하지 않음을 설명하고 ③ 又由不能 아래는 참된 것을 미혹함으로 인해 비슷함이 생겨남을 설명하였으니 만일 자기 마음을 깨달으면 허망한 경계를 짓지 않는다. ④ 又正由 아래는 유가 공한 이치에 합치하는 연고로 온갖 법이 성립할 뿐이니, 그러므로 '모든 법의 성품도 그렇다' 라고 말한 것은 네 가지 의미를 통틀어 결론함이다. 여기까지 비유를 마친다.

然唯識論第一能變에 有兩偈半하고 而有十門하니 上隨用已辨이어니와 今當具出호리라 偈에 云, 初阿賴耶識은卽自性門 異熟이며二果相門 一切種이며三因相門 不可知인 執受와 處와四所緣行相門 了라五行相門 常與觸과 作意와 受想思와 相應호대六相應門 唯捨受며七五受俱門 是無覆無記니八三性門 觸等도 亦如是라同上[62] 恒轉如瀑流하니九因果譬喻門 阿羅漢位捨니라十斷伏位次門 上之十門이 疏中已有하니 隨配可知라 前後에 有此相하니 當例可知니라

● 그러나 『성유식론』의 제1 능변식에 두 개 반의 게송이 있고, 열 개의

문이 있으니 위는 작용에 따라 이미 밝혔지만 지금은 마땅히 갖추어 내보이리라. 게송에 이르되, "첫 번째 능변식은 아뢰야식이고(곧 ① 자성문) 이숙식이며(② 果相門), 일체종자식(③ 因相門)이니라. 집수(執受)와 기세간[處](④ 所緣門)과 요별작용(⑤ 行相門)을 감지하기 어렵도다. 항상 촉(觸)・작의(作意)・수(受)・상(想)・사(思)와 상응한다(⑥ 相應門)・오직 사수(捨受)이다(⑦ 受俱門). 이것은 무부무기성이니(⑧ 三性門) 촉 등도 역시 그러하다(위와 같다는 뜻). 항상 유전(流轉)하는 것이 폭포수와 같도다(⑨ 因果譬喩門). 아라한위에서 버리네(⑩ 伏斷位次門)"라 하였다. 위의 열 개의 문이 소문에 이미 있으니 배대하면 알 수 있으리라. 앞과 뒤에 이런 모양이 있으니 장차 유례하면 알 수 있으리라.

ㄴ. 다섯 게송은 법과 합해서 관법을 이루다[後五法合成觀] 2.
ㄱ) 가름을 열다[開章] (第二 17下1)
ㄴ) 과목에 따라 해석하다[隨釋] 4.
(ㄱ) 처음 한 게송은 처음 두 구절과 합하다[初一合初二句] (初一)

心如工畫師하여　　能畫諸世間하나니
五蘊悉從生이라　　無法而不造로다

마음이 화가와 같아서
모든 세간을 그려 내는데
오온이 마음 따라 생기어서
무슨 법이나 못 짓는 것 없네.

[疏] 第二, 五偈合中에 分四니 初一偈는 合初二句오 初句는 合最初句라

心者는 卽總相之心也라 下三句는 合第二句라 諸世間者는 卽諸彩色이니 此句爲總이오 下는 出諸相이니 卽蘊界處니 故云無法不造라 故로 晉譯에 云, 造種種五蘊이라하시며 正法念에 云, 心如畫師手하야 畫出五彩와 黑靑赤黃白과 及白白이라하니 故上文에 云, 布諸彩色이라하니라 畫手는 譬心이오 六色은 如次喩地獄, 鬼, 畜, 修羅, 人天이라 若言種種인대 則十法界와 五蘊等法이 皆心所造니라

■ ㄴ. 다섯 게송은 법과 합한 중에 넷으로 나누리니, (ㄱ) 한 게송은 처음 두 구절과 합함이요, a. 첫 구절은 최초구[譬如工畫師]와 합한다. 마음이란 곧 총상의 마음이다. b. 아래 세 구절은 둘째 구절[分布諸彩色]과 합한다. '모든 세간'이란 곧 '여러 채색'이니 이 구절은 총상이요, 아래는 여러 모양을 내보임이니, 곧 오온과 18계와 12처이다. 그러므로 '만들지 못하는 법이 없다'고 하였다. 그러므로 진경에 이르되, "갖가지 오온을 짓는다"라고 하였으며, 『정법념처경』에 이르되, "마음은 화가의 손과 같아서 다섯 가지 채색과 검고 푸르고 빨갛고 노랗고 하얗게 그리고 희고 흰색을 그려낸다"라고 하였으니, 그러므로 위의 경문에서는 '여러 채색을 칠한다'고 하였다. 화가의 손은 마음에 비유하고 여섯 가지 색깔은 차례대로 지옥, 아귀, 축생, 아수라, 인간, 천상에 비유하였다. 만일 '갖가지'라 말한다면 열 가지 법계와 오온 등의 법이 모두 마음으로 지은 바이다.

[鈔] 第二五偈合下는 疏心者卽總相之心也니 如前喩中에 已辨故라 然第二句者는 此句有二하니 一, 從能畫니 卽屬上因이오 二, 從諸世間之言은 卽屬於果니 則上半은 是因能變이오 下半은 屬果能變이라 故로 唯識에 云, 能變有二하니 一, 因能變이니 謂第八識中의 等流와 異

熟은 二因習氣라即種子現行門 此二習氣를 俱名因能變이라하니 此總

辨也니라 論에 云, 等流習氣는 由七識中의 善惡無記하야 熏令增長

이오三種子中에 各生自現은 除第八識하니 不能熏故라 異熟習氣는 由六識中

의 有漏善惡하야 熏令增長이라除第七識과 及無記者는 非異熟因故라 前是因

緣이오 此增上緣也라 二, 果能變者는 謂前二種習氣力故로 有第八識이

生에 現種種相이라即前二因의 所生現果니 謂有緣이 能變現者는 名果能變이라

種種相者는 卽是第八識의 相應心所見分等也라 等流習氣가 爲因緣故로 八

識體相이 差別而生이라 名等流果니 果似因故라即現八識三性種子하야

各生自現을 名等流果니 所生之果가 與能生種性으로 是一果故라 異熟習氣가

爲增上緣하야 感第八識의 酬引業力하야 恒相續故로 故云異熟이라

感前六識酬滿業者가 從異熟起를 名異熟生이오 不名異熟이니 有間

斷故라 卽前異熟과 及異熟生을 名異熟果니 果異因故라하니라 釋曰,

以五陰이 無法不造가 皆異熟也니라

- ㄴ) 五偈合 아래는 소에서 마음은 곧 총상의 마음이라 했으니 앞의
비유 가운데 이미 밝힌 것과 같다. 그런데 둘째 구절은 둘이 있으니
(ㄱ) 그리는 주체를 따름이니 곧 위의 원인에 속한다. (ㄴ) '모든 세
간부터'라는 말은 결과에 속하나니 위의 반은 원인으로서의 변화의
주체요, 아래의 반은 결과로서의 능변에 속한다. 그러므로『성유식
론』에 이르되, "능변에 두 종류가 있다. 첫째는 인능변(因能變)[63]이니,
제8식 중의 등류습기와 이숙습기의 두 가지 원인(因, 업종자)의 습기(종
자현행문)를 말한다. 이 두 가지 습기를 모두 인능변이라 한다"라고
하였으니 이는 총합하여 밝힌 내용이다. 논에 이르되, "등류습기(等
流習氣)[64]를 제7식 중의 선·악·무기에 의해 훈습하여 생성·증장케

---

63) 因은 제8식이 執持하는 종자를 말한다. 이 因의 종자로부터 전변해서 만법을 생겨나게 하므로 종자를 能變의
체로 한다. 여기서 變은 전변(轉變, parinama)의 뜻으로서 '원인이 전변하여 결과가 생겨나는 것을 나타낸다.

한다. (세 가지 종자 중에 각기 자신이 나타남은 제8식을 제외하니 훈습하는 주체가 아닌 때문이다.) 이숙습기(異熟習氣)[65]를 제6식 중의 유루의 선과 악에 의해 훈습하여 생성·증장케 한다. (제7식과 무기를 제외한 것은 이숙인이 아닌 까닭이다. 앞은 인연이요, 여기는 증상연이다.) 둘째는 과능변(果能變)[66]이니, 이른바 앞에서 말한 두 가지 습기의 세력에 의해 제8식[자체분]이 생겨나서 갖가지 양상을 나타내는 것을 말한다. (곧 앞의 두 가지 원인으로 생긴 현재의 과보이니 이른바 인연이 있어서 능변이 나타난 것을 과능변이라 이름한다. 갖가지 모양이란 곧 제8식이 상응한 심소의 見分 등이다.) 등류습기를 인연으로 하기 때문에 제8식의 체성과 양상이 차별적으로 생겨난다. 이것을 '등류과(等流果)'라고 이름하니, 결과가 원인과 비슷하기 때문이다. (곧 제8식의 세 가지 성품의 종자를 나타내어 각기 생겨서 자체로 나타냄은 등류과라 이름하나니 생겨난 결과가 생겨난 주체인 종성과 동일한 결과인 까닭이다.) 이숙습기를 증상연(增上緣)으로 하여, 제8식을 초감(招感)하고 이끄는 업[引業][67]의 힘에 응하여 항상 상속하기 때문에 이숙이라는 명칭을 건립한다. 전6식도 초감한다. 원만케 하는 업[滿業][68]에 응하는 것은 이숙식으로부터 일어나기 때문에 '이숙생(異熟生)'이라고 이름한다.[69] 이숙식이

---

64) 等流에서 等은 相似의 뜻으로서 원인[因]이 果性과 비슷하기 때문이고, 流는 流類의 의미로서 결과가 원인의 부류[類]이므로 流라고 한다. 等流는 '같은 종류'라는 뜻으로서, 자기와 같은 종류의 결과를 내는 종자를 말한다. 善因에서 善果를 내고, 惡因에서 惡果를 내는 것처럼, 종자로부터 일어나는 결과인 현행법과 비슷할 때, 그것을 등류습기라고 한다.

65) 異熟은 性類를 달리해서 성숙되는 것을 뜻한다. 異熟習氣는 異熟果를 가져오는 습기이다. 원인은 선이나 악이지만, 그 果體는 무기인 것을 말한다. 無記性인 신체[有根身]를 나게 한 선악업의 종자이다.

66) 여기서 果는 8식의 現行을 말한다. 果能變은 현행식을 능변의 體로 한다. 과능변에는 다음과 같은 세 가지 전변이 포함된다. ① 과거의 業力이 증감됨으로써 이숙습기가 활동할 수 있게 되어, 아뢰야이 다른 衆同分으로 태어난다. ② 등류습기가 활동할 수 있게 됨으로써, 아뢰야식으로부터 轉識이 생기게 된다. ③ 현행된 8식의 자체로부터 견분과 상분이 변현된다.

67) 總報業을 가리킨다. 異熟果를 초래하는 선악의 업에 총보업과 別報業이 있다. 총보업은 총체적인 果體로서의 제8식을 이끌어 내므로 引業이라고도 한다.

68) 別報業은 6식을 이끌어 내는 업으로서, 총보의 과체(果體, 제8식)를 장엄하여 원만하게 하므로 滿業이라고도 한다.

라고는 이름하지 않으니, 잠시 단절되는 때가 있기 때문이다.[70] 곧
앞의 이숙[제8식]과 이숙생을 이숙과라고 이름한다. 결과가 원인과 다
르기 때문이다"라고 하였다. 해석하자면, 오음이 짓지 못하는 법이
없음이 모두 이숙이다.

如次喩等者[71]는 黑은 卽地獄이니 黑黑業報故오 黃은 卽中方이오 修
羅와 非天은 亦復非人이니 季孟間故라 人白者는 多善業故오 天白
白者는 因果俱善故라 九地에 當廣이니라 則十法界五蘊者는 謂六道
四聖이라 四聖中에 佛在後偈하고 二乘菩薩은 攝在種種之中이니라
旣言無法不造하니 亦不揀二乘菩薩이라 更云等法者는 以今經에 無
法不造일새 三科와 萬類가 皆心造也니라

● '차례대로 비유함과 같다'는 것은 검은색은 지옥이니 검고 검은 업과
보인 까닭이요, 노란색은 중방이요, 아수라와 천상 아닌 갈래는 또
한 '사람이 아님[非人]'이니 끝과 처음 사이다. 사람은 흰색이란 선업
이 많은 까닭이요, 하늘은 희고 희다는 것은 원인과 결과가 모두 선
이기 때문이다. 십지품의 제9지에 가서 자세히 밝히리라. '열 가지 법
계와 오온 등의 법'이란 범부의 여섯 갈래와 네 가지 성인의 갈래이다.
네 가지 성인 중에 부처님은 뒤 게송에 있고, 이승 보살은 갖가지에
포섭되어 있다. 이미 '모든 법 다 짓는다'고 말했으니 또한 이승 보살
과 구분되지 않는다. 다시 '등의 법'이라 말한 것은 지금 본경의 '모든

---

69) 총보업에 이끌려 생기된[引生] 제8식을 眞異熟이라고 하고, 별보업에 이끌려 생기된 6식을 異熟生이라고 이름
한다. 총보업과 별보업은 별개의 체가 아니라 총보의 果體 위에 별보의 결과[果]도 感得한다.

70) 진정한 이숙[眞異熟]인 것은 선악업의 결과이고, 不斷이며, 삼계에 두루 하는 것의 3가지 뜻이 있어야 한다. 그
런데 五識은 잠시 단절됨이 있고, 제6식도 五位無心이라 하여 오위(五位: 無想天・無想定・滅盡定・極睡眠・
極悶絶)에서는 작용하지 않는다. 따라서 6식은 잠시 단절됨이 있으므로, 이숙의 조건인 不斷의 의미를 缺한다.
이것은 이숙식으로부터 생겨난 것[異熟生]이지, 眞異熟이 아님을 밝힌다.

71) 者下에 甲南續金本有謂字.

법 다 짓는' 부분이므로 세 과목과 만 가지 종류가 모두 마음으로 지은 것이다.

(ㄴ) 두 게송은 첫 게송 아래 반과 합하다[次二合前初偈下半] 2.
a. 가름을 열다[開章] (次二 21上5)

[疏] 次二頌은 合前初偈下半이라 於中에 二니
■ (ㄴ) 다음 두 게송은 첫 게송 아래 반과 합함이다. 그중에 둘이니,

b. 과목에 따라 해석하다[隨釋] 2.
a) 예를 들어 합하다[擧例以合] (初偈) 2.

(a) 가로로 의지하여 해석하다[約橫釋] 5.
㊀ 바로 경문을 해석하다[正釋經文] (初一 21上5)

如心佛亦爾하며　　如佛衆生然하니
應知佛與心이　　　體性皆無盡이로다
마음과 같아 부처도 그러하고
부처와 같아 중생도 그러하니
부처나 마음이나
그 성품 모두 다함없네.

[疏] 初一은 擧例以合이니 由成前諸言이라 謂如世五蘊이 從心而造⁷²⁾라

---

72) 造는 甲續金本作起造.

諸佛五蘊도 亦然이라 如佛五蘊하야 餘一切衆生이 亦然하야 皆從心造라 然心是總相이니 悟之名佛이니 成淨緣起오 迷作衆生하야 成染緣起라 緣起가 雖有染淨이나 心體不殊라 佛果는 契心에 同眞無盡하야 妄法有極일새 故不言之니라

■ a) 한 게송은 예를 들어 합함이니 앞의 여러 말을 이루기 때문이다. 말하자면 세간의 오온이 마음으로부터 지음과 같으니 부처님의 오온도 마찬가지이다. 부처님의 오온과 같아서 나머지 모든 중생도 또한 그러해서 모두 마음으로부터 지은 것이다. 하지만 마음은 총상이니 깨달으면 부처라 이름하나니, 정법(淨法)연기를 성취한 것이요, 미혹하면 중생이 되어서 염법(染法)연기를 성취하게 된다. 연기가 비록 염법과 정법이 있지만 마음의 본체는 다르지 않다. 부처님의 과덕은 마음을 계합할 적에 진여와 같이 끝이 없으며, 망법은 끝이 있으므로 말하지 않은 것이다.

[鈔] 初一擧例以合下에 疏文有二하니 先, 橫論이오 後, 竪說이라 前中에 五니 一, 正消經文이오 二, 會舊譯이오 三, 別立理오 四, 開義門이오 五, 總融攝이라 今初라 總釋經意하고 次然心是總相下는 出心佛衆生三之別相[73]이라 心是總相者는 法界染淨과 萬類萬法이 不出一心하니 是心이 卽攝一切世間出世間法일새 故名總相이라 餘染淨二緣은 各屬二類라 然總說十法界中에 六道爲染이오 四聖爲淨이니라

佛果契心下는 釋其下半이니 上有三法이나 而但說心與佛二法無盡하고 不言衆生者는 謂衆生有盡故라 心卽總心이니 以眞爲體오 本自不盡이라 佛果契心에 始本無二하야 同一圓覺이니 故亦無盡이라 迷

---

73) 上鈔는 南金本作然.

眞起妄에 無始有終일새 不言無盡이라 然其佛果契心은 則佛亦心造니 謂四智菩提를 則[74]淨八識之所造故라 若取根本인대 即淨第八이니라 若依眞諦三藏인대 此佛淨識을 稱爲第九니 名阿摩羅識이라하며 唐三藏은 云호대 此翻無垢니 是第八異熟이니 謂成佛時에 轉第八하야 成無垢識이오 無別第九라하며 若依密嚴인대 文具說之하니 經에 云, 心有八識하며 或復有九라하니라 又下卷에 云, 如來淸淨藏을 亦名無垢智라하니 即同眞諦所立第九하니 以出障故로 不同異熟하니 爲九有由라 又眞諦所翻決定藏論九識品에 云, 第九阿摩羅識이라하야늘 三藏은 釋云호대 阿摩羅識이 有其二種하니 一者, 所緣이니 即是眞如오 二者, 本覺이니 即眞如智라 能緣은 即不空藏이오 所緣은 即空如來藏이라 若據通論인대 此二는 並以眞如爲體라하니라 釋曰, 此二는 即起信의 一心二門이니 本覺이 在生滅門하고 一心이 即眞如故라 故로 論에 云, 唯是一心일새 故名眞如라하고 無論八九하고 俱異凡識하니 即淨識所造인 四智三身等이니라

● a) 擧例以合 아래에 소문이 둘이 있으니 (a) 가로로 논함이요, (b) 세로로 설함이다. (a) 중에 다섯이니 ㊀ 바로 경문을 풀이함이요, ㊁ 구역과 회통함이요. ㊂ 별도로 이치를 건립함이요, ㊃ 이치의 문을 전개함이요, ㊄ 총합하고 원융하게 포섭함이다. 지금은 ㊀ 이다. ① 경문의 뜻을 총합하여 해석함이요, ② 然心是總相 아래는 마음과 부처와 중생 셋의 다른 모양을 내보임이다. '마음은 총상'이라는 것은 법계의 염법과 정법, 만 가지 종류와 만 가지 법이 한 마음에서 벗어나지 않으니, 이 마음이 곧 온갖 세간과 출세간법을 포섭한 연고로 총상이라 이름하였다. 나머지 염법과 정법의 두 가지 인연은

---

74) 則은 甲南續金本作是.

각기 두 부류에 속한다. 그러나 10법계를 총합하여 말한 중에서 육도의 갈래는 염법이요, 네 성인 갈래는 정법이 된다.

b) 佛果契心 아래는 아래 반의 게송을 해석함이다. 위에 세 가지 법이 있지만 단지 마음과 부처 두 법이 끝없음만 말하고 중생을 말하지 않은 것은 이른바 중생은 끝이 있기 때문이다. 마음은 '총합적인 마음'이니 진여가 체가 되고 본래 자연히 다하지 않는다. 불과는 마음과 계합할 적에 시각과 본각이 둘이 없어서 원각과 동일하나니 그러므로 또한 다함이 없다. 진법을 미혹하고 망념을 일으킬 적에 시작이 없고 끝은 있으므로 다함 없다고 말하지 않는다. 그러나 부처님 과덕은 마음과 계합함은 부처도 또한 마음이 만든 것이니 이른바 네 가지 지혜와 깨달음을 정법의 8식이 지은 바인 까닭이다. 만일 근본을 취하면 곧 정법의 팔식이다. 만일 진제삼장에 의지한다면 이건 부처님의 정법의 인식을 제9식이라 칭하니 아마라식(阿摩羅識)이라 이름한다. 당대(唐代) 현장(玄奘) 삼장은 이르되, "이를 무구식(無垢識)이라 번역하니 제8식의 이숙식이다. 이른바 부처가 되었을 때 제8식을 바꾸어 무구식을 이루고 제9식과 다름 없다"라고 했으며, 만일 『밀엄경(密嚴經)』을 의지하면 경문에 갖추어 설했으니 문경에 이르되, "마음은 제8식이 있으며 혹은 제9식이 있다"라 하였다. 또 하권에 이르되, "여래의 청정한 장식을 또한 '때 없는 지혜[無垢智]'라 이름한다"고 했으니 곧 진제가 건립한 제9식과 같다. 장애를 벗어난 연고로 이숙식과 같지 않나니 제9식이라 한 이유가 있다. 진제(眞諦)삼장이 번역한 『결정장론(決定藏論)』의 구식품(九識品)에서 '제9 아마라식'이라 했는데 현장(玄奘) 삼장은 해석하기를, "암마라식에 두 종류가 있으니 ① 반연할 대상이니 곧 진여요, ② 본각이니 곧

진여의 지혜이다. 반연하는 주체는 곧 불공여래장이요, 반연할 대상은 공여래장이다. 만일 진제삼장의 논서를 의거하면 이 둘[불공여래장, 공여래장]은 함께 진여로 본체를 삼는다"라고 하였다. 해석하자면 이 둘은 곧 기신론의 한 마음에 두 문이니 본각은 생멸문에 있고 한 마음은 진여문인 까닭이다. 그러므로 『기신론』에 이르되, "오직 한 마음일 뿐이니 그러므로 진여라 이름한다"라 하였고, 제8식, 제9식이 다름을 논하지 않고 모두 일반적인 식과 달리 정법의 식으로 만들어진 네 가지 지혜와 세 가지 불신 등을 말하였다.

㈡ 진역경문과 회통하다[會晉譯文] (若依 22下1)

[疏] 若依舊譯云인대 心佛與衆生이 是三無差別이라하니 則三皆無盡이라 無盡은 即是無別之相이니라
■ 만일 구역 60권경에 의지하여 말하면, "마음과 부처와 중생 이 셋이 차별이 없다"고 하였으니, 셋이 다 '끝이 없다'는 뜻이다. '끝이 없다'는 것은 곧 '차별된 모양이 없다'는 뜻이다.

[鈔] 若依舊下는 二, 會晉譯이니 則三皆無盡이나 而二經互闕하니 唐闕衆生하고 晉闕無盡이라 故有第三別更立理니라
● ㈡ 若依舊 아래는 진역 60권경과 회통함이니 셋이 다 끝이 없지만 두 경에서 서로 빠뜨렸으니 당본 80권경에는 '중생'이 빠졌고, 진본 60권경에는 무진(無盡)이 빠졌다. 그러므로 ③에 별도로 다시 이치를 건립한 것이다.

㊂ 원만하고 구족한 사례를 취하다[取圓足例] (應云 22下5)

[疏] 應云, 心佛與衆生이 體性皆無盡이니 以妄體本眞일새 故亦無盡이라 是以로 如來는 不斷性惡하나니 亦猶闡提가 不斷性善이니라

■ 응당히 "부처나 마음이나 중생 그 성품 모두 다함 없네"라고 해야 하는데, 망법의 본체가 진여이므로 또한 '끝이 없다'고 한 것이다. 이런 까닭에 '여래는 본성이 나쁘다'고 단정하지 않나니, '천제(闡提)도 또한 성품이 착하다'고 단정하지 않음과 같다.

[鈔] 應云下는 是第三也라 若取圓足인대 合如是譯하야사 則三事가 皆具오 無差之相이 又得顯明이니라 從以妄體下는 出妄無盡之由오 是以如來下는 引例證此니 卽涅槃經意라 天台가 用之하야 以善惡二法이 同以眞如로 而爲其性이라하니 若斷善75)性하면 卽斷眞如니 眞不可斷일새 故云性善은 不可斷也라 佛性은 卽是眞實之性이오 眞實之性은 卽第一義空이어니 如何可斷이리오 性惡不斷은 卽妄法이 本眞일새 故無盡也니라

● ㊂ 應云 아래는 (원만하고 구족한 사례를 취함)이다. 만일 원만하고 구족함을 취한다면 합당히 이렇게 번역해야만 세 가지 일이 모두 갖추게 됨이요, 차별 없는 모양이 또한 밝게 드러날 것이다. 以妄體 아래는 망념에서 벗어나 다함없는 이유요, 是以如來 아래는 사례를 인용하여 이를 증명함이니 곧 열반경의 주장이다. 천태대사가 그것을 써서 "선과 악 두 가지 법이 똑같이 진여로 그 성품을 삼는다"고 하였으니 만일 선한 성품을 끊으면 곧 진여를 끊은 것이니 진여는 단절할 수

---

75) 善은 南續金本作惡.

없으므로 '본성이 선한 것은 단절할 수 없다'고 하였다. 부처 성품은
곧 진실한 성품이요, 진실한 성품은 제일의공(第一義空)인데 어떻게 단
절할 수 있겠는가? 본성이 악한 것도 단절할 수 없음은 곧 망법이 본
래 진여인 연고로 끝이 없는 것이다.

㈃ 별도로 이치의 문을 전개하다[別開義門] (又上 24上4)

[疏] 又上三이 各有二義하니 總心二義者는 一, 染이오 二, 淨이오 佛二義
者는 一, 應機隨染이오 二, 平等違染이라 衆生二者는 一, 隨流背佛
이오 二, 機熟感佛이라 各以初義로 成順流無差하고 各以後義로 爲
反流無差니 則無差之言이 含盡無盡이니라

■ 또 위의 셋이 각기 두 가지 뜻이 있으니 총합적인 마음의 두 가지 이
치는 (1) 염심이요, (2) 정심이다. 부처님의 두 가지 이치는 (1) 중생
의 근기에 응하여 염심을 따름이요, (2) 평등하게 염심을 어김이다.
중생의 두 가지 이치는 (1) 유전을 따라 부처를 등짐이요, (2) 근기
가 성숙되어 부처님께 감화됨이다. 각기 첫째 이치로 유전을 따라 차
별 없음을 이루고, 각기 둘째 이치로 유전과 반대로 차별 없음이 됨
이니 차별 없다는 말이 다하고 다하지 않음을 포함하고 있다.

[鈔] 又上三下는 第四, 別開義門이니 則却收晉經하야 以爲盡理라 謂唐經
無盡은 但得二法이오 又唯約淨이라 次言三皆無盡은 又遣有盡之義라
今云無差는 盡與無盡이 俱無差也라 亦顯染淨이 本無差矣니라 言心
總二義一染二淨者는 淨은 卽自性淸淨이오 染은 卽本來之染이니 染
淨無二가 爲一心耳라 言各以初義成順流無差者는 衆生이 本有染故

로 隨流背佛이라 佛隨其染이어니 豈相違耶아 逆流는 例此니라

● 四, 又上三 아래는 별도로 이치의 문을 전개함이니 도리어 진경(晉經)을 거두어 이치를 다하였다. 이른바 당역 80권경의 다함없음은 단지 두 가지 법을 얻음이요, 또한 오로지 정법만 의지한 것이다. 다음에 '셋이 다 끝이 없다'고 말함은 또한 '다함 있다'는 이치를 보낸 것이다. 지금 '차별 없다'고 말함은 다함과 다함없음이 모두 차별이 없는 것이다. 또한 염법과 정법이 본래 차별이 없음을 밝혔다. '총합적인 마음에 두 가지 이치이니 ①은 염법이요, ②는 정법'이라 말한 것은 정법은 자성이 청정함이요, 염법은 본래의 염법이니 '염법과 정법이 둘이 없는 것'이 곧 한 마음일 뿐이다. '각기 처음 이치가 유전을 따라 차별 없음'이란 중생이 본래 염법이 있는 연고로 유전을 따르고 부처를 등지게 된다. 부처님은 그 염법을 따르는데 어찌 서로 어긋나겠는가? 유전과 반대는 이것과 유례하라.

⑤ 서로 거두어들임을 밝히다[結顯相收] (又三 23下5)

[疏] 又三中二義가 各全體相收니 此三이 無差하야 成一緣起니라

■ 또한 세 가지 중 두 가지 이치가 각기 전체로 서로 거두었으니 이 셋이 차별이 없어서 하나의 연기법을 이루게 된다.

(b) 세로에 의지해 해석하다[約竪釋] (上約 23上6)

[疏] 上約橫論이어니와 若約一人인대 心卽總相이오 佛卽本覺이오 衆生은 卽不覺이니 乃本覺이 隨緣하야 而成此二하야 爲生滅門이라 下半은

此二體性無盡은 卽眞如門이오 隨緣不失自眞性故라 正合前文의 大種無差라 若謂心佛衆生이 三有異者인대 卽是虛妄取異色也니라

■ 위는 가로로 의지해 해석하였고, 만일 한 사람에 의지한다면 마음은 총상이요, 부처는 본각이요, 중생은 깨닫지 못함[不覺]이니 이에 본각이 인연을 따라 이 두 가지를 이루어서 생멸문이 된다. 아래의 반은 이 둘이 체성이 끝없음은 진여문이요, 인연을 따르면서도 자신의 진성을 잃지 않는 까닭이다. 바로 앞의 경문인 '사대종은 차별 없음'과 합한다. 만일 마음과 부처와 중생 셋이 다름이 있다고 말한다면 곧 바로 '허망하게 여러 빛깔 그리는 것'이 된다.

[鈔] 又三中二義下는 第五染淨融攝을 可知로다 上約橫論下는 第二竪論[76]이라 於一人上에 卽有三法하니 卽觀行之人이 宜用此門이니라

● ⑤ 又三中二義 아래는 (서로 거두어들임을 밝힘이니) 염법과 정법이 융섭함을 알 수 있으리라. (b) 上約橫論 아래는 종으로 논함이다. 한 사람에게 곧 세 가지 법이 있어서 관법을 수행하는 사람은 마땅히 이 문을 쓸지니라.

b) 세력과 반대로 합하다[反勢以合] (後一 24上2)

若人知心行이　　　普造諸世間하면
是人則見佛하여　　　了佛眞實性이로다
마음이 모든 세간 짓는 줄을
아는 이가 있다면

---

76) 上二十三字는 南金本作若竪說者.

이 사람 부처를 보아
부처의 참성품 알게 되리.

[疏] 後一偈는 反勢合이니 謂妄取異色에 則不知心行이라 若知心行하야
普造世間하면 則無虛妄하고 便了眞實이니 卽正合大種無差며 兼明
觀益이니라

■ b) 한 게송은 세력과 반대로 합함이다. 이른바 허망하게 여러 모양
그릴 적에 마음의 행함을 알지 못한다는 말이다. 만일 마음의 행을
알아서 널리 세간을 만들면 허망이 없고 단박에 진실을 알게 되나니
사대종은 차별 없음과 바로 합하며, 겸하여 관법의 이익을 밝혔다.

(ㄷ) 진법과 망념을 함께 합하다[次一雙合眞妄] 2.
a. 표방하다[標] (三一 24上6)

心不住於身하며　　　身亦不住心하되
而能作佛事하니　　　自在未曾有로다
마음이 몸에 있지 않고
몸도 마음에 있지 않지만
모든 불사를 능히 지어
자재함이 미증유하니라.

[疏] 三, 一偈는 有二義하니 一, 雙合前眞妄心境不卽離義라

■ (ㄷ) 한 게송은 두 가지 이치가 있으니 진법과 망념이 마음과 경계가
합치하지도 여의지도 않는 이치와 함께 합함이다.

b. 해석하다[釋] 2.

a) 둘째와 셋째 게송을 합하다[合二三兩偈] (上半 24上7)

[疏] 上半은 合前二三偈之上半이니 即前互無不即之義라 心은 即能變이
며 及心體故오 身은 即所變이니 謂有根身은 是識相分이며 及性之相
故라 下半은 雙合前兩偈下半의 不離之義니 謂雖不相住나 而依心
現境하야 依體起用하야 作諸佛事라 體用不礙가 爲未曾有라

■ (a) 위의 반은 앞의 둘째와 셋째 게송의 위의 반과 합하나니 앞에서
합치하지 않는 이치가 번갈아 없다는 뜻이다. 마음은 변화의 주체
요, 마음의 본체에 미치는 연고요, 몸은 변할 대상이니 이른바 존재
와 감관과 몸은 인식의 상분이요, 본성의 모양인 까닭이다. (b) 아래
의 반은 앞의 두 게송의 아래의 반의 합치하지 않는 이치를 함께 합하
는 뜻이니, 이른바 비록 모양으로 머물지는 않지만 마음에 의지해 경
계를 나타내어 본체에 의지하여 작용을 일으켜서 모든 불사를 짓는
다. '본체와 작용이 장애 없음'이 미증유가 되었다.

[鈔] 三一偈有二義下는 言上半合前二三偈之上半者는 心不住於身이
却是色中에 無大種이오 身亦不住心은 即大種中에 無色이니 此合第
二偈上半也라 若合第三上半云心不住於身인대 即彩畫中에 無心이
오 身亦不住心은 即心中에 無彩畫니라 心即能變者는 心境依持中
心也라 及心體故者는 即眞妄依持中眞也라 言身即所變下는 即上
境也오 及性之相은 即前의 妄也라 下半雙合前兩偈下半不離之義
者는 即就不離大種而有色可得이니 即作佛事也라 亦前就不離於
心有彩畫可得이니 是作佛事也라 依心現境은 合前의 第三偈下半이

오 依體起用은 即合前의 第二偈下半이오 作諸佛事는 雙合上二오 體用不礙下는 釋第四句라

● (ㄷ) 三一偈有二義 아래는 (진법과 망념을 함께 합함이니) 위의 반은 앞의 둘째와 셋째 게송의 위의 반과 합함이라 말한 것은 '마음이 몸에 있지 않음'이 도리어 '형색 중에 대종이 없음'이요, '몸도 마음에 머물지 않음'은 '대종 중에 빛깔이 없음'이니 이것은 둘째 게송의 위의 반과 합한다. 만일 셋째 게송의 위의 반과 합한다면 '마음이 몸에 있지 않음'은 곧 '그림 속에 마음이 없음'이요, '몸도 마음에 머물지 않음'은 곧 '마음속에 그림이 없음'과 합한다. '마음은 변화의 주체'란 마음과 경계의 의지처인 마음이다. '마음의 본체에 미친다'는 것은 곧 진법과 망심의 의지처인 진여이다. 身即所變 아래는 곧 위의 경계이고, 본성의 모양은 곧 앞의 망념이다. '아래의 반은 앞의 두 게송 아래의 반의 여의지 않는 이치와 합한다'는 것은 곧 대종과 여의지 않음에 나아가 형색 있음은 얻을 수 있음이니 불사를 짓는 것이다. 또한 앞의 마음과 여의지 않음에 나아가 그림을 그려서 얻을 수 있음이니, 곧 불사를 짓는 것이다. '마음에 의지해 경계를 나타냄'은 앞의 셋째 게송 아래 반과 합함이요, '체성에 의지해 작용을 일으킴'은 곧 앞의 둘째 게송 아래 반과 합함이요, '모든 불사를 지음'은 위의 둘과 동시에 합함이요, 體用不礙 아래는 넷째 게송을 해석함이다.

b) 넷째 한 게송과 합하다[合第四一偈] 2.
(a) 바로 합하다[正合] (二又 25上3)
(b) 훌륭한 번역임을 찬미하다[結顯巧譯] (爲兼)

[疏] 二, 又將合前第四偈니 謂上半은 合前恒不住義와 及各不相知오 而
能作佛事는 合示現一切色이오 自在未曾有는 合無量難思議라 爲
兼此義하야 不以互無로 言之하고 而言不住하니 譯之妙也라 晉經에
但云, 心亦非是身이라하니 但得前文互無之義니라

■ b) 또한 이것을 가지고 앞의 넷째 계송과 합함이다. 말하자면 위의
반[心不住於身 身亦不住心]은 앞의 항상 머물지 않음의 이치와 각기 서
로 알지 못함과 합함이요, '모든 불사를 능히 지음'은 '온갖 빛깔 나
타내지만'과 합함이요, '자재함이 미증유'라는 것은 '한량없고 헤아릴
수 없음'과 합함이다. 이런 이치를 겸하여 '번갈아 없음'으로 말하고,
하지만 '머물지 않는다'고 말하니 번역이 절묘한 것이다. 진역 60권경
에는 단지 '마음은 또한 몸이 아니다'라고 했을 뿐이니, 단지 앞의 경
문의 번갈아 없다는 이치만 얻은 것이다.

[鈔] 爲兼此義等者는 美斯經也라 若不合第四偈하고 但合第二三偈하면
應云心中에 無有身하고 身中에 無有心이니 卽互無之言也라 則不顯
於彼心恒不住義니라 然不相住가 與恒不住로 義則小異나 文則兼
之라 若將此不住하야 同前不住者인대 以心念念滅故로 不能住身하
고 身念念滅故로 安能住心이리오 思之可見이니라

● '이런 이치를 겸했다'는 것은 이 본경을 찬미함이다. 만일에 넷째 계송
과 합하지 않고 단지 둘째, 셋째 계송과만 합했다면 응당히 이르되,
"마음속에 몸이 없고 몸 속에 마음이 없다"고 해야 할 것이니, 곧 '번
갈아 없다'는 말이다. '저 마음이 항상 머물지 않는다'는 이치는 밝히
지 못했다는 뜻이다. 그러나 '서로 머물지 않음'이 '항상 머물지 않음'
과는 이치가 다소 차이나지만 경문은 겸하고 있다. 만일 이런 머물지

않음을 가져서 앞의 서로 머물지 않음과 같다고 했다면 마음이 생각 생각에 멸하는 연고로 어찌 능히 마음에 머물러 있으리오. 생각해 보면 발견할 수 있다.

(ㄹ) 한 게송은 결론하여 권하다[後一結勸] 2.
a. 의미를 밝히고 총합하여 과판하다[顯意總判] (末後 25下4)

[疏] 末後一偈는 結勸이니 卽反合前畵師不知心喩라 若不知心인대 常畵
    妄境이오 觀唯心造인대 則了眞佛이라 上半은 有機오 下半은 示觀이라
■ (ㄹ) 마지막 한 게송은 결론하여 권함이다. 곧 반대로 앞의 '화가가
    마음을 모른다는 비유'를 반대로 합함이다. 만일 마음을 알지 못한
    다면 항상 허망한 경계만 그릴 것이요, 오직 마음이 짓는 줄 관찰한
    다면 참된 부처님을 요달해 알리라. 위의 반은 중생의 근기가 있음이
    요, 아래의 반은 관법을 보임이다.

b. 이치를 열고 해석하다[開義別釋] 2.
a) 오직 마음뿐임을 결론하다[結歸唯心] (然有 25下6)
b) 두 문으로 귀결하다[結歸二門] (二觀)

若人欲了知   三世一切佛인댄
應觀法界性에   一切唯心造니라
만일 어떤 사람이
삼세의 일체 부처님을 알려면
마땅히 법계의 성품

모든 것이 마음으로 된 줄을 보아라.

[疏] 然有二釋하니 一은 云, 若欲了佛者인대 應觀法界性上一切差別이 皆唯心作이니 以見法이 卽見佛故라 二는 觀法界性이 是眞如門이요 觀唯心造니 卽生滅門이니 是雙結也니라

■ 그런데 두 가지 해석이 있으니, 첫째는 이르되, "만일 부처님을 깨달 아 알려면 응당히 법계의 성품의 모든 차별이 모두 오직 마음이 짓는 줄을 관찰해야 하나니, 법을 보는 것이 곧 부처를 보는 것이기 때문 이다." 둘째는 법계의 성품을 관찰함이 곧 진여문이요, 오직 마음이 짓는 줄 관찰함이 곧 생멸문이니 함께 결론함이다.

[鈔] 末後一偈等者는 於中에 三이니 一, 略釋經意오 二, 然有二下는 開 義別釋이라 於中에 有二釋者[77]는 初, 是結歸唯心이오 二, 觀法下는 是結歸二門이라 三, 又一是眞如實觀下는 結成觀要[78]라

● (ㄹ) 마지막 한 게송 등이란 그중에 셋이니 a. 간략히 경문의 뜻을 해 석함이요, b. 然有二釋 아래는 이치를 열고 별도로 해석함이다. 그 중에 두 가지 해석은 a) 오직 마음뿐임을 결론함이요, b) 觀法 아래 는 두 문으로 귀결함이요, c. 又一是眞如實觀 아래는 관법의 요체를 결론함이다.

c. 묘함이 지극함을 찬탄하여 결론하다[結讚妙極 (又一 26上1)

[疏] 又一是眞如實觀이오 一是唯心識觀이라 大乘觀要가 不出此二니 觀

---

77) 釋者는 南金本作意.
78) 上十三字는 南金本作意.

此二門이 唯是一心이라 皆各總攝一切法盡하야 二諦雙融하고 無礙
一味라 三世諸佛이 證此爲體니 故欲知彼者인대 應當觀此니라 旣爲
妙極일새 是以暫持에 能破地獄이니라

■ 또 하나는 진여로 실답게 관찰함이요, 하나는 유심으로 인식하는 관
법이다. 대승관법의 요체가 이 두 가지에서 벗어나지 않나니, 이 두
문이 오직 한 마음뿐임을 관찰하는 것이다. 모두 각기 일체법을 다
총합하여 섭수해서 진제와 속제가 함께 융합하여 걸림 없는 한 맛이
다. 삼세의 모든 부처님이 이것을 증득함으로 본체를 삼았으니 그러
므로 저것을 알고자 한다면 응당 이 도리를 관찰해야 할 것이다. 이
런 까닭에 잠시라도 수지하면 능히 지옥을 타파할 수 있다.

[鈔] 是以暫持者는 卽纂靈記에 云, 文明元年에 洛京人姓은 王이오 名明
幹이 旣無戒行하고 曾不修善이라가 因患致死러라 見被79)二人이 引
至地獄이라 地獄門前에 見有一僧하니 云是地藏菩薩이라 乃教王氏
誦一行偈하시니 其文에 曰, 若人이 欲了知三世一切佛인대 應當如是
觀이니 心造諸如來니라 菩薩이 旣授經偈하시고 謂之曰, 誦得此偈하
면 能排地獄之苦하리라 王氏가 旣誦하고 遂入見閻羅王한대 王이 問
此人80)曰, 有何功德고 答, 唯受持一四句偈니다 具如上說한대 王遂
放免하니라 當誦偈時에 聲所到81)處에 受苦之人이 皆得解脫하니라 王
氏가 三日方蘇하야 憶持此偈하고 向空觀寺僧定法師하야 說之하니
參驗偈文에 方知是舊華嚴經第十二卷이오 新經은 當第十九夜摩天
宮無量諸菩薩雲集說法品偈니라

---

79) 被는 大正作彼, 嘉弘甲南續金本作被.
80) 此人은 南續金本無, 甲本作人.
81) 到는 甲南續金本作及.

● '이런 까닭에 잠시라도 수지하라'는 것은 『찬영기(纂靈記)』에, "당(唐)
나라 문명(文明) 원년(684년, 중종 1년)에 낙양 사람 왕명간(王明幹)이 계
행이 없고 공덕도 쌓은 것 없이 병들어 죽음에 이르렀다. 두 사람의
저승사자가 지옥으로 이끌어 갈 즈음에, 지옥문 앞에 당도하니 스
님 행색의 지장보살께서 어여삐 여기시고 왕씨에게 한 줄의 게송을
외우라 명했다. 그 게송은 바로 "若人이 欲了知三世一切佛인대 應
當如是觀이니 心造諸如來니라"라는 게송이더라. 보살이 게송을 일
러 주고 나서 말하기를 "이 게송을 외우면 지옥의 고통도 능히 면할
수 있으리라" 하였다. 왕씨가 애써 외우고는 이윽고 염라왕 앞에 들
어갔는데, 염라왕이 묻기를 "네가 생전에 무슨 공덕을 지었는가?"
답하기를 "(공덕 지은 것은 없고) 다만 사구게 하나를 수지하면서 살았
습니다" 하고는 외워 보였다. 염라왕이 드디어 방면해 주더라. 그리
고 당시 게송 외는 소리가 닿은 곳마다 고통받던 사람들도 모두 해
탈을 얻더라. 왕명간이 사흘 만에 다시 소생하여 이 게송을 외우니,
마을 사람들이 모두 공관사(空觀寺) 정(定) 법사를 찾아 물었더니 게
문을 찾아 봄에 구역 화엄경으로는 제12권이요, 신역 경전으로는
제19권 야마천궁에서 여러 보살이 운집하여 설법하는 품의 게송인
줄 알게 되었다.

차. 지림보살의 게송 찬탄[智林菩薩頌] 2.

가) 게송을 설하는 광경[說偈儀] (第十 20下8)
나) 바로 게송을 설하다[正說偈] 2.
(가) 과목 나누기[分科] (十頌)

爾時에 智林菩薩이 承佛威力하사 普觀十方하고 而說頌
言하시되
그때 지림보살이 부처님의 위신력을 받들어 시방을 두루 관
찰하고 게송으로 말하였다.

[疏] 第十, 鑒達諸佛하고 迴超色聲하야 心言路絶일새 故云智林이니 頌顯
此德이니라 十頌을 分二니 初一은 標章이오 後九는 解釋이라

■ 차. 지림(智林)보살의 게송 찬탄이니, 부처님을 비추어 통달하고 형색
과 음성을 멀리 초월하여 마음과 말의 길이 끊어졌으므로 '지혜의 숲'
이라 하였으니 이런 공덕을 게송으로 밝혔다. 열 게송을 둘로 나누리
니 ㄱ. 처음 한 게송은 가름을 표방함이요, ㄴ. 해석함이다.

(나) 과목에 따라 해석하다[隨釋] 2.
ㄱ. 한 게송은 가름을 표방하다[初一標章] (今初 27上1)

所取不可取며   所見不可見이며
所聞不可聞이니   一心不思議로다
집착할 것도 집착할 수 없고
볼 것도 볼 수 없고
들을 것도 들을 수 없어
한 마음이라 헤아릴 수 없네.

[疏] 今初라 若準晉本第四句[82]云인대 所思不可思라하니 則四句가 皆標

---

82) 晉本經에 云, "所取不可取 所見不可見 所聞不可聞 所思不可思[모든 취할 것도 취할 수 없고 모든 볼 것도 볼
수 없으며 모든 들을 것도 들을 수 없고 모든 생각할 것도 생각할 수 없나니]"

章이어니와 今經則上三句는 標章이오 第四句는 總結이니 謂標章은 遮
過하야 令不依識하야 明佛三業이 非凡境故라

第四는 總結顯德하야 示智入門이니 謂若了唯一眞心이라 言思斯絶
하면 則合菩提之體니 故로 梵本第四句에 云, 於不思에 何思리오하니
卽是以一眞心으로 而成三業이라 三業이 不離一眞하야 形奪相融하니
不可以一多로 思也니라 又非唯佛之三業이 同一眞心이라 亦與觀者
眞心으로 非異非一일새 故難思議니 若能離於思議하면 則終日見聞
이라도 亦無所見聞矣니라

■ 지금은 ㄱ.이다. 만일 진경의 넷째 구절을 준해 말하면, "모든 생각
할 것도 생각할 수 없나니"라고 하였으니 네 구절이 모두 가름을 표
방하였거니와 지금 본경에서는 위의 세 구절은 ㄱ) 가름을 표방함이
요, ㄴ) 넷째 구절은 총합하여 결론함이다. 말하자면 가름을 표방함
은 허물을 막아서 하여금 식에 의지하지 않게 하고 부처님의 삼업은
범부들의 경계가 아님을 밝혔다. 넷째는 뚜렷한 덕을 총합 결론하여
지혜로 들어가는 문을 보였으니, 이른바 만일 오직 하나뿐인 진실한
마음을 요달함을 뜻한다. 말과 생각이 여기서 끊어지면 보리의 체성
과 합한다. 그러므로 범본(梵本)의 넷째 구절에 이르되, "생각할 수 없
는 데서 무엇을 생각하리오?"라 하니 곧 하나의 진실한 마음으로 삼
업을 성취한다. 삼업이 하나의 진심을 여의지 않으므로 형상을 빼앗
고서 서로 융섭하나니, 하나와 여럿으로 생각할 수 없다. 또한 부처
님의 삼업(三業)이 진여의 마음과 같지 않을 뿐만 아니라 역시 관찰하
는 자의 진여의 마음과 함께 다르지도 않고 하나도 아니므로 불가사
의한 것이다. 만일 사의함을 능히 여의면 하루 종일 보고 듣더라도
또한 보고 들은 것이 없을 것이다.

[鈔] 故梵本第四句云於不思何思者는 此是刊定에 引梵本하야 證第四句니 亦爲標章이라 成於晉經所思不可思義[83]라 今疏에 取其所引하야 亦成第四句가 爲總結義니 謂於不思議之法을 不應思議라 以一眞心下[84]는 總結難思之相이라 文明可知로다

● 그러므로 범본의 넷째 구절에 '생각할 수 없는 데서 무엇을 생각하리오'라 한 것은 간정기에서 범본을 인용하여 넷째 구절을 증명함이니 역시 가름으로 표방함이다. 진경의 '생각할 것도 생각할 수 없나니'라는 뜻이 성립되었다. 지금 소에서 그 인용한 바를 취하여 또한 넷째 구절을 이룬 것이 결론한 뜻이 되었으니, 이른바 불가사의한 법을 응당 헤아릴 수 없다는 뜻이다. 以一眞心 아래는 헤아릴 수 없는 모양을 결론함이다. 경문이 분명하니 알 수 있으리라.

ㄴ. 아홉 게송을 개별로 해석하다[後九別釋] 2.
ㄱ) 가름을 열다[開章] (後九 27下7)

[疏] 後九, 別釋中에 即分三別이니 初二는 釋不可取오 次四는 釋不可見이오 後三은 釋不可聞이라

■ ㄴ. 아홉 게송을 개별로 해석함 중에 셋으로 나누어 구분하였으니 (ㄱ) 두 게송은 취할 수 없음으로 해석함이요, (ㄴ) 네 게송은 볼 수 없음으로 해석함이요, (ㄷ) 세 게송은 들을 수 없음으로 해석함이다.

[鈔] 次四釋等者는 若順晉經인대 四皆標章이라 釋亦分四니 前二는 則同이오 三의 一偈는 釋所聞不可聞이오 四의 二偈는 釋所思不可思어니와

---

83) 義는 南續金本作議誤.
84) 此下에 南續金本有出字.

今不依此니라

● ㄴ. 네 게송 등은 만일 진경을 따르면 네 게송이 모두 가름을 표방함
이다. 해석도 역시 넷으로 나누리니 (ㄱ) 앞의 두 게송은 (본경과) 동일
함이요, (ㄴ) 셋 중의 한 게송은 들을 것을 듣지 못함으로 해석함이
요, (ㄷ) 넷 중의 두 게송은 생각할 것을 생각하지 못함으로 해석함
이지만 지금은 이것을 의지하지 않는다.

ㄴ) 가름을 따라 해석하다[隨釋] 3.
(ㄱ) 두 게송은 취할 수 없음으로 해석하다[初二釋不可取] 2.
a. 두 게송을 총합 해석하다[總釋二偈] (今初 28上1)

有量及無量을   二俱不可取니
若有人欲取인댄   畢竟無所得이로다
분량 있거나 분량 없거나
둘을 다 집착할 수 없는 것
어떤 이가 집착하려 하여도
끝까지 얻지 못하리.

不應說而說이   是爲自欺誑이니
已事不成就요   不令衆歡喜로다
말하지 않을 것을 말한다면
이것은 스스로 속이는 것
자기 일을 성취 못하니
다른 이를 기쁘게 할 수 없으리.

[疏] 今初也라 初半偈는 奪以正釋이오 後一偈半은 縱以生過라

■ 지금은 (ㄱ)이다. a) 반의 게송은 빼앗아서 바로 해석함이요, b) 한 개 반의 게송은 놓아서 허물이 생김이다.

b. 두 게송을 따로 해석하다[別釋二偈] 2.

a) 경문에 의지해 해석하다[依文正釋] 2.

(a) 뺏앗아 해석하다[釋奪] (然有 28上2)

(b) 놓아서 해석하다[釋縱] (後縱)

[疏] 然有量等은 實通三業이나 爲對下二나 且就智明인대 有如理智하니 不可言量이오 有如量智하니 不可言無라 又一智가 即是一切智故며 衆智所用이 不相雜故라 後, 縱中에 初半은 縱其令取니 必無果利오 後一偈는 顯取之失이라 夫說法者는 當如法說이라 法無所得이어늘 而欲取得하야 心計有說이라 執石爲寶를 是謂自欺오 理無謂有를 是 爲自誑이라 終不契理일새 故云己事不成이오 汚他心識일새 故不令衆 喜라

■ 그런데 분량 있는 등은 실제로 삼업에 통하나니 아래의 둘을 상대하기 위함이지만 우선은 지혜에 나아가 밝힌다면 여리지(如理智)가 있으니 분량이라 말할 수 없고, 여량지(如量智)가 있으니 없다고 말할 수 없다. 또한 하나의 지혜가 바로 온갖 지혜인 까닭이며, 많은 지혜를 사용하여도 서로 섞이지 않기 때문이다. (b) 놓아 해석함 중에 ㉠ 반의 게송은 놓아서 가지려 함이니 반드시 결과의 이익이 없음이요, ㉡ 한 게송은 가져서 얻은 과실을 밝힘이다. 대저 법을 설하는 이는 마땅히 법다이 설해야 한다. 법이 얻을 것이 없는데 취하여 얻으려 해서

마음으로 설할 것이 있다고 계탁한다. 돌을 잡고서 있다고 말함을
스스로 속임이 된다. 마침내 도리에 계합하지 못하나니 그래서 말하
되, 자기 일을 이루지 못하고 다른 이의 심식을 더럽히므로 대중들을
기쁘게 하지 못한다.

b) 별다른 의미를 거듭 해석하다[別意重釋] (又以 28上8)

[疏] 又以量無量取에 則墮斷常하야 自損損他일새 故皆不可니라
■ 또 분량으로 분량 없음을 취할 적에 단견과 상견에 떨어져서 스스로
  손해나고 남도 손해 입히게 되므로 모두 불가한 것이다.

[鈔] 執石爲寶者는 涅槃春池喩中에 入水求珠할새 競執草木瓦石하야 各
  各自謂得琉璃寶라하고 歡喜持出하야사 乃知非眞하니 亦自誑也니라
  又莊嚴經論에 說有人見霜하고 謂是琉璃라하야 收之瓶內러니 皆悉
  成水라 後見眞琉璃하야도 亦謂爲霜라하야 棄而不取인달하야 世人皆
  爾하야 不應取而取하고 應取而不取也라하니라
  又以量無量者는 此有二意하니 謂以量取에 則墮於斷이오 以無量取
  에 則墮於常이라 二者, 若以常取에 則墮於斷이오 若以斷取에 則墮
  於常이라 故로 勝鬘에 云, 修一切常者는 墮於斷見이오 修一切斷者
  는 墮於常見이니 如步屈蟲이 要因前足하야 得移後足인달하야 修斷常
  者도 亦復如是하야 要因斷常이라하니 第三住中에 已廣分別하니라
● '돌을 잡고서 보석이라 함'은 『열반경』의 봄 연못의 비유 중에 "물에
  들어가 구슬을 찾으려 하는데 다투어 초목이나 기와 조각을 잡고서
  각기 스스로 유리보배를 찾았다고 말한다"고 하였고, 기뻐하며 잡고

나와서는 비로소 진짜가 아님을 알게 되나니 또한 스스로 속임이다. 또 『대승장엄경론』에 설하되, "어떤 사람이 우박을 보고 유리보배라고 하여 병 속에 넣었더니 모두 다 물이 되었다. 뒤에 진짜 유리를 보아도 또한 우박이라 하여 버리고 취하지 않는 것과 같이 세상 사람이 모두 그렇게 취하지 말 것을 취하고, 취할 것을 취하지 않는다"고 하였다.

'또한 분량으로 분량 없음을 취한다'는 것은 여기에 두 가지 의미가 있으니 이른바 분량으로 취할 적에 단견에 떨어짐이요, 분량 없음으로 취할 적에 상견에 떨어짐이다. 그러므로 『승만경』에 이르되, "온갖 것이 항상함을 수행하는 이는 단견(斷見)에 떨어질 것이요, 온갖 것이 단멸함을 닦는 이는 상견(常見)에 떨어질 것이니, 마치 굽어 가는 벌레가 앞의 발자국을 중요하게 인하여 뒤의 발자국으로 옮겨가는 것과 같아서 단견과 상견을 닦는 이도 또한 그러해서 끊어지고 항상함을 중요하게 인하였다"라고 하였으니 제3 수행주 중에서 이미 자세하게 분별하였다.

(ㄴ) 네 게송은 볼 수 없음으로 해석하다[次四釋不可見] 2.
a. 의미를 말하고 과목 나누다[顯意分科] (第二 23上1)

有欲讚如來의　　　　　無邊妙色身인댄
盡於無數劫이라도　　　無能盡稱述이로다
여래의 그지없이 묘한 색신
찬탄하려는 이가 있어
무수겁이 끝나도록 하여도

모두 다 말할 수 없으리.

[疏] 第二, 有四偈는 歎佛色身深奧하야 釋不可見章이라 文分爲二니 初
一은 法說이오 後三은 喩況이라

■ (ㄴ) 네 게송은 부처님의 몸이 심오함을 찬탄하여 볼 수 없음으로 해
석한 가름이다. 경문을 둘로 나누니 a) 한 게송은 법으로 설함이요,
b) 세 게송은 비유로 견줌이다.

b. 과목에 따라 해석하다[隨科正釋] 2.

a) 한 게송은 법으로 설하다[釋初一偈法說] (今初 29上2)

[疏] 今初에 非色現色일새 故稱爲妙오 物感斯現일새 是曰無邊이라 又色
卽是空일새 故邊卽無邊이라 又淨識所現에 空色相融일새 故身分總
別과 乃至一毛라도 皆無邊量하야 攝德無盡이라 具上三義어니 豈可
以盡言가

■ 지금은 a)에 색상이 아닌데 색상을 나툰 연고로 미묘하다고 칭하고,
중생이 감동하여 이렇게 나타나므로 '그지없다'고 말한다. 또한 색은
곧 공하므로 끝이 곧 끝없음이다. 또 깨끗한 인식에 나타남에 공과
색이 서로 융섭하므로 몸은 총상과 별상, 나아가 한 터럭으로 나누
더라도 모두 분량이 그지없어서 그지없는 공덕을 포섭한다. 위의 세
가지 이치를 갖추었으니 어찌 말로 다할 수 있겠는가?

[鈔] 非色現色下는 此有三[85]釋하니 一, 依體現用이니 與無邊不同이오

---

85) 三은 甲南金本作二.

二, 又色卽空下는 事理相卽일새 妙卽無邊이오 色卽是空이라 已爲妙色일새 色空相卽하야 離空有邊이라 三, 又淨識所現下는 約事事無礙이라 方爲妙色이니 亦是邊卽無邊이오 無邊乃廣이라 如初無邊이라 淨識所現은 卽唯心所現門이오 空色相融은 卽法性融通門이니 此二는 卽事事無礙之因也니라

● 非色現色 아래는 여기에 세 가지 해석이 있다. (1) 체성에 의지해 작용을 나타냄이니 무변과 같지 않음이요, (2) 又色卽空 아래는 현상과 이치가 서로 합치함이므로 미묘함이 무변이요, 색이 곧 공이다. 이미 미묘한 형색이 되었으므로 색과 공이 서로 합치해서 공을 떠나면 끝이 있다. (3) 又淨識所現 아래는 현상과 현상이 무애함에 의지하였다. 비로소 미묘한 색이 된다. 또한 끝이 곧 끝없음이요, 끝없음이 비로소 광대해졌다. 처음과 같이 끝없음이라 정식에서 나타난 것은 곧 유심으로 나타난 문이요, 공과 색이 서로 융통함은 곧 법성이 융통하는 문이니 이 둘은 현상과 현상이 무애한 원인이다.

b) 세 게송은 비유로 견주다[釋後三偈喩況] 2.
(a) 마니주가 따라 비추는 비유[初一摩尼隨映喩] (次三 29下3)

譬如隨意珠가   能現一切色하되
無色而現色인달하여   諸佛亦如是로다

마치 여의주가
온갖 빛을 나타내지만
빛 없는 데서 빛을 내는 것
부처님들도 그러하니라.

[疏] 次三은 喩中에 分二니 初一은 摩尼隨映喩니 喩佛地에 實無異色이나
隨感便現일새 故言無色而現色이라 喩全似法일새 故로 但合云佛亦
如是니라

■ b) 세 게송은 비유로 견줌 중에 둘로 나누니 (a) 한 게송은 마니주가
따라 비추는 비유이니, 부처님 경지에 실로 다른 형색이 없지만 감응
을 따라 문득 나타남에 비유한 연고로 '색 없는 데서 색을 나타낸다'
고 말하였다. 비유가 법과 완전히 같은 연고로 단지 합하기를 '부처
님도 그와 같다'고 말한다.

(b) 두 게송은 맑은 허공에 형색을 밝힌 비유[後二淨空顯色喩] 2.
㊀ 경문을 바로 해석하다[正釋經文] (後二 29下8)

又如淨虛空이   非色不可見이라
雖現一切色이나   無能見空者인달하여
또 마치 청정한 허공은
빛이 아니어서 볼 수 없으며
비록 온갖 빛을 나타내더라도
허공을 볼 이는 없나니

諸佛亦如是하사   普現無量色이나
非心所行處라   一切莫能覩로다
부처님들도 그와 같아서
한량없는 빛 나타내지만
마음으로 미칠 수 없으매

온갖 것을 볼 수 없네.

[疏] 後二偈는 淨空現色喩니 喩佛法身이 體非是色이로대 能現麤妙一切
諸色이라 初偈는 喩오 後偈는 合이라 四句는 對前이로대 但二三이 前
却이니 此是分喩일새 故委合之라 以空但不可眼見이오 而可心知어니
와 佛所現色은 心行處絶일새 故爲分喩라 心眼으로 尙不能見이온 況
肉眼哉아 此卽見中에 絶思議也니라

■ (b) 두 게송은 맑은 허공에 형색을 나타내는 비유이니, 부처님의 법
신은 본체는 형색이 아니로되 능히 거칠고 묘한 온갖 형색을 나타냄
에 비유하였다. ㊀ 첫 게송은 비유이고, ㊁ 뒤 게송은 합이다. 네 구
절은 앞과 상대하였으되 단지 둘과 셋이 앞과 반대이니 이것은 부분
적인 비유인 연고로 자세하게 합한다. 허공은 단지 눈만으로 볼 수
없으며 마음으로 알 수 있거니와 부처님이 나타낸 형색은 마음으로
행한 곳이 끊어진 연고로 부분적으로 비유하였다. 마음의 눈으로 오
히려 능히 보지 못할 텐데 하물며 육안(肉眼)이겠는가? 이러한 즉 보
는 것 중에 생각으로 헤아림이 끊어졌다.

[鈔] 後二偈淨空現色喩下는 疏文有二하니 一, 正釋經文이라 言此卽見
中絶思議者는 以古人이 將後二偈하야 明所思不可思어니와 今明不
思가 徧上三段일새 故指此中에는 身業中不思也라 下指語中에 不思
도 亦然이니라

● (b) 淨空現色喩 아래는 소문이 둘이 있으니 ㊀ 경문을 바로 해석함
이다. '이러한 즉 보는 것 중에 생각으로 헤아림이 끊어졌다'고 말한
것은 옛 사람이 두 게송을 가져서 생각할 것을 생각하지 못함을 밝혔

지만 지금 생각하지 못함이 위의 세 문단에 두루 함을 밝힌 연고로 이 가운데 신업 중의 생각할 수 없음을 지적하였다.

㈂ 문답으로 구분하다[問答料揀] 2.
① 질문하다[問] (問二 30上6)

[疏] 問이라 二喩가 豈不違上經에 云有無邊妙色이완대 今云非色無色耶아 亦違諸論에 佛有妙色하야 爲增上緣이로다
■ ① 질문한다. 두 가지 비유[摩尼隨映喩 淨空現色喩]가 어찌 위의 경문에 말한 그지없는 미묘한 색이 있을 것인데 지금은 색도 무색도 아니라 말했는가?와 어기지 않았는가? 또한 여러 논서에 부처님께는 미묘한 형색이 있어서 증상연이 됨과 어긋난다.

② 대답하다[答] 3.
㉮ 현수스님의 답[賢首答] 2.

㉠ 실교에 나아가 답하다[就實敎答] 2.
ⓐ 초교 대승에 의지해 놓아 허락하다[約初敎縱許] (古德 30上7)
ⓑ 실교대승에 의지해 답하다[約實敎正答] (若實)

[疏] 古德이 云, 若約初敎大乘인대 義如前說이어니와 若實敎大乘인대 佛地에 無此色聲麤相功德하고 但有大智와 大悲와 大定과 大願의 諸功德等이라 然諸功德等은 並同證眞如니 若衆生機感에 卽現色無盡이라 旣無不應機時일새 故所現色이 亦無斷絶이니 此以隨他로 爲自

하고 更無別自라 約此爲有일새 故云無邊妙色이라 今約自說하고 不約隨他일새 故云無色非色也하니라

■ 고덕(古德)이 이르되, "만일 초교(初敎) 대승에 의지한다면 이치는 앞에 설함과 같겠지만, 만일 실교(實敎) 대승에 의지한다면 부처님 지위에는 형색과 음성의 거친 모양의 공덕이 없고 단지 큰 지혜와 대비와 큰 삼매와 큰 원력의 모든 공덕 등이 있다." 그러나 여러 공덕은 아울러 진여를 증득하나니 만일 중생의 근기에 감응할 적에 그지없는 형색을 나타낸다. 이미 근기에 감응할 때이므로 나타낸 형색이 또한 단절됨이 없나니 이것은 다른 이를 따른 것으로 자신을 삼고 다시 자신과 다름이 없다. 이것에 의지해 유라 하므로 그지없는 미묘한 색신이라 한다. 지금은 자신에 의지해 설하고 다른 이를 따름에 의지하지 않은 연고로 형색과 형색 아님이 없다.

ⓛ 초교와 실교에 함께 의지해 답하다[雙約二敎答] (亦可 20下 3)

[疏] 亦可前喻는 初敎오 後喻는 實敎니라

■ 또한 앞의 비유는 초교(初敎) 대승이요, 뒤의 비유는 실교(實敎) 대승이라야 가능하다.

[鈔] 二, 問二喻下는 問答料揀이라 於中有二하니 先은 問이오 後는 答이라 問中[86]에 言上經者는 卽初偈法說之文이니 前經에 亦有어니와 今只要此라 亦違諸論은 卽瑜伽唯識等이라 古德云下는 第二答이라 答中에 三이니 一, 卽賢首答이오 二, 苑公破오 三, 疏會釋[87]이라 今初에 自

---

86) 上十字는 南金本作先問.
87) 上二十四字는 南本無, 此下에 金本注云 此三段文難解 姑摭方册科補之.

有二意하니 一, 二喩意同이오 二, 亦可下는 二喩旨別이라

● ㊁ 二問二喩 아래는 문답으로 구분함이다. 그중에 둘이 있으니 ①
질문이요, ② 대답함이다. ① 질문함 중에 위의 경이라 말한 것은 첫
게송의 법을 설하는 경문[有欲讚如來—]이니 앞의 경에도 있었는데 지
금은 단지 여기서 필요하다. 또한 여러 논과 어김은 곧『유가사지론』
과『성유식론』따위이다. ② 古德云 아래는 대답함이다. 대답함 중
에 셋이니 ㉮ 현수스님의 답이요, ㉯ 혜원(惠苑)법사를 타파함이요,
㉰ 소가가 회통하여 해석함이다. 지금은 ㉮에 자연히 두 가지 의미
가 있으니 ㉠ 두 비유의 의미가 같음이요, ㉡ 亦可 아래는 두 비유
의 뜻이 다름이다.

㉯ 혜원법사를 타파하다[苑公破] 2.
㉠ 다른 이를 따라 설함을 파하다[破隨他說] (有云 30下9)
㉡ 자신에 의지해 설함을 파하다[破約自說] (若執)

[疏] 有云호대 若爾인대 彼能現體가 爲有無耶아 十蓮華藏塵數之相이 皆
示現耶아 八地七勸에 言佛色聲이 皆無有量이라하니 寧不違耶아 若
執佛果에 唯有如如와 及如如智가 獨存者인대 無漏蘊界가 窮未來
際히 徧因陀羅網은 皆非實事로다 亦違涅槃에 滅無常色하야 而獲常
色이로다 此義는 具如智慧莊嚴經說하니라

■ 어떤 이가 이르되, "만일 그렇다면 저 나타내는 주체의 본체가 유인
가, 무인가? 십연화장 미진수의 모양이 모두 시현한 것인가?" 제8지
의 일곱 번 권할 적에 "부처님의 형색과 음성이 모두 한량이 없다"고
말하였으니 어찌 어긋나지 않은 것인가? 만일 부처님의 과덕에는 '오

직 여여와 여여한 지혜만이 홀로 존재한다'고 고집한다면 무루의 오온과 18계가 미래가 다하도록 인드라 그물에 두루 함은 모두 실제 현상이 아니다. 또한 열반에는 무상한 형색을 없애서 항상한 형색을 얻음과 어기게 된다. 이런 이치는 구체적으로『지혜장엄경(智慧莊嚴經)』에 설한 바와 같다.

[鈔] 二, 有云下는 卽苑公破師라 於中에 五니 一, 引敎反問이오 二, 若執佛果唯如如下는 定師所立이오 三, 無漏蘊界下는 以義反質이오 四, 亦違下는 引文正破오 五, 此義具如下는 指敎證成하야 成師非正이라 於前二中에 言唯如如等은 卽金光明이오 亦梁攝論第十三이니 本論에 云, 自性身者는 是如來法身이라하고 釋論에 云, 唯有如如智가 獨存일새 說名法身이라하며 又云호대 身以依止로 爲義니 何法이 爲依止오 本論에 云, 於一切法에 自在依止故라하고 釋論에 云, 謂十種自在오 乃至云호대 云何此法이 依止法身고 不離淸淨과 及圓智라 智卽如如니 如如가 卽智故라하니 除實敎蘊界코는 未離斷常之見이니라

● ⑭ 有云 아래는 원공(苑公)이 스승을 파함이다. 그중에 다섯이니 ㉠ 교법을 인용하여 반대로 질문함이요, ㉡ 若執佛果 아래는 스승이 건립한 바를 정함이요, ㉢ 無漏蘊界 아래는 이치로써 반대로 질문함이요, ㉣ 亦違 아래는 경문을 인용하여 파함이요, ㉤ 此義具如 아래는 교법의 증거를 지적해서 스승의 옳지 않음을 성립함이다. 앞의 ㉡ 중에 말한 오직 여여 등은『금광명경(金光明經)』이요, 또한『양섭론』제13권이니 본론에 이르되, "자성신은 곧 여래의 법신이다"라 하였고, 석론(釋論)에 이르되, '오직 여여지가 홀로 있으므로 법신이다'라고 이름하며, 또 이르되, "몸은 의지함으로 뜻을 삼나니 어떤 법이 의지가

되는가?" 본론에 이르되, "온갖 법에 자재하게 의지하는 까닭이다"라 하였고, 석론에 이르되, '열 가지 자재'를 말하며, 나아가 말하되 "어찌하여 이 법이 법신을 의지하는가? 청정함과 원만한 지혜를 여의지 않는다. 지혜는 곧 여여함이니 여여함이 곧 지혜인 까닭이다"라고 하였으니 대승실교의 오온과 18계를 제외하고는 단견과 상견을 여의지 못한다.

具如智慧者는 此引은 本是賢首가 證成摩尼가 隨映等喩니 此經은 亦名度一切諸佛境界智嚴經이라 一卷이니 在王舍城耆闍崛山頂說하시니 如來放光하신대 一切菩薩이 雲集瞻仰이어늘 佛於山頂法界宮殿上에 起大寶蓮華師子之座와 無量摩尼寶宮殿等이라하며 於摩尼座中에 出偈하시니 上取意引하리라 次, 文殊師利問호대 無生無滅은 其相云何닛고 佛答하사대 不生不滅이 卽是如來니라 文殊師利여 譬如大地가 琉璃所成에 帝釋毗闍延의 宮殿供具等이 影現其中이어든 閻浮提人은 見琉璃地의 諸宮殿影하고 合掌供養하며 燒香散華호대 願我得生如是宮殿하며 我當遊戲如帝釋等이라하시니 彼諸衆生이 不知此地가 是宮殿影하고 乃布施持戒와 修諸功德으로 爲得如是宮殿果報라하니라 文殊師利여 如此宮殿이 本無生滅이언마는 以地淨故로 影現其中이나 彼宮殿影은 亦有亦無며 不生不滅이니라 文殊師利여 衆生이 見佛도 亦復如是하야 以其心淨일새 故見佛身하나니 佛身은 無爲하야 不生不滅이며 不起不盡이며 非色非非色이며 不可見이며 非不可見이며 非世間이며 非非世間이며 非心이며 非非心이언마는 以衆生心淨일새 見如來身하고 散華燒香하고 種種供養호대 願我當得如是色身이라하며 布施持戒와 作諸功德으로 爲得如來微妙身故라하니

라 如是文殊師利여 如來神力이 出現世間하야 令諸衆生으로 得大利
益이 如影如像하야 隨衆生見하나라 次, 擧如日光無心普照喩하나니
謂先照高山等이라 隨其所照하야 而有種種이라하며 次云하사대 文殊
師利여 如大海中에 有摩尼珠하니 名滿一切衆生所願이라 安置幢上
에 隨衆生所須하야 彼摩尼珠가 無心意識인달하야 如來無心意識도
亦復如是하야 不可測量이며 不可到며 不可得이며 不可說이라 除過
患하고 除無明하며 不實不虛며 非常非不常이며 非光明이며 非不光
明이며 非世間이며 非不世間等이라하사 廣歷諸非하시고 結云하사대 文
殊師利여 如來淸淨이 住大慈幢하사 隨衆生所樂하야 現種種身하니
說種種法이라하나라 釋曰, 大意가 皆以體無生滅이로대 不礙生滅이라
如非色은 約體오 非不色은 約用等이니라

● '구체적으로『지혜장엄경』에 설함과 같다'고 한 것은 (1) 여기서 인용
함은 근본이 현수스님이 '마니주가 따라 비추는 비유[摩尼隨映喩]' 등
으로 증명하였으니 이 경전은 또한『일체를 제도하는 제불의 경계지
혜로 장엄한 경』이라 이름한다. 1권이니 왕사성 기사굴산 정상에서
설하였으니, "여래가 방광하셨는데 모든 보살이 운집하여 우러러보
았거늘 부처님께서 산꼭대기의 법계궁전에서 대보연화사자좌와 무
량한 마니보궁전 등에서 일어나신다"고 하였으며, 마니보배 자리에
서 게송을 설하시니 위는 의미를 취하여 인용하였다. "다음으로 문수
사리가 묻기를, '생이 없고 멸이 없음은 그 모양이 어떠합니까?' 부처
님이 대답하시되, '나지 않고 죽지 않는 것이 바로 여래이다. 문수사
리여, 비유컨대 대지가 유리로 만들어졌고 제석과 비사연(毗闍延)의 궁
전과 공양구 등이 그 가운데 비추어 나타나거든 염부제 사람이 유리
로 된 땅의 모든 궁전에 비친 것을 보고 합장공양하며 향을 사르고

꽃을 흩되 원컨대 내가 이런 궁전에 태어나게 하며, 나는 당연히 제석천과 같이 유희하게 하소서' 등이다"라고 하였으니 저 모든 중생이 이 땅이 궁전의 그림자인 줄 알지 못하고 바야흐로 보시와 지혜로 닦은 모든 공덕으로 이런 궁전과보를 얻게 된다고 하였다. "문수사리여, 이러한 궁전이 본래 생멸이 없지마는 땅이 깨끗한 연고로 그 가운데 비추어 나타나지만 저 궁전의 그림자는 있기도 하고 없기도 하며 생기지도 없어지지도 않느니라. 문수사리여, 중생이 부처님을 뵙는 것도 또한 그와 같아서 그 마음이 청정한 연고로 부처님 몸을 보나니, 부처님 몸은 무위법이고 생멸하지 않으며 생기지도 다하지도 않으며 형색도 아니고 형색 아님도 아니며 볼 수 없으며 보지 못함도 없으며 세간이 아니고 세간 아님도 아니며, 마음이 아니요, 마음 아님도 아니지마는 중생의 마음이 깨끗하므로 여래의 몸을 보고 꽃을 흩고 향을 사르며 갖가지로 공양하되, '원컨대 내가 이런 형색의 몸을 얻게 하소서'라고 하며, '보시하고 지계하며 지은 모든 공덕으로 여래의 미묘한 몸을 얻기 위한 까닭이다'라고 하였다. 이처럼 문수사리여, 여래의 신력으로 세간에 출현하며 모든 중생으로 하여금 큰 이익을 얻음이 그림자 같고 영상 같아서 중생의 소견을 따른다. (2) 다음으로 햇빛과 같이 무심으로 널리 비추는 비유[無心普照喩]를 들었으니 이른바 먼저 높은 산을 비추는 등이다. '그 비추는 바를 따라 갖가지가 있게 된다'고 하였으며, 다음에 이르되, "문수사리여, 마치 큰 바닷속에 마니주가 있으니 이름이 '일체 중생의 소원을 만족함'이다. 깃대 위에 중생의 구하는 바를 따라 안치하되 저 마니주는 마음과 생각과 식이 없는 것과 같아서 여래도 심의식이 없는 것이 또한 그와 같아서 측량할 수 없으며 도달하거나 얻을 수 없으며 말할 수도 없다. 병든

이나 어두운 곳을 제외하고는 진실도 아니요, 허망하지도 않으며 항상함도 아니요, 항상하지 않음도 아니며, 광명이 아니며 어둠도 아니요, 세간도 아니며 세간 아님도 아닌 등이라 하여 널리 모든 아닌 것을 거치고는 결론하기를, 문수사리여, 여래의 청정함이 큰 자비의 당기를 머물러서 중생의 즐거움을 따라서 갖가지 몸을 나타내어 갖가지 법을 설하신다"고 하였다. 해석하자면 큰 의미는 모두 본체가 생멸이 없음이로되, 생멸을 장애하지 않음이다. 마치 형색 아님은 본체에 의지함이요, 색 아님도 아닌 것은 작용에 의지함 등이다.

次, 又擧谷響無實喩하시며 次後에 卽有虛空喩云하사대 文殊師利여 如虛空平等하야 無下中上인달하야 如來平等도 亦復如是라 衆生이 自見有上中下나 如來는 不作下中上意니 何以故오 如來法身은 平等하사 離心意識이며 無分別故니라 文殊師利여 一切諸法이 悉皆平等이니라 乃至云하사대 若得法性하면 則無希望等이라하니라 又云하사대 若衆生이 着一切法하면 則起煩惱하야 不得菩提니라 文殊가 問云호대 云何得菩提닛고 佛答하사대 無根無處니라 文殊重徵하신대 佛言하사대 身見爲根이오 不眞實思惟가 爲處니라 文殊師利여 如來智慧는 與菩提等하고 與一切法으로 等하니 是故로 無根無處가 是得菩提니라 又云하사대 文殊師利여 如來는 不動일새 名如如實이니 如如實者는 不見此岸이며 不見彼岸이라 則見一切法이니 見一切法일새 稱爲如來니라 又菩提者는 是不破句니 不破者는 無相이오 句者는 如實이니라 下卽廣釋大意가 皆以遮過로 爲不破하시고 顯實로 爲句하시니라 又云하사대 以從本來로 不生不滅로 而爲眞實故니라 又云하사대 菩提者는 以行入無行이니 以行者는 緣一切善法이오 無行者는 不得一切

善法이니라 又云하사대 無生無滅者는 不起心意識이오 不思惟分別이니 是故로 我說見十二因緣이 卽是見法이오 見法者는 卽是見佛이니 如是見者는 名不思議니라

又云하사대 云何行菩薩行고 答이라 不行不生不滅이 是行菩薩行이니라 下亦廣釋하시고 後, 校量功德云하사대 假使諸衆生이 皆悉生人道하야 悉發菩提心하야 爲求一切智하며 如是諸菩薩이 皆作大施主하야 以種種供具로 供養無數佛과 幷及諸菩薩과 緣覺與聲聞하며 乃至入滅度에 各起[88]七寶塔호대 高至百由旬하고 種種寶嚴飾이라도 若人持此經하며 或說一句偈하면 出過此功德하야 無量無有邊이니 以此經所說은 無相法身故라하니라 釋曰, 上에 已具略經文이라 其琉璃地는 喩衆生心이오 影喩佛身이 卽色卽非色이라 摩尼珠喩는 則同此經이오 空無下中上은 亦同此經의 淨空現色이라 故로 賢首意는 證唯如如와 及如如智어늘 苑公이 誤引於和尙之引일새 故略具出하니라

● (3) 다음에 골짜기의 메아리는 실체가 없는 비유[谷響無實喩]를 들었으며, 다음에 유와 합치한 허공의 비유로 이르시되, "문수사리여, 마치 허공은 평등하여 아래와 중간, 위가 없는 것과 같아서 여래의 평등도 또한 그러하다. 중생이 스스로 상·중·하가 있다고 보지만 여래는 상·중·하라는 생각을 하지 않는다. 왜냐하면 여래의 법신은 평등하여 심의식을 따랐으며 분별이 없기 때문이다. 문수사리여, 일체 모든 법이 모두 다 평등하니라. 나아가 말하되, 만일 법계의 성품을 얻으면 바라는 희망 등도 없어지니라"고 하였다. 또 이르되, "만일 중생이 온갖 법을 집착하면 번뇌를 일으켜서 보리를 얻지 못하니라." 문수가 묻되, "어떻게 해야 보리를 얻습니까?" 부처님이 답하시

---

88) 起는 金本作各誤.

되, "육근도 없고 12처도 없느니라." 문수가 거듭 물으니 부처님이 말씀하시되, "몸이란 소견이 육근이요, 진실하지 않은 사유가 12처가 된다. 문수사리여, 여래의 지혜는 보리와 평등하고 일체법과 평등하나니 이런 연고로 육근도 12처도 없는 것이 보리를 얻음이니라." 또 이르되, "문수사리여, 여래는 동요하지 않음을 여의한 실법이라 이름하나니 '여의한 실법'이란 이쪽 언덕을 보지 않으며 저쪽 언덕도 보지 않으며 곧 온갖 법을 보나니 온갖 법을 보는 것을 여래라고 이름한다. 또 보리란 타파하지 않은 구절이니 파괴되지 않은 것은 모양 없음이요, 구절이란 참된 것을 뜻한다. 아래에는 자세하게 대의를 해석한 것이 모두 허물을 막음으로 파괴하지 않음을 삼고, 참된 것을 드러냄을 구절로 삼았다." 또 이르되, "본래로부터 생멸하지 않음으로 진실을 삼은 까닭이다" 또 이르되, "보리는 행하여 행할 것도 없음으로 들어가나니 행이란 온갖 선법을 인연함이요 행할 것 없음은 온갖 선법을 얻지 않은 것이니라." 또 이르되, "생멸이 없다는 것은 심의식을 일으키지 않음이요, 사유하고 분별하지 않음이니 이런 연고로 내가 설하되, 십이인연을 보는 것이 곧 법을 보는 것이요, 법을 보는 이는 곧 부처를 보게 되나니, 이렇게 보는 것을 불가사의라 이름하니라."

또 이르되, "어떻게 보살행을 실천하는가?" 대답이라. "생멸하지 않음을 실천하지 않음이 보살행을 실천함이니, 아래에 또한 자세히 해석하였고, 뒤에 공덕을 비교하여 말하되, '가령 모든 중생이 모두 인도(人道)에 태어나서 모두 보리심을 발하여 온갖 지혜를 구하려 하며, 이와 같이 모든 보살이 모두 대시주가 되어 갖가지 공양거리로 수없는 부처님과 모든 보살, 연각 성문에게 공양하며 나아가 열반에 들 적에 각각 칠보탑을 세우되 높이가 백 유순에 이르고 갖가지 보배로 장식한다 하더라도 만일 어떤 사람 이 경전을 수지하고 혹 한 구절 게송을 설하면 이 공덕보다 뛰어나서 한량없고 끝이 없나니 왜냐하면 이 경전에는 모양 없는 법신을 설한 까닭이니라' "라고 하였다. 해석하자면 위에 이미 경문을 대략 구비하였다. 그 유리의 땅은 중생의 마음에 비유하였고, 그림자로 부처님의 몸이 형색이면서 형색 아님에 비유하였다. 마니주의 비유는 본경과 같으며 허공은 상·중·하가 없음도 역시 본경의 깨끗한 하늘에 형색을 나타냄과 같다. 그러므로 현수스님의 주장은 여여와 여여지를 증명함에 있는데 혜원법사가 스승의 인용구를 잘못 인용한 연고로 대략 갖추어 내보였다.

㉴ 소가가 회통하여 해석하다[疏會釋] 8.
㉠ 총합하여 회통하다[總會] (然上 34上7)
㉡ 현수스님의 이치를 수렴하다[收賢首義] (攝末)

[疏] 然上二解가 各是一理니 並符經論하니 今當會之리라 攝末從本인대 唯如如智니 自受用色이 智所現故라 攝相從性인대 但有如如니라
■ 그런데 위의 두 가지 견해가 각기 일리가 있어서 함께 경과 논에 부합하니 지금 회통해 보겠다. 지말을 섭수해서 근본을 따른다면 오직 여여지뿐이니 자수용신의 형색이 지혜에서 나타낸 바인 까닭이다. 모양을 섭수하여 체성을 따른다면 단지 여여만 있는 것이다.

㉢ 혜원(惠苑)법사의 이치를 수렴하다[收苑公義] (旣所)
㉣ 혜원법사의 거듭된 힐난을 빌리다[假以苑公重難] (然如)

[疏] 旣所現이 卽如인대 何妨妙色이리오 故有亦無失이니라 然如外에 無法
　　이어니 何要須現이리오

■ 이미 나타난 것이 진여와 합치한다면 무엇이 미묘한 형색과 방해되리
　오. 그러므로 있다 해도 허물이 없다. 그러나 진여 밖에 법이 없을 텐
　데 어찌하여 구하여 나타내려 하였는가?

㉤ 현수스님 뜻으로 회통하다[爲賢首通] (萬法)
㉥ 앞의 두 주장을 융통하다[正融前二] (如色)
㉦ 앞의 집착을 함께 비판하다[雙彈前執] (若定)

[疏] 萬法卽如오 如卽法身이니 更何所現이리오 故云唯如如와 及如如智
　　獨存이 於理未失이니라 如色相卽하야 有無交徹이니라 若定執有無하
　　면 恐傷聖旨라

■ 만 가지 법이 곧 진여요, 진여가 곧 법신이니 다시 무엇으로 나타내
　리오. 그러므로 ‘오직 여여와 여여한 지혜만 홀로 있다’고 말한 것이
　도리에 허물이 없다. 진여와 형색이 서로 합치하여 있고 없음이 서로
　사무친다. 만일 결정코 유와 무를 고집한다면 성인의 종지를 상할까
　두렵도다.

◎ 유와 무가 장애되지 않음을 내보이다[出有無無礙] 3.
ⓐ 구사론을 빌려서 두 가지 비유를 회통하다[借俱舍以會二喩] (故今)
ⓑ 융통하여 회통함을 밝히다[正明融會] (此二)
ⓒ 이 경문만 인용하여 뒤의 이치를 증명하다[但引此文以證後義] (故下)

[疏] 故今二喩가 前後相成이니 摩尼現色은 但云無色하니 無卽但是無他오 非無自體라 淨空現色에는 旣云非色하니 非卽非其自體니 不獨無他라 前喩自受用身이오 後喩法身이라 此二不二가 爲佛眞身이라 故로 下經에 云, 佛以法爲身하사 淸淨如虛空하나니 所現衆色形으로 令入此法中이라하니라

■ 그러므로 지금의 두 가지 비유가 앞과 뒤가 서로 성립하나니 마니주가 형색을 나타냄은 단지 '형색이 없다'고 하나니 없음은 단지 저것이 없다는 것일 뿐 자체가 없다는 것이 아니다. 맑은 하늘에 형색을 나타냄에는 이미 형색이 아니라 말하나니 아님은 그 자체가 아님이니 유독 저것만 없다는 것이 아니다. 앞은 자수용신에 비유하고 뒤는 법신에 비유한 것이다. 이 둘이 둘이 아님이 부처님의 진신이 된다. 그러므로 아래 (제2 여래현상품) 경문에 이르되, "법으로 되신 부처님 몸은 허공과 같이 깨끗하여서 나타내는 바 모든 형상을 이 법 가운데 들게 하시네"라고 하였다.

[鈔] 然上二解下는 第三, 疏爲會釋이라 意在雙存하야 二義融卽耳라 於中에 有八하니 一, 總會오 二, 攝末從本下는 收賢首義오 三, 旣所現下는 收苑公義오 四, 然如外無法下는 假以苑公重難이니 意云, 旣如收法인대 更無所遺어니 何言機感[89]에 現色無盡이리오 五, 萬法卽如下는 爲賢首通이니 由萬法如일새 實無所現이라 故正現時에 亦唯如矣라 此卽疏家立理하야 收賢首也라 六, 如色相下는 正融前二라 七, 若定執下는 雙彈前執이라 八, 故今二喩下는 出有無無礙之旨하야 以釋喩文이라 …<아래 생략>…

---

89) 感은 甲南續金本作宜.

● ㉽ 然上二解 아래는 소가가 회통하여 해석함이다. 의미가 쌍으로 존재하여 두 가지 이치가 융통하고 합치함에 있을 뿐이다. 그중에 여덟이 있으니 ㉠ 총합하여 회통함이요, ㉡ 攝末從本 아래는 현수스님의 이치를 수렴함이요, ㉢ 旣所現 아래는 원공의 이치를 수렴함이요, ㉣ 然如外無法 아래는 원공의 거듭된 힐난을 빌림이니 의미를 말하되, 이미 진여가 법을 섭수한다면 다시 보낼 것이 없거니 어째서 중생의 근기에 감응할 적에 끝없는 형색을 나타낸다고 말했는가? ㉤ 萬法卽如 아래는 현수스님 뜻으로 회통함이니 만법이 진여임으로 인해 진실로 나타낸 바가 없다. 그러므로 바로 나타날 때에 또한 진여일 뿐이다. 이것은 곧 소가가 이치를 세워서 현수스님의 뜻을 수렴한 것이다. ㉥ 如色相 아래는 앞의 두 주장을 융통함이다. ㉦ 若定執 아래는 앞의 집착을 함께 비판함이다. ㉧ 故今二喩 아래는 유와 무가 장애되지 않음을 내보여서 비유에 대해 해석한 문장이다. …〈아래 생략〉…

(ㄷ) 세 게송은 들을 수 없음으로 해석하다[後三釋不可聞] 2.
a. 표방하다[標] (第三 36上1)

雖聞如來聲이나　　　音聲非如來며
亦不離於聲하고　　　能知正等覺이로다
비록 여래의 음성을 듣지만
음성은 여래가 아니며
또 음성을 떠나서
정등각을 아는 것도 아니니

菩提無來去라　　　　離一切分別이어니
云何於是中에　　　　自言能得見이리오
보리는 오고 감이 없어
온갖 분별을 떠난 것인데
어떻게 이런 가운데서
능히 본다고 말하겠는가.

諸佛無有法이시니　　佛於何有說가
但隨其自心하여　　　謂說如是法이로다
모든 부처님 법 있는 것 아닌데
부처님 어찌 말씀이 있겠는가.
다만 자기의 마음을 따라
이런 법을 말한다 하네.

[疏] 第三, 三偈는 釋所聞不可聞中에

■　(ㄷ) 세 게송은 들을 수 없음으로 해석한 중에,

b. 해석하다[釋] 3.
a) 음성으로 응함에 의지한 해석[約應聲釋] (初約 30上1)

[疏] 初, 約應聲이니 緣感便應이라 離相離性일새 故聲非如來라 應不差機
　　며 非聲之聲일새 故云不離니 故以聲取하면 是行邪道오 若離聲取하
　　면 未免斷無라

■　a) 음성으로 응함에 의지한 해석이니 인연을 느끼면 바로 응함이다.

모양을 여의고 체성을 여읜 연고로 음성은 여래가 아니다. 감응은 중생근기와 차이 나지 않으며, 음성이 아닌 음성인 연고로 여읨이 아니다. 그러므로 음성을 취하면 삿된 도를 행함이요, 만일 음성을 여의고 취하면 단멸의 무를 면하지 못한다.

[鈔] 故以聲取者는 結成上義라 上句는 卽金剛經意니 若以色見我커나 以音聲求我하면 是人行邪道라 不能見如來라하시니라 後句는 卽兜率偈讚意니 故로 偈에 云, 色身非是佛이며 音聲亦復然이라 亦不離色聲코 見佛神通力이라하시니라 天鼓無心은 出現에 當辨하리라

● '그러므로 음성을 취하면'이란 위의 이치를 결론함이다. (a) 위 구절은 곧 『금강경』의 뜻이니 "만일 육신으로 나를 보거나 음성으로 나를 구하려 한다면 이 사람 삿된 도를 행하는지라 여래를 보지 못하리"라고 하였다. (b) 뒤 구절은 곧 도솔게찬품의 뜻이다. 그러므로 게송에 이르되, "육신이 부처 아니요, 음성도 그렇거니와 육신과 음성을 떠나서 부처님 신통을 보는 것도 아니라"라고 하였다. '하늘 북은 무심이다'라는 것은 여래출현품에 가서 밝히리라.

b) 본체에 의지한 해석[約體釋] (次頌 30上9)

[疏] 次頌은 約體釋이니 湛然不遷하야 心離分別이라 尙非心見이어든 安可耳聞가 猶如天鼓가 無心出故니 此卽聞中의 不思議也라

■ 다음 게송은 본체에 의지한 해석이니 담담하게 옮겨 다니지 않아서 마음이 분별을 여읜다는 뜻이다. 오히려 마음으로 보는 것이 아닌데 어찌 귀로 들을 수 있겠는가? 마치 하늘북의 소리가 마음 없이 나오

는 까닭이니 이것은 곧 들음 중의 불가사의함을 뜻한다.

c) 의심을 해석하다[釋疑] (後偈 30下1)

[疏] 後偈는 釋疑니 疑云호대 爲是有法不可聞耶아 爲是無法無[90]可說
耶아 上半은 順理오 後句는 答이라 次意云호대 若爾인대 何以現聞教
法고 下半에 釋云호대 但自心變이오 非佛說也라 若依權教인대 此約
有影無本이라 然本影相望에 通有四句어니와 若依此宗인대 果海는
離言일새 故無有說이오 用隨機現일새 謂如是說이라 而此本質도 亦
是自心이라 餘如懸談中說하니라

■ c) 뒤 게송은 의심을 해석함이니 의심해 말하되, "이것이 법 가히 들을
수 없는 것이 있는가? 이것이 법 가히 설할 수 없는 것이 없는가?" (a)
위의 반은 이치에 수순함이요, 뒤 구절은 답이다. 다음에 의미로 말
하되, "만일 그렇다면 어떻게 현재에 교법을 듣는가?" (b) 아래의 반
에 해석하기를, 단지 자심이 변한 것이요, 부처님이 설한 것이 아니
다. 만일 권교(權敎)에 의지한다면 이것은 그림자는 있는데 근본이 없
음을 의지함이다. 그러나 근본과 그림자가 서로 바라보면 통틀어 네
구절이 있겠지만 만일 이런 종지에 의지한다면 과덕의 바다는 언사를
여의었으므로 말이 없으며 작용은 근기를 따라 나타나므로 '이런 법
설한다'고 말하였다. 이 근본의 바탕도 또한 자심이다. 나머지는 현
담(玄談)에서 설한 바와 같다.

[鈔] 若依權等者는 本影四句는 卽如玄談이라 若依此宗인대 四句皆用이

---

90) 無는 甲續金本作不.

라 知一切法이 卽心自性故로 質亦自心이니라

● '만일 권교 등에 의지한다'는 것은 근본과 그림자의 네 구절은 곧 현담과 같다. 만일 이런 종지에 의지한다면 네 구절은 모두 작용이다. 온갖 법을 아는 것이 곧 마음이 자성인 연고로 바탕도 또한 자심인 것이다.

제20. 야마궁중게찬품(夜摩宮中偈讚品) 終

大方廣佛華嚴經 제19권
大方廣佛華嚴經疏鈔 제19권의 ④ 調字卷上
제21 十行品 ①

십행품은 제4회의 정종분[當會正宗]으로 십행(十行)이란 '보살의 열가지 행법'을 말한 것이니, 공덕림보살이 선사유(善思惟) 삼매에 들어가 여러 부처님이 가피하시는 지혜를 받들고, 삼매에서 일어나 말하나니, 제6. 선현행(善現行) 경문에는,

"보살이 이때에 다시 생각하기를 '내가 중생을 성숙시키지 않으면 누가 성숙시키며, 내가 중생을 조복하지 않으면 누가 조복하며, 내가 중생을 교화하지 않으면 누가 교화하며, 내가 중생을 깨우치지 않으면 누가 깨우치며, 내가 중생을 청정케 하지 않으면 누가 청정케 하겠는가. 이것은 나에게 마땅한 일이니 내가 하여야 하리라'하느니라."

제21. 십행법문을 말하는 품[十行品] ①

(二) 십행품은 제4회의 정종분[次一品當會正宗]

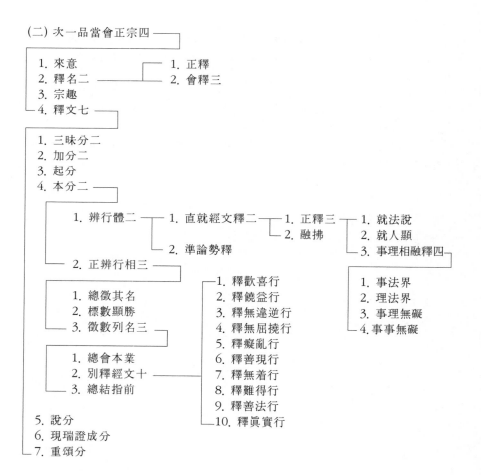

제1. 오게 된 뜻[來意] (來意 1上5)

[疏] 來意에 有二하니 一, 前序오 此는 正故라 二, 前辨所依佛智하고 此
辨能依之行故⁹¹⁾라

■ 제1. 오게 된 뜻에 둘이 있으니 1. 앞은 서분이요, 여기는 정종분인
까닭이다. 2. 앞에는 의지할 바 부처님 지혜를 밝혔고, 여기서는 의
지하는 주체의 수행을 밝힌 까닭이다.

제2. 명칭 해석[釋名] 2.

1. 바로 해석하다[正釋] (釋名 1上7)

[疏] 二, 釋名者는 隨緣順理造修를 名行이오 數越塵沙하야 寄圓辨十이라

■ 제2. 명칭 해석이란 인연을 따르고 이치를 따라 나아가 수행함을 행
법이라 하고, 숫자로 미진수 항하의 모래 같은 세월을 넘어서 원만함
에 의탁하여 열 가지를 말했다.

2. 모아서 해석하다[會釋] 3.
1) 인왕경으로 회통하다[會仁王] (仁王 1上8)
2) 범망경으로 회통하다[會梵網] (梵網)
3) 범본과 회통하다[會梵本] (若具)

[疏] 仁王에 名爲十止하니 就三學中하야 定心增故라 梵網에 名爲長養하

---

91) 故下에 甲本有自來二字, 南續金本有次來也三字.

니 長道根[92]故라 若具梵本인대 應云功德華聚菩薩說十行品이니 則
兼能說人이라 今文은 略耳니라

■ 『인왕경』에는 십지(十止)라 이름하였으니 삼학(三學) 중에 선정의 마음
이 증장함에 나아간 까닭이다. 『범망경』에는 장양(長養)이라 이름하
였으니 도의 근본을 기르는 까닭이다. 만일 범본을 구비하면 응당히
'공덕화취보살이 십행을 설한 품'이라 해야 하나니 설하는 주체의 사
람을 겸하였다. 지금 경문에는 생략했을 뿐이다.

[鈔] 仁王名爲十止者는 即上卷의 伏忍[93]聖胎三十人이니 十信과 十止와
十堅心故라 已如上引하니라 梵網經者는 彼立三賢名하야 云十發趣
와十住 十長養과十行 十金剛이라하니라 十廻向

● '인왕경에는 십지(十止)라 이름했다'는 것은 곧 상권의 '법인의 성태(聖
胎)인 30인에 엎드리나니 곧 십신과 십지와 십견심(十堅心)'이다. 이미
위에서 인용한 것과 같다. 『범망경』이란 저기서는 삼현의 명칭을 세
워서 십발취(十發趣, 십주)와 십장양(十長養, 십행)과 십금강(十金剛, 십회
향)이라 이름하였다.

제3. 근본 가르침[宗趣] (宗趣 1下4)

[疏] 宗趣는 可知로다
■ 제3. 근본 가르침은 알 수 있으리라.

---

92) 根은 甲南續金本作五根.
93) 『仁王般若經』上卷 敎化品의 주장이다. 伏忍은 五忍의 하나이니 (1) 伏忍- 십지 이전인 三賢位 (2) 信忍- 無
漏의 信을 얻은 初二三地 (3) 順忍- 이치에 순하여 無生의 깨달음으로 향하는 四五六地 (4)無生忍- 無生의 도
리에 안주하는 七八九地 (5) 寂滅忍- 모든 惑을 끊고 寂滅의 깨달음에 이른 第十地, 佛果位이다. 모든 불보
살의 반야바라밀을 닦는 법이라 하였다.

제4. 경문 해석[釋文] 2.

1. 앞과 상대하여 다른 점을 말하다[對前辨異] (四釋 1下6)

[疏] 四, 釋文者는 此品은 不同前之二會의 有行德者는 以行爲主일새 故
略無之라 又行德이 已純熟하야 進趣中收일새 故唯一品이 義當行中
之解라

■ 제4. 경문 해석에서 이 품은 앞의 두 번 법회의 행덕이 있음과 같지 않
다는 것은 수행이 주가 되므로 생략하였다. 또한 행덕이 이미 순숙해
서 승진하여 뒤로 향하는 중에 거두었으므로 오직 한 품이 이치로는
수행 중의 이해에 해당한다.

2. 가름을 열고 바로 해석하다[開章正釋] 2.
1) 가름을 열다[開章] (品有 1下8)

[疏] 品有七分하니 一, 三昧分이오 二, 加分이오 三, 起分이오 四, 本分이오
五, 說分이오 六, 現證分이오 七, 重頌分이라

■ 품을 일곱 부분으로 나누리니 (1) 삼매에 드는 부분이요, (2) 가피하
는 부분이요, (3) 삼매에서 일어나는 부분이요, (4) 십행을 밝히는 부
분이요, (5) 십행을 설하는 부분이요, (6) 서상을 나타내 증명하는
부분이요, (7) 거듭 게송으로 밝히는 부분이다.

2) 바로 해석하다[正釋] 7.
(1) 삼매에 드는 부분[三昧分] 2.

가. 가름을 열다[開章] (第一 1下8)

나. 바로 해석하다[正釋] (功德)

　　爾時에 功德林菩薩이 承佛神力하사 入菩薩善思惟三昧
　　하시니라
　　이때 공덕림보살이 부처님의 신력을 받들어 '보살의 잘 생
　　각하는 삼매'에 들었다.

[疏] 第一, 爾時功德林下는 三昧分이라 功德林入者는 爲衆上首故며 表
　　　說十行에 衆德建立故라 承佛下는 是入定因이오 入菩薩下는 顯定
　　　別名이라 揀因異果일새 故名菩薩이오 巧順事理하야 揀擇無礙하고 無
　　　心成事를 名善思惟니라

■ 지금은 (1) 爾時功德林 아래는 삼매에 드는 부분이다. 공덕림보살
　이 들어간 것은 대중의 상수이기 때문이며, 십행을 설함에 대중의 공
　덕으로 건립한 까닭이다. 承佛 아래는 삼매에 드는 원인이요, 入菩
　薩 아래는 삼매의 개별 이름을 밝힘이다. 원인에서 결과를 구분하려
　는 까닭에 보살이라 이름하였고, 현상과 이치를 잘 따라서 걸림 없음
　을 간택하고 마음을 비우고 현상을 이룸을 '잘 사유한다'고 이름하
　였다.

(2) 가피하는 부분[加分] 2.

가. 가름을 열다[開章] (第二 2上9)

나. 바로 해석하다[正釋] 3.

가) 가피하는 모양을 총합하여 밝히다[總辨加相] (一總)

入是三昧已에 十方各過萬佛刹微塵數世界外하여 有萬
佛刹微塵數諸佛이 皆號功德林이라 而現其前하사 告功
德林菩薩言하시되 善哉라 佛子여 乃能入此善思惟三昧
로다 善男子여 此是十方各萬佛刹微塵數同名諸佛이 共
加於汝시며 亦是毘盧遮那如來의 往昔願力과 威神之力
과 及諸菩薩의 衆善根力으로 令汝入是三昧하여 而演說
法이니라

이 삼매에 드니, 시방으로 각각 1만 부처님 세계의 티끌 수
처럼 많은 세계 밖에 1만 세계의 티끌 수 같은 부처님들이
계시니, 명호가 다 같이 공덕림불이라, 공덕림보살 앞에 나
타나서 말씀하시었다. "잘하는 일이다, 불자여, 그대가 능
히 '잘 생각하는 삼매'에 들었도다. 선남자여, 이것은 시방
으로 각각 1만 세계의 티끌 수처럼 많은 명호가 같은 부처
님들이 그대에게 가피하려는 것이니, 역시 비로자나 여래
의 옛날 서원하신 힘과 위신의 힘과 모든 보살들의 선근의
힘으로써 그대로 하여금 이 삼매에 들어서 법을 연설케 하
려는 것이니라."

[疏] 第二, 入是已下는 加分이라 有⁹⁴⁾三하니 一, 總辨作加因緣이오 二,
辨加所爲오 三, 正顯加相이라 初⁹⁵⁾中에 四니 一,⁹⁶⁾ 總標加因이오

---

94) 上六字는 南續金本作下加分文中.
95) 上十字는 南續金本作文.
96) 一下에 南續金本有入是下三字.

二, 十方下는 加緣顯現이오 三, 告功德下는 讚有加因이오 四, 善男
子下는 雙顯加定因緣이라 於⁹⁷⁾中에 二니 一, 別顯所因이오 二, 令汝
入下는 結因所屬이라 今初니 亦有四因하니 一, 伴佛同加니 準十住
會하면 卽是神力加也⁹⁸⁾라 二, 主佛宿願이오 三, 主佛現威오 四, 大
衆機感이라 略無助化善根은 或是諸字中에 攝故라 餘義는 具於前
會⁹⁹⁾하니라

■ (2) 入是 아래는 가피하는 부분이다. 셋이 있으니, 가) 가피하는 인
연을 총합하여 밝힘이요, 나) 가피하는 모양이요, 다) 가피하는 모
양을 바로 밝힘이다. 가) 중에 넷이 있으니 (가) 가피하는 원인을 총
합하여 표방함이요, (나) 十方 아래는 가피한 인연을 나타냄이요,
(다) 告功德 아래는 가피의 원인이 있음을 찬탄함이요, (라) 善男子
아래는 가피와 선정의 인연을 함께 밝힘이다. 그중에 둘이니 ㄱ. 원
인을 별도로 밝힘이요, ㄴ. 令汝入 아래는 원인의 소속을 결론함이
다. 지금은 ㄱ.이니 또한 네 가지 원인이 있으니 ㄱ) 동반한 부처님이
함께 가피함이 십주법회(수미산정법회)에 준해 보면 곧 신력으로 가피
함이다. ㄴ) 주된 부처님의 숙세 원력이요, ㄷ) 주된 부처님이 위신력
을 나툼이요, ㄹ) 대중이 근기에 감동함이요, 교화를 돕는 선근은 생
략하여 없거나 혹은 여러 글자 속에 포섭된 까닭이다. 나머지 이치는
앞의 제3회 수미산정법회에 갖추었다.

[鈔] 略無助化者는 十住에 却有하니 經에 云, 亦是汝勝智力이라하니 故云
略無니라

---

97) 於는 南續金本作文.
98) 上十字는 南續金本作十住文云悉以神力共加於汝.
99) 會下에 南續金本有二令汝下 結因所屬; 令은 續本作今誤.

● '교화를 돕는 선근은 생략하여 없다'는 것은 십주품에 오히려 있었으니 본경에 이르되, "또한 너의 뛰어난 지혜의 힘이다"라고 하였으니 그래서 '생략하여 없다'고 말하였다.

나) 가피의 역할[辨加所爲] (二爲 2上2)

爲增長佛智故며 深入法界故며 了知衆生界故며 所入無礙故며 所行無障故며 得無量方便故며 攝取一切智性故며 覺悟一切諸法故며 知一切諸根故며 能持說一切法故니 所謂發起諸菩薩十種行이니라
"① 부처의 지혜를 증장하려는 연고며, ② 법계에 깊이 들게 하려는 연고며, ③ 중생세계를 분명히 알게 하려는 연고며, ④ 들어가는 데 걸림이 없게 하려는 연고며, ⑤ 행하는 일이 장애가 없게 하려는 연고며, ⑥ 한량없는 방편을 얻게 하려는 연고며, ⑦ 온갖 지혜의 성품을 거두어 지니려는 연고며, ⑧ 모든 법을 깨닫게 하려는 연고며, ⑨ 모든 근성을 알게 하려는 연고며, ⑩ 온갖 법을 가지고 말하게 하려는 연고이니, 이른바 모든 보살의 열 가지 행을 일으키려는 것이니라."

[疏] 二, 爲增長下는 辨加所爲라 有十一句하니 前十은 別明이오 後, 所謂下의 一句는 總結이라 乃至起分히 皆同前會로대 但住行之殊니라
■ 나) 爲增長 아래는 가피의 역할을 밝힘이다. 11구절이 있으니 (가) 앞의 열 구절은 개별로 밝힘이요, (나) 所謂 아래 한 구절은 총합하여 결론함이다. 나아가 (3) 삼매에서 일어나는 부분에 이르기까지

모두 앞의 법회와 같지만 단지 십주와 십행의 차이가 있을 뿐이다.

다) 가피하는 모양[正辨加相] 3.
(가) 어업으로 가피하다[語加] (三善 3上10)

善男子여 汝當承佛威神之力하여 而演此法이니라
"선남자여, 그대는 마땅히 부처님의 위신력을 받들어 이 법
을 연설하라."

[疏] 三, 善男子等下는 正辨加相이라 文中에 三이니 一, 語業加니 命其說
故오
■ 다) 善男子等 아래는 가피하는 모양을 바로 밝힘이다. 경문에 셋이
있으니 (가) 어업으로 가피함이니 설법할 것을 명하기 위함이다.

(나) 의업으로 가피하다[意加] (二是 3下3)

是時에 諸佛이 卽與功德林菩薩에 無礙智와 無着智와
無斷智와 無師智와 無癡智와 無異智와 無失智와 無量
智와 無勝智와 無懈智와 無奪智하시니 何以故오 此三昧
力이 法如是故니라
이때 모든 부처님이 공덕림보살에게 걸림 없는 지혜, 집착
없는 지혜, 끊이지 않는 지혜, 스승 없는 지혜, 어리석지 않
은 지혜, 다르지 않는 지혜, 허물 없는 지혜, 한량 없는 지혜,
이길 이 없는 지혜, 게으름 없는 지혜, 빼앗을 수 없는 지혜

를 주었으니, 이 삼매의 힘은 으레 그러한 까닭이니라.

[疏] 二, 是時諸佛下는 意業加니 與智慧故라 有別顯과 徵釋이라 別顯中
에 初는 總이오 餘는 別이라 別中에 一, 捷辯이오 二, 無斷辯이오 三, 無
師智[100]라 前後二會는 並無此智하니 卽是本覺之智으로 了因自得이
오 悟不由師나 假佛緣顯일새 故得云與라 及[101]無癡智[102]는 並是迅辯
故라 四,[103] 應辯이오 五, 無謬錯辯이오 六, 豐義味辯이오 七, 一切世
間最上妙辯이오 八, 總策前七이오 九, 此七이 無勝[104]이라

■ (나) 是時諸佛 아래는 의업으로 가피함이니 지혜를 주려는 것이다.
여기에 ㄱ. 개별로 밝힘과 ㄴ. 묻고 해석함이 있다. ㄱ. 개별로 밝힘
중에 ㄱ) 총상이요, ㄴ) 나머지는 별상이다. ㄴ) 별상 중에 (ㄱ) 민첩
한 변재요, (ㄴ) 끊어짐 없는 변재요, (ㄷ) 스승 없는 지혜변재이다.
앞(제3 수미산정법회)과 뒤(제5 도솔천궁법회)의 두 번의 법회에는 모두 이
런 지혜가 없었으니 곧 본각의 지혜로 요달할 원인을 스스로 얻음이
며, 깨달음이 스승에게서 말미암지 않지만 부처님 인연을 빌려서 드
러나는 연고로 '준다'고 말하였다. 또 어리석지 않은 지혜는 아울러
빠른 변재인 까닭이다. (ㄹ) 응하는 변재[無異智], (ㅁ) 온갖 세간에
서 가장 묘한 변재[無勝智], (ㅂ) 총합하여 앞의 일곱 변재를 꾸짖는
변재[無懈智], (ㅅ) 이 위를 이길 이 없는 변재[無奪智]이다.

(다) 신업으로 가피하다[身加] (三爾 3下7)

---

100) 上四字는 南金本作故.
101) 及은 南續金本作與.
102) 癡는 南續金本作師誤.
103) 四와 及下五六七八九는 南續金本皆作故.
104) 勝下에 南續金本有故上皆別顯 次下徵釋九字.

爾時에 諸佛이 各伸右手하사 摩功德林菩薩頂하신대
그때 여러 부처님이 각각 오른손을 내밀어 공덕림보살의 정
수리를 만지었다.

[疏] 三, 爾時下는 身業加니 增威力故니라
■ (다) 爾時 아래는 신업으로 가피함이니, 위력을 늘게 하려는 까닭
이다.

[鈔] 捷辯等者는 七辯之義는 前文에 已有하니 十地에 更廣하리라
● 민첩한 변재 따위는 일곱 변재의 뜻이니 앞의 경문에 이미 있었고, 십
지품에 가서 다시 자세히 밝히리라.

(3) 삼매에서 일어나는 부분[起分] (第三 3下10)

時에 功德林菩薩이 卽從定起하사
공덕림보살은 삼매로부터 일어나

[疏] 第三, 時功德林下는 起分은 可知로다
■ (3) 時功德林 아래는 삼매에서 일어나는 부분은 알 수 있으리라.

(4) 십행의 본분[本分] 2.

가. 가름을 열다[開章] (第四 4上3)
나. 가름에 따라 해석하다[隨釋] 2.

가) 행법의 체성[辨行體] 2.

(가) 다양한 체성을 내보이다[總出多體] (初行)

告諸菩薩言하시되 佛子여 菩薩行이 不可思議라 與法界
虛空界等하니 何以故오 菩薩摩訶薩이 學三世諸佛하여
而修行故니라
모든 보살에게 말하였다. "불자들이여, 보살의 행은 헤아릴
수 없어서 법계와 허공계로 더불어 평등하니라. 무슨 까닭
인가? 보살마하살은 삼세의 부처님들을 배워서 행을 닦는
연고이니라."

[疏] 第四, 告諸菩薩下는 本分이라 文이 二니 初, 行體오 後, 行相이라 前
中[105]에 若約所依인대 即前善思惟三昧로 爲體오 若約所觀인대 即二
諦雙融이오 若約能觀인대 悲智無礙라 今從敎相하야 即下四行으로
爲體라 若約十行別體인대 即以十波羅密로 爲體니 義見初會니라

■ (4) 告諸菩薩 아래는 십행의 본분이다. 경문에 둘이니, 가) 행법의 체
성이요, 나) 행법의 모양이다. 가) 중에 만일 의지할 대상에 의지한다
면 앞의 '잘 생각하는 삼매'로 체성을 삼고, 만일 관찰할 대상에 의지
한다면 '진제와 속제를 함께 융합함'이요, 만일 관찰하는 주체를 의
지한다면 '자비와 지혜가 걸림 없음'이다. 지금은 교법의 모양을 따
라 즉(即) 아래의 네 가지 행법으로 체성을 삼는다. 만일 열 가지 행법
의 개별 자체에 의지한다면 곧 '열 가지 바라밀'로 체성을 삼나니 이

---

105) 上十三字는 南續金本作菩薩下 本分二 初行體.

치는 제1 적멸도량법회에서 보았다.

(나) 교법의 모양에 의지하여 해석하다[約敎相釋] 2.

ㄱ. 경문에 나아가 해석하다[直就經文釋] 2.

ㄱ) 과목 나누기[分科] (今就 4上6)

[疏] 今就敎相中하야 若直就經文인대 文分爲二니 一, 標顯이오 二, 何以
　　下는 徵釋이라 初中에

■ 지금은 (나) 교법의 모양에 나아가 해석함 중에 ㄱ. 만일 바로 경문
　에 나아가면 경문을 둘로 나누리니 (ㄱ) 표방하여 밝힘이요, (ㄴ) 何
　以 아래는 묻고 해석함이다. (ㄱ) 중에

ㄴ) 과목에 따라 해석하다[隨釋] 2.

(ㄱ) 표방하여 밝히다[釋標顯] 2.

a. 바로 해석하다[正釋] 3.

a) 법에 나아가 설하다[就法說] (今初 4上7)

b) 사람에 나아가 밝히다[就人顯] (又超)

[疏] 今初[106]은 標行體難思니 行卽深心所修行海也라 與法界下는 顯難
　　思之相이니 深等法界하고 廣齊虛空일새 故心言罔及也라 又超下位
　　를 名不思議라

■ 지금은 a. 행법의 체성이 불가사의함을 표방함이니 행법은 곧 깊은

---

106) 初中先은 南續金本作今初.

마음으로 수행할 대상의 바다인 까닭이다. 與法界 아래는 '불가사의한 모양'을 밝힘이니 (1) 깊이는 법계와 같고 (2) 넓기는 허공과 같으므로 (3) 마음과 언사로는 미칠 수가 없는 것이다. 또 아래 지위를 초과함을 '불가사의하다'고 이름하였다.

c) 현상과 이치를 융합하여 해석하다[事理相融釋] 4.
(a) 현상의 법계[事法界] (又卽 4上10)
(b) 이치의 법계[理法界] (卽事)
(c) 현상과 이치가 무애한 법계[事理無礙] (況二)

[疏] 又卽理之事行이 同事法界之無量하고 等虛空之無邊하며 卽事之理行이 同理法界之寂寥하고 等虛空之絶相이라 此二는 俱非言之表詮이며 心之顯詮일새 故難思議라 況二交徹하야

■ 또한 이치와 합치한 현상의 행법이 현상법계가 무량함과 같고, 그지없는 허공과 같으며, 현상과 합치한 이치의 행법이 이치의 법계의 고요함과 같고, 모양이 끊어진 허공과 같다. 이 둘은 모두 언사를 표하여 말할 수 없고, 마음으로 나타내어 말할 수 없는 연고로 불가사의한 것이다. 이런 둘을 견주어 서로 사무쳐서[事理交徹]

(d) 현상과 현상이 무애한 법계[事事無礙] 2.
① 바로 해석하다[正釋] (能令 4下3)
② 인용하여 증명하다[引證] (第十)

[疏] 能令一行으로 攝一切行하고 一位로 攝一切位하야 純雜無礙라 故로

第十行에 云,[107] 入因陀羅網法界하야 成就如來無礙解脫하며 人中
雄猛大師子吼며 乃至到一切法實相源底故라

■ 능히 한 가지 행법으로 하여금 온갖 행법을 포섭하게 하고, 한 가지
지위로 온갖 지위를 포섭하게 해서 순수하고 섞임이 걸림 없게[純雜無
礙] 된다. 그러므로 제10 진실행에 이르되, "(부처님의 열 가지 힘을 얻어)
인드라 그물 같은 법계에 들어가고, 여래의 걸림 없는 해탈을 성취하
여 사람 중에 영특한 이로서 큰 사자후로 나아가 일체 부처님 법의
실상인 근원에 이르느니라"라고 하였다.

b. 융섭하여 털어 내다[融拂] (又若 4下6)

[疏] 又若唯遮者인대 則凡聖이 絶分故라 非但遮常心言이라 亦應融常心
言이니 是則於中에 思議를 不可盡也라 遮融無二하야 則思與非思가
體俱寂滅을 方日眞不思議라

■ 또 만일 오직 차전(遮詮)이라면 범부와 성인이 끊어진 부분인 까닭이
다. 단지 일상의 마음과 언사를 차단할 뿐만 아니라 또한 응당히 일
상의 마음과 언사를 융합해야 하나니, 이렇다면 그중에서 생각하고
의논함으로 다할 수 없기 때문이다. 막고 융합함이 둘이 없어서 사량
과 사량하지 못함이 체성이 모두 고요해져서야 비로소 '진정한 불가

---

107) 아래 華嚴經 제20권의 제10 眞實行 경문에 云, "菩薩摩訶薩이 以諸衆生이 皆着於二일새 安住大悲하야 修
行如是寂滅之法하고 得佛十力하야 入因陀羅網法界하야 成就如來無礙解脫하며 人中雄猛大師子吼로 得
無所畏하야 能轉無礙淸淨法輪하며 得智慧解脫하야 了知一切世間境界하며 絶生死廻流하야 入智慧大海
하며 爲一切衆生하야 護持三世諸佛正法하야 到一切佛法海實相源底니라 "보살마하살은 중생들이 모두
둘에 집착함을 말미암아, 대비에 머물러서 이렇게 적멸한 법을 닦아 행하며, 부처님의 열 가지 힘을 얻어 인드라
그물 같은 법계에 들어가고, 여래의 걸림 없는 해탈을 성취하여 사람 중에 영특한 이로서 큰 사자후로 두려움
이 없어 걸림 없고 청정한 법수레를 운전하며, 지혜의 해탈을 얻어 일체 세간의 경계를 알고, 생사의 소용돌이를
끊고 지혜의 바다에 들어가 모든 중생을 위하여 삼세 부처님들의 바른 법을 보호하여 지니고 일체 부처님 법 바
다의 실상인 근원에 이르느니라."

사의'라고 말한다.

[鈔] 與法界下는 顯難思之相이라 疏文有二하니 先, 正釋이오 後, 融拂이
라 前中有三하니 一,[108] 就法說하야 別配事理以爲深廣이라 二, 又超
下는 對人以顯[109]이라 三, 又卽理之事下는 事理相融釋이라 則法界
가 通四法界라 虛空是喩니 亦含四義하니 一, 事法界오 二, 卽事之
理下는 明理法界니 於中에 顯非表義名言과 及顯境名言所及이 卽
不思議也라 三, 況二交徹[110]은 卽事理無礙法界오 四, 能令一行下
는 明事事無礙法界라 仍上而起에 要由事卽是理하야사 方得以理融
事니 故有事事無礙라 下는 引證을 可知로다 第三은 事理無礙니 亦
應言虛空이 不礙於色하고 色不礙空故라 四, 事事無礙니 如空入在
一毛孔에 卽攝無邊法界空故라

又若唯遮者下는 第二, 融拂이니 恐滯絶思議故라 絶은 但是遮絶心
言故오 融者는 卽言無言故라 故云於中思議不可盡이니 卽用第八
眞如相廻向偈라 文에 云호대 菩薩이 住是不思議에 於中思議不可盡
이라 入是不可思議處에 思與非思가 俱寂滅이라하니라 上은 卽前半意
오 從遮融無二下는 卽後半意也니라

● 與法界 아래는 불가사의한 모양을 밝힘이다. 소의 문장에 둘이 있으니
a) 바로 해석함이요, b) 융합하고 떨어냄이다. a) 중에 셋이 있으니 (a)
법설에 나아가 현상과 이치의 법계가 깊고 넓음을 별도로 배대하였다.
(b) 又超 아래는 사람에 상대하여 밝힘이다. (c) 又卽理之事 아래는
현상과 이치를 융합하여 해석함이다. 곧 법계가 네 가지 법계와 통하

---

108) 上鈔는 南金本作顯難思下初.
109) 上四字는 金本作就人顯 上八字는 南本無.
110) 徹下에 甲南續金本有者字.

는지라 허공은 비유이니 또한 네 가지 뜻을 포함하였으니 ㉡ 현상의 법계요, ㉢ 卽事之理 아래는 이치의 법계를 밝혔다. 그중에 이치를 표한 명언[表義名言]과 경계를 밝힌 명언[顯境名言]으로 미칠 바가 아닌 것을 곧 불가사의라고 밝혔다. ㉣ 둘을 견주어 서로 사무침은 곧 현상과 이치가 무애한 법계요, ㉤ 能令一行 아래는 곧 현상과 현상이 무애한 법계를 밝힌 것이다. ① 위로 인하여 일어날 적에 중요한 것은 현상이 곧 이치임을 인하여야 비로소 이치로 현상을 융합함을 얻게 된다. 그러므로 현상과 현상이 무애한 법계가 있는 것이다. ② 아래는 인용하여 증명함이니 알 수 있으리라. ㉢ 셋째는 현상과 이치가 무애함이니 또한 응당히 허공이 형색을 장애하지 않고 형색이 허공을 장애하지 않는다고 말하기 때문이다. ㉣ 현상과 현상이 무애함이니 마치 허공이 하나의 털구멍에 들어갈 적에 그지없는 법계의 허공을 섭수하기 때문이다.

b) 又若唯遮者 아래는 융합하여 떨어냄이니, 사의가 끊어짐에 지체함을 두려워하는 까닭이다. 절(絶)이란 단지 마음과 언사가 끊어짐을 막기 위함이요, 융(融)이란 말함이 말하지 않음과 합치한 까닭이다. 그러므로 그중에 '사의로써 다할 수 없다'고 말하나니, 제8 진여상 회향의 게송을 사용하였다. 경문에 이르되, "보살이 부사의에 머물렀거든 그 가운데 헤아려서 다할 수 없어 이렇게 부사의에 들어가면 헤아리고 못함이 모두 적멸해"라고 하였다. 여기까지는 곧 앞의 반의 게송의 의미요, 遮融無二 아래는 뒤의 반의 게송의 의미이다.

(ㄴ) 질문과 해석[釋徵釋] (二何 5下4)

[疏] 二, 何以下는 徵釋中에 何以因人之行이 便叵思耶[111]아 釋云호대 同

佛果故라 佛窮事行之邊하시고 極理行之際하사 斷一切障하고 證一
切理하사 因圓果滿하야 融無障礙라 菩薩이 同彼어니 寧可思議아

- ■ (ㄴ) 何以 아래는 질문과 해석 중에 어째서 인행을 닦는 사람의 행법
이 문득 불가사의한가? 해석하기를, "부처님의 과덕과 같은 까닭이
다. 부처님은 현상적인 수행의 끝을 다하셨고, 이치적인 수행의 끝도
다하셔서 온갖 장애를 단절하고 모든 이치를 증득하여 인행과 과덕
이 원만하여 융통하여 장애가 없다. 보살이 저들과 같은데 어찌 사의
할 수 있었겠는가?"

ㄴ. 논경에 준하여 해석하다[準論勢釋] (若取 5下8)

[疏] 若取論勢인대 菩薩行은 爲總句요 餘皆是別이라 不可思議가 即眞實
行也요 彼約地前인대 不見이요 此約凡愚인대 叵思라 亦名眞實行이라
布位中에 無眞如觀故로 無觀相行이라 二, 與法界等은 即是勝行이
요 亦是佛本故라 三, 與虛空等은 即因行也며 是無常因이니 亦未得
地智에 闕常果因也라 四, 學三世佛而修行者는 是不怯弱行이니 未
能順理하야 眞實救護일새 故無大行이니 餘同前會로다

- ■ 만일 논의 기세를 취한다면 ㄴ) 보살행으로 총상 구절이 되고, ㄴ)
나머지는 모두 별상이다. (ㄱ) 불가사의는 곧 진실한 수행이다. 저기
서 보살의 수행이 십지 이전에 의지하면 보지 못함이요, 여기서 범부
나 대승법에 어리석은 소승에 의지하면 불가사의할 것이다. 그래서
이름을 진실한 수행이라 하였다. 보살의 지위에는 진여관법이 없음에
해당하는[布] 연고로 관법의 모양과 행법이 없는 것이다. (ㄴ) 법계와

---

111) 耶下에 南續金本有菩薩摩訶薩下六字.

평등함은 곧 뛰어난 행법이요, 또한 부처님의 근본인 까닭이다. (ㄷ) 허공과 같음은 곧 인행이요, 무상함의 원인이니 또한 십지의 지혜를 얻지 못해서 항상함의 결과의 원인을 빠뜨린 것이다. (ㄹ) '삼세의 부처님들을 배워서 행을 닦는다'는 것은 겁약하지 않은 행법이니 아직 능히 이치에 수순해서 진실하게 구호하지 못하는 연고로 큰 행법이 아님이니 나머지는 앞의 제3 수미산정법회와 같은 내용이다.

[鈔] 不可思議者는 例後十地의 六決定中에 有眞實善決定이니 彼經에 云 不可見이라하야늘 今以不思議로 當之라 言無觀相行者는 彼云無雜 이라하니 無帶相之雜故라 今經에 地前에도 猶帶如相일새 故無無雜之 言이라 故無大行者는 大行은 合云徧一切佛刹하야 普能救護一切衆 生이니 今無此言이니라

● 불가사의함이란 뒤의 십지품의 여섯 가지 결정 중을 유례할 적에 '진실하게 잘 결정함'이 있으니 저 경문에는 '가히 볼 수 없다'고 하였는데 지금은 불가사의함에 해당된다. '관법의 모양과 행법이 없다'고 말한 것은 저기서[십지품]는 '잡란함이 없다'고 하였으니 모양을 수반한 잡염이 없기 때문이다. 지금 본경에는 십지 이전에도 오히려 진여의 모양을 수반하는 연고로 '잡란함이 없다'는 말이 없다. '그러므로 큰 행법이 아니라는 것'에서 큰 행법은 합당하게는 "온갖 불국토에 두루해서 널리 능히 일체 중생을 구호한다"고 해야 하나니 지금은 이런 말씀이 없다.

나) 행법의 모양을 바로 밝히다[正辨行相] 2.
(가) 과목 나누기[分科] (第二 6下4)

佛子여 何等이 是菩薩摩訶薩行고 佛子여 菩薩摩訶薩이
有十種行하여 三世諸佛之所宣說이시니 何等爲十고 一
者는 歡喜行이요 二者는 饒益行이요 三者는 無違逆行이
요 四者는 無屈撓行이요 五者는 無癡亂行이요 六者는 善
現行이요 七者는 無着行이요 八者는 難得行이요 九者는
善法行이요 十者는 眞實行이니 是爲十이니라

"불자들이여, 어떤 것을 보살마하살의 행이라 하는가? 불
자여, 보살마하살이 열 가지 행이 있으니, 삼세의 모든 부처
님의 말씀하시는 것이니라. 무엇이 열인가? 하나는 즐거운
행이요, 둘은 이익하는 행이요, 셋은 어기지 않는 행이요,
넷은 굽히지 않는 행이요, 다섯은 우치와 산란을 여의는 행
이요, 여섯은 잘 나타나는 행이요, 일곱은 집착 없는 행이
요, 여덟은 얻기 어려운 행이요, 아홉은 법을 잘 말하는 행
이요, 열은 진실한 행이니, 이것이 열이니라."

[疏] 第二, 佛子何等下[112]는 辨行相이라 文分爲[113]三이니 一, 總徵其名[114]
이오 二, 標數顯勝이요 三, 徵數列名이라

■ 나) 佛子何等 아래는 행법의 모양을 바로 밝힘이다. 경문을 셋으로
나누리니, ㄱ. 그 명칭에 대해 질문함이요, ㄴ. 숫자를 내세워 뛰어남
을 밝힘이요, ㄷ. 숫자로 묻고 이름을 열거함이다.

(나) 과목에 따라 해석하다[隨釋] 3.

---

112) 此下에 南續金本有正字.
113) 分爲는 南續金本作中.
114) 名下에 南續金本有二標數顯勝 三徵數列名 今初.

ㄱ. 그 명칭에 대해 질문하다[總徵其名] (今初 6下6)

ㄴ. 숫자를 내세워 뛰어남을 밝히다[標數顯勝] (二佛)

[疏] 今初요 二, 佛子下는 標數顯勝이니 故云三世諸佛이 同說[115]이라

■ 지금은 ㄱ.이고, ㄴ. 佛子 아래는 숫자를 내세워 뛰어남을 밝힘이니
그래서 "삼세의 모든 부처님이 똑같이 말씀한다"라고 하였다.

ㄷ. 숫자로 묻고 이름을 열거하다[徵數列名] 2.

ㄱ) 가리켜 배대하다[指配] (三何 6下6)

ㄴ) 명칭 해석[釋名] 3.

(ㄱ) 본업경과 총합하여 회통하다[總會本業] (然與)

[疏] 三, 何等下는 徵數列名이니 先은 徵이오 次는 列이오 後는 結이라 列中[116]에
然與本業으로 名雖小異나 而義意大同이라

■ ㄷ. 何等 아래는 숫자로 묻고 이름을 열거함이니 (ㄱ) 물음이요,
(ㄴ) 열거함이요, (ㄷ) 결론함이다. (ㄴ) 열거함 중에, 그러나 『보살
본업경』과 명칭이 비록 조금은 다르지만 이치와 뜻은 크게는 같다.

(ㄴ) 경문을 개별로 해석하다[別釋經文] 10.

a. 환희행을 해석하다[釋歡喜行] (一施 6下7)

[疏] 一, 施悅自他일새 故名歡喜라 約三施說인대 在因皆悅이라 故로 下

---

115) 上十字는 南續金本作三世佛下 顯勝也.

116) 上八字는 南續金本作上徵下列.

經에 云, 爲令衆生으로 生歡喜故라하니라 若就果說인대 財獲富饒하
고 無畏는 身心安泰오 法施는 當獲法喜니 皆歡喜義라 此約隨相이니
라 本業에 云, 始入法空하야 不爲外道邪論의 所倒하고 入正位故로
名歡喜行이라하니 此約離相이라

■ a. 보시로 나와 남을 기쁘게 하는 연고로 환희(歡喜)라 이름하였다.
세 가지 보시에 의지해 설한다면 인행 지위에서 모두 기뻐한다. 그러
므로 아래 경문에 이르되, "중생으로 하여금 환희를 생기게 하는 까
닭이다"라고 하였다. 만일 과덕에 나아가 설한다면 재물 보시로 부
와 넉넉함을 얻고, 두려움 없는 보시로 몸과 마음이 편안하고 태평함
이요, 법 보시는 당연히 모양에 따름을 의지함이요, 『보살본업경』에
이르되, "비로소 법이 공함에 들어가서 외도의 삿된 논리에 전도되지
않고 바른 지위에 들어가는 연고로 환희행이라 이름한다"라고 하였
으니, 이것은 모양을 여읨에 의지한 해석이다.

[鈔] 本業云者는 經此前에 總明從住入行云하사대 從灌頂으로 進入五陰
法性空하며 亦行八萬四千波羅密일새 故名十行이라하니라

● 本業云이란 『본업경』에서 이 앞에 십주로부터 십행에 들어감에 대해
총합하여 설명하기를 "관정주로부터 오음의 법성이 공한 지위에 들
어가서 또한 8만4천 가지 반야바라밀을 수행하므로 십행(十行)이라
이름한다"라고 하였다.

b. 요익행을 해석하다[釋饒益行] (二三 7上5)
c. 무위역행을 해석하다[釋無違逆行] (三忍)

[疏] 二, 三聚淨戒가 亦益自他일새 故名饒益이라 或以後攝前이니라 本業에 云, 得常化一切衆生하야 皆法利衆生故라하니 此唯據利他니라 三, 忍順物理를 名無違逆이라 彼云, 得實法忍하야 無我我所를 名無嗔恨하나니 此約以後하야 攝初라 晉云無恚恨이라하니 亦是以初로 攝後라 而實二忍으로 順物하고 法忍으로 順理니 以後導[117]前이 皆順事理라

■ b. 삼취정계가 또한 나와 남을 이익하므로 요익행이라 하였다. 혹은 뒤로써 앞을 포섭하려는 것이다. 『보살본업경』에 이르되, "항상 일체 중생을 교화하고 (모든 중생을) 법으로서 이익되게 할 수 있기 때문이다" 라고 하였으니, 이것은 오로지 이타행(利他行)에 근거한 해석이다. c. 만물의 이치를 참고 수순함을 '어긋나거나 거역함이 없다'고 말한다. 저 경문에 이르되, "법의 실성으로 법인심(法忍心)을 얻어서 내가 없고 내 것도 없으므로 '성냄과 원한이 없는 행'이라고 하였다"고 하였으니 이것은 뒤로써 처음을 포섭함에 의지한 해석이다. 진경(晉經)에는 '성 냄과 원한이 없다'고 하였으니 역시 처음으로 뒤를 포섭한 해석이다. 실성의 두 가지 인으로 중생에 수순하고 법인으로 이치에 수순하나 니 뒤로써 앞을 인도함이 모두 현상과 이치를 수순함이다.

[鈔] 彼云者는 經에 具云, 於實法에 得法忍하야 心無我我所라하니라

● '저기에 이름'이란 경문을 구비하여 말하면 "실성에서 법인심을 얻어 서 마음에 나와 내 것이 없다"고 하였다.

d. 무굴요행을 해석하다[釋無屈撓行] (四勤 7下3)

---

117) 導는 原本作遵, 續金本作道.

e. 이치란행을 해석하다[釋癡亂行] (五以)

f. 선현행을 해석하다[釋善現行] (六慧)

[疏] 四, 勤無怠退를 名無屈撓라 亦通三勤이니 彼云, 常住功德으로 現化
衆生일새 故名無盡이라하니 謂若有怠退하면 斯則有盡이라 而攝論三
精進中에 三을 名無弱, 無退, 無喜足이라하니 則是以後로 攝初라 五,
以慧資定하야 離沈掉故로 名無癡亂이라 彼云, 命終之時에 無明之
鬼가 不亂不濁하야 住正念故로 名離癡亂이라하니 此但從一義라 故
로 下經에 云, 於死此生彼에 心無癡亂이라하니라 六, 慧能顯發三諦
之理하야 般若現前일새 故名善現이라 彼云, 生生에 常在佛國中生이라
하니라 此但據得報니 謂卽空照有하야 而能現生이라

■ d. 부지런하여 게으름이 없는 것을 '구부러짐이 없는 행'이라 한다.
또한 세 가지 부지런함과 통하나니 저 경문에 이르되, "항상 공덕에
머물러 중생을 교화하는 것을 나타냄으로 '다함없는 행'이라고 이름
한다"고 하였으니, 이른바 만일 게으르거나 물러남이 있으면 이는 끝
이 있음이다. 그러나 『섭대승론』의 세 가지 정진에서 셋은 (1) 겁약이
없는 정진 (2) 물러남 없는 정진 (3) 기뻐하고 만족함 없는 정진이라
하였으니 이것은 뒤로써 처음을 포섭한 해석이다. e. 지혜로써 선정
을 도와서 혼침과 도거를 여의는 연고로 '어리석거나 산란함이 없다'
고 이름하였다. 저 경문에 이르되, "목숨을 마칠 때에 무명의 귀신에
게 어지럽히거나 혼탁되지 않으며 바른 생각을 잃어버리지 않으므로
'어리석거나 산란함을 여읜 행'이라 이름한다"고 했으니 이것은 단지
한 가지 이치만 따른 해석이다. 그러므로 아래 경문에 이르되, "이곳
에서 죽어 저곳에 날 적에 마음에 우치와 산란함이 없다"고 하였다.

f. 지혜는 능히 세 가지 진리의 이치를 밝게 드러내어 반야가 앞에 나
타나므로 '잘 나타난다'고 이름하였다. 저 경문에 이르되, "태어날 때
마다 항상 부처님 국토에 태어난다"고 하였다. 이것은 단지 과보 받
음에 근거하였으니 이른바 공과 합치하여 유를 비추어서 능히 태어
남을 나타낸다.

g. 무착행을 해석하다[釋無着行] (七不 8上3)
h. 난득행을 해석하다[釋難得行] (八大)

[疏] 七, 不滯事理로 故名無着이라 彼云, 於我無我와 乃至一切法空故
로 此卽涉有호대 不迷於空이니 謂於我에 而無有我也라 若於我에 無
我하야 皆不着者는 則雙不滯也라 以有不捨不受方便智故라 八, 大
願이 可尊故라 又成大行願하야 乃能得故로 故名難得이라 彼云, 三
世佛法中에 常敬順故로 名尊重行이라하니 彼約修心이어니와 此約難
勝이라

■ g. 현상과 이치에 지체하지 않는 연고로 '집착이 없다'고 이름하였다.
저 경문에 이르되, "나에게서 내가 없고 나아가 일체법이 공한 까닭"
이니 이것은 유(有)를 건너되 공(空)에도 미하지 않는다. 말하자면 나
에 대해 내가 없는 것이다. 만일 나에게 내가 없어서 모두에 집착하지
않는 것은 '동시에 지체하지 않는다'는 뜻이다. 이는 버리지 않고 받지
도 않는 방편지혜인 까닭이다. h. 큰 서원이 존경할 만한 까닭이다.
또한 큰 행원을 성취하여 비로소 얻은 연고로 '얻기 어렵다'고 하였다.
저 경문에 이르되, "삼세의 불법 중에서 항상 공경하여 수순하므로 '존
중하는 행법'이라 이름한다"고 하였으니 저기서는 마음 닦는 데 의지

하였고, 여기서는 '이기기 어려움[難勝]'에 의지하여 해석하였다.

i. 선법행을 해석하다[釋善法行] (九善 8上10)

j. 진실행을 해석하다[釋眞實行] (十言)

[疏] 九, 善巧說法을 名善法行이라 彼經에 云, 說法授人하야 動成物則故라하니 同於九地法師位故라 十, 言行不虛일새 故名眞實이라 又稱二諦故라 故로 彼經에 云, 二諦는 非如며 非相이며 非非相일새 故名眞實이라하니라

■ i. 훌륭하게 법을 설하는 것을 '법을 잘 설하는 행'이라 이름한다. 저 경문에 이르되, "법을 설하여 다른 사람을 가르치고 변화시키면 '사물의 법도[物則]'가 되는 까닭이다"라고 하였으니, 제9 선혜지(善慧地)의 법사의 지위와 같은 까닭이다. j. 말과 행동이 헛되지 않으므로 진실한 행이라 이름하였다. 또한 두 가지 진리와 칭합한 까닭이다. 그러므로 저 경문에 이르되, "두 가지 진리는 진여도 아니요 모양도 아니고 모양 아님도 아니므로 진실한 행이라 이름한다"라고 하였다.

(ㄷ) 결론하고 앞을 지적하다[總結指前] (然上 8下3)

[疏] 然上約十度釋名이라 度各有三하니 並見初會하니라

■ 그러나 위에서 십바라밀에 의지하여 명칭을 해석하였다. 바라밀이 각기 셋이 있으니 아울러 제1 적멸도량법회에서 보았다.

(5) 설법하는 부분[說分] 2.

가. 과목 나누고 미리 열다[分科預開] (第五 8下6)

[疏] 第五, 佛子何等爲下는 說分이라 十行이 則爲十段이니 一一[118]各三
이니 謂一, 徵名이오 二, 釋相이오 三, 結名이라

- (5) 佛子何等爲 아래는 설법하는 부분이다. 열 가지 행법이 열 문단
이 되었으니 하나하나가 각기 셋이니 이른바 가) 이름을 질문함이요,
나) 모양을 해석함이요, 다) 명칭을 결론함이다.

나. 과목을 따라 해석하다[逐科隨釋] 10.
가) 제1 환희하는 행법[歡喜行] 3.

(가) 이름을 묻다[徵名] (今初 8下7)

佛子여 何等이 爲菩薩摩訶薩歡喜行고
"불자들이여, 무엇을 보살마하살의 환희행이라 하는가?

[疏] 今初歡喜行은 卽是檀度라 初徵名中에 已如前釋하니라

- 지금은 가) 환희하는 행법은 바로 단나바라밀이다. (가) 이름을 물
음 중에 이미 앞에서 해석한 바와 같다.

(나) 모양을 해석하다[釋相] 2.
ㄱ. 과목 나누다[分科] (第二 8下10)

---

118) 一一은 南續金本作一.

佛子여 此菩薩이 爲大施主하여 凡所有物을 悉能惠施하되
불자들이여, 이 보살이 큰 시주가 되어 가진 물건을 모두 다
보시하는데,

[疏] 第二, 佛子此菩薩下는 釋相이라 分二니 先, 略辨體相이오 後, 修此
　　行時下는 廣顯名相이라

■ (나) 佛子此菩薩 아래는 모양을 해석함이다. 둘로 나누었으니 ㄱ)
　　체성과 모양을 간략히 밝힘이요, ㄴ) 修此行時 아래는 보시행의 양
　　상을 밝힘이다.

ㄴ. 과목에 따라 해석하다[隨釋] 2.
ㄱ) 간략히 체성과 양상을 밝히다[略辨體相] 2.
(ㄱ) 육바라밀과 아홉 문을 해석하다[通釋六度九門] (今初 9上1)

[疏] 今初니 瑜伽菩薩地에 菩薩六度가 各有九門하니 一, 自性이니 謂出
　　行體라 二者, 一切니 謂能具行이라 三者, 難行이니 謂就中別顯이라
　　四, 一切門이니 謂行差別이라 五者, 善士니 謂作饒益이라 六者, 一
　　切種이니 謂徧攝聖敎라 七者, 遂求니 謂隨所須라 八者, 與二世樂이
　　니 謂於現在에 作大饒益하야 令得未來廣大安樂이라 九者, 淸淨이니
　　謂勝離相으로 成波羅密이라

■ 지금은 ㄱ)이니 『유가사지론』 보살지에 보살의 육바라밀이 각기 아
　　홉 문이 있으니 (1) 자성문(自性門)이니 행법의 체성을 내보임을 말한
　　다. (2) 모든 것이니 능히 행법을 구비함을 말한다. (3) 어려운 행법
　　이니 중도에 입각해서 별도로 밝힘이다. (4) 온갖 문[一切門]이니 행법

의 차별을 말한다. (5) 착한 사람이니 이익됨을 짓는 것이다. (6) 온
갖 종성이니 성인의 가르침을 두루 섭수함을 말한다. (7) 끝나고 구
함이니 구하는 바를 따른다는 뜻이다. (8) 이세(二世)와 함께 즐김이
니 이른바 현재에 큰 요익행을 지어서 하여금 미래의 광대한 안락을
얻으려는 것이다. (9) 청정함이니 이른바 뛰어나게 모양을 여읨으로
바라밀을 성취함을 말한다.

(ㄴ) 본경의 문장을 따로 열어 섭수하다[別開今文以攝] 2.
a. 총합하여 과목 나누다[總科] (今文 9上7)

[疏] 今文이 分三이니 以攝於九하니 一, 總標施主오 二, 其心下는 離所不
應이오 三, 但爲下는 彰其意樂라
■ 본경의 문장이 셋으로 나누어서 아홉 문을 포섭하나니 a. 시주를 총
합하여 표방함이요, b. 其心 아래는 응하지 못할 것을 여읨이요, c.
但爲 아래는 그 의요(意樂)를 밝힘이다.

[鈔] 瑜伽等者는 卽三十九에 爲首하니 明法品에 已略引之하고 今更具引
이니라 疏但通釋六度九門之相이라 其列名은 卽論이오 謂字已下는
卽是疏釋이라 今先具出布施九門하리라 論嗢陀南에 曰, 自性과 一
切難과 一切門과 善士와 一切種과 遂求와 二世樂과 淸淨이라 一, 自
性者는 謂諸菩薩이 於自[119]身財에 無所顧惜하고 能施一切所應施
物호대 無貪俱生思하고 及因此所發하야 能施一切施物하며 身語二
業이 安住律儀阿笈摩見과 定有果見하야 隨所希求하야 卽以此物로

---

119) 於自는 原南續金本作乃至 論作於自.

而行惠施하면 當知是名菩薩自性施니라

● 『유가사지론』 등이란 곧 제39권이 처음이 되나니 명법품에 이미 간략히 인용하였고, 지금에 다시 갖추어 인용하겠다. 소가는 단지 육바라밀과 아홉 문의 모양을 전체적으로 해석하였다. 그 명칭을 나열함은 논문이요, 謂字 아래는 소가의 해석이다. 지금은 먼저 보시의 아홉 문을 구비하여 내보이겠다. 논에서는 우다아나[嗢陀南]로 말하되, "제 성품과 온갖 것과 어려움과 온갖 문과 착한 선비와 온갖 종류와 구함을 이뤄 줌[逐求]과 두 세상의 안락[二世樂]과 맑고 깨끗함[清淨]이니" (1) 제 성품이란 "이른바 모든 보살이 자기 몸에 있어서 재물을 중요하게 여기거나 아낌이 없이 온갖 보시해야 할 물건을 잘 보시하며 탐욕이 없이 선천적으로 갖춘 생각과 이로 인하여 내는 것으로 온갖 죄 없는 보시 물건을 잘 보시한다. 몸과 말의 두 가지 업으로 율의와 '아가마의 소견[阿笈摩見]'[120]과 '결정코 과보가 있다는 소견[定有果見]'에 편안히 머물러서 바라고 구하는 바에 따라 곧 이 물건으로써 보시를 행하는 것이니, 이것을 보살의 '제 성품의 보시[自性施]'라 하는 줄 알아야 한다"라고 하였다.

二, 一切施에 略有二法하니 謂內物과 外物이라 又一切施物은 謂財와 法과 無畏니라 三, 難行施에 有三하니 一, 財物勘少라도 而自貧苦施오 二, 可愛惜物인 甚深愛着物施오 三, 艱辛所獲財物施오 四, 一切門에 有四하니 一, 自財物이오 二, 勸他得物이오 三, 施父母妻子奴婢作使等이오 四, 施與諸來求者오 五, 善士施에 有五하니 一, 淨信施오 二, 恭敬施오 三, 自手施오 四, 應時施오 五, 不惱

---

120) 아가마견(阿笈摩見)은 원인을 아는 소견과 가르침을 믿는 소견을 말한다.

亂他施라

六, 一切種에 有六有七하니 故有十三이라 言六者는 一, 無依施오
二, 廣大施오 三, 歡喜施오 四, 數數施오 五, 因器施오 六, 非因器
施라 言有七者는 一, 一切物施오 二, 一切處施오 三, 一切時施오
四, 無罪施오 五, 有情物施오 六, 方土物施오 七, 財穀物施라 七,
逐求施에 有八相하니 一, 匱乏飮食에 施以飮食이오 二, 匱乏車乘에
施以車乘이오 三, 衣服이오 四, 嚴具오 五, 資生什物이오 六, 種種塗
飾香鬘이오 七, 舍宅이오 八, 光明이니 皆如初二[121]句니라 八, 此世他
世樂施에 有九하니 謂財와 無畏와 法에 各有三故라 財有三者는 謂
一, 淸淨如法物이오 二, 調伏慳吝垢오 三, 調伏藏積垢라二,卽捨財物
執着이오 三,卽捨受用執着이라

無畏三者는 一, 濟拔師子虎狼鬼魅等畏오 二, 王賊等畏오 三, 水
火等畏라 法施三者는 一, 無倒說法이오 二, 稱理說法이오 三, 勸修
學處니라 九, 淸淨施에 有十하니 一, 不留滯施오 二, 不執取施오 三,
不積聚施오 四, 不高擧施오 五, 無所依施오 六, 不退轉施오 七, 不
下劣施오 八, 無向背施오 九, 不望報施오 十, 不希異熟施라

● (2) 온갖 것의 보시에 간략히 두 가지 법이 있으니 "이른바 첫째는 안
의 보시할 물건이요, 둘째는 바깥의 보시할 물건이다. 또한 온갖 시
주할 물건은 재물 보시와 법 보시와 무외시를 말한다." (3) '행하기
어려운 보시[難行施]'는 세 가지가 있으니 ① 재물이 적으면서도 스스
로의 가난과 고통 속에서 보시를 행함이요, ② 모든 보살이 사랑스
런 물건에 대해 깊이 애착하는 물건을 보시함이요, ③ 극히 크게 수
고하여서 얻게 된 재물을 다른 이에게 보시함이다. (4) 온갖 문의 보

---

121) 初二는 甲本作第二, 南纉金本作第一.

시에 넷이 있으니 ① 자신의 재물이요, ② 다른 이를 권하여 얻게 된 재물이요, ③ 부모나 처자, 노비 등에게 시켜서 얻은 등을 보시함이요, ④ 다른 이로서 와서 구하는 이에게 보시함이다. (5) 착한 선비의 보시에 다섯 가지가 있으니 ① 깨끗한 믿음으로 보시함이요, ② 공경하면서 보시함이요, ③ 자기가 손수 보시함이요, ④ 때에 맞춰 보시함이요, ⑤ 다른 이에게 손해 끼치지 않고 보시함[不惱亂他施]이다.
(6) 온갖 종류의 보시에 여섯 가지와 일곱 가지가 있으니 합쳐서 13가지가 된다. 여섯 가지란 ① 의지함 없는 보시요, ② 넓고 크게 보시함이요, ③ 기뻐하면서 보시함이요, ④ 자주자주 보시함이요, ⑤ 밥과 그릇으로 보시함이요, ⑥ 밥과 그릇 아닌 것으로 보시함이다. 일곱 가지란 ⑦ 온갖 물건으로 보시함이요, ⑧ 온갖 처소에서 보시함이요, ⑨ 언제나 보시함이요, ⑩ 죄 없이 보시함이요, ⑪ 유정물로 보시함이요, ⑫ 한 지방의 물건으로 보시함이요, ⑬ 재산과 곡물로 보시함이다. (7) 구함을 이뤄 주는 보시[遂求施]에 여덟 가지 모양이 있으니 ① 음식 없는 이에게는 음식으로 보시함이요, ② 탈 것 없는 이에게 탈 것으로 보시함이요, ③ 의복으로 보시함이요, ④ 장엄구 보시 ⑤ 생활도구 보시 ⑥ 갖가지 바르고 장식하는 향과 꽃다발 보시 ⑦ 집으로 보시함이요, ⑧ 밝은 빛 보시이니 모두 첫째와 둘째 구절과 같다. (8) 이 생과 저 생에서 즐겁게 하는 보시에 아홉 가지가 있으니 재물 보시와 무외시와 법 보시에 각기 셋이 있는 까닭이다. 재물 보시의 셋은 ① 훌륭하고 깨끗한 여법한 보시 ② 간탐과 인색한 때를 조복한 보시 ③ 쌓고 간직한 때를 조복한 보시이다(②는 재물에 대한 집착을 버림이요, ③ 수용과 집착을 버림이다).
두려움 없는 보시의 셋이란 ① 사자와 범, 이리, 귀신, 도깨비 등의 두

려움을 구제하는 것이며, ② 왕과 도둑 따위의 두려움을 구제하는 것
이며, ③ 물과 불 따위의 두려움을 구제하는 것이다. 법 보시의 셋은
① 뒤바뀜 없이 법을 말하며, ② 이치에 맞게 법을 말하며 ③ 배울 것
을 권하고 닦게 하는 것이다. (9) 청정한 보시에 열 가지가 있으니 ①
머물러 지체함 없는 보시 ② 집착하지 않으면서 하는 보시 ③ 쌓아 모
으지 않는 보시 ④ 높은 체하지 않으면서 하는 보시 ⑤ 의지하는 바
없이 하는 보시 ⑥ 물러나거나 연약함 없는 보시 ⑦ 하열한 것으로
하지 않는 보시 ⑧ 향하거나 배반함 없는 보시 ⑨ 은혜 갚기를 바라
지 않으면서 하는 보시 ⑩ 이숙을 바라지 않으면서 하는 보시이다.

餘廣如彼論하니라 然九門에 自性皆一이오 一切는 皆二皆三이오 難
行은 皆三이오 一切門은 皆四오 善士는 皆五오 一切種[122]은 或六或
七이니 共有十三이라 逐求는 皆八이오 二世樂은 皆九오 淸淨은 皆十
이니 而相隨度異라 然下文中에 九門之內에 或多或少하야 不必俱[123]
全이니라 若一一配인대 乃成繁碎일새 隨顯配之하니 知法包含이니라

● 나머지 자세한 것은 저 『유가사지론』의 설명과 같다. 그러나 아홉 문
에는 (1) 자성이 모두 하나요, (2) 온갖 것은 모두 둘과 셋이요, (3)
난행보시는 모두 셋이요, (4) 온갖 문은 모두 넷이요, (5) 착한 선비
는 모두 다섯이요, (6) 온갖 종류는 혹은 여섯 혹은 일곱이니 모두 열
셋이다. (7) 구함을 이뤄 주는 것은 모두 여덟이요, (8) 두 세상의 안
락은 모두 아홉이요, (9) 청정한 보시는 모두 열 가지이다. 그러나
모양으로 바라밀을 따름이 다르다. 그런데 아래 경문 중에 아홉 문

---

122) 種下에 甲南續金本有皆字.
123) 俱는 甲南續金本作具.

안에 혹은 많거나 혹은 적어서 반드시 모두 완전하지는 않다. 만일 하나하나 배대한다면 더욱 번다하게 쪼개질 것이므로 뚜렷함을 따라 배대하였으니 법에 포함되어 있는 줄을 알 것이다.

b. 개별로 해석하다[別釋] 3.
a) 보시하는 주체를 표방하다[總標施主] (今初 11上3)

[疏] 今初에 含攝前四와 及與六七하니 謂一者는 施主惠施니 顯施自性이라 惠有二義하니 一, 惠卽是施오 二, 謂巧惠니 籌量可不하야 凡所有物을 悉能施者라 攝餘五門이니 謂一, 若內若外오 二, 若難若易오 三, 財法無畏오 四, 一切種門이오 五, 隨求與故라

■ 지금은 a.에 앞의 넷[自性施 一切施 難行施 一切門施]과 함께 여섯과 일곱[一切種施]에 나온 여섯 가지, 일곱 가지 총 13가지[124]를 포함하나니 이른바 첫째는 시주의 은혜로운 보시이니 시주의 제 성품을 밝힌 것이다. 은혜에 두 가지 이치가 있으니 ① 은혜가 곧 보시요, ② 뛰어난 은혜를 말하나니 분량이 가능과 불가능함을 헤아려 가진 모든 물건을 모두 능히 보시하는 것이다. 나머지 다섯 문을 포섭하나니 이른바 (1) 안과 밖이요, (2) 어렵고 쉬움이요, (3) 재물과 법과 무외요, (4) 온갖 종류와 온갖 문이요, (5) 구함을 따라 주는 까닭이다.

[鈔] 含攝前四者는 卽示此經包含之相이라 下別配之호리라 一者, 施主니 卽九門中의 初一也오 雜集第八에 云, 云何施圓滿고 謂數數施故며

---

124) 앞을 참고하여 묶으면 ① 無依施 ② 廣大施 ③ 歡喜施 ④ 數數施 ⑤ 因器施 ⑥ 非因器施 ⑦ 一切物施 ⑧ 一切處施 ⑨ 一切時施 ⑩ 無罪施 ⑪ 有情物施 ⑫ 方土物施 ⑬ 財穀物施가 된다. (譯者注)

無偏黨施故며 隨其所願하야 圓滿施故라 依此義故로 經作是說호
대 爲大施主者니 此顯數數施와 及由慣習成性하야 數數能故라하니
라 125)一, 若內若外는 卽九門一切施中의 前二義也라 二, 若難若易
는 卽難行이라 三, 財法無畏는 卽一切施中의 後義라 四, 攝第四의
一切門이라 第六은 一切種이오 五, 卽遂求니 故攝五門이니라

● '앞의 넷을 포함한다'는 것은 이 경전에 포함된 모양을 보여 주는 것
이다. 아래에 별도로 배대하리라. 첫째, 시주이니 곧 아홉 문 중의 첫
째이다. 『아비달마잡집론』 제8권에 이르되, "어떻게 보시해야 원만한
가? 이른바 ① 자주자주 보시하는 연고요, ② 치우치거나 무리 짓지
않고 보시하는 연고요, ③ 그 바라는 바에 따라 원만하게 보시하는
연고며, 이런 이치에 의지하는 연고로 경문에서 이렇게 설하되, 큰 시
주를 하는 자이니 여기에 자주자주 하는 보시와 관습으로 인해 성품
을 이루어서 자주자주 할 수 있기 때문이다"라고 하였다. 이른바 첫
째, 안과 밖은 곧 아홉 문의 (2) 온갖 보시 중의 앞의 두 가지 이치이
다. 둘째, 어렵고 쉬움은 곧 (3) 난행시이다. 셋째, 재물과 법과 두려
움 없음은 곧 (2) 온갖 보시 중의 뒤의 뜻인 바깥의 보시할 물건이다.
넷째, 위의 (4) 온갖 문의 보시와 (6) 온갖 종류의 보시가 포함된다.
다섯째는 곧 (7) 구함을 이뤄 주는 보시이니 그래서 다섯 문을 포섭
함이 된다.

b) 응하지 않는 대상을 여의다[離所不應] (二離 11下6)

其心平等하여 無有悔吝하며 不望果報하며 不求名稱하

---

125) 一上에 甲南續金本有謂字.

며 **不貪利養**하니라

① 그 마음이 평등하여 ② 뉘우치거나 아낌이 없으며, ③ 과
보를 바라지 아니하며, ④ 이름을 구하지 아니하며, ⑤ 이양
을 탐하지도 아니하느니라."

[疏] 二, 離所不應이 卽淸淨施라 文有五句하야 以攝十義라 心平等者는
略有四義하니 一, 無執取니 離妄見故라 二, 不積聚施니 觀漸與頓이
皆平等故라 三, 不高擧니 但行謙下하고 不與他競하야 離憍慢故라
四, 無向背하며 不朋黨故라 言無有悔吝者는 此有三義하니 一, 不
退弱이니 施已無悔故오 二, 不下劣이니 勝物無吝故오 三, 不留滯니
速與無吝故라 言不望果報者는 不求異熟果故오 不求名稱者는 無
所依故오 不貪利養者는 不望報恩故라

■ b) 응하지 않는 대상을 여읨이 곧 청정한 보시이다. 경문에는 다섯
구절이 있어서 열 가지 이치를 포섭한다. '그 마음이 평등하다'는 것
은 간략히 네 가지 이치가 있으니 (1) 고집하여 취함이 없으니 허망
한 소견을 여읜 까닭이다. (2) 쌓고 모아서 보시함이 아니니 점차와
단박이 모두 평등함을 관찰하기 때문이다. (3) 높이 거만하지 않음
이니 다만 아래로 겸손을 행하고 다른 이와 다투지 않아서 교만을 여
의는 까닭이다. (4) 향하고 등짐이 없어서 당파를 짓지 않는 까닭이
다. '뉘우치거나 아낌이 없다'고 말한 것은 세 가지 이치가 있으니 ①
물러나거나 겁약하지 않나니 보시한 뒤 후회가 없는 연고요, ② 하열
하지 않나니 뛰어난 물건도 아낌이 없는 연고요, ③ 머뭇거리고 지체
하지 않나니 아낌없이 금방 주기 때문이다. '과보를 바라지 않는다'
고 말한 것은 이숙의 과보를 구하지 않는 연고요, '이름을 구하지 않

는다'는 것은 의지하는 바가 없는 연고요, '이양을 탐하지 않는다'라는 것은 은혜 갚기를 바라지 않기 때문이다.

[鈔] 文有五句者는 但觀前列하면 具知次第[126])니라

● '경문에 다섯 구절이 있다'는 것은 단지 앞에 나열한 것만 보면 순서대로임을 갖추어 알 것이다.

c) 그 생각하고 좋아함을 밝히다[彰其意樂] (三彰 12上10)

但爲救護一切衆生하며 攝受一切衆生하며 饒益一切衆生하며 爲學習諸佛本所修行하며 憶念諸佛本所修行하며 愛樂諸佛本所修行하며 淸淨諸佛本所修行하며 增長諸佛本所修行하며 住持諸佛本所修行하며 顯現諸佛本所修行하며 演說諸佛本所修行하여 令諸衆生으로 離苦得樂이니라

"다만 ① 일체 중생을 구호하며 ② 일체 중생을 거두어 주며 ③ 일체 중생을 이익하게 하려는 것이며, ④ 모든 부처님의 닦으시던 행을 배우며 ⑤ 모든 부처님의 닦으시던 행을 생각하며 ⑥ 모든 부처님의 닦으시던 행을 좋아하며, ⑦ 모든 부처님의 닦으시던 행을 청정히 하며, ⑧ 모든 부처님의 닦으시던 행을 증장하며, ⑨ 모든 부처님의 닦으시던 행에 머물러 지니며, ⑩ 모든 부처님의 닦으시던 행을 나타내며, ⑪ 모든 부처님의 닦으시던 행을 연설하여, ⑫ 중생들로 하

---

126) 次第는 甲本作第四, 南金本作第次.

여금 괴로움을 여의고 낙을 얻게 하려는 것이니라."

[疏] 三, 彰其意樂中에 有十二句하야 攝上二門하니 謂前十一句는 明善
士施라 此有五相하니 一, 但爲救護者는 不損惱故오 二, 攝受者는
自手授與故오 三, 饒益者는 應其時故라 上三은 下益이니라 次有八
句하야 明其上攀이니 不出二意라 一, 淨信故오 二, 恭敬故라 八中에
一은 創起習學이오 二는 憶持不忘이오 三은 愛樂不捨오 四는 淨治其
障이오 五는 更修增廣이오 六은 住持不斷이오 七은 令不隱沒이오 八은
演以示人이오 後, 令諸衆生離苦得樂은 結歸慈悲니 卽二世樂이라
上但爲之言은 流下諸句라 又上救護는 是無畏施오 攝受는 是財오
饒益은 是法이니라

■ c) 그 생각하고 좋아함을 밝힘 중에 12구절이 있어서 위의 두 문을 포
섭하였으니 이른바 앞의 11구절은 (5) 착한 선비의 보시를 설명한 부
분이다. 여기에 다섯 모양이 있으니 ① 단지 구호하기 위함이란 손해
보거나 괴롭히지 않는 연고요, ② 중생을 섭수함이란 자신이 손수 주
는 연고요, ③ 중생을 이익케 함이란 그 시기를 맞추는 연고이니 위의
셋은 아래로 이익함이다. 다음에 여덟 구절이 있어서 위의 반연을 설
명하는데 두 가지 뜻에서 벗어나지 않는다. 하나는 깨끗한 믿음 때문
이요, 둘은 공경하기 때문이다. 여덟 구절 중에 ① 배우고 익히기 시
작함이요, ② 기억하여 잊지 않음이요, ③ 사랑하고 좋아함을 버리지
않음이요, ④ 그 장애를 깨끗하게 다스림이요, ⑤ 다시 수행하여 증
장하고 넓힘이요, ⑥ 끊임없이 머물러 지님이요, ⑦ 숨기거나 없어지
지 않게 드러냄이요, ⑧ 연설하여 사람들에게 보여 줌이다. 뒤 구절에
서 '중생들로 하여금 괴로움을 여의고 낙을 얻게 함'이란 자비함으로

결론함이니 곧 이세(二世)의 안락이다. 위에서 '다만 위한다'는 말은 아래 모든 구절에 영향을 미치고[流], 또한 위의 구호함은 두려움 없음을 보시함이요, 섭수함은 재물 보시요, 이익함은 법 보시에 해당한다.

ㄴ) 보시행의 양상을 밝히다[廣顯名相] 2.
(ㄱ) 의미를 밝히고 과목 나누다[顯意分科] (第二 13上10)

[疏] 第二, 廣顯名相中에 廣前一切施也라 亦具諸施나 恐繁不配하노라
文中에 二니 先, 現行財施오 後, 願行法施라

■ ㄴ) 보시행의 양상을 밝힘 중에 앞의 (2) 온갖 것을 보시함을 자세히 밝힌 내용이다. 또한 여러 보시가 구비하지만 번거로울까 염려하여 배대하지는 않았다. 경문에 둘이니 a. 재물 보시를 행함이요, b. 법 보시 하기를 원함이다.

(ㄴ) 과목에 따라 해석하다[隨科正釋] 2.

a. 재물 보시를 행하다[現行財施] 2.
a) 총합하여 과목 나누다[總科] (財中 13下1)

[疏] 財中에 復二니 一, 隨相이오 二, 離相이라 前中에 亦二니 一, 明施行
이오 二, 廻向行이라 前中에 亦二니 初, 願受勝生行施오 二, 示異類
身行施라

■ a. 재물 보시를 행함에 다시 둘이니 (a) 모양을 따르는 보시요, (b) 모양을 여읜 보시이다. (a) 중에 또 둘이니 ㉠ 보시행에 대해 설명함

이요, ㉡ 회향행에 대해 설명함이다. ㉠ 중에 다시 둘이니 ① 뛰어난 생 받기를 원하며 보시를 행함이요, ② 다른 종류의 몸을 보이며 보시를 행함이다.

b) 개별로 해석하다[別釋] 2.
(a) 모양을 따르는 보시[隨相] 2.
㉠ 보시행에 대해 밝히다[明施行] 2.

① 뛰어난 생 받기를 원하며 보시를 행하다[願受勝生行施] 2.
㉮ 무착섭론의 여섯 가지 뜻[總叙無着六義] (前中 13下3)

佛子여 菩薩摩訶薩이 修此行時에 令一切衆生으로 歡喜
愛樂하며 隨諸方土의 有貧乏處하여 以願力故로 往生於
彼豪貴大富의 財寶無盡하여 假使於念念中에 有無量無
數衆生이 詣菩薩所하여 白言하되 仁者시여 我等이 貧乏
하여 靡所資贍일새 飢羸困苦하여 命將不全이로소니 惟願
慈哀로 施我身肉하사 令我得食하여 以活其命하소서하면
爾時에 菩薩이 卽便施之하여 令其歡喜하여 心得滿足케
하며 如是無量百千衆生이 而來乞求라도 菩薩이 於彼에
曾無退怯하고 但更增長慈悲之心일새 以是衆生이 咸來
乞求에 菩薩이 見之하고 倍復歡喜하여 作如是念하되 我
得善利니 此等衆生이 是我福田이며 是我善友라 不求不
請하되 而來敎我入佛法中하니 我今應當如是修學하여
不違一切衆生之心이라하나니라

"불자들이여, 보살마하살이 이 행을 닦을 때에 모든 중생으로 하여금 환희하고 즐겁게 하려 하나니, 어느 지방에나 가난한 곳이 있거든 원력으로써 그곳에 태어나되 호사스럽고 크게 부귀하여 재물이 다함이 없으며, 가령 잠깐잠깐 동안에 한량없고 수없는 중생들이 보살에게 와서 말하기를 '착하신 이여, 우리는 몹시 가난하여 끼니를 이어갈 수 없으며 굶주리고 곤고하여 목숨을 부지할 수 없사오니, 바라옵건대 불쌍히 여기어 나에게 살을 보시하여 먹고 살아나게 하소서' 한다면, 보살은 곧 보시하여 주어 그로 하여금 환희하고 만족하게 하느니라. 이렇게 한량없는 백천 중생이 와서 구걸하더라도 보살은 조금도 퇴타하거나 겁약한 기색이 없고, 다시 자비한 마음이 증장하나니, 그래서 중생들이 모두 와서 구걸하는 것을 보살이 보고는 더욱 환희하여 이렇게 생각하느니라. '나는 지금 좋은 이익을 얻었도다. 이 중생들은 나의 복밭이며 나의 선지식이니, 구하지도 않고 청하지도 않았지마는 일부러 와서 나로 하여금 불법 가운데 들게 하는 것이다. 나는 마땅히 이렇게 배우고 닦아서 모든 중생의 마음을 어기지 아니하리라'고 하느니라.

[疏] 前中에 依無着論하면 有六意樂하니 一, 方便이오 二, 歡喜오 三, 恩德이오 四, 廣大오 五, 善好오 六, 淸淨이라 下並具之니라

■ ① 중에 무착보살의 『섭대승론』에 의지하면 여섯 가지 생각으로 즐거워함[意樂]이 있으니 ㉮ 방편의요, ㉯ 환희의요, ㉰ 은덕의요, ㉱ 광대의요, ㉲ 선호의요, ㉳ 청정의요이다. 아래에 함께 구비하였다.

[鈔] 先現行財施等者는 即九門中의 一切施中之三相也라 前六度章에 雖皆略示나 今更依攝論하야 釋之하리라 本論에 云, 施三品者는 一, 法施오 二, 財施오 三, 無畏施라 無性이 釋云호대 言法施者는 謂無染心이니 如實宣說契經等法이라 言財施者는 謂無染心으로 施資生具라 無畏施者는 謂心無損害하야 濟拔驚怖라하니라 釋曰, 此第一番自施行相이니라 論에 云, 又法施者는 爲欲資益他諸善根이오 財施者는 爲欲資益他身이오 無畏施者는 爲欲資益他心이라하니라 釋曰, 此第二番明施所爲라 天親도 同此니라 論에 又云, 以是因緣일새 故說三施라하니라 梁攝論에 云, 法施는 利益他心이오 財施는 資益他身이오 無畏施는 通益他身心이라 復次由財施故로 有向惡者를 悉令歸善이오 由無畏施하야 攝彼하야 令成眷屬이오 由法施故로 生彼善根하며 及成熟解脫이니 由具此義일새 故說三施라하니라

依無着論者는 一, 方便意樂이니 謂先作意오 二, 歡喜意樂이니 謂見求者에 深生歡喜오 遇於乞者에 稱意歡喜라 三者, 恩德意樂이니 謂遇乞者에 深心荷恩이니 由彼하야 令我勝行成故라 四, 廣大意樂이니 謂廣行施로 唯期大果故라 五, 善好意樂이니 謂令乞者로 現在豐樂하고 未來得道故라 六, 淸淨意樂이니 謂離障離相하야 成波羅密故니라 疏中에 先, 列名하고 後, 隨文釋中에 方釋其相일새 故倂擧之니라

● a. 재물 보시를 행함 등이란 곧 아홉 문 중의 (2) 온갖 것 보시 중의 세 가지 양상[재시, 법시, 무외시]이다. 앞의 ㄱ. 육바라밀장에 비록 모두 간략하게 보였지만 지금 다시 『섭대승론』에 의지해서 해석하겠다. 본 『섭대승론』에 이르되, "보시의 세 품은 ① 법 보시 ② 재물 보시 ③ 무외시이다"라 하였고, 무성보살이 해석하되, "① 법 보시란 물든 마음이 없는 것이니 계경 등의 법을 여실하게 선설함이다. ② 재물 보시란

물든 마음이 없이 생활 도구를 보시함이다. ③ 두려움 없는 보시는 마음에 손해 봄이 없이 제도하여 놀람과 두려움을 뽑아 버리는 것이다"라고 하였다. 해석하자면 이것은 제1번에 스스로 보시하는 행법의 모양이다. 『섭대승론』에 이르되, "또 법 보시는 다른 이의 모든 선근을 도와서 이익되게 하기 위함이요, 재물 보시는 다른 이의 몸을 도와 이익되게 하기 위함이요, 두려움 없는 보시는 다른 이의 마음을 도와 이익되게 하기 위함이다"라고 하였다. 해석하자면 이것은 제2번에 보시의 역할을 설명한 것이다. 천친보살의 견해도 이와 같다. 『섭대승론』에 또 이르되, "이런 인연으로 인해 세 가지 보시를 말한다"라고 하였다. 『양섭론』에 이르되, "법 보시는 다른 이의 마음을 이익되게 하고, 재물 보시는 다른 이의 몸을 이익되게 하고, 두려움 없는 보시는 다른 이의 몸과 마음을 함께 이익되게 하는 것이다. 또 다시 재물을 보시함으로 인해 어떤 이가 악을 향해 가는 것을 모두 선으로 돌아오게 하고, 두려움 없는 보시로 인하여 저들을 섭수해서 권속이 되게 하며, 법 보시로 인해 저들의 선근을 생기게 하며 나아가 해탈을 성숙하게 하나니, 이런 이치를 갖춤으로 인해 짐짓 세 가지 보시를 말한다"라고 하였다.

'무착섭론에 의지한다'는 것은 "① 방편의요(方便意樂)이니 먼저 생각을 짓는 것이요, ② 환희의요(歡喜意樂)이니 구하는 이를 보면 깊이 환희가 생김이요, 구걸하는 이를 만나면 생각에 맞게 기쁘게 함을 말한다. ③ 은덕의요(恩德意樂)이니 구걸하는 이를 만나면 깊은 마음으로 은혜를 주나니 저들로 인하여 나의 뛰어난 수행이 성취되게 하려는 까닭이다. ④ 광대의요(廣大意樂)이니 널리 보시를 행하여 오로지 큰 결과를 기약하는 까닭이다. ⑤ 선호의요(善好意樂)이니 구걸하는 이로 하여금 현재에 풍부하고 즐겁고 미래에는 도를 증득하게 하려는 까닭이다. ⑥ 청정의요(淸淨意樂)이니 이른바 장애를 떠나고 모양을 여의어서 바라밀을 성취하려는 까닭이다"라 하였고, 소문 중에 (1) 명칭을 열거함이요, (2) 경문을 따라 해석함 중에 바야흐로 그 양상을 해석하므로 동시에 거론하였다.

㉴ 본경의 문장을 별도로 배대하다[別開今文指配] (於中 14下5)

[疏] 於中에 文四니 一, 願具施緣은 即方便意樂니 先作意故라 亦即廣前하야 爲大施主라 二, 假使下는 難求能求오 三, 爾時菩薩下는 明難捨能捨니 擧難況易라 即便施者를 無留滯也라 四, 如是下는 明一切無違라 有三意樂하니 初는 即廣大意樂니 能廣行故라 二, 但更下는 即歡喜意樂也오 三, 作如是念下는 恩德意樂也라 我今應下는 是隨順心이라

■ 그중에 경문이 넷이니 (1) 보시하는 인연 구족하기를 원함은 곧 방편의요이니 먼저 생각을 짓는 까닭이다. 또한 앞을 자세하게 하여 큰 시주가 됨이다. (2) 假使 아래는 구하기 어려움을 능히 구함이요 (3) 爾時菩薩 아래는 버리기 어려움을 능히 버림에 대해 설명함이니 어려움을 들어 쉬운 것과 비교함이다. 문득 보시한다는 것은 머뭇거리고 지체함이 없다는 뜻이다. (4) 如是 아래는 온갖 것이 어긋나지 않음을 설명함이다. 세 가지 의요가 있으니 ① 광대의요(廣大意樂)이니 능히 광대하게 행하는 까닭이다. ② 但更 아래는 환희의요(歡喜意樂)이며 ③ 作如是念 아래는 은덕의요(恩德意樂)이다. (5) 我今應 아래는 마음으로 수순함이다.

② 다른 종류의 몸을 보이면서 보시를 행하다[示異類身行施]

(第二 15上5)

又作是念하되 願我已作現作當作所有善根으로 令我未
來에 於一切世界一切衆生中에 受廣大身하여 以是身肉
으로 充足一切飢苦衆生하되 乃至若有一小衆生이 未得
飽足이라도 願不捨命하고 所割身肉도 亦無有盡하니라

또 생각하기를 '나는 이미 지었거나 지금 짓거나 장차 지을
모든 선근으로써, 오는 세상에는 일체 세계의 일체 중생 가
운데서 엄청나게 큰 몸을 받고, 그 살로써 모든 굶주린 중생
들의 배를 채워 만족케 하되, 한 조그만 중생까지라도 배가
차지 않은 이가 있으면, 나는 생명을 버리지 아니할 것이며,
내 몸에서 베어 내는 살도 다하지 말아지이다'라고 원할 것
이니라."

[疏] 第二, 又作下는 明示異類身하야 而行布施니 廻現施善하야 未來受
身은 以悲深故라 亦廣大心也니라

■ ② 又作 아래는 다른 종류의 몸을 보여서 보시를 행함이니 현재에 보
시한 선근을 돌려서 미래에 받은 몸은 대비심이 깊은 까닭이다. 또한
광대한 마음이다.

㈄ 회향하는 행법[廻向行] (第二 15下1)

以此善根으로 願得阿耨多羅三藐三菩提하여 證大涅槃

하고 願諸衆生이 食我肉者도 亦得阿耨多羅三藐三菩提하여 獲平等智하여 具諸佛法하여 廣作佛事하며 乃至入於無餘涅槃이니 若一衆生이라도 心不滿足이면 我終不證阿耨多羅三藐三菩提라하나니라

"이러한 선근으로 ① 아뇩다라삼약삼보디를 얻고 ② 대열반을 증득하기를 원하며, ③ 나의 살을 먹은 중생들도 역시 아뇩다라삼약삼보디를 얻고 ④ 평등한 지혜를 가지며, ⑤ 불법을 갖추어 불사를 널리 짓다가 ⑥ 무여열반에 들어지이다 원하고, ⑦ '만일 한 중생이라도 마음이 만족하지 않는다면, 나는 마침내 아뇩다라삼약삼보디를 증득하지 않겠나이다' 하느니라."

[疏] 第二, 以此下는 廻向行이라 初, 自期大果니 亦廣大意樂也오 後, 願施田亦得二果니 是善好意樂라

■ ㉡ 以此 아래는 회향하는 행법이다. ① 스스로 큰 결과를 기약함이니 또한 광대의요이다. ② 복전에 보시하면서 또한 두 가지 결과 얻기를 원함이니 곧 선호의요(善好意樂)이다.

[鈔] 初自期大果者는 上에 總釋廣大가 有二義하니 一, 謂廣行施오 二, 唯期大果故라 前一切無違는 卽是初意오 今是期大果也라 亦是善好者는 前亦二義니 一, 令乞者로 現在豐樂이오 二, 未來得道니 今是後意니라

● ① 스스로 큰 결과를 기약함이란 위에는 광대함을 총합하여 해석함이 두 가지 이치가 있으니 (1) 광대한 보시를 행함이요, (2) 오로지

큰 결과를 기약하는 까닭이다. 앞의 온갖 것이 어긋남이 없는 것은
곧 첫째 의미요, 지금은 큰 결과를 기약함이다. 또한 '잘 하고 좋다'
는 것은 앞도 역시 두 가지 이치이니 (가) 구걸하는 이로 하여금 현재
에 풍부하고 즐겁게 함이요, (나) 미래의 도를 증득함이니 지금은 뒤
의 의미이다.

(b) 모양을 여읜 보시[離相] 3.

㉠ 과목을 따와서 배대하다[牒科指配] (第二 15下9)

[疏] 第二, 菩薩如是下는 明離相施니 卽淸淨意樂也라 隨相離相에 行必
同時로대 言不並彰일새 故分前後니 應將離相하야 別別貫前이 如大
般若라

■ (b) 菩薩如是 아래는 모양을 여읜 보시이니 곧 청정의요이다. 모양
을 따름과 모양을 여읨에 행함은 반드시 동시이지만 말로 함께 밝히
지 않은 연고로 앞과 뒤로 구분하나니 응당히 모양 여읨을 가지고
따로따로 앞과 관통함이 『대반야경』의 내용과 같다.

㉡ 의식을 총합하여 보이다[總示儀式] (不欲 16上1)

[疏] 不欲繁文일새 故倂居一處니 前後體勢가 類此可知니라

■ 경문이 번거롭지 않게 하려고 한 곳에 함께 두었으니 앞과 뒤의 체성
과 형세를 이와 유례하면 알 수 있으리라.

[鈔] 隨相等者는 卽總示儀式이라 如大般若者는 如般若淸淨이 徧歷八十

餘科에는 遞爲其首하야 成百餘卷이라 如淸淨旣爾하야 若以無生으로 爲首하야 亦徧歷諸法하며 無住[127]와 無依와 無得과 無相等도 ──皆然이라 故로 賢首가 云, 若歷事備陳하면 言過二十萬頌이라하니라 今 倂隨相하야 居於一處하고 倂諸離相하야 居於一處가 猶般若目故라 束乃數紙나 展則成多니라

● 모양을 따름과 모양을 여읨이란 ㊂ 의식을 총합하여 보임이다. 『대반야경』의 내용과 같다'는 것은 마치 반야가 청정함이 80여 개 과목에 두루 거친다면 번갈아 그 머리가 되어서 백여 권이 되었듯이 청정함도 이미 그러해서 만일 생사 없음[無生]으로 머리가 되어 또한 모든 법을 두루 거치게 되며, 머물지 않음과 의지하지 않음, 얻을 것 없음, 모양 없음 등도 하나하나가 모두 그러하다. 그러므로 현수(賢首)스님이 말하되, "만일 일을 거치면서 갖추어 말하면 20만 게송이 넘는다고 말한다"고 하였다. 지금은 모양 따름과 함께하여 한 곳에 두고 모든 모양 여읨과 함께하여 한 곳에 두는 것이 반야의 제목과 같은 까닭이다. 여러 종이에 묶었지만 펼치면 많은 것이 된다.

㊂ 가름을 열고 해석하다[開章正釋] 2.
① 가름을 열다[開章] (文分 16上8)

菩薩이 如是利益衆生하되 而無我想과 衆生想과 有想과 命想과 種種想과 補特伽羅想과 人想과 摩納婆想과 作者想과 受者想[128]하고

---

127) 住는 南續金本作性.
128) 補伽羅는 宮本作補特伽羅.

"보살이 이렇게 중생을 이익하게 하지마는, '나'라는 생각, '중생'이란 생각, '있다'는 생각, '목숨'이란 생각, '여러 가지'란 생각, '보특가라'란 생각, '사람'이란 생각, '마납파'란 생각, '짓는 이'란 생각, '받는 이'란 생각이 모두 없고,

[疏] 文分爲三이니 初, 人空觀이오 次, 法空觀이오 後, 二觀之益이니 卽成
彼岸智라

■ 경문을 셋으로 나누니 ㉮ 사람이 공한 관법이요, ㉯ 법이 공한 관법이요, ㉰ 두 가지 관법의 이익이니 곧 저 언덕의 지혜를 성취함이다.

② 바로 해석하다[正釋] 3.
㉮ 사람이 공한 관법[人空觀] 2.
㉠ 첫 구절을 해석하다[釋初句] (今初 16上9)

[疏] 今初也라 如是利益衆生者는 牒前事行이니 欲顯正利益時에 卽無我
想等

■ 지금은 ㉮ (사람이 공한 관법)이다. '이렇게 중생을 이익하게 한다'는 것은 앞의 현상적인 행법을 따름이니, 바로 이익할 때에 '나'라는 생각 따위가 없음을 밝히려는 것이다.

㉡ 나머지 구절을 해석하다[釋餘句] 3.
ⓐ 구절의 숫자를 표방하다[總標句數] (故所 16上10)
ⓑ 구절을 따라 개별로 해석하다[隨句別釋] 10.
㉰ 아상에 대한 해석[釋我] (我謂)

[疏] 故로 所無之法이 略有十句니라 我謂主宰니 諸蘊假者也라 故로 智論三十五에 云, 於五蘊中에 我我所心이 起故라하며 瑜伽에 大同此說하니라 此句爲總이니 但是一我에 隨事하야 立下別名이라 然由迷緣生實性하야 計有卽蘊異蘊之我어니와 旣了性空하야 迷想斯寂일새 故云無也라 若別別觀無之所以는 如十定品第二定辨하니라

■ 그러므로 없앨 대상의 법이 간략히 열 구절이 있다. '자아'는 주재함을 말하나니 모든 온이 빌린 것이다. 그러므로 『대지도론』 제35권에 이르되, "오온 중에 나와 내 것이란 마음이 생기는 까닭이다"라고 하였고, 『유가사지론』에도 이런 설명과 거의 같다. 이 구절은 총상이니 단지 나 하나에 일을 따라 아래의 별명을 세웠다. 그러나 연기로 생긴 실법의 체성에 미혹함으로 인해 유가 곧 오온(五蘊)과 '오온과 다른 나'라고 계탁하거니와 이미 체성이 공함을 알아서 생각을 미하여 여기서 고요해진 까닭에 '없다'는 말이다. 만일 따로따로 없는 이유를 관찰함은 저 십정품의 둘째 삼매[妙光明大三昧]에서 밝힌 내용과 같다.

[鈔] 我謂主宰等者는 卽唯識文이라 論에 云, 我謂主宰라하고 彼疏에 釋云호대 主는 如君主가 有自在故오 宰는 如宰輔가 能割斷故라하니라 諸蘊假者者는 於諸蘊中에 假建立故로 稱之爲我라 唯識論에 云, 世間聖教에 說有我法은 但由假立이오 非實有性이라하니라 解曰, 假有二義하니 一, 無體隨情假니 隨自執情하야 名我法故니 卽外道等計라 二, 有體强設假니 隨位隨緣하야 假施設故니 卽聖教所說이라 今於二義에 準下智論과 及瑜伽文하면 當初義也니라 故智論者는 問曰, 如我乃至見者가 爲是一事아 爲各各異아 答曰, 皆是一我로대

但以隨事爲異하야 於五陰中에 我我所心起일새 故名爲我라하니라 釋
日, 次云但是一我下는 卽上論文이라 瑜伽論中者는 論에 云, 於五
蘊我에 我所가 現前行故라하니 卽八十三論이라

然由生下는 釋其無義라 若別別觀者는 卽四十經이니 菩薩이 知一切
法이 皆無我故로 是名入無命法이며 無作法者며 菩薩이 於一切世間
에 勤修行無諍法故로 是名住無我法者며 菩薩이 如實見一切身이
皆從緣起故로 是名住無衆生法者며 菩薩이 知一切法의 生滅이 皆
從緣生故로 是名住無補特伽羅法者며 菩薩이 知諸法本性平等故
로 是名住無意生法이며 無摩納婆法者라하니 釋日, 此卽別觀無之
所以니라

● '자아는 주재함을 말한다' 등은 곧 『성유식론』의 문장이다. 『성유식
론』에 이르되, "자아는 주재하는 것을 말한다"라고 하였고, 저 소에
해석하되, "주인은 마치 군주가 자재함이 있음과 같으며, 재(宰)는 마
치 재상의 도움으로 능히 나누어 결단함과 같은 까닭이다. '모든 온
은 빌린 것'이란 모든 온 중에 빌려서 건립한 연고로 그것을 나라고
일컫는다." 『성유식론』에 이르되, "세간과 성스러운 가르침에서 자아
와 법이 있다고 설한 것은 다만 허망된 것[假][129]에 의거해서 건립된 것
이지, 실제로 체성이 있는 것은 아니다[130]"라고 하였다. 해석하자면
빌림에 두 가지 이치가 있으니 ① 체성 없이 생각을 따라 빌림이니 자
신이 고집하는 생각을 따라 자아와 법이라 이름한 까닭이니 곧 외도
등의 계탁이다. ② 체성이 있고 억지로 시설하여 빌림이니 지위와 인
연을 따라 시설을 빌린 까닭이니 곧 성인의 교법으로 설한 법이다. 지

---

129) 허망된 것[假]이란 非實有性, 즉 自性을 갖고 實有로써 존재하는 것이 아님을 나타낸다.
130) 자아(ātman)는 常一主宰性을 지니는 인격적 실체를 의미하며, 有情·命者·預流·一來 등 다양하게 표현
된다. 이것들은 사실 찰나마다 생멸을 반복하면서 이어지는 識의 흐름[識相續]으로서 존속적인 실체가 없다.

금은 두 가지 이치에서 아래『대지도론』과『유가사지론』의 문장에 준하면 첫째, 이치에 해당된다. '그러므로『대지도론』'이란 묻기를, "나와 같거나 내지 보는 이가 한 가지 일이 되는가? 아니면 각각이 다른가?" 대답하기를, "모두 한결같이 자아로되 단지 일을 따라 달라져서, 오음 중에 나와 내 것이란 마음이 일어나는 연고로 자아라 이름한다"고 하였다. 해석하자면 다음에 말한 但是一我 아래는 곧 위의 지론(智論)의 논문이다. '유가론 중'이란『유가사지론』에 이르되, "오온의 자아에서 내 것이 앞에 나타나 행하기 때문이다"라 하였으니 곧 제83권 논문이다.

然由生 아래는 그 없음의 뜻을 해석함이다. '만일 따로따로 관찰한다'는 것은 본경 제40권 경문이니, "보살이 온갖 법이 모두 내가 없는 줄 아는 연고로 목숨 없는 법에 들어감이라 이름하며, 법을 지은 이가 없으며 보살이 온갖 세간에 다툼 없는 법을 부지런히 수행하는 연고로 자아가 없는 법에 머무는 이라고 이름하며, 보살이 온갖 몸이 모두 연기로부터 났음을 여실하게 보는 연고로 중생이 없는 법에 머무른 이라고 이름하며, 보살이 온갖 법의 생기고 멸함이 모두 연기로부터 생김을 아는 연고로 보특가라가 없는 법에 머무는 이라 이름하며, 보살이 모든 법의 본성이 평등함을 아는 연고로 생각한 대로 태어남이 없는 법[無意生法]에 머무르며 마납파가 없는 법에 머무는 이"라고 하였으니 해석하자면 이것은 없는 이유를 따로 관찰한 내용이다.

㊟ 중생에 대한 해석[釋衆生] (二衆 17下5)

법은 객체적 존재로서 蘊·處·界·實·德·業 등으로 표현된다. 법은 사실 식의 表象에 지나지 않으므로 실체가 없다. 자아[我]와 법으로 상정된 것들은 실체가 없는데도 세상과 聖典에서 가설적으로 방편상 그렇게 개념 지은 것이다.

[疏] 二, 衆生者는 智論에 云, 五蘊和合中에 生故라 瑜伽에 名爲有情하니 謂諸賢聖이 如實了知唯有此法이오 更無餘故니라

■ ㉮ 중생이란 『대지도론』에 이르되, "오온이 화합한 가운데서 나기 때문이다." 『유가사지론』에는 유정(有情)이라 이름하였으니 이른바 모든 현자와 성인이 오직 이 법뿐이요, 다시 다른 법이 없음을 여실하게 알기 때문이다.

[鈔] 智度論에 云, 五陰和合中生故로 名爲衆生이라하니라 瑜伽等者는 論有二解하니 今是其一이라 言唯有此法者는 有此有情法이니 有情은 卽識이라 言無餘者는 無彼識外의 餘我體也라 二는 云, 又復於彼에 有愛着故라하니라 彼疏에 釋云호대 言於彼者는 彼卽所愛中八識也니 卽是有能愛情을 名爲有情이라 有情은 梵言에 薩埵니 舊云衆生이라 하니라

● 『대지도론』에 이르되, "오온이 화합한 가운데서 나기 때문에 중생이라 이름한다"라고 하였다. 유가론 등이란 논에 두 가지 해석이 있으니 지금은 그중 하나이다. '오직 이 법뿐이다'라고 말한 것은 이런 유정의 법이 있으니 유정은 곧 인식이다. '다른 것이 없다'고 말한 것은 저 인식 밖에 다른 자아의 체성이 없는 까닭이다. 둘째로 이르되, "또한 다시 저기에 애착이 있는 까닭이다"라고 하였다. 저 소에서 해석하기를, "저기라고 말한 것은 저가 곧 애착할 대상 중 제8식이니 곧 능히 사랑하고 생각함이 있는 것을 유정이라 이름한다. 유정은 범어로는 살타(薩埵)이니, 구역(舊譯)으로는 중생이라 하였다.

㉠ 생각 있음에 대한 해석[釋有想] (三有 18上3)

ⓓ 목숨 가진 것에 대한 해석[釋命者] (四命)

[疏] 三, 有想者는 智論과 瑜伽에 俱名生者하니 謂計有我人하야 能起衆
事가 如父生子故라 有는 卽所起諸趣生也니라 四, 命者는 謂命根成
就故라 瑜伽에 云, 壽命和合하야 現存活故라하니라

■ ㉠ 생각 있음이란『대지도론』과『유가사지론』에서 모두 태어난 것이
라 이름한다. 말하자면 나와 남이 있다고 계탁하여 능히 여러 일을
일으킴이 마치 아비가 자식을 낳음과 같기 때문이다. 유(有)는 곧 일
으킨 바 모든 갈래의 생명이다. ⓓ 목숨 가진 것은 목숨의 근본을 성
취한 까닭이다.『유가사지론』에 이르되, "수명과 목숨이 화합하여 현
재에 존재하여 사는 까닭이다"라고 하였다.

[鈔] 三有想者는 可知로다 四命者는 其釋文은 卽[131)]智論이니 論中에 具云
호대 命根이 成就일새 故名壽者命者라하니라 釋曰, 此論은 雙釋經中
의 壽命二種이니 以命根體가 卽壽故라 已見問明하니라 世親이 釋云
호대 一, 報命根이 不斷이라하며 故로 論偈에 云, 不斷至命住라하야늘
大雲이 解云호대 此是命根이라하니라 瑜伽에는 亦是二法을 合釋하니라

● ㉠ 생각 있음이란 알 수 있으리라. ⓓ 목숨 가진 것에서 그 해석한 문
장은 곧『대지도론』이니 논문 중에 갖추어 말하면, "목숨을 성취하기
때문에 오래 사는 이[壽者]와 목숨이라 한다"라고 하였다. 해석하자
면 이 논은 경문의 수명과 목숨 두 가지를 함께 해석하였으니 목숨의
본체가 곧 수명인 까닭이다. 이미 보살문명품에서 살펴보았다. 세친
(世親)보살이 해석하되, "목숨이 끊어지지 않음을 보답받았다"라고

---

131) 上鈔는 南續金本作謂命根者.

하였으며, 논의 게송에는 "끊이지 않고 목숨 다할 때까지 머문다"고 하였는데 대운(大雲) 논사가 해석하기를 '이것이 목숨이다'라고 하였다. 『유가사지론』에는 또한 두 법을 합하여 해석하였다.

㈜ 갖가지에 대한 해석[釋種種] (五種 18下1)

[疏] 五, 種種者는 智論에 名爲衆數니 謂陰界入等인 諸因緣이 是衆數法故라 新譯에는 名異生하니 能受異趣生故라
■ ㈜ 갖가지는 『대지도론』에 '여러 수효'라고 하였으니 이른바 오음(五陰) 18계(十八界) 12입(十二入) 등의 모든 인연이 여러 수효의 법인 까닭이다. 신역에는 '다르게 태어남'이라 이름하니 능히 다른 갈래의 태어남을 받는 까닭이다.

[鈔] 五種種等新譯名異生¹³²⁾等者는 卽大般若第十三이라 前引智論하니 其文小略이라 具卽大品에 名爲衆數하고 智論에 云, 從我人하야 有陰界等衆數之法이라하니라 又取我人爲陰界入諸法之數하니 故로 衆多之法이 是種種義니라
● ㈜ 갖가지 등은 신역으로 다르게 태어남이란 곧 『대품반야경』 제13권이다. 앞에서 지도론을 인용하였으니 그 문장이 조금 생략되었다. 구비하면 『대품반야경』에 여러 수효라고 이름하고 『대지도론』에 이르되, "나와 남으로부터 오음, 18계 등 여러 수효의 법이 있다"고 하였다. 또한 나와 남을 취하여 오음 18계, 12입, 여러 법의 수효가 되었으니 그러므로 많은 법이 갖가지의 뜻이다.

---

132) 上十字는 南續金本作新譯.

㉧ 보특가라에 대한 해석[釋補特迦羅] (六補 18下7)
㉨ 사람에 대한 해석[釋人] (七人)

[疏] 六, 補伽羅[133]者는 此云數取趣니 瑜伽에 云, 計有我人하야 數數往
取諸趣無厭故라하니 此名은 依一聲中에 呼一人이어니와 若依多聲中
呼多人인대 卽云補特伽羅니라 七, 人者는 有靈於土木之稱이라 智論
에 云, 行人法故라하며 大般若에 名士夫라하고 瑜伽에 釋云호대 能作
一切士夫用故라하니라

■ ㉧ 보특가라는 번역하면 '자주 갈래에 나아감[數取趣]'이니『유가사지
론』에 이르되, "나와 남이 있다고 계탁하여 자주자주 모든 갈래에 나
아가되 싫어하거나 만족해 함이 없기 때문이다"라고 하였다. 이런 명
칭은 한 음성 중에 한 사람을 부름에 의지하였지만 만일 여러 음성 중
에 여러 사람을 부름에 의지한다면 곧 보특가라라 말한다. ㉨ 사람
이란 흙이나 나무에 신령이 붙은 명칭이다.『대지도론』에는 "사람의
법을 행하기 때문이다"라 하였고,『대반야경』에는 '사부(士夫)'라고
하였고,『유가사지론』에는 해석하기를 "온갖 '사람의 작용[士夫用]'을
짓기 때문이다"라고 하였다.

[鈔] 六補特等者는 卽瑜伽中名이니라 七人者有靈者는 有靈於土木之稱
은 卽關中生公語니 卽智論意라 瑜伽名士夫는 卽十七相中의 第六이니
論에 云, 言養育者는 謂增長後有業故며 能作一切士夫用故라하니 彼

---

133) 補는 原本作補特 與瑜伽同, 玆從南續金本; 疏云 此依一聲中呼一人 下鈔云 此云補伽羅 應無特字. * 보특
가라(補特伽羅) : [범] pudgala 부특가라(富特伽羅)·복가라(福伽羅)·보가라(補伽羅)·불가라(弗伽羅)
·부특가야(富特伽耶)라고도 쓰며, 삭취취(數取趣)라 번역. 유정(有情) 또는 중생의 아(我)를 말함. 중생은
번뇌와 업의 인연으로 '자주 6취에 왕래하므로 삭취취'라고 함.

疏에 釋云호대 言[134]養育者는 令滋茂하야 不斷絕義오 業令致果하야 有[135]士夫用호대 未來莫窮일새 故名養育이라하니라 釋曰, 彼에 雙釋士夫와 養育하니 文便故로 引之니라

● ㉧ 보특가라 등이란 곧 유가론의 명칭이다. ㉩ '사람에서 신령 있음'이란 흙이나 나무에 신령이 붙은 명칭이란 곧 관중 땅 도생(道生)법사의 어록이니 곧 대지도론의 의미이다. 『유가사지론』에서 사부(士夫)라 이름한 것은 곧 17가지 모양 중의 여섯째이다. 논에 이르되, "양육한다고 말한 것은 뒤 존재의 업을 더욱 자라게 하기 때문이며 온갖 사람의 작용을 짓기 때문이다"라 하였으니, 저 소에서 해석하기를, " '양육한다'는 말은 하여금 무성하게 해서 단절되지 않게 하는 뜻이요, 업은 하여금 결과에 이르게 하여 사람의 작용이 있으되 미래는 궁구하지 못하므로 양육한다고 이름한다"라고 하였다. 해석하자면 저기에서 사부와 양육에 대해 함께 해석하였으니 경문의 편의 때문에 인용하였다.

㉪ 마납파에 대한 해석[釋摩納婆] (八摩 19上8)
㉫ 지은 이에 대한 해석[釋作者] (九釋)
㉬ 받은 이에 대한 해석[釋受者] (十受)

[疏] 八, 摩納婆는 此云儒童이니 謂計有我人인 爲少年有學之者라 此名은 依一聲中에 但呼一人이어니와 若呼多人多聲中呼하면 應云摩納婆嚩迦也니라 九, 作者者는 作諸業故니 智論에 云, 手足으로 能有所作

---

134) 上五字는 南續金本作疏云.
135) 有는 甲南續金本作果.

故라하니라 十, 受者者는 智論에 云, 計後世에 受罪福果報故라하니라

■ ㈜ 마납파[136]는 유동(儒童)이라 번역하였으니 이른바 나와 사람이 있다고 계탁하는 나이 어린 공부한 사람을 말한다. 이런 명칭은 한 음성 중에 단지 한 사람을 부름에 의지하였지만, 만일 많은 사람 중에 많은 음성을 부름에 의지하면 응당히 마납파박가(摩納婆嚩迦)라 해야 한다. ㈑ 지은 이는 모든 업을 짓는 까닭이니 『대지도론』에 이르되, "손과 발로 짓는 것이 있으므로"라고 하였다. ㈒ 받은 이란 『대지도론』에 이르되, "후생의 몸이 죄와 복의 과보를 받는다고 계탁하기 때문이다"라고 하였다.

[鈔] 八摩納婆此云儒童은 即出智論이라 若瑜伽云인대 謂依止於意하니 或高或下故라 彼疏에 釋云호대 意高下者는 約行以釋이라 然行高下는 皆由於意니 稚年之者는 高下不定일새 故以高下로 而以顯之라하니라 釋曰, 稚年高下者는 即少年有學者也라

● ㈜ 마납파를 유동이라 번역함은 곧 『대지도론』에서 나온 용어이다. 만일 유가론으로 말하면 "이른바 뜻에 대하여 혹은 높거나 낮음에 의지하기 때문이다"라 하였고, 저 소에서 해석하되, "뜻이 높거나 낮다는 것은 행법에 의지해 해석함이다. 그런데 행이 높고 낮음은 모두 뜻으로 인함이니 어린 나이란 높고 낮음이 정해지지 않았으므로 높고 낮음으로 밝혔다"라고 하였다. 해석하자면 어린 나이로 높고 낮음이란 곧 '나이 어린 공부한 사람'을 뜻한다.

---

136) 마납박가(摩納縛迦) : [범] Māṇavaka 또는 마납(摩納)·마납바(摩納婆)·마나바(摩那婆). 번역하여 유동(儒童)·선혜(善慧)·연소정행(年少淨行). 석존이 연등불 처소에서 보살이던 때의 이름, 정행(淨行)을 닦는 젊은 보살.

ⓒ 근원을 결론하여 보이다[結示本源] (大般 19下6)

[疏] 大般若第三四와 大品第二와 及金剛般若中說이 數有增減하야 名
　　或小異나 大意不殊라 迴向十定에 準斯會釋하니라
■ 『대반야경』제34권과 『대품반야경』제2권과 『금강경』등에서 말한
　　것이 숫자에 늘고 줄어듦이 있어서 이름도 조금 다르긴 하지만 큰 의
　　미로는 다르지 않다. 본경의 십회향품과 십정품에도 여기에 준하여
　　모아 해석하였다.

[鈔] 大般若第三下는 結示本源이라 古有章門하야 七門分別하니 一, 列
　　名이오 二, 釋名이오 三, 體性이오 四, 二執이오 五, 伏害오 六, 成觀이
　　오 七, 問答이라 初諸說을 互望差別에 略有三種하니 一, 數增減이오
　　二, 互有無오 三, 變名字라 初, 增減者는 第六迴向에는 但有其八하
　　고 略無總我와 及種種耳라
　　十定에 有七하니 已如上辨이라 一, 作者오 二, 命이오 三, 我오 四, 衆
　　生이오 五, 補特伽羅오 六, 意生이오 七, 摩納婆라 略無受者와 及種
　　種하고 而加總我라 大般若第四에 說十七相하시니 一, 我요 二, 有情
　　이오 三, 命者오 四, 生者오 五, 養者오 六, 士夫오 七, 補特伽羅오
　　八, 意生이오 九, 儒童이오 十, 作者오 十一, 使作者오 十二, 起者오
　　十三, 使起者오 十四, 受者오 十五, 使受者오 十六, 知者오 十七,
　　見者라 第十三中에는 但說十四하고 闕使作者와 起者와 使起者와 使
　　受者하고 闕四코 加異生하니 異生은 義當起故라 三使는 大同故라 其
　　第二有無는 已含在前增減之中이라
　　三, 變名字는 此云衆生이니 大般若中에는 是有情이니 此云補特伽羅

라 此云人은 彼云士夫오 此云摩納婆는 大般若에 云儒童이라하고 廻向에는 云童子라하니 此云有想이라 大般若에 云生者等이니라 疏中에 已對大般若辨竟하니 餘門은 可略言也로다

● ⓒ 大般若第三 아래는 근본을 결론해 보임이다. 예전에는 가름과 문이 있어서 일곱 문으로 분별하니 ① 명칭을 열거함이요, ② 명칭 해석이요, ③ 체성이요, ④ 두 가지 고집이요, ⑤ 해로움을 조복함이요, ⑥ 관법을 이룸이요, ⑦ 질문과 대답이다. ① (명칭을 열거함)에 모든 주장을 서로 번갈아 구분하면 간략히 세 가지 과목이 있으니 (1) 숫자가 늘고 줆이요 (2) 있고 없음을 번갈아 봄이요 (3) 이름이 변함이다. (1) 숫자가 늘고 줆은 제6회향에는 단지 여덟 가지만 있고 총상인 '나'란 생각과 갖가지 생각(아상과 종종상)이 없을 뿐이다.

십정품에는 일곱 가지가 있으니 이미 위에 말한 것과 같다. (1) 지은이란 생각 (2) 목숨이란 생각 (3) 나라는 생각 (4) 중생이란 생각 (5) 보특가라란 생각 (6) 생각한 대로란 생각 (7) 마납파란 생각이다. (8) 짓는 이라는 생각과 (9) 갖가지란 생각은 생략하여 없고, 총상인 (10) 나란 생각을 더하였다. 『대반야경』 제4권에는 17가지 모양을 설하나니 ① 아상 ② 유정상 ③ 목숨이란 상 ④ 살아 있다는 상 ⑤ 기르는 자란 상 ⑥ 사부상 ⑦ 보특가라상 ⑧ 생각대로 나는 상 ⑨ 유동상(마납파상) ⑩ 짓는 자란 상 ⑪ 짓도록 시키는 자란 상 ⑫ 일으킨 자란 상 ⑬ 일으키게 시키는 자란 상 ⑭ 받는 자란 상 ⑮ 받도록 시키는 자란 상 ⑯ 아는 자란 상 ⑰ 보는 자란 상이다.

제13권에는 단지 14가지만 말하고 ⑪ 짓도록 시키는 자란 상과 ⑫ 일으킨 자라는 상 ⑬ 일으키게 시키는 자란 상 ⑮ 받도록 시키는 자란 상을 빠뜨렸고 넷을 빼고는 ⑮ 다르게 태어난 상[異生相]을 더했으

니, 이생상(異生相)은 이치가 ⑫ 일으킨 자라는 상에 해당되는 까닭이
다. 세 가지 시키는 상은 크게는 같기 때문이다. 그 ② 유정상이 있
고 없음은 이미 앞의 늘고 줄어듦에 포함되어 있다.

(3) 이름이 변함에서 번역하면 '중생'이라 하니 『대반야경』에는 '유정'
이라 하고, 번역하면 '보특가라'라 한다. '사람'이라 번역한 것은 저기
서는 '사부'라 하고, 번역하면 '마납파'는 『대반야경』에는 '선비동자'
라 하고, 본경의 십회향품에는 '동자'라고 하였으니 여기서는 '생각
있음'이라 번역한다. 『대반야경』에는 '산 자란 상[生者相]' 등이라 하였
다. 소문 중에 이미 대반야경을 상대하여 설명함은 마치고 나머지 문
은 생략하겠다.

㉕ 법이 공한 관법[法空觀] (二但 20下8)

但觀法界衆生界無邊際法과 空法과 無所有法과 無相法
과 無體法과 無處法과 無依法과 無作法하나니라
다만 법계와 중생계의 끝없고 경계가 없는 법과 공한 법과 있
는 바가 없는 법과 상이 없는 법과 체가 없는 법과 처소가 없
는 법과 의지가 없는 법과 지음이 없는 법을 관찰하느니라."

[疏] 二, 但觀下는 明法空觀이라 菩薩이 旣了法空하니 安有我耶아 故로
上에 云人空은 非如二乘의 人空法有일새 故此直云但觀法界空等이
니라 法界와 衆生界는 總擧所觀法體가 不出此二니 菩薩了之[137]하야
究竟無差라 橫則無邊이니 等虛空故오 豎則無際니 離始終故라 空法

---

137) 之는 金本作知.

者는 此二皆空也라 空亦總句니 何以知空고 但有名字오 無實所有
故라 無何所有오 一, 外無自共之相狀이오 二, 內無有爲無爲之體
性이오 三, 無所住之處니 所謂不在內外中間과 有中住故라 四, 無
二法之相依니 有去하야 不留空故라 五, 無造作之功用故로 無所有
니 無所有故로 空이오 空故로 衆生界가 卽法界也니라

■ ⑭ 但觀 아래는 법이 공한 관법이다. 보살이 이미 법이 공한 줄 알았
으니 어찌 ‘내’가 있겠는가? 그러므로 위에서 이르되, “사람이 공함은
이승(二乘)들의 ‘사람은 공하고 법이 있음[人空法有]’과 같지 않으므로
여기서 바로 ‘단지 법계가 공한 등을 관찰한다’고 말하였다. 법계와
중생계는 관찰할 대상인 법의 체성이 이 둘을 벗어나지 않음을 총합
하여 거론하였으니 보살이 그것을 알아서 결국 차별이 없다. 가로로
는 끝이 없으니 허공과 평등하기 때문이요, 세로로는 그지없음이니
시작과 끝을 떠났기 때문이다. 공한 법이란 이 둘이 모두 공함[人空,
法空]을 뜻한다. 공함도 역시 총상 구절이니 어떻게 공한 줄 아는가?
단지 명자만 있고 실제로 가진 것이 없기 때문이다. 어째서 가진 것
이 없는가? ① 밖으로는 자신과 함께하는 모양과 형상이 없으며, ②
안으로는 유위법과 무위법의 체성이 없으며, ③ 머물 곳이 없나니, 이
른바 안과 밖과 중간과 그 가운데 머물지 않는 까닭이다. ④ 두 가
지 법이 서로 의지함이 없나니, 감이 있어도 공에 머물지 않는 까닭이
다. ⑤ 짓거나 만드는 공용이 없는 까닭에 가진 바가 없으니, 가진
바가 없으므로 공함이요, 공한 연고로 중생세계가 곧 법계인 것이다.

[鈔] 一外無自共之相狀者는 自相者는 謂色質礙相과 受領納相等이 各別
所屬이라 共相者는 謂五蘊等이 同無常苦空無我니 此二가 皆外相也

라 二, 爲無爲가 諸法之體니 諸法이 不出此二니라 有去不留空者는 明空有無二일새 故로 有卽是空이라 若去於有하면 卽已去空이오 若有 去存空하면 則空有가 爲二故니라

● ① 밖으로는 자신과 함께하는 모양과 형상이 없다는 것에서 자상이 란 이른바 형색과 물질로 장애하는 상과 받아들이는 모양 따위가 각 기 따로 소속됨이 있음을 말한다. 공상(共相)이란 이른바 오온 등이 무상함과 괴롭고 공함과 내가 없음과 같음이니, 이 두 가지가 모두 바깥 모양이다. ② 유위와 무위가 모든 법의 체성이니 모든 법이 이 둘에서 벗어나지 않는다. 감이 있어도 공에 머물지 않음이란 공과 유 가 둘이 없음을 밝힌 연고로 유(有)가 곧 공(空)이라는 뜻이다. 만일 유로 가면 공에도 이미 가고, 만일 유가 가고 공이 남으면 공과 유가 둘이 되기 때문이다.

㉧ 사람과 법이 모두 공한 관법의 이익[二觀之益] (第三 21下5)

作是觀時에 不見自身하며 不見施物하며 不見受者하며 不見福田하며 不見業하며 不見報하며 不見果하며 不見 大果하며 不見小果니라
"이런 관찰을 할 때에는 제 몸도 보지 않고, 보시하는 물건 도 보지 않고, 받는 이도 보지 않고, 복밭도 보지 않고, 업도 보지 않고, 과보도 보지 않고, 결과도 보지 않고, 큰 결과도 보지 않고, 작은 결과도 보지 않느니라."

[疏] 第三, 作是下는 觀益이라 九句에 皆云不見者는 窮於法性하야 到彼

岸故라 初三은 卽是三輪이라 福田者는 施所生也라 業은 約成因而
招當果[138]라 剋獲爲果오 酬因曰報라 習因은 習續於前하고 習果는
剋獲於後니 習因習果를 通名爲因하야 能牽後報니 此報는 酬因이니
此則果通現得이라 又報는 謂有漏오 果는 謂無漏니 同是當果로대 漏
無漏殊라 小施는 小果오 大施는 大果니라

■ ㉔ 作是 아래는 (사람과 법이 모두 공한) 관법의 이익이다. 아홉 구절에
모두 '보지 못한다'고 말한 것은 법계의 성품을 궁구하여 (열반의) 저
언덕에 도달하는 까닭이다. 처음 세 구절은 세 바퀴이며, 복밭이란
보시로 생기는 대상이다. 업은 이루는 원인에 의지하여 미래의 결과
를 불러옴이요, '끝내 얻음'은 결과가 되고, '원인에 답함'은 보답이라
한다. 익히는 원인은 앞을 익혀서 상속하고, 익힌 결과는 뒤에 끝내
얻음이니, 익힌 원인과 익힌 결과를 통틀어 원인이라 하여 능히 뒤의
보답을 견인하나니 이 보답은 원인에 대한 답이니, 이렇다면 결과는
현재에 얻음과 통한다. 또한 보답은 유루(有漏)를 말하고 결과는 무
루(無漏)를 말하니, 미래의 결과는 같지만 유루와 무루인 점이 다르
다. 보시가 작으면 결과도 작고 보시가 크면 결과도 크다.

[鈔] 剋獲爲果者는 此釋果報가 有二義하니 一, 果通現在오 報唯未來니
如修初禪이 爲習因이오 證得初禪이 爲習果라 故云習因은 習續於前
하고 習果는 剋獲於後라 上은 一重因果니 望其當報에 總名爲因이오
生於初禪梵衆等天에 方名感報니 故로 上에 云, 酬因爲報니라 此則
下는 結示라 二, 又報謂有漏下는 則果之與報가 俱在未來니라 大施
大果等者는 此小大等이 有三하니 一, 少[139]物施等이 爲小오 多物施

---

138) 上四字는 南續金本作招果.
139) 少는 甲南續金本作以一.

가 爲大라 二, 小心施가 爲小오 大心施가 爲大라 自利無常等이 爲小[140]오 利他觀空[141]等爲大라 三, 近果爲小오 究竟果爲大니라

● '결과를 끝내 얻음'이란 여기서는 과보가 두 가지 이치가 있음을 해석하였으니, ① 결과는 현재와 통함이요, 보답은 미래일 뿐이니 마치 초선을 닦는 것이 익히는 원인이 되고, 초선을 증득함은 익힌 결과가 된다. 그러므로 익힌 원인은 익혀서 앞을 상속하고, 익힌 결과는 뒤에 끝내 얻는다. 위는 한 겹의 인과요, 미래의 보답을 바라보면 총합하여 원인이라 하고, 초선천과 범중천 등 하늘에 태어날 적에 바야흐로 '보답을 감득한다'고 이름한다. 그러므로 위에서 '원인에 답함이 보답이다'라고 하였다. ① 此則 아래는 결론해 보임이다. ② 又報謂有漏 아래는 결과와 보답이 모두 미래에 있음이다. '보시가 크면 결과도 크다'는 등은 여기에 세 가지가 있으니 ① 적은 물건을 보시함이 적은 것이요, 많은 물건을 보시함이 큰 것이다. ② 작은 마음으로 보시함이 작은 것이요, 큰 마음으로 보시함이 큰 것이다. 스스로에 이롭고 무상함 등이 작은 것이요, 남을 이롭게 하고 공을 관함 등이 큰 것이다. ③ 가까운 결과는 작은 것이요, 궁극의 결과는 큰 것이다.

b. 법 보시 행하기를 원하다[願行法施] (第二 22下7)

爾時에 菩薩이 觀去來今一切衆生의 所受之身이 尋卽壞滅하고 便作是念하되 奇哉라 衆生이여 愚癡無智하여 於生死內에 受無數身하여 危脆不停하여 速歸壞滅이 若已壞滅하며 若今壞滅하며 若當壞滅하되 而不能以不堅

---

140) 小下에 甲南續金本有心字.
141) 觀空은 甲南續金本作空觀.

固身으로 求堅固身일새 我當盡學諸佛所學하여 證一切
智하며 知一切法하고 爲諸衆生하여 說三世平等隨順寂
靜不壞法性하여 令其永得安隱快樂이라하나니

"그때 보살은 과거, 미래, 현재의 모든 중생의 받아 난 몸이
멸하는 것을 보고, 문득 생각하되 '이상하다 중생이여, 어리
석고 지혜가 없어 생사하는 속에서 수없는 몸을 받지마는,
위태하고 연약하여 머물러 있지 못하고 속히 멸하는데, 이
미 멸하였거나 지금 멸하거나 장차 멸할 것이어늘, 마침내
견고하지 못한 몸으로써 견고한 몸을 구하지 못하는구나.
내가 마땅히 모든 부처님이 배우신 것을 모두 배우며, 온갖
지혜를 얻어 온갖 법을 알고는, 중생들을 위하여 삼세가 평
등하고 고요하며 무너지지 않는 법의 성품을 말하여 주어,
그로 하여금 편안한 쾌락을 얻게 하리라' 하나니,

[疏] 第二, 願行法施라 文分爲二니 初, 觀悲境이 爲起願由오 二, 我當
盡學下는 起願利益이라 不壞法性이 是堅固因이오 安隱快樂이 是堅
固果라

■ b. 법 보시 행하기를 원함이다. 경문을 둘로 나누리니, a) 대비의 경
계를 관찰함이 원을 일으키는 원인이 됨이요, b) 我當盡學 아래는 발
원한 이익이다. 무너지지 않는 법의 성품이 견고한 원인이요, 편안하
고 쾌락함이 견고한 결과이다.

(다) 환희행을 결론하다[結名] (經/佛子 22下5)

佛子여 是名菩薩摩訶薩의 第一歡喜行이니라
불자들이여, 이것을 보살마하살의 첫째 즐거운 행이라 하
느니라."

나) 제2 요익하게 하는 행[饒益行] 3.

(가) 이름을 묻다[徵名] (第二 23上1)
(나) 모양을 해석하다[釋相] 2.
ㄱ. 과목 나누기[分科] (二釋)

佛子여 何等이 爲菩薩摩訶薩의 饒益行고 此菩薩이 護
持淨戒하여 於色聲香味觸에 心無所着하고 亦爲衆生하
여 如是宣說하되
"불자들이여, 어떤 것이 보살마하살의 요익케 하는 행인가?
이 보살이 깨끗한 계율을 수호하여 가지며, 빛과 소리와 냄
새와 맛과 촉에 대하여 집착하지 아니하고, 중생들을 위하
여서도 이렇게 말하며,

[疏] 第二, 饒益行이라 二, 釋相之中에 先, 略이오 後, 廣이니 皆顯三聚가
含於九戒라 今初略中에 文三이니 初, 明持相이오 次, 彰離過오 後,
顯持意라

■ 나) 제2. 요익케 하는 행이다. (나) 모양을 해석함 중에 ㄱ) 삼취계에
대해 간략히 밝힘이요, ㄴ) 자세히 밝힘이다. 모두 삼취계가 아홉 가
지 계를 포함함을 밝혔다. 지금은 ㄱ) 간략히 밝힘 중에 경문이 셋이

니 (ㄱ) 계를 지키는 모양을 밝힘이요, (ㄴ) 허물 여읨을 밝힘이요, (ㄷ) 지키는 의미를 밝힘이다.

ㄴ. 과목에 따라 해석하다[隨釋] 2.
ㄱ) 삼취계에 대해 간략히 밝히다[略顯三聚] 3.
(ㄱ) 계를 지키는 모양[明持相] (今初 23上5)

[疏] 今初라 初句爲總이니 總該三聚가 卽戒自性이라 於色聲下는 別釋淨義라 意地無着이 是眞律儀오 亦爲生說이 卽饒益有情戒也니라

■ 지금은 (ㄱ)이다. a. 첫 구절은 총상이니 삼취계가 곧 계법의 자체 성품을 총합하여 포괄함이요, b. 於色聲 아래는 청정한 뜻을 별도로 해석함이다. 의미의 땅에 집착이 없음이 진정한 계율과 위의이고, 또한 중생을 위해 설함이 곧 중생을 요익케 하는 계이다.

[鈔] 皆顯三聚等者는 廣略皆顯故라 今初라 初句爲總總該三聚는 是略中具也라 卽戒自性者는 是九戒之一也라 意地無染是眞律儀者는 出三聚相이니 起心에 卽破菩薩戒故라 二, 亦爲生下는 攝衆生戒라 下顯持戒意가 含於攝善이니라

● '모두 삼취계 등을 밝힌다'는 것은 자세함과 간략함이 모두 밝힘인 까닭이다. 지금은 a.이다. a) 첫 구절은 총상으로 삼취계에 대해 밝힘은 간략히 밝힘 중의 구체적인 것이다. '곧 계의 자체 성품'이란 아홉 가지 계(戒) 중의 하나이다. '의미의 땅에 집착 없음이 진정한 계율과 위의'라는 것은 삼취계의 모양을 내보임이니, 마음을 일으키면 곧 보살계를 파하게 되는 까닭이다. b) 亦爲生 아래는 중생을 섭수한

계이다. 아래에 지계하는 의미를 밝힌 것이 섭선법계에 포함된다.

(ㄴ) 허물을 여읨에 대해 밝히다[彰離過] (二不 23下4)

不求威勢하며 不求種族하며 不求富饒하며 不求色相하
며 不求王位하여 如是一切에 皆無所着하고
권세를 구하지도 않고, 문벌을 구하지도 않고, 부귀를 구하
지도 않고, 몸매를 구하지도 않고, 임금의 지위를 구하지도
아니하여, 이러한 온갖 것에는 조금도 집착이 없고,

[疏] 二, 不求下는 彰其離過라 亦是於果에 無依니 顯淸淨義라
■ (ㄴ) 不求 아래는 허물을 여읨에 대해 밝힘이다. 또한 결과에 의지함
이 없으니 청정한 뜻을 밝힘이다.

[鈔] 亦是於果無依는 卽第九淸淨戒之一也라
● 또한 결과에 의지함이 없음은 제9. 청정한 계법 중의 하나이다.

(ㄷ) 계를 지키는 의미[顯持意] 2.
a. 첫 구절을 해석하다[釋初句] (三但 23下9)

但堅持淨戒하여 作如是念하되 我持淨戒하여 必當捨離
一切纏縛과 貪求熱惱와 諸難逼迫과 毀謗亂濁하고 得佛
所讚平等正法이라하나니라
다만 청정한 계율을 견고하게 가지면서 생각하기를 '내가

청정한 계율을 가지는 것은 반드시 온갖 얽힘과 온갖 속박과 탐심과 시끄러움과 모든 재난의 핍박과 훼방과 탁란함을 버리고 부처님에서 찬탄하시는 평등한 정법을 얻으리라' 하느니라."

[疏] 三, 但堅持下는 顯持戒意니 初句爲總이니 盡壽堅持라 作如是下는 以誓自要하야 成上堅相이니 謂一切利養과 恭敬他論과

■ (ㄷ) 但堅持 아래는 계를 지키는 의미를 밝힘이니, a. 첫 구절은 총상이니 목숨이 다하도록 굳건하게 지킨다는 뜻이다. b. 作如是 아래는 스스로 중요하다고 맹서하여 위의 굳건한 모양을 성취함이니, 이른바 온갖 이양과 다른 논의를 공경함이다.

b. 별상 구절을 해석하다[釋別句] 2.
a) 총합하여 설명하다[總明] (本隨 24上1)

[疏] 本隨煩惱를 不能伏故라 一切惡止라 得佛正法이 是眞善行이라

■ 근본번뇌과 수번뇌를 능히 조복받기 때문이다. 온갖 악을 그치고 부처님의 정법을 얻음이 곧 진실로 선한 행법이다.

[鈔] 謂一切利養等者는 出堅相也라 四分戒에 云, 明人은 能護戒하야 能得三種樂하니 名譽와 及利養과 死得生天上이라하니라 若希此三하면 非眞堅持니라 本隨煩惱者는 下經에 自出이어니와 疏[142)又具明하니라 纏은 卽隨惑이오 縛은 卽根本이라 言一切惡止者는 卽是律儀오 善行

---

142) 疏는 南續金本作彼.

은 卽是攝善이니라

● 이른바 온갖 이양 등이란 군건한 모양을 내보임이다. 『사분율(四分律)』계법에 이르되, "밝은 사람은 계법을 잘 지켜서 능히 삼종의 즐거움을 얻었으니 (1) 명예와 (2) 이양과 (3) 죽어서 천상에 태어남이다"라고 하였다. 만일 이 세 가지를 희구하면 진정한 굳게 지킴이 아니다. 근본번뇌와 수번뇌란 아래 경문에 자연히 나오겠지만 소가가 또한 구체적으로 밝히겠다. 얽힘은 곧 수번뇌요, 속박은 근본번뇌이다. '온갖 악을 그친다'고 말한 것은 곧 계율과 위의요, 선행은 곧 섭선법계이다.

b) 개별로 해석하다[別釋] 3.
(a) 얽힘에 대한 해석[釋纏] (纏謂 23上7)

[疏] 纏은 謂八纏이니 卽無慚과 無愧와 掉擧와 惡作과 惛睡와 慳嫉이라 初二는 障戒니 正障律儀오 次二는 障觀이오 後二는 障捨니 卽障善法饒益이라 於相修中에 纏繞身心일새 所以偏說이라 或說十纏하니 謂加忿覆라 於被擧時에 爲重障故라 此卽隨惑이니라

■ (a) 얽힘은 여덟 가지 얽힘이라 말하나니 곧 (1) 무참과 (2) 무괴 (3) 도거 (4) 악작 (5) 혼수(惛睡) (6) 간질(慳嫉)이다. 처음 둘[무참, 무괴]은 계를 장애함이니 바로 율의를 장애함이요, 다음 둘[掉擧, 惡作]은 관법을 장애함이요, 뒤의 둘[惛睡, 慳嫉]은 사수(捨受)를 장애함이니 곧 섭선법계와 요익중생계를 장애한다. 모양에 대해 수행하는 중에 몸과 마음을 얽고 둘러쌈으로 인해 치우쳐 말하였다. 혹은 열 가지 얽힌 번뇌를 설하나니, 이른바 분복(忿覆)을 더하였다. 도거(掉擧)를 당할

적에 거듭 장애가 되는 까닭이니, 이것이 곧 수번뇌이다.

[鈔] 纏謂八纏下는 釋此纏字라 疏文有五하니 一, 釋八名이오 二, 辨障業
이오 三, 釋總名이오 四, 明十纏이오 五者, 結示라 然初八纏은 廣如
論釋하니라 無慚과 無愧는 十藏에 廣明하고 餘之六事는 前後에 頻有
니라 二, 初二障戒下는 辨障業이니 雜集第七에 云, 修尸羅時에 無慚
無愧가 爲障이니 由具此二하야 犯諸學處하야 無羞恥故라 …〈아래 생
략〉…

● (a) 纏謂八纏 아래는 전 자(纏字)를 해석함이다. 소문에 다섯이 있
으니 ㉠ 여덟 가지 명칭을 해석함이요, ㉡ 업을 장애함을 밝힘이요,
㉢ 총합 명칭을 해석함이요, ㉣ 열 가지 전사(纏使) 번뇌를 밝힘이요,
㉤ 결론하여 보임이다. 그런데 ㉠ 여덟 가지 얽힘에 대해 자세한 것
은 논의 해석과 같다. 무참(無慚)과 무괴(無愧)는 십무진장품에 자세
하게 설명하고, 나머지 여섯 가지 일은 앞과 뒤에 자주 나온다. ㉡
初二障戒 아래는 업을 장애함에 대해 밝힘이니『아비달마잡집론』
제7권에 이르되, "시라바라밀을 수행할 때에 무참과 무괴가 장애가
되나니 이 두 가지를 구비함으로 인해 모든 배울 곳을 범하여도 수
치심이 없는 까닭이다. …〈아래 생략〉…

(b) 속박에 대한 해석[釋縛] (縛謂 25下1)
(c) 마지막 구절을 해석하다[釋末句] (不毁)

[疏] 縛은 謂四縛이니 卽貪欲과 瞋恚와 戒取와 我見이라 貪利不遂에 熱惱
生瞋이오 梵行命難에 則生毁謗이라 謗則戒取오 我則濁亂이라 不毁

不持하야사 方爲平等이니라

■ (b) 속박은 네 가지 속박을 말하나니 곧 탐욕과 진에와 계금취견과 아견이다. 이양을 탐하여 이루지 못할 적에 열뇌하고 진에가 생김이요, 범행으로 목숨이 어려울 적에 훼방함이 생기게 된다. 비방하면 계금취견이요, 아견은 혼탁하고 산란함이다. 훼방하지 않고 지키지도 않아야 비로소 평등함이 된다.

[鈔] 縛謂四縛者는 先, 標列이오 後, 會經이라 今初라 雜集等論에 但有三縛하니 謂貪瞋癡니 由此三縛이 縛諸有情하야 令處三苦니라 今言四者는 此經第三地文에 亦云호대 此菩薩이 於一切欲縛인 色縛과 有縛가 無明縛에 皆轉微縛이라하니라 釋曰, 此卽修所斷中三界煩惱와 及無明故라 於見縛之外에 說四니 幷前卽五住地惑也니라 今此四縛은 卽按次文이니라 貪利已下는 會經四相이니 初, 貪利는 卽經貪求爲一이오 二, 熱惱卽瞋이오 三, 諸難逼迫毁謗은 卽是戒取오 四, 濁亂은 卽是我見이라 正於持戒에 而說四故라 然其戒取는 由癡而生이라 不了諸難而生毁謗은 亦是邪見이니 同意三業故라 故亦不出三毒과 及見이라 我見이 特爲諸見之主故니라

不毁不持는 釋經得佛所讚平等正法이니 故로 淨名第三見阿閦佛國品에 云, 不施不慳하며 不戒不犯하며 不忍不恚하며 不進不怠하며 不定不亂하며 不智不愚하며 不誠不欺하며 不來不去하며 不出不入이라하니 今取此勢하야 但用一戒中義耳니라 不犯故로 事相無違오 不持故로 了戒空寂이니라

● '속박은 네 가지에 속박됨을 말한다'는 것에서 ㉠ 표방하고 나열함이요, ㉡ 경문과 회통함이다. 지금은 ㉠이다. 『아비달마잡집론』 등에

단지 세 가지 속박만 있으니 탐욕과 성냄과 어리석음이니, 이런 세 가지 속박으로 인해 모든 유정을 속박해서 하여금 세 가지 괴로움에 처하게 한다. 지금 네 가지라 말한 것은 본경의 십지품 제3. 발광지 경문에 또 이르되, "이 보살이 (소견의 속박[見縛]이 먼저 멸하고,) 욕심의 속박, 색계의 속박, 무색계의 속박, 무명의 속박이 점점 희박하여지고"라고 하였다. 해석하자면 이것은 단절할 대상인 삼계의 번뇌와 무명을 닦는 까닭이다. 소견의 속박 외에 네 가지를 말했으니 앞의 다섯 가지 주지번뇌[① 見一切處住地 ② 欲愛住地 ③ 色愛住地 ④ 有愛住地 ⑤ 無明住地]와 함께한다. 지금 여기의 네 가지 속박은 다음 경문을 참고해야 한다. ㊁ 貪利 아래는 경문의 네 가지 모양과 회통함이니 (1) 이양을 탐함은 곧 경문의 탐하여 구함이 하나가 되고, (2) 시끄러움은 곧 성냄이요, (3) 모든 재난의 핍박과 훼방은 곧 계금취견이요, (4) 탁란함은 곧 나란 소견이다. 바로 계를 지킬 적에 네 가지를 설하기 때문이다. 그러나 계금취견은 어리석음으로 인해 생긴다. 모든 재난을 알지 못하여 훼방이 생김은 또한 삿된 소견이니 세 가지 업과 같은 까닭이다. 그러므로 또한 삼독과 소견에서 벗어나지 않는다. 나란 소견이 특히 모든 소견 중의 주인인 까닭이다.

'훼방하지도 지키지도 않음'은 경문의 '부처님께서 찬탄하시는 평등한 정법'을 해석한 말이다. 그러므로 『유마경』제3 아촉불국품에 이르되, "베풀지도 않고 아끼지도 않으며, 계를 지키지도 않고 범하지도 않으며, 참지도 않고 성내지도 않으며, 정진도 하지 않고 게으르지도 않으며, 선정도 닦지 않고 산란하지도 않으며, 지혜롭지도 않고 어리석지도 아니합니다. 진실하지도 않고 속이지도 않으며, 오지도 않고 가지도 않으며, 나가지도 않고 들어가지도 않으며, (일체 언어의 길이 다 끊어졌습니다)"라고 하였으니 지금은 이런 문세를 취하여 단지 한 계법 가운데 이치를 사용했을 뿐이다. 범하지 않았으므로 현상적 모양이 어긋남이 없고 지키지 않으므로 계가 공적함을 안다.

ㄴ) 삼취계에 대해 자세히 밝히다[廣顯三聚] 2.
(ㄱ) 과목 나누기[分科] (第二 26下3)

佛子여 菩薩이 如是持淨戒時에 於一日中에 假使無數
百千億那由他諸大惡魔가 詣菩薩所하되 一一各將無量
無數百千億那由他天女하여 皆於五欲에 善行方便하며
端正姝麗하여 傾惑人心이라 執持種種珍玩之具하고 欲
來惑亂菩薩道意리라

"불자들이여, 보살이 이렇게 청정한 계율을 가질 적에, 하루 동안에 가령 수없는 백천억 나유타 큰 악마가 보살이 있는 곳에 나오면서, 저마다 각각 한량없고 수없는 백천억 나유타 천녀를 데리고 왔는데 모두 다섯 욕심에 대하여 방편을 잘 행하며, 단정하고 아름다워 사람의 마음을 홀리게 하며, 갖가지 훌륭한 물건을 가지고 와서 보살의 도심을 의혹하고 어지럽게 하리라.

[疏] 第二, 佛子菩薩如是下는 廣顯三聚라 即分爲三하니 初, 攝律儀오
二, 攝衆生이오 三, 攝善法이라

■ ㄴ) 佛子菩薩如是 아래는 삼취계에 대해 자세히 밝힘이다. 셋으로 나누리니 a. 섭율의계요, b. 섭중생계요, c. 섭선법계이다.

[鈔] 初攝律儀等者는 唯識十度에 但有三名하고 而無解釋이어니와 若梁攝論인대 三學之中에 具有解釋이라 本論中에 云, 一, 攝律儀戒니 謂正遠離所應離法이오 二, 攝善法戒니 謂正修證應修證法이오 三, 饒益有情戒니 謂正利樂一切有情이라하야늘 無性이 釋云호대 律儀戒者는 謂於不善能遠離法에 防護受持니 由能防護諸惡不善身語等業일새 故云律儀라 攝善法戒는 能令證得力無畏等一切佛法이오 饒益有情戒는 能助有情호대 如法所作으로 平等分布하고 無罪作業으로 成熟有情이라하며 有說호대 後二는 依初建立이라하니라 釋曰, 此下는 釋立三所以라 無性이 云호대 此能建立後二尸羅니 由自防護하야 能修供養佛等善根과 及益諸有情[143]故라하며 世親이 云호대 住律儀者는 便能建立攝善法戒니 由此하야 修集一切佛法하야 證大菩提하며 復能建立益有情戒니 由此故로 能成熟有情이라하니라 準梁攝論과 及釋[144]云하면 若人이 不離惡法하면 攝善과 利他가 則不得成이라하니라 有說호대 前二는 爲成後一이라하니라 梁攝論에 云, 若人이 住前二種淨戒하면 則能引攝利衆生戒하야 爲成熟他라하니라 梁論三戒는 大意同前이라 故로 彼論에 云, 此三品戒는 即四無畏因이니 何以故오 初戒는 是斷德이오 第二戒는 是智德이오 第三戒는 是恩德이라 四無所畏가 不出三德故로 由此하야 故說戒有三品이라하니라 本業經에 云, 戒有三緣하니 一, 自性戒오 二, 善法戒오 三, 利益衆生戒라하니 義皆同也니라

● a. 섭율의계 등이란 『성유식론』 십바라밀에 단지 세 가지 명칭만 있고 해석은 없다. 만일 『섭대승론』이라면 삼학(三學) 중에서 갖추어 구체적으로 해석한 것이 있다. 본론 중에 이르되, "(1) 섭율의계이니 바로

---

143) 情은 甲續金本作故.
144) 釋下에 甲南續金本有論字.

응당히 여의어야 할 법을 멀리 여의는 것이요, (2) 섭선법계이니 응당히 닦아서 증득할 법을 닦아서 증득함이요, (3) 중생을 요익하게 하는 계이니 바로 모든 유정을 이익되고 안락하게 한다"고 하였는데, 무성보살이 해석하되, "① 섭율의계는 선하지 않은 멀리 여의어야 할 법에 막고 보호하여 받아 지킴이니 능히 모든 악하고 착하지 않은 신업, 어업 등을 막고 보호하는 연고로 계율과 위의라 한다. ② 섭선법계는 능히 하여금 십력과 사무소외 등 온갖 불법을 증득하게 함이요, ③ 중생을 요익하게 하는 계이니 능히 유정을 돕되 법으로 지은 바와 같이 평등하게 분포하고 죄 없는 작업으로 유정을 성숙케 한다"고 하였으며, 어떤 이가 말하되, "뒤의 둘은 첫째에 의지하여 건립한다"고 하였다. 해석하자면 이 아래는 세 가지를 건립한 이유를 해석함이다. 무성보살이 이르되, "이것은 뒤의 두 가지 계법을 능히 건립함이니, 자신이 막고 보호함으로 인해 능히 부처님께 공양하는 등의 선근과 모든 유정을 요익함을 수행하는 까닭이다"라고 하였으며, 세친보살이 이르되, "율의에 머무는 것은 문득 능히 섭선법계를 건립하나니 이로 인해 온갖 불법을 닦아 모아서 대보리를 증득하며 다시 능히 유정을 요익케 하는 계를 건립하나니 이로 인한 까닭에 능히 유정을 성숙케 한다"라고 하였다. 『양섭론』과 석론에 준하여 말하면, "만일 사람이 악한 법을 여의지 못하면 섭선법계와 다른 이를 이롭게 함을 성취하지 못한다"라고 하였다. 어떤 이가 말하되, "앞의 둘은 뒤의 하나를 이루기 위함이다"라 하였다. 『양섭론』에 이르되, "만일 사람이 앞의 두 가지 깨끗한 계법에 머무르면 능히 중생을 섭수하여 이롭게 하는 계를 이끌어 다른 이를 성숙케 한다"라고 하였다. 『양섭론』의 세 가지 계는 큰 의미로는 앞과 같다. 그러므로 저『섭대승론』에 이르되,

"이 3품의 계는 곧 네 가지 두려움 없음의 원인이니, 왜냐하면 첫째 섭율의계는 단덕(斷德)이요, 둘째 섭선법계는 지덕(智德)이요, 셋째 섭중생계는 은덕(恩德)이다. 사무소외가 이 세 가지 덕에서 벗어나지 않는 연고로 이로 인해 계법에 세 품이 있다고 말한다"라고 하였다. 『보살본업경』에 이르되, "계에 세 가지 인연이 있으니 ① 제 성품의 계요, ② 선법의 계요, ③ 중생을 이익하는 계이다"라고 하였으니 이치는 모두 같다.

(ㄴ) 과목에 따라 해석하다[隨釋] 3.
a. 율의를 포섭하는 계[攝律儀戒] 2.

a) 의미를 밝히고 과목 나누다[顯意分科] (今初 27下5)
b) 과목에 따라 해석하다[隨科隨釋] 2.
(a) 지키기 어려운 경계를 밝히다[顯難持之境] (先顯)

[疏] 今初는 卽堅持不犯이니 爲第一難持라 文中에 亦二니 先, 顯難持之
　　境이라 謂多而且麗하고 加以惑心하며 日日長時일새 故爲難也라

　■ 지금은 a. (율의를 포섭하는 계이니) 곧 굳건하게 지키고 범하지 않음이니 첫째, 지키기 어려움이 된다. 경문 중에 또 둘이니, (a) 지키기 어려운 경계를 밝힘이다. 이른바 많으면서 또 수려하고 더하여 마음을 미혹케 하며 날마다 긴 시간이므로 지키기 어려움이 된다.

[鈔] 今初卽堅持不犯者는 卽難行戒라 準瑜伽論第四十二하면 有其三
　　種하니 一者, 謂菩薩이 現在에 具足大財와 大族과 自在增上하고 棄

捨如是大財大族自在增上하고 具受菩薩淨戒律儀하나니 是名第一
難行戒라 二者, 菩薩이 若遭急難커나 乃至失命이라도 於所受戒에
尙無缺減이온 何況全犯가 三者, 如是徧於一切하야 行住作意에 恒
住正念하야 常無放逸하며 乃至命終이라도 於所受戒에 無有誤失이라
尙不犯輕이온 何況犯重가하니 釋曰, 今卽第一이니 次二疏中에 具之
니라

● 지금은 (a) 굳건하게 지키고 범하지 않음은 곧 '행하기 어려운 계율
[難行戒]'이다. 『유가사지론』제42권에 준하면 세 가지가 있으니, "(무
엇이 보살의 행하기 어려운 계율인가?) (1) 보살이 현재에 큰 재산과 큰 종족
의 자재하고 뛰어남을 두루 갖추면서도 이와 같은 큰 재산과 큰 족
성의 자재하고 뛰어남을 버려 버리고, 보살의 깨끗한 계행과 율의를
받아 지니는 이것을 보살로서 '첫째 행하기 어려운 계율'이라고 한다.
(2) 보살이 (깨끗한 계율을 받은 뒤에) 만약 위급한 재난과 내지 목숨을
잃게 되는 일을 만난다 하여도 받은 바의 계율에 대해서는 오히려 조
금이라도 결함됨이 없거든 하물며 완전히 범함이겠는가? (3) 이와 같
이 두루 하게 온갖 가고 서고 하는 데서 뜻을 짓되 한결같이 바른 기
억[正念]에 머무르며, 언제나 방일함이 없고 목숨이 다함에 이르기까
지 받은 바 계율에 대해서는 그르치고 잃음이 없으면서 오히려 가벼
운 계도 범하지 않거든 하물며 중한 계를 범하겠는가?"라고 하였다.
해석하자면 지금은 (1)이니 다음 둘은 소문 중에 구비하리라.

(b) 관법을 시작하여 대치하다[起觀對治] (後爾 28上7)

爾時菩薩이 作如是念하되 此五欲者는 是障道法이며 乃

至障礙無上菩提라할새 是故로 不生一念欲想하여 心淨
如佛이니라

이때 보살은 이렇게 생각하되 '이 다섯 욕심은 도를 장애하는
것이며, 위없는 보리까지도 장애하는 것이라' 하여 잠깐도 탐
욕을 내지 아니하고 깨끗한 마음이 부처님과 같으니라."

[疏] 後, 爾時菩薩下는 起觀對治니 卽能持於難持也라 言乃至者[145]는
大品에 云, 貪着五欲은 障礙生天이온 況復菩提아 勝事를 皆障일새
故云乃至니라

■ (b) 爾時菩薩 아래는 관법을 시작하여 대치함이니 곧 지키기 어려움
을 능히 지키게 함이다. '내지'라 말한 것은 『대품반야경』에 이르되,
"오욕에 탐착함은 천상에 태어남을 장애하는데 하물며 더구나 보리이겠
는가?"라 하였고, 뛰어난 일을 모두 장애하는 까닭에 '내지'라 하였다.

b. 중생을 포섭하는 계[攝衆生戒] 4.
a) 범계를 잊고 중생을 제도하다[忘犯濟物] (第二 28下1)

唯除方便으로 教化衆生하되 而不捨於一切智心이니라

"오직 방편으로 중생을 교화하는 일만은 제할 것이니, 온갖
지혜의 마음을 버리지 아니한 때문이니라.

[疏] 第二, 唯除下는 攝衆生戒라 於中에 四니 初, 明忘犯濟物이라 如祇
陀와 末利는 唯酒唯戒니 唯除教化하야 卽行於非道라 不捨智心은

卽通達佛道라

- b. 唯除 아래는 중생을 포섭하는 계이다. 그중에 넷이니, (a) 범계를 잊고 중생을 제도함이다. 마치 기타(祇陀)태자와 말리카[末利]부인은 음주(飮酒)만 하면서 계행은 지켰으니, 오직 교화를 위해 도 아님을 행한 것만 제외하나니, 지혜의 마음을 버리지 않고서 곧 불도를 통달하였다.

[鈔] 祇陀末利者는 末利夫人은 爲救廚子하야 飮酒塗飾等하며 祇陀太子는 爲順國人하야 亦和光飮酒나 而不忘戒하니 並如別說하나라

- '기타태자와 말리카부인'이란 말리부인은 주방의 일하는 사람을 구제하기 위하여 술을 마시고 칠을 하고 장식을 하였으며, 기타태자는 국성의 백성을 따르기 위하여 신분을 감추고[和光] 술을 마셨지만 계를 잊어버리지 않았으니 함께 별도로 설명함과 같다.

b) 자신의 몸을 가벼이 하여 중생에게 이익 주다[輕身益物] (二佛 28下8)

佛子여 菩薩이 不以欲因緣故로 惱一衆生이니 寧捨身命이언정 而終不作惱衆生事하나니라
불자들이여, 보살은 탐욕으로 인하여서는 한 중생도 시끄럽게 하지 아니하나니, 차라리 목숨을 버릴지언정 중생을 시끄럽게 하는 일을 짓지 아니하느니라.

[疏] 二, 佛子下는 輕身益物이니 爲第二[146]難持라 乃至捨命이라도 亦無

---

146) 二는 金本作一誤.

缺故라

■ b) 佛子 아래는 자신의 몸을 가벼이 하여 중생에게 이익 줌이니 둘째, 지키기 어려움이다. 나아가 목숨을 버리더라도 또한 모자람이 없는 까닭이다.

c) 계율 지키는 영역[彰持分齊] (三菩 29上2)

菩薩이 自得見佛已來로 未曾心生一念欲想이어든 何況 從事아 若或從事인댄 無有是處니라

보살이 부처님을 뵈온 후로는 일찍 잠깐도 탐욕 생각을 내지 아니하였는데, 하물며 실제로 일을 행할까 보냐. 혹시도 그런 일을 행한다는 것은 있을 수 없느니라.

[疏] 三, 菩薩自得下는 彰持分齊니 是第三難持라 謂恒住正念하야 無誤失故니 卽以難으로 況易며 以誤로 況故라 本性慣習故라 分齊者는 初發心住에 了見心性하야 成正覺故며 解法無生하야 常見佛故로 觸境이 皆佛이어니 豈容佛所에 生欲想耶아

■ c) 菩薩自得 아래는 계율 지키는 영역을 밝힘이니 셋째, 지키기 어려움이다. 이른바 항상 바른 기억에 머물러서 잘못이나 과실이 없는 까닭이니, 곧 어려움으로 쉬운 것과 비교하며 잘못으로 비교하는 까닭이다. 근본 성품이 익숙하게 익힌 까닭이다. 영역이란 초발심주에서 마음의 체성을 알아보아서 정각을 이룬 까닭이며, 법이 생사가 없음을 알아서 항상 부처님을 뵙는 연고로 경계와 마주침이 모두 부처이니 어찌 부처님 처소에서 탐욕의 생각을 일으킴을 용납하겠는가?

d) 깊이 대비심을 일으키다[深起大悲] 2.

(a) 과목 나누기[分科] (四爾 29上9)

(b) 과목에 따라 해석하다[隨釋] 3.

㊀ 중생이 욕심에 탐착함을 슬퍼하다[悲物着欲] (今初)

> 爾時에 菩薩이 但作是念하되 一切衆生이 於長夜中에 想念五欲하며 趣向五欲하며 貪着五欲하며 其心決定하며 耽染하며 沈溺하며 隨其流轉하며 不得自在하나니
> 그때 보살은 이렇게 생각하나니, '일체 중생이 오랜 세월에 다섯 욕심을 생각하고 다섯 욕심으로 향하여 나아가고 다섯 욕심을 탐착하면서, 그 마음에 결정하여 물들고 빠져서 그를 따라 헤매고 자재함을 얻지 못하는 것이니,

[疏] 四, 爾時菩薩下는 明深起大悲니 是善士相이라 在文分三이니 初, 悲物着欲이오 二, 生勸持心이오 三, 徵釋所以라 今初七句에 初二爲總이니 無時不起가 是長夜中이라 想念下는 別이니 一, 想念未得이오 二, 趣向可得이오 三, 貪着已得이오 四, 決謂爲淨이오 五, 耽染無厭이오 六, 迷醉沈溺이오 七, 隨境流轉이오 八, 欲罷不能이라

■ d) 爾時菩薩 아래는 깊이 대비심을 일으킴이니 착한 선비의 모양이다. 경문에서 셋으로 나누니 ㊀ 중생이 욕심에 탐착함을 슬퍼함이요, ㊁ 계율 지키기 권하는 마음을 냄이요, ㊂ 그 이유를 묻고 해석함이다. 지금은 ㊀ (중생이 욕심에 탐착함을 슬퍼함)에 일곱 구절에서 ① 두 구절은 총상이니 일어나지 않을 때가 없는 것이 '오랜 세월 가운데'이다. ② 想念 아래는 별상이니 (1) 생각하고 염려하여도 얻지 못함이

요, (2) 향하여 나아가면 얻을 수 있음이요, (3) 탐착한 것을 이미 얻음이요, (4) 결정하여 깨끗하다 말함이요, (5) 물들고 빠져서 싫어할 줄 모름이요, (6) 미혹하고 취해서 물들고 빠짐이요, (7) 경계를 따라 유전함이요, (8) 욕심을 파하여 (자재를) 얻지 못함이다.

[鈔] 深起大悲者는 論에 云, 云何菩薩善士戒오 當知此戒가 略有五種하니 謂諸菩薩自具尸羅오一 勸他受戒오二 讚戒[147]功德이오三 見同[148]法者에 深心歡喜오四 設有毀犯이라도 如法悔除라하니라五 釋曰, 今正當中三이니 疏文에 自配라 自具尸羅는 前文已有오 已毀令悔는 文中에 略無하니라

- d) '깊이 대비심을 일으킴'이란 『유가사지론』 제42권에 이르되, "어떤 것이 보살의 착한 선비의 계인가? 이 계가 요약하여 다섯 종류가 있는 줄 알아야 한다. 이른바 모든 보살이 ① 스스로가 시라(尸羅)를 갖추고, ② 다른 이에게 권하여 계율을 받게 하며, ③ 계율의 공덕을 찬탄하고, ④ 법을 같이하는 이를 보면 깊은 마음으로 기뻐하며, ⑤ 설령 훼범함이 있었더라도 법대로 뉘우쳐 없애는 것이다"라고 하였다. 해석하자면 지금은 바로 그중 셋째(③ 계율의 공덕을 찬탄함)에 해당하나니 소문에 자연히 배대한다. ① 스스로 시라를 갖춤은 앞의 경문에 이미 있었고, ⑤ 이미 훼범한 이를 뉘우치게 함은 경문에 생략하여 없다.

㉢ 지키기 권하는 마음을 내다[生勸持心] (二我 30上2)

---

147) 戒는 金本作成誤.
148) 同은 甲南續金本作聞誤.

我今應當令此諸魔와 及諸天女와 一切衆生으로 住無上
戒하고 住淨戒已하여는 於一切智에 心無退轉하여 得阿
耨多羅三藐三菩提하며 乃至入於無餘涅槃케하리라
내 이제 마땅히 이 마군과 천녀와 모든 중생으로 하여금 위
없는 계율에 머물게 할 것이며, 청정한 계율에 머문 뒤에는
온갖 지혜에 마음이 퇴전하지 아니하여 아뇩다라삼먁삼보
디를 얻으며, 내지 무여열반에 들게 하리니,

[疏] 二, 我今下는 生勸持心이니 初, 勸他持戒오 次, 住淨戒下는 兼讚戒
功德이오
■ ㉢ 我今 아래는 지키기 권하는 마음을 냄이니 ㉮ 다른 이를 계를 지
키도록 권함이요, ㉯ 住淨戒 아래는 지계 공덕을 겸하여 찬탄함이다.

㉣ 그 이유를 묻고 해석하다[徵釋所以] (三徵 32上5)

何以故오 此是我等의 所應作業이라 應隨諸佛하여 如是
修學이니라
왜냐하면 이것은 우리가 마땅히 행할 사업이므로 부처님을
따라서 이렇게 배워야 할 것이니라'고 하느니라."

[疏] 三, 徵釋者는 大悲益他가 菩薩家業故라
■ ㉣ 그 이유를 묻고 해석함이란 대비심으로 다른 이를 이익 줌이니, 보
살의 가업(家業)인 까닭이다.

c. 선법을 포섭하는 계[攝善法戒] 2.

a) 자분으로 현재에 섭수하다[明自分現攝] 2.

(a) 의미를 밝히고 과목 나누다[顯意分科] (第三 30上8)

作是學已에 離諸惡行과 計我無知하고 以智入於一切佛
法하여 爲衆生說하여 令除顚倒라하나니라
"이렇게 배우고는 모두 나쁜 행동과 '나'라고 고집하는 무
지를 여의고, 지혜로 일체 부처님 법에 들어가서 중생에게
법을 말하여 전도를 버리게 하거니와,

[疏] 第三, 作是學已下는 明攝善法戒라 文分爲二니 初, 明自分現攝이오
後, 辨勝進當攝이라 今初니 善法雖多나 不出悲智일새 故로 文中에
略擧라 於中에 分三이니 初, 雙標悲智오 二, 然知已下는 雙釋二相이
오 三, 如是解者已下는 雙明二果라

■ c. 作是學已 아래는 선법을 포섭하는 계이다. 경문을 둘로 나누었으
니 a) 자분으로 현재에 섭수함을 밝힘이요, b) 승진으로 미래에 섭수
함을 밝힘이다. 지금은 a)이니 선법이 비록 많지만 자비와 지혜를 벗
어나지 않으므로 경문 중에 간략히 거론하였다. 그중에 셋으로 나누
니 ㉠ 자비와 지혜를 함께 표방함이요, ㉡ 然知 아래는 두 모양을 함
께 해석함이요, ㉢ 如是解者 아래는 두 가지 결과를 함께 밝힘이다.

(b) 가름을 따라 경문을 해석하다[隨章釋文] 3.

㉠ 자비와 지혜를 함께 표방하다[雙標悲智] (今初 30下1)

[疏] 今初也니 先은 智요 後는 悲라 智中에 先明離過니 謂離惡行無明이라 後, 以智下는 明其成德이라 爲衆生下는 卽是攝悲라

■ 지금은 ㉠이니 (1) 앞은 지혜이고 (2) 뒤는 자비이다. (1) 지혜 중에 ① 허물 여읨에 대한 설명이니 이른바 악행과 무명을 여읨이다. ② 以智 아래는 그 덕을 성취함이다. ③ 爲衆生 아래는 곧 자비를 포섭함이다.

㉠ 두 모양을 함께 해석하다[雙釋二相] 2.
① 총합하여 과목 나누다[總科] (二雙 30下5)
② 개별로 해석하다[別釋] 2.
㉮ 지혜로 자비를 이끌어 내다[以智導悲] 2.
㉠ 네 가지 대구를 총합 설명하다[總明四對] (今初)

然이나 知不離衆生하고 有顚倒요 不離顚倒하고 有衆生이며
그러나 중생을 떠나서 전도가 있지도 않고, 전도를 떠나서 중생이 있지도 않으며,

[疏] 二, 雙釋二相中에 悲智雙運이라 文分爲二니 先, 以智導悲하야 自成 正觀이오 二, 一切諸法下는 通明人法하야 顯彼倒因이라 今初에 文 有四對하니 前三은 二互相望이오 後一은 當體以辨이라 前三對中에 前二는 不離오 後一은 不卽이니 卽顯生之與倒가 非卽離也라 衆生은 卽能起顚倒之人이니 乃染分依他오 顚倒는 卽所起之妄이니 是徧計 所執이라

■ ㉠ 두 모양을 함께 해석함 중에 자비와 지혜를 동시에 움직인다. 경

문을 둘로 나누리니 ㉠ 지혜로 자비를 이끌어서 자연히 바른 관법을 성취함이요, ㉡ 一切諸法 아래는 사람과 법을 전체적으로 설명하여 저 전도의 원인을 밝힘이다. 지금은 ㉠에서 경문에 네 가지 대구가 있으니 ㉠ 앞의 세 가지 대구는 둘이 서로 번갈아 관망함이요, ㉡ 뒤의 한 가지 대구는 본체에 맞게 밝힘이다. 앞의 세 가지 대구 중에 앞의 둘은 여의지 않음이요, 뒤의 하나는 합치하지 않음이니 중생과 전도가 합치하거나 여의지 않음을 밝혔다. 중생은 곧 능히 전도함을 일으킨 사람이니 비로소 잡염문(雜染門)의 의타성이요, 전도함은 일으킨 대상인 망념이니 곧 변계소집성이다.

㉡ 네 가지 대구를 개별 해석하다[別釋四對] 4.
ⓐ 여의지 않음을 밝히다[明不離] (初對 30下10)
ⓑ 서로 존재하지 않음을 밝히다[明不相在] (第二)

不於顚倒內에 **有衆生**이요 **不於衆生內**에 **有顚倒**며
전도 속에 중생이 있지도 않고 중생 속에 전도가 있지도 않으며,

[疏] 對에 明不離者는 謂依似執實일새 故離生無倒오 依執似起일새 離倒無生이니라 第二對는 明不相在하야 重釋前義라 言不離者는 明因果가 相待緣成하니 非先有體오 二物相在하야 因中無果일새 故倒內에 無生이라 若必有者인대 則應偏計가 是依他起니라 果中에 無因일새 故生內에 無倒니 若要令有者인대 則應無有不倒衆生이니라

■ 첫 대구에 여의지 않음을 밝힌 것은 이른바 비슷함을 의지하여 실법

이라고 고집하므로 중생을 떠나 전도가 없는 것이요, 고집에 의지해 비슷함을 일으키므로 전도를 떠나 중생이 없음이다. ⓑ 둘째 대구는 서로 존재하지 않음을 밝혀서 앞의 이치를 거듭 해석함이다. '떠나지 않는다'고 말한 것은 원인과 결과가 상대하여 연을 이룸을 밝혔으며, 먼저 체성이 있는 것이 아니요, 두 물건이 서로 존재하여 원인 속에 결과가 없는 연고로 전도 안에 중생이 없다는 뜻이다. 만일 반드시 존재한다면 응당히 변계성이 바로 의타성일 것이다. 결과 속에 원인이 없으므로 중생 속에 전도가 없는 것이니, 만일 하여금 있게 하려고 요구한다면 곧 응당히 전도하지 않은 중생이 없을 것이다.

[鈔] 謂依似執實者는 衆生은 是依他似有故라 顚倒는 謂執似爲實이니 如依繩之依他하야 執爲蛇實이니라 依執似起者는 卽唯識에 云, 依他起自性은 分別緣所生이라하니 謂依徧計之執하야 起依他之似라 似는 卽衆生이니라

● '비슷함을 의지하여 실법이라고 고집한다'는 것은 중생은 의타성으로 있는 것과 같은 까닭이다. 전도는 비슷함을 고집하여 실법이라 함을 말하나니, 마치 노끈에 의지한 의타성과 같아서 고집하여 뱀의 실체라 하는 것이다. '고집에 의지해 비슷함을 일으킨다'는 것은 곧『성유식론』에 이르되, "의타로 일으킨 자성의 분별은 연(緣)에서 생겨난 것이다"라 하였으니 이른바 변계의 집착에 의지해서 의타성에 의지하여 비슷함이다. 비슷함은 곧 중생을 뜻한다.

第二對明不相在는 卽不於顚倒內에 有衆生等이라 言不離者는 此句牒前이니 上言不離衆生코 有顚倒等이라 明因果相待하야사 方得緣成

은 釋上義也니 依似執實은 待果成因也오 依執似起는 待因成果也라 上辨前對之是오 非先有下는 揀前對之非니 即先有先無門이라 因中無果下는 示其正義하야 以釋經文이라 二句之中에 皆先은 順說正義오 後는 反顯先有之過라 初云因中에 無果故倒內無生者는 順說正義也라 次, 若必下는 反釋揀非니 非先有故로 偏計是因이오 因中有果일새 故로 偏計中에 有依他起리라 從果中無因故生內無倒者는 順說正義也라 若要令有下는 反釋揀非也니 若果有因인대 有衆生等에 即有顚倒이언마는 今有不倒衆生하니 故知果中에 無有因也로다

● ⓑ 둘째 대구에 서로 존재하지 않음을 밝힌 것은 곧 전도 속에 중생이 있는 것이 아니라는 등이다. '떠나지 않는다'고 말한 것은 이 구절은 앞을 따온 것이니 위에서 '중생을 떠나지 않고 전도가 있다'는 등이라 말하였다. 원인과 결과가 상대하여야 비로소 연기로 이루어짐을 얻는 것은 위의 이치를 해석하였으니, 비슷함을 의지하여 실법이라 고집함은 결과를 기다려 원인을 이룸이요, 집착을 의지해 비슷함을 일으킴은 원인을 기다려 결과를 이룬 것이다. ㉰ 위에서 앞의 대구가 옳음을 밝힘이요, ㉱ 非先有 아래는 앞의 대구가 잘못됨을 구분함이니 곧 앞에 있고 앞에 없는 문이다. ㉠ 因中無果 아래는 그 올바른 이치를 보여서 경문을 해석함이다. 두 구절 가운데 모두 앞은 순리로 정의를 말하고, 뒤는 반대로 앞에 있던 허물을 밝혔다. 처음에 이르되, "원인 중에 결과가 없는 연고로 전도 속에 중생이 없다"는 것은 순리로 정의를 말함이요, ㉣ 若必 아래는 반대로 해석하여 잘못을 구분함이니 먼저 있지 않은 연고로 변계성이 원인이요, 원인 중에 결과가 있는 연고로 변계성 속에 의타성이 있는 것이리라. '결과 속에 원인이 없는 연고로 중생 속에 전도가 없다'는 것은 순리로 정의를 말

함이요, ㉥ 若要令有 아래는 반대로 해석하여 잘못을 구분함이니, 만일 결과에 원인이 있다면 중생 등이 있음에 곧 전도가 있겠지마는 지금은 전도하지 않은 중생이 있으니 그러므로 결과 속에 원인이 없는 것임을 알라.

ⓒ 합치하지 않음을 설명하다[明不卽] (第三 32上4)
ⓓ 해당 체성으로 밝히다[當體以辨] (第四)

亦非顚倒가 是衆生이요 亦非衆生이 是顚倒며 顚倒가 非內法이요 顚倒가 非外法이며 衆生이 非內法이요 衆生이 非外法이라
전도가 곧 중생도 아니고 중생이 곧 전도도 아니며, 전도가 안의 법도 아니고 전도가 밖의 법도 아니며, 중생이 안의 법도 아니고 중생이 밖의 법도 아닌 줄을 아느니라.

[疏] 第三對는 明不卽이니 不壞因果能所徧計之二相故라 由前三[149]對하야 則知生倒가 非一非異며 非卽非離니라 第四對는 當體以辨이라 倒心이 託境方生일새 故非內法이라 若是內者인대 無境應有리라 境由情計일새 故非外法이라 若是外者인대 智者가 於境에 不應不染이리라 旣非內外어니 寧在中間이리오 則知心境當體가 自虛어니 將何對他하야 以明卽離리오 衆生亦爾하야 卽蘊求無일새 故非內法이오 離蘊亦無일새 故非外法이라 旣非內外하니 亦絶中間이라 本性自空이어니 何能起倒하야 將何對他리오 明非卽離로다 旣如是知에 則自無倒오 爲

---

149) 三은 南續金本作二誤.

物說此에 倒惑自除니라

■ ⓒ 셋째 대구는 합치하지 않음을 설명함이니 원인과 결과, 변계성의 주체와 대상이란 두 모양을 무너뜨리지 않는 연고다. 앞의 세 가지 대구로 인해 중생과 전도가 하나가 아니요, 다른 것도 아니며, 합치하지도 않고 여의지도 않은 줄 알게 되었다. ⓓ 넷째 대구는 해당 체성으로 밝힘이다. 전도한 마음이 경계를 의탁해 비로소 생김이므로 '안의 법'이 아니요, 만일 안의 법이라면 경계가 없어도 응당 있어야 하리라. 경계는 생각으로 계탁함으로 인한 까닭에 '밖의 법'이 아니다. 만일 밖의 법이라면 지혜로운 이가 경계에 응하지도 않고 물들지도 않으리라. 이미 안과 밖이 아닌데 어찌 중간에 있으리오. 마음과 경계의 당체가 자연히 비었으니 무엇을 가져 다른 것과 상대하여 합치와 여읨을 밝히는 줄 알리오. 중생도 또한 그러해서 오온과 합치하여 무를 구하는 연고로 안의 법이 아니요, 오온을 떠나도 또한 없으므로 바깥 법도 아니다. 이미 안과 밖이 아닌데 역시 중간도 끊어졌다. 본성이 자연히 공한데 어찌 능히 전도가 일어나서 무엇을 가져서 다른 것을 상대하리오. 합치하거나 여읨 아님이 분명하도다. 이미 이렇게 알 적에 자연히 전도가 없으며 중생을 위해 이것을 설할 적에 전도와 미혹이 자연히 없어진다.

[鈔] 第三對者는 因卽能徧計오 果卽所徧計니 所徧計는 卽依他也라 從由前已下는 結歸中道라 第四對者는 不對衆生하야 說顚倒等故니 亦皆先은 順明이오 後는 反顯이라 如倒心이 託境方生일새 故非內는 卽先順明이오 次, 若是內下는 反顯이라 既如是知下는 結成二利니라

● 셋째 대구란 원인은 변계성의 주체요, 결과는 변계성의 대상이니 대상

은 곧 의타성이다. 由前三 아래는 중도로 결론해 돌아감이다. 넷째 대구란 중생을 상대하지 않고 전도 등을 설한 까닭이니 또한 모두 ㉮ 순리로 설명함이요, ㉯ 반대로 밝힘이다. 마치 전도된 마음이 경계를 의탁해 비로소 생기는 연고로 안의 법이 아님은 먼저 ㉮ 순리로 설명함이요, ㉯ 若是內 아래는 반대로 밝힘이다. ㉮ 旣如是知 아래는 두 가지 이익을 결론함이다.

㉯ 사람과 법을 전체적으로 설명하여 전도의 원인을 밝히다[通明人法]

(二一 33上1)

一切諸法이 虛妄不實하여 速起速滅하여 無有堅固함이 如夢如影하며 如幻如化하여 誆惑愚夫하나니
온갖 법이 허망하고 진실하지 못하여 잠깐 일어났다 잠깐 없어지는 것이요, 견고하지 못하여 꿈과 같고 그림자 같고 요술 같고 변화함과 같아서 어리석은 이를 의혹케 하는 것이니라.

[疏] 二, 一切下는 通明入法하야 顯彼倒因이니 謂由不達緣成不堅하고 妄生偏計일새 故云誆惑愚夫어니와 實則愚夫自誆이 若獼猴執月이니라

■ ㉯ 一切 아래는 사람과 법을 전체적으로 설명하여 저 전도의 원인을 밝힘이다. 말하자면 연기로 성취됨이 견고하지 않고, 망녕되게 변계성이 생김을 통달하지 않음으로 인해 '어리석은 이를 의혹케 한다'고 하였거니와 실제로는 어리석은 이가 자신이 의혹함이 원숭이가 달을 잡음과 같다.

[鈔] 實則愚夫自誑者는 如獼猴執月이라 月豈有心誑獼猴耶아 愚夫가 執
虛爲實하니 明是自誑이로다 經에 云誑愚夫者는 是愚夫不了之境이
義似誑耳니라

● 실제로는 어리석은 이가 스스로 의혹함이란 마치 원숭이가 달을 잡
음과 같다. 여기서 달이 어찌 마음이 있길래 원숭이를 의혹케 하겠는
가? 어리석은 이가 헛것을 실법이라 집착하니 스스로 의혹함이 분명
하도다. 경문에서 '어리석은 이를 의혹함'이란 어리석은 이가 알지 못
한 경계가 이치가 의혹함과 같을 뿐이다.

㊂ 두 가지 결과를 함께 밝히다[雙明二果] 2.
① 이치를 총합하여 해석하다[總釋義] (三如 33下1)

如是解者는 卽能覺了一切諸行이라 通達生死와 及與涅
槃하여 證佛菩提하여 自得度하고 令他得度하며 自解脫
하고 令他解脫하며 自調伏하고 令他調伏하며 自寂靜하고
令他寂靜하며 自安隱하고 令他安隱하며 自離垢하고 令
他離垢하며 自淸淨하고 令他淸淨하며 自涅槃하고 令他
涅槃하며 自快樂하고 令他快樂이니라

이렇게 알면 곧 모든 행을 깨달아 나고 죽는 일과 열반을 통
달하며, 부처님의 보리를 증득하며, ① 스스로 제도하고 남
을 제도하며, ② 스스로 해탈하고 남을 해탈케 하며, ③ 스
스로 조복하고 다른 이를 조복케 하며, ④ 스스로 고요하고
다른 이를 고요하게 하며, ⑤ 스스로 안온하고 남을 안온케
하며, ⑥ 스스로 때를 여의고 남도 때를 여의게 하며, ⑦ 스

스스로 청정하고 남도 청정케 하며, ⑧ 스스로 열반하고 남을 열반케 하며, ⑨ 스스로 쾌락하고 남도 쾌락케 하느니라."

[疏] 三, 如是已下는 雙明二果니 即前悲智所成之果也라 亦九戒中에 二世樂戒也라

■ ㉔ 如是 아래는 두 가지 결과를 함께 밝힘이니 앞의 자비와 지혜로 성취한 결과이다. 또한 아홉 가지 계율 중에 '두 세상의 안락함의 계율[二世樂戒]'이다.

[鈔] 即前悲智者는 如是解者는 覺了一切等이 即智果也라 通達生死와 及與涅槃에 具二果也니 有大悲故로 通達生死하고 有大智故로 通達涅槃이라 又自度等은 即智果也오 令他得度는 即悲果也라 二利가 皆即悲智果耳니라 …〈아래 생략〉…

● 앞의 자비와 지혜란 이렇게 알면 모든 것 등을 깨달아 아는 것이 곧 지혜의 결과이다. 생사와 열반을 통달할 적에 두 가지 결과를 구족함이니, 대비가 있는 연고로 생사를 통달하고, 큰 지혜가 있는 연고로 열반을 통달한다. 또한 스스로 제도함 등은 곧 지혜의 결과이며, 다른 이를 제도하게 함은 곧 대비의 결과이다. 두 가지 이익이 모두 자비와 합치한 지혜의 결과이다. …〈아래 생략〉…

② 경문을 해석하다[釋經文] (先總 34上8)

[疏] 先은 總이오 後는 別이라 總中에 由解諸法不實幻化는 是覺了諸行이오 了行相虛는 名達生死오 知行體寂은 是了涅槃이오 了之究竟은

卽得菩提라 自得度下는 別有九對하니 一, 度苦오 二, 脫集이니 以了
生死故라 三, 調之以道오 四, 寂之以滅이니 以了涅槃故라 次四는
卽證四諦之德이니 如次配上이라 謂由斷苦일새 故得安樂等이라 九는
卽證佛菩提之樂이니라

■ ㉠ 앞은 총상이요, ㉯ 뒤는 별상이다. ㉠ 총상 중에 모든 법이 실답
지 않고 허깨비와 변화임을 아는 것은 모든 행법을 깨달아 아는 것으
로 말미암음이요, 행법의 양상이 헛됨을 아는 것은 '생사를 통달한다'
고 말하고, 행법의 체성이 고요함을 아는 것이 곧 '열반을 요달함'이
요, 요달함의 완성은 곧 보리를 얻음이다. ㉯ 自得度 아래는 별도로
아홉 가지 대구가 있으니 (1) 고제를 건넘이요, (2) 집제를 벗어남이
니 생사를 아는 까닭이다. (3) 도제로서 조복함이요, (4) 멸제로 고
요함이니 열반을 요달한 까닭이다. 다음의 넷[(5) 안온 (6) 이구 (7) 청정
(8) 열반]은 곧 사성제의 공덕을 증득함이니 순서대로 위와 배대하였
다. 이른바 고통을 끊음으로 인해 안락함 등을 얻는다. (9) 부처님
의 보리를 증득한 즐거움이다.

b) 승진으로 미래에 섭수하다[辨勝進當攝] (第二 34下9)

佛子여 此菩薩이 復作是念하되 我當隨順一切如來하여
離一切世間行하며 具一切諸佛法하며 住無上平等處하
며 等觀衆生하며 明達境界하며 離諸過失하며 斷諸分別
하며 捨諸執着하며 善巧出離하며 心恒安住無上無說無
依無動無量無邊無盡無色甚深智慧라하나니 佛子여
"불자들이여, 이 보살이 다시 이렇게 생각하되 '나는 마땅

히 ① 일체 여래를 따르며, ② 일체 세간의 행을 여의며, ③ 일체 부처님 법을 갖추며, ④ 위없이 평등한 곳에 머물며, ⑤ 중생을 평등하게 보며, ⑥ 경계를 밝게 통달하며, ⑦ 모든 허물을 여의고, ⑧ 모든 분별을 끊고, ⑨ 모든 집착을 버리고, ⑩ 공교하게 뛰어나며, ⑪ 마음은 항상 위없고 ⑫ 말할 수 없고 ⑬ 의지한 데 없고 ⑭ 변동이 없고 ⑮ 한량없고 ⑯ 한없고 ⑰ 끝나지 않고 ⑱ 모양이 없고 ⑲ 깊고 깊은 ⑳ 지혜에 머물리라' 하나니, 불자들이여,

[疏] 第二, 佛子已下는 勝進當攝이라 於中에 有二十句하니 前十은 具勝德이니 一, 順佛이오 二, 離世오 三, 行勝法이오 四, 住等理오 五, 等慈오 六, 明智오 七, 離過오 八, 忘緣이오 九, 捨執이오 十, 不斷煩惱而入涅槃이라 後十은 住深智니 末句爲總이라 即是佛智오 餘는 別顯深廣之義라 一, 上無過오 二, 言不及이오 三, 離依着이오 四, 無變動이오 五, 超數量이오 六, 無邊畔이오 七, 無終盡이오 八, 絶色相이니 由上故로 深이라

■ b) 佛子 아래는 승진으로 미래에 섭수됨을 밝힘이다. 그중에 20구절이 있으니 (a) 앞의 열 구절은 뛰어난 공덕을 구비함이니 (1) 부처님께 순종함이요, (2) 세간을 여읨이요, (3) 뛰어난 법을 행함이요, (4) 평등한 도리에 머묾이요, (5) 평등한 자비요, (6) 밝은 지혜 (7) 허물 여읨 (8) 인연을 잊음 (9) 집착을 버림 (10) 번뇌를 끊지 않고 열반에 들어감이요, (b) 뒤의 열 구절은 깊은 지혜에 머무름이니 마지막 구절이 총상이 되었다. 바로 부처님 지혜이며, 나머지는 깊고 광대한 이치를 별도로 밝힘이다. (1) 위로 허물이 없고 (2) 언사로 미치지 못

하고 (3) 의지처와 집착을 떠남이요 (4) 변동함 없고 (5) 수량을 초
월함이요 (6) 끝이 없으며 (7) 끝남이 없고 (8) 형색과 모양이 끊어짐
이니 위의 여러 원인으로 인해 깊은 것이다.

(다) 요익행의 명칭을 결론하다[結名] (經/是名 34下8)

> 是名菩薩摩訶薩의 第二饒益行이니라
> 이것을 보살마하살의 둘째 이익하는 행이라 하느니라."

다) 제3 위배되지 않는 행[無違逆行] 3.

(가) 명칭을 묻다[徵名] (第三 35上7)
(나) 행상을 해석하다[釋相] 2.
ㄱ. 총합하여 과목 나누다[總科] (於釋)

> 佛子여 何等이 爲菩薩摩訶薩의 無違逆行고
> "불자들이여, 어떤 것이 보살마하살의 어기지 않는 행인가?

[疏] 第三, 無違逆行이니 卽是忍度라 於釋相中에 文分二別이니 初, 略辨
　　行相이오 後, 對境正修라
■ 다) 제3 위배되지 않는 행이니 바로 인욕바라밀이다. (나) 행상을 해
　석함 중에 경문을 둘로 나누리니 ㄱ) 인욕행의 모양을 간략히 말함이
　요, ㄴ) 경계를 상대하여 바로 수행함이다.

ㄴ. 개별로 해석하다[別釋] 2.

ㄱ) 인욕행의 모양을 간략히 말하다[略辨行相] 3.

(ㄱ) 인욕행을 닦다[修忍行] 2.

a. 첫 구절을 해석하다[釋初句] (今初 35下1)

此菩薩이 常修忍法하여 謙下恭敬하여 不自害하고 不他害하고 不兩害하며 不自取하고 不他取하고 不兩取하며 不自着하고 不他着하고 不兩着하며

이 보살이 항상 인욕하는 법을 닦아 ① 겸손하고 공경하여 ② 스스로 해하지 않고 ③ 남을 해하지 않고 ④ 둘 다 해하지 않으며, ⑤ 스스로 탐하지 않고 ⑥ 남을 탐하게 하지 않고 ⑦ 둘 다 탐하지 아니하며, ⑧ 스스로 집착하지 않고 ⑨ 남을 집착하게 하지 않고 ⑩ 둘 다 집착하지 아니하며,

[疏] 今初에 分三이니 一, 修忍行이오 二, 離忍過오 三, 修忍意라 今初라 常修忍法은 卽標行所屬이라

■ 지금은 ㄱ)에 셋으로 나누니 (ㄱ) 인욕행을 닦음이요, (ㄴ) 인욕행의 허물을 여읨이요, (ㄷ) 인욕행을 닦는 의미이다. 지금은 (ㄱ)이다. 항상 인욕의 법을 닦음은 곧 행법의 소속을 표방함이다.

b. 나머지 구절을 해석하다[釋餘句] 2.

a) 총합하여 지적하다[總指] (謙下 35下2)

b) 별도로 해석하다[別釋] 2.

(a) 총상 구절을 해석하다[釋總句] (文有)

[疏] 謙下等言은 彰忍之相이라 文有十句하니 初, 總顯自性이라 謙尊而
光이며 卑而不可踰가 若海之下며 百川歸焉이라 恭敬崇彼어니 安敢
不忍아

■ '겸손하다'는 등의 말은 인욕하는 모양을 밝힘이다. 경문에 열 구절
이 있으니 (a) 첫 구절은 총상으로 제 성품을 밝힘이다. 높은 이에 겸
손하면서 빛나며 아랫사람이 넘지 못하게 함이 마치 바다가 아래에
있어도 백 가지 하천이 돌아감과 같다. 공경하고 저들을 존중하는
데 어찌 감히 참지 못하겠는가?

[鈔] 謙尊而光者는 卽周易謙卦에 云, 謙은 亨이니 君子有終하니 吉이라 彖
에 曰謙亨은 天道가 下濟而光明이오 地道는 卑而上行이라 天道는 虧
盈而益謙하고 地道는 變盈而流謙하고 鬼神은 害盈而福謙하고 人道
는 惡盈而好謙하나니 謙은 尊而光하고 卑而不可踰니 君子之終也라
象에 曰, 地中有山이 謙이니 君子가 以裒하야 多益寡하야 稱物平施하
나니라 釋曰, 上所引文에 其相並顯이라 但¹⁵⁰⁾謙之象은 地在上하고 山
在下하니 山合出地어늘 今入地下하니 謙之象也라 又言裒多者는 裒
는 聚也니 聚其多而益其寡가 是益謙義라 故爲平施니라 若王注云인
대 多者는 用謙以爲裒하고 少者는 用謙以爲益하야 隨物所施하야 不
失平者也라하니라 謙下者는 忍之本也니라
若海之下等者는 卽老子德經¹⁵¹⁾에 云, 江海가 所以能爲百谷王者는

---

150) 但下에 甲續金本有顯字.
151) 德經 원문에 12字가 더 있다. "以其不爭 故天下莫能與之爭."

以其善下之故[152]라 是以로 聖人은 欲上人이며 以其言下之하며 欲先人인대 以其身後之라 是以로 處上而人不爲重하고 處前而人不爲害니 是以로 天下가 樂推而不厭이니라 釋曰, 特由謙[153]卑하야 天下歸之며 天下德이 趣之니라

● '높은 이에게 겸손하면서 빛난다'는 것은 『주역(周易)』겸괘(謙卦)에 이르되, "겸손은 형통하니 군자가 좋은 마침이 있나니 길하다. 단(彖)에 말하되, '겸손하여 형통함이니 하늘의 도는 아래로 내려와 빛나고 땅의 도는 낮으나 위로 올라가고 하늘의 도는 가득 찬 것을 이지러지게 하고 겸손함을 더해 주며, 땅의 도는 가득 찬 것을 변하게 하고 겸손한 것을 흐르게 하며, 귀신은 가득 찬 것을 해치고 겸손한 것에 복을 주며, 사람의 도는 가득 찬 것을 싫어하고 겸손한 것을 좋아한다. 겸의 도리에 따르면 높은 자는 빛나고 낮아도 타고 넘을 수가 없으니 군자의 좋은 끝마침이다.' 상(象)이 말하되, '땅 가운데 산이 있는 것이 겸괘이니 군자는 이로써 많은 것을 줄이고 적은 것을 더하여 물에 맞게 평등하게 베푼다' "라고 하였다. 해석하자면, 위에 인용한 문장에 그 모양과 함께 밝혔다. 단지 겸괘의 형상은 땅이 위에 있고 산이 아래에 있으니 산에서 땅이 나옴이 합당할 텐데 지금은 땅이 아래로 들어가니 겸손한 형상이다. 또한 '많은 것을 줄인다'고 말한 것이 겸손을 더하는 이치이다. 그래서 공경하게 베풂이 된다. 저 왕주(王注)에 말하되, "많은 이는 겸손을 써서 줄이고, 모자라는 이는 겸을 써서 더하게 해서 사물의 베풀 대상을 따라서 평등함을 잃지 않는다"라고 하였다. 겸손함이란 인욕의 근본이다.

---

152) 之故는 金本無, 此下에 原本有能爲百谷王五字.
153) 謙은 甲南續金本作之.

'마치 바다가 아래에' 등은 곧 『노자덕경(老子德經)』에 이르되, "강과 바다가 능히 모든 계곡의 왕이 될 수 있는 이유는, 그것들이 낮은 곳에 있기 때문이다. 이런 까닭에 성인은 사람들 위에 오르며 (스스로) 말을 낮추고, 사람들의 앞에 가려면 몸은 반드시 그들의 뒤에 있어야 한다. 그러므로 성인은 백성들 위에서 다스려도 백성들이 무겁다 느끼지 않으며, 앞에 있어도 사람들이 해롭게 생각하지 않는다. 이런 까닭에 천하가 기꺼이 높이 받들며 싫어하지 않는다. (성인은 다투지 아니하는고로 능히 더불어 다툴 자가 없다.)"라고 하였다. 해석하자면 특히 겸손하고 낮춤으로 인해 천하가 (성인에게) 돌아오며 천하의 덕에 나아가는 것이다.

(b) 별상 구절을 해석하다[釋別句] 2.
㊀ 바로 해석하다[正釋] 2.
① 과목 나누기[分科] (不自 36上9)

[疏] 不自害下의 九句는 別明이라 通有三釋하니 一, 約三毒이오 二, 就三業이오 三, 據三忍이라

■ (b) 不自害 아래의 아홉 구절은 별상 구절을 해석함이다. 통틀어 세 가지 해석이 있으니 ㉮ 삼독에 의지해 해석함이요, ㉯ 삼업에 나아가 해석함이요, ㉰ 세 가지 인욕에 의거해 해석함이다.

② 과목에 따라 해석하다[隨釋] 3.
㉮ 삼독에 의지해 해석하다[約三毒釋] (初云 36上10)

[疏] 初云, 前三은 治瞋行忍이니 瞋必害故라 一, 無如前境而自刑害오 二, 力及害他오 三, 以死相敵이니 無論先後와 及與一時하고 但取兩害라 次三은 治貪成忍이라 故로 梁攝論에 云, 取는 是貪愛別名이니 一, 自貪名利오 二, 使彼令取며 或隨喜彼取오 三, 兼行上二하니라 後三은 治癡修忍이니 癡故執着이라 一, 着己德能이어니 云何毁我리오 二, 彼人若是인대 云何辱我리오 三, 俱染은 可知로다 此九는 皆過니 菩薩이 正觀에 以不不之라 能治之觀은 下文에 自辨하니라

■ ㉮에 이르되, "앞의 세 구절은 성냄을 다스리는 행으로 인욕함이니 성냄은 반드시 해하기 때문이다. (1) 앞의 경계와 같음이 없고 스스로 형벌로 해치지 않으며, (2) 힘으로 다른 이를 해침에 이름이요, (3) 죽음으로 서로 대적함이니 앞과 뒤를 동시에 논하지 않고 단지 둘 다 해치려고만 한다. 다음의 세 구절은 탐심을 다스려 인욕을 이룸이다." 그러므로 『양섭론』에 이르되, "취함은 애욕을 탐함의 별명이니 ① 스스로 명리를 탐함이요, ② 저로 하여금 취하게 하며 혹은 저들이 취함을 따라 기뻐함이며, ③ 위의 둘을 겸하여 행함이다"라고 하였다. 뒤의 세 구절은 어리석음을 다스려 인욕을 닦음이니 어리석은 연고로 집착하는 것이다. ① 자신의 덕과 능력에 집착하는데 어떻게 나를 훼손하겠는가? ② 저 사람이 옳다면 어찌하여 나를 욕하리오! ③ 모두 물든 것은 알 수 있으리라. 이 아홉 구절은 모두 허물이니 보살이 바르게 관찰할 적에 부정함으로 부정하게 함이다. 다스리는 주체의 관법은 아래 경문에 자연히 밝히리라.

[鈔] 一無如前境者는 天宮이 云, 自害가 略由五緣하니 謂貪, 瞋, 邪見, 愚癡, 不善心이라하니라

● (1) '앞의 경계와 같음이 없다'는 것은 천궁(天宮)법사가 이르되, "스스로 해침이 간략히 다섯 가지 인연으로 말미암나니 (1) 탐욕 (2) 진에 (3) 사견 (4) 우치 (5) 착하지 않은 마음이다"라고 하였다.

④ 삼업에 나아가 해석하다[就三業釋] (二約 36下9)

[疏] 二, 約三業者는 害必加身이오 着必由意니 自他讚擧를 名爲取也라 苟心讚他도 尙爲諂媚은 況自稱擧아 故並安忍之니라

■ ④ 삼업에 나아가 해석함이란 해함은 반드시 몸에 가함이요, 집착은 반드시 생각 때문이니 나와 남을 찬탄하고 천거함을 이름하여 취함이라 한다. 진실로 마음을 다해 다른 이를 칭찬해도 오히려 아첨이라 할 텐데 하물며 자신을 칭찬하고 천거함이겠는가? 그러므로 함께 편안히 인욕하는 것이다.

[鈔] 苟心讚他者는 智論五十三에 說호대 舍利弗이 讚須菩提善說法好人相호대 不自讚하고 不自毁하며 於他外人에 亦不讚毁하니 若自讚이면 非大人相이니 不爲人讚을 而便自美오 若自毁者는 是妖諂人이오 若毁他者도 是讒賊人이오 若讚他者도 是諂媚人이라 須菩提는 了無生法故로 舍利弗이 雖讚而不諂이니 以稱實讚故라 又以斷法愛故로 心不高하고 亦不愛着하고 但益無障礙因이니 所謂一切法이 無所依止일새 故無障礙라하니라 又言取卽是着은 唯識第八에 釋三熏習中云호대 惑苦를 名取오 能取所取故라 取是着義니 業不得名取着이라하니라 智論에 取增을 名着이라하며 七十四에 云, 初染曰取오 生愛名着이라 하니라

● '진실로 마음을 다해 다른 이를 칭찬함'이란『대지도론』제53권에 이르되, "사리불이 수보리를 설법을 잘하고 인상이 좋다고 칭찬하되, (인상이 좋다는 것은) 자기 자신을 칭찬하지 않고 자신을 헐뜯지도 않으며 다른 이도 또한 칭찬하지 않고 헐뜯지도 않는 것이다. 만일 자신을 칭찬한다면 대인의 모습이 아니며 남이 칭찬해 주지 않는데도 제 자랑을 하거나 자신을 헐뜯는 이는 바로 오만한 사람이다. 그리고 다른 이를 훼방하는 이는 사람을 헐뜯는 도둑이요, 남을 칭찬하는 이는 바로 아첨하는 사람이리라. 수보리는 남이 없는 법을 말한 까닭에 사리불이 비록 칭찬했다 하더라도 아첨은 아니다. 진실로 칭찬했기 때문에 겸양하지 않았고, 또 법애(法愛)를 끊었기 때문에 뽐내지 않으면서 또 애착하지도 않았으며, 단지 걸림 없고 막힘없는 인연[無礙無障因緣]만을 더하였으니 이른바 '온갖 법은 의지하는 바가 없고 의지하는 바가 없기 때문에 막힘과 걸림도 없다'고 했을 뿐이다"라고 하였다. 또한 '취함이 곧 집착이라 말한 것'은『성유식론』제8권에 세 가지 훈습에 대해 해석하되, "미혹과 괴로움만을 취함이라고 이름하는 것은 취하는 주체[能取]와 취하는 대상[所取]이기 때문이다. 취함은 '취하여 집착함[取着]'의 뜻이고, 업은 취착이란 명칭을 얻지 못한다"라고 하였다. 대지도론에는 취함이 늘어남을 집착이라 하였으며,『대지도론』제71권에 이르되, "처음에 물드는 것을 취한다 하고, 욕심을 내는 것을 집착이라 한다"라고 하였다.

㉡ 세 가지 인욕에 의거해 해석하다[據三忍釋] (三約 37下1)

[疏] 三, 約三忍者는 害는 卽寃害오 取는 卽不能安受飢寒等苦니 妄受取

故라 着은 則不見諦理니 由見諦理일새 三忍皆成故라 思益에 云, 諸
法念念滅하야 其性常不住하니 於中無罵辱하며 亦無有恭敬이라 若
節節解身이라도 其心常不動等이니라

■ ㉰ 세 가지 인욕에 의거해 해석함이란 해(害)함은 곧 원수를 해침이요,
취함은 곧 능히 춥고 배고픔 등의 괴로움을 편안히 받음의 뜻이니 망
녕되게 받아 취하는 까닭이다. 집착은 사성제의 이치를 보지 못하였
으니 사성제의 이치를 봄으로 인해 세 가지 인욕이 모두 성취되기 때
문이다. 『사익경(思益經)』에 이르되, "모든 법이 생각 생각에 멸하여 그
본성 항상하여 머물지 않나니 그 가운데 욕됨도 없으며 또 공경함도
없는지라 만일 마디마디 몸을 찢는다 해도 그 마음은 항상하여 움직
이지 않네"라 하는 등이다.

㈂ 구분하다[料揀] (又上 37下4)

[疏] 又上三은 卽約違順中庸[154]境이니 故成三毒이라 餘可準思니라
■ 또한 위의 셋은 곧 어기고 순함이 중용한 경계를 의지하였으니, 그러
므로 삼독이 되었다. 나머지는 준하여 생각할 수 있으리라.

(ㄴ) 인욕의 허물을 여의다[離忍過] (二亦 37下7)
(ㄷ) 인욕을 수행하는 의미[修忍意] (三但)

亦不貪求名聞利養하고 但作是念하되 我當常爲眾生說
法하여 令離一切惡하며 斷貪瞋癡와 憍慢覆藏과 慳嫉諂

---

154) 庸은 南續金本作容.

誑하여 令恒安住忍辱柔和라하나니라

또한 명예와 이양도 구하지 아니하고, 이런 생각을 하나니 '내가 마땅히 중생에게 법을 말하여 그로 하여금 모든 나쁜 짓을 여의고, 탐욕, 성내는 일, 어리석음, 교만, 감추는 일, 간탐, 질투, 아첨, 속임을 끊게 하고, 부드럽게 화평하여 참고 견디는 데 항상 머물게 하리라' 하느니라."

[疏] 二, 亦不下는 離忍過也라 名引中人하고 利誘下士하니 菩薩은 上士일새 故不貪求니라 三, 但作下는 修忍之意也라 所以修者는 先, 自忍已에 後爲生說하야 令修忍行이니 離惡斷惑이 是內安忍이오 惑亡智現이 則住法忍이라 旣去煩惱鑛穢에 則身心柔和하야 堪任法器가 如彼鍊金이라 上來는 皆是淸淨忍也니라

■ (ㄴ) 亦不 아래는 인욕의 허물을 여읨이다. 명예는 중간 사람을 끌어들이고, 이양은 하품의 선비를 끌어들이고, 보살은 상품의 선비를 끌어들이기 때문에 '탐하여 구하지 않는다'고 하였다. (ㄷ) 但作 아래는 인욕을 수행하는 의미이다. 수행하는 이유는 먼저 스스로 인욕하고 나서 뒤에 중생을 위해 설하여 하여금 인욕행을 수행하나니 악을 여의고 의혹을 끊음이 안으로 고통을 감수하는 인욕이요, 미혹이 없어지고 지혜가 나타남이 곧 법인에 머무는 것이다. 이미 번뇌의 더러운 덩어리를 제거할 적에 몸과 마음이 부드럽고 화하여 법 그릇을 감임함이 저 쇠를 연단함과 같다. 여기까지는 모두 청정한 법인이다.

[鈔] 上來皆是淸淨忍者는 論에 云略有十種하니 謂諸菩薩이 遇他所作不饒益事와 損惱違越이라도 終不反報하며一 亦不意憤하며二 亦不怨嫌

하며 意樂相續하야 恒常現前이요三 欲作饒益에 先後無異며四 非一益已코 捨而不益하며五 於有怨者에 自生悔謝하고六 終不令他로 生疲厭已하야 然後受謝하며 恐其疲厭하야 纔謝便受하며七 於不堪忍에 成就增上猛利慚愧하며八 依於堪忍하고 於大師所에 成就增上猛利愛敬하며九 依不損惱諸有情故로 於諸有情에 成就猛利哀愍愛樂하며 一切不忍인 幷助伴法을 皆得斷故며 離欲界欲이라十 由此十相하야 當知菩薩所修行忍이 淸淨無垢라하니라 釋曰, 不可別配니 大意同經이니라

● 여기까지는 모두 '청정한 법인'이란 『유가사지론』(제42권)에 이르되, "이 법인에는 요약하여 열 가지가 있으니, 이른바 모든 보살은 다른 이가 짓는 바의 이익되지 않은 일로 인하여 괴롭힘과 어김을 만나더라도 (1) 끝내 앙갚음하지 않음이요, 또한 (2) 뜻에 분을 내지 아니함이요, 또한 (3) 원망하거나 혐의하는 뜻을 상속시켜서 항상 그 앞에 나타내려 함이 없음이요, (4) 이롭게 하려 하는 것이 앞과 뒤가 다름이 없음이요, (5) 한번 이익되게 한 뒤에는 버리고서 이익되지 않게 함이 없음이요, (6) 원한이 있는 이에게는 스스로 가서 뉘우치고 (용서를) 빎이요, (7) 끝내 다른 이로 하여금 고달픔과 싫증을 내게 한 뒤에 용서를 받게 하지 아니하며 고달픔과 싫증을 낼까 두려워서 바로 빌면 곧 받음이요, (8) 견디고 참지 못하는 데 하여금 으뜸가고 날카롭게 부끄러워함을 일으킴이요, (9) 견디고 참음에 의하여 큰 스승에게서 으뜸가고 날카로운 사랑과 공경을 성취함이요, (10) 모든 유정들을 괴롭히지 않음에 의하는 까닭에 모든 유정들에 대하여 날카롭게 가엾이 여김과 좋아함을 성취함이다. (온갖 참지 아니함과 돕는 짝의 법을 모두 다 끊을 수 있기 때문에 욕계의 욕심을 여의나니) 이 열 가지 모양

으로 말미암아 보살의 수행하는 바 인욕이 맑고 깨끗하며 때가 없는
것인 줄 알아야 한다"고 하였다. 해석하자면 따로 배대하지 않았지
만 큰 의미는 본경과 같다.

ㄴ) 경계를 상대하여 바르게 수행하다[對境正修] 2.
(ㄱ) 과목 나누기[分科] (第二 39上1)

佛子여 菩薩이 成就如是忍法에 假使有百千億那由他阿
僧祇衆生이 來至其所하여 一一衆生이 化作百千億那由
他阿僧祇口하고 一一口에 出百千億那由他阿僧祇語하
되 所謂不可喜語와 非善法語와 不悅意語와 不可愛語와
非仁賢語와 非聖智語와 非聖相應語와 非聖親近語와
深可厭惡語와 不堪聽聞語니 以是言詞로 毀辱菩薩하며
"불자들이여, 보살이 이렇게 인욕함을 성취하면 가령 백천
억 나유타 아승지 중생이 그곳에 오는데, 중생마다 백천억
나유타 아승지 입을 변화하여 가지고 낱낱 입으로 백천억
나유타 아승지 말을 내나니, 이른바 기쁘지 못한 말, 선하지
못한 말, 반갑지 않은 말, 사랑할 수 없는 말, 어질지 못한
말, 성인의 지혜가 아닌 말, 성현과 맞지 않는 말, 성현에게
친근할 수 없는 말, 매우 싫은 말, 차마 들을 수 없는 말들이
다. 이런 말로 보살을 헐뜯어 욕하거나,

[疏] 第二, 佛子下는 對境修忍廣顯行相이라 文中에 分二니 先, 明修忍
行이오 後, 明修忍意라

■ ㄴ) 佛子 아래는 경계를 상대하여 인욕을 닦아 인욕행의 모양을 자세히 밝힘이다. 경문 중에 둘로 나누리니 a. 인욕 수행을 설명함이요, b. 인욕을 수행하는 의미이다.

(ㄴ) 과목에 따라 해석하다[隨釋] 2.
a. 인욕 수행을 설명하다[修忍行] 2.
a) 과목 나누기[分科] (前中 39下2)

[疏] 前中에 有三하니 初, 耐冤害오 次, 安受苦오 三, 諦察法이라
■ a. 중에 셋이 있으니 (a) 원수의 해침을 참는 인욕 (b) 고통을 감수하는 인욕 (c) 법의 이치를 관찰하는 인욕이다.

[鈔] 初, 耐冤害等者는 三忍之義는 略見初會어니와 今更重依攝論釋之호리라 無性論에 云, 耐冤害者는 是諸有情成熟轉因이라하니라 世親이釋云호대 能忍他人所作冤害하고 勤修饒益有情事時에 由此忍力하야 化生雖苦나 而不退轉이라 言安受苦忍者는 是成佛因이니 寒熱飢渴種種苦事를 皆能忍受하야 無退轉故라 言諦察法忍者는 是前二忍의 所依止處니 堪忍甚深廣大法故라 世親이 釋云호대 堪能審諦觀察諸法이라하니라 或由諦察爲前二依者는 世親이 釋云호대 由此忍力하야 建立次前所說二忍이라하니라 梁攝論에 云, 由觀察法忍하야 菩薩이 能入諸法眞理하나니 此忍이 卽是前二忍의 依處니 以能除人法二執故라하니라
● (a) '원수의 해침을 참는 인욕' 등에서 세 가지 인욕의 뜻은 제1. 적멸도량법회에서 대략 보았거니와 지금 다시 섭론을 거듭 의지하여 해석

하리라. 『무성섭론』에 이르되, "원수의 해침을 참는 것은 모든 중생이 성숙하여 뒤바뀌는 원인이다"라고 하였다. 세친보살이 해석하되, "다른 사람이 지은 원수의 해침을 잘 참고 중생을 이익하는 일을 부지런히 수행할 때에 이런 인욕하는 힘으로 인해 중생 교화가 비록 고통스럽지만 물러나 뒤바뀌지 않는다." (b) '고통을 감수하는 인욕'이라 말한 것은 성불의 원인이니 춥거나 덥거나 배고픔, 목마름의 갖가지 고통을 모두 잘 감수하여 물러나 뒤바뀜이 없기 때문이다. (c) '법의 이치를 관찰하는 인욕'이란 앞의 두 가지 인욕의 의지할 곳이니 매우 깊고 광대한 법을 감당하여 참는 까닭이다. 세친보살이 해석하되, "모든 법을 자세히 살피고 잘 관찰함을 감당한다"라고 하였다. '혹은 살피고 관찰함으로 인해 두 가지 인욕의 의지처가 된다'는 것은 세친보살이 해석하되, "이런 인욕하는 힘으로 인해 다음으로 앞에 말한 두 가지 인욕을 건립한다"고 하였다. 『양섭론』에 이르되, "법의 이치를 관찰하는 인욕으로 인해 보살이 모든 법의 진리에 능히 들어가나니 이런 인욕이 바로 앞의 두 가지 인욕의 의지처이니 능히 사람과 법의 두 가지 집착을 제거하는 까닭이다"라고 하였다.

b) 과목에 따라 해석하다[隨釋] 3.
(a) 원수의 해침을 참는 인욕[耐冤害] 2.
㉠ 과목 나누기[分科] (今初 29下4)

[疏] 今初를 分二니 先, 彰難忍之境이오 後, 明能忍之行이니 此亦難行忍也라

■ 지금은 (a)를 둘로 나누리니 ① 참기 어려운 경계를 밝힘이요, ② 참

는 주체의 수행을 밝힘이니 이것 또한 행하기 어려운 인욕이다.

[鈔] 此亦九中難行忍也¹⁵⁵⁾니라 難行有三하니 一, 忍羸劣有情의 所不饒益
이오 二, 忍自臣隷所不饒益이오 三, 忍種性卑賤所不饒益이니 今同第
三이니라

● 이 또한 아홉 가지 중의 '참기 어려운 인욕행[難行忍]'이다. 참기 어려
움에 세 가지가 있으니 ① 근기가 하열한 중생에게 이익되지 않음을
참는 수행이요, ② 자신의 신하나 노예들에게 이익되지 않는 것을 참
는 수행이요, ③ 종성이 낮고 천박함이 이익되지 않음을 참는 수행이
니 지금은 ③과 같다.

㉢ 과목에 따라 해석하다[隨釋] 2.
① 참기 어려운 경계를 밝히다[彰難忍之境] 3.
㉮ 입으로 헐뜯고 욕함을 더하다[口加毀辱] (今初 39下8)

[疏] 今初에 分三이니 初, 明口加毀辱이라 故로 梁攝論에 以耐冤害라하며
亦名他毀辱忍이라하니라 略顯十種이니 一, 觸忌諱故오 二, 惡軌則
故오 三, 令憂感故오 四, 無風雅故오 五, 極庸賤故오 六, 詮邪惡故
오 七, 不入人心故오 八, 詮猥雜故오 九, 極鄙惡故오 十, 極麤獷故
니라 以是言下는 總結이니 所作多人多口와 各多惡言이라

■ 지금은 ①에서 셋으로 나누니 ㉮ 입으로 헐뜯고 욕함을 더함이다. 그
러므로『양섭론』에, "원수의 해침을 참기 때문이며, 또한 다른 이들이
헐뜯고 욕함을 참기 때문이다"라고 하였다. 간략히 열 종류로 밝혔

---

155) 也는 甲南續金本作下.

으니 "(1) 마주치면 꺼리고 숨기 때문이요, (2) 궤범과 법칙이 나쁜 연고요, (3) 근심하게 하는 연고요, (4) 풍치와 우아함이 없는 연고요, (5) 지극히 용렬하고 천박한 연고요, (6) 말씀이 삿되고 악한 연고요, (7) 사람들의 마음에 들어가지 못하는 연고요, (8) 표현이 외람되고 잡스러운 연고요, (9) 비루하고 악함이 지나친 연고요, (10) 지극히 거칠고 속이는 까닭이다." 以是言 아래는 총합 결론이니 여러 사람의 여러 입으로 지껄임과 각기 여러 악한 말이다.

㉤ 몸으로 핍박을 더하다[身加逼迫] (二又 40上6)
㉥ 오랫동안임을 결론하다[總辨長時] (三如)

又此衆生이 一一各有百千億那由他阿僧祇手하되 一一 手에 各執百千億那由他阿僧祇器仗하고 逼害菩薩하여 如是經於阿僧祇劫토록 曾無休息하니라
또 이 중생들이 저마다 백천억 나유타 아승지 손을 가졌고, 손마다 각각 백천억 나유타 아승지 병장기를 들고 보살을 박해하기를, 아승지겁이 지나도록 쉬지 아니하니라.

[疏] 二, 又此下는 身加逼害니 上二는 事廣이라 三, 如是經下는 總辨長 時니 是謂難忍之境也니라

■ ㉤ 又此 아래는 몸으로 핍박을 더함이니 위의 둘은 현상에 대해 자세한 설명이다. ㉥ 如是經 아래는 오랫동안임을 결론하여 밝힘이니 이것은 참기 어려운 경계를 말한 것이다.

② 참는 주체의 행법을 설명하다[明能忍之行] (二菩 40下)

菩薩이 遭此極大楚毒하여 身毛皆竪하여 命將欲斷이라
도 作是念言하되 我因是苦하여 心若動亂이면 則自不調
伏하며 自不守護하며 自不明了하며 自不修習하며 自不
正定하며 自不寂靜하며 自不愛惜하며 自生執着하리니
何能令他로 心得清淨이리오하나니라

보살이 이렇게 극심한 고초를 당하여 머리카락이 곤두서고
생명이 끊으려 하더라도 생각하기를, '내가 이만 한 고통으
로 마음이 흔들리면, 자기를 조복하지 못하고, 자기를 수호
하지 못하고, 스스로 분명히 알지 못하고, 스스로 닦지 못하
고, 스스로 바르게 정하지 못하고, 스스로 고요하지 못하고,
스스로 아끼지 못하여 스스로 집착을 내리니, 어떻게 다른
이의 마음을 청정케 하랴'라고 하느니라."

[疏] 二, 菩薩遭此下는 明其忍行이니 先, 結前生後니 謂遭前極苦오 二,
作是念下는 正顯忍相이니 以失自要라 文有十句하니 初一은 假設不
忍이니 失念易志일새 故云動亂이라 餘九는 明失이니 一은 則不調瞋恚
오 二는 則不護根門이오 三은 迷忍法門이오 四는 不修忍行이오 五는
隨風外轉이오 六은 動亂內生이오 七은 不惜善根이오 八은 未忘彼此
라 上八은 自損이니 由此하야 不能利他어니와 今能忍故로 以不로 不
之하야 便成八行이니 自他俱利며 自他俱調라 若說此勝利하면 成善
士行이니라

■ ② 菩薩遭此 아래는 참는 주체의 행법을 설명함이니 ㉮ 앞을 결론하

고 뒤를 시작함이니 앞의 극심한 고통을 만남을 말하고, ㉮ 作是念
아래는 인욕하는 모양을 바로 밝힘이니 스스로의 요구를 잃기 때문
이다. 경문에 열 구절이 있으니 ㉠ 처음 한 구절은 참지 못함을 설정
함이니 생각을 잃으면 의지가 바뀌는 연고로 '동요하고 혼란스럽다'
고 말하였다. ㉡ 나머지 아홉 구절은 잃은 내용을 설명함이니 (1) 성
냄을 조절하지 못함이요, (2) 감관의 문을 보호하지 않음이요, (3)
인욕의 법문에 미혹함이요, (4) 인욕행을 닦지 못함이요, (5) 바람을
따라 바깥으로 뒤바뀜이요, (6) 흔들림이 안으로 생김이요, (7) 선근
을 아끼지 못함이요, (8) 이것과 저것을 잊지 못함이요, 위의 여덟 구
절은 스스로 손해 남이니 이로 인해서 능히 다른 이를 이롭게 하지 못
하지만 지금은 능히 인욕한 연고로 아닌 것으로 부정하여 문득 여덟
가지 행을 이루었으니 자신과 다른 이가 함께 이로우며, 자신과 남이
함께 조절됨이다. 만일 이런 뛰어난 이익을 말하면 착한 선비의 행법
을 이루게 된다.

[鈔] 若說此勝利者는 論에 云, 善士忍이 有五種하니 謂諸菩薩이 先於其忍
에 見諸勝利니 謂能堪忍補特伽羅가 於當來世에 無多寃賊하며 無多
乖離하고 有多喜樂하며 臨終無悔하고 於身壞後에 當生善趣天世界
中이오 見勝利已에 自能堪忍이오— 勸他行忍이오二 讚忍功德이오三 見
能行忍補特伽羅에 慰意慶喜오四 應有設有不忍이라도 如法悔除라하
니라論闕第五恐是脫漏 故今具之 而疏云說此勝利는 正是第三讚忍功德이
오 如失自要는 卽第一自忍이라 不忍에 不能令他安忍이어니와 今不不
之는 卽第二오 旣自慶慰에 亦能慶他는 當第四五也니라

● '만일 이런 뛰어난 이익을 말한다'는 것은 논에 이르되, "착한 선비의

인욕이 다섯 가지가 있으니 이른바 모든 보살이 그 인욕하기에 앞서서 모든 뛰어난 이익을 보나니, 말하자면 감인하는 주체인 보특가라가 미래세에 원수나 도적이 많지 않으며, 어긋나고 여읨이 많지 않으며, 많은 기쁨과 안락이 있으며, 목숨이 다함에 이르러 후회함이 없고, 몸이 무너진 뒤에 좋은 갈래인 하늘세계 중에 태어나게 됨이요, 뛰어난 이익을 보고 난 다음에 자신이 능히 감인함이요(첫째), 다른 이가 인욕을 수행하도록 권함이요(둘째), 인욕수행의 공덕을 칭찬함이요(셋째), 인욕수행의 주체인 보특가라를 보고는 위로받고 기뻐함이요(넷째), 응당히 설사 인욕하지 못함이 있더라도 여법하게 후회하고 제거한다"라고 하였다. (논에는 다섯째를 빠뜨렸으니 빠진 것이 아닌가 염려하여 지금 구비하였다.) 그러나 소에서 '이런 뛰어난 이익을 말한다'고 말함은 바로 여기 셋째 인욕을 칭찬한 공덕이요, 스스로의 요구를 잃음은 곧 첫째 스스로 인욕함과 같다. 스스로 인욕하지 못할 적에 다른 이로 하여금 편안히 인욕하게 하지 못하지만 지금은 하지 않으면 부정하다 한 것은 곧 둘째 (다른 이를 권하여 인욕하게 함)이요, 이미 자신이 기뻐하고 위로하면 또한 능히 다른 이를 기쁘게 한다는 것은 넷째(위로하고 기뻐함)와 다섯째(참지 못하더라도 법다이 후회하고 제거함)에 해당된다.

(b) 고통을 감수하는 인욕[安受苦] (二菩 41下3)

菩薩이 爾時에 復作是念하되 我從無始劫으로 住於生死하여 受諸苦惱라하여 如是思惟하고 重自勸勵하여 令心淸淨하여 而得歡喜하며 善自調攝하여 自能安住於佛法中하고 亦令衆生으로 同得此法이니라

"보살이 이때에 또 생각하기를 '내가 끝없는 옛적부터 생사 속에 있으면서 모든 고통을 받았도다' 하고 이와 같이 생각하고 다시 정신을 가다듬어 마음이 청정하여 환희하여지고, 스스로 조화하고 거두어들여서 불법 가운데 편안히 머물고 또 중생으로 하여금 이런 법을 얻게 하느니라."

[疏] 二, 菩薩爾時下는 安受苦忍이라 雖仍前文이나 義當安受니 故引往所受苦하야 以況今苦하야 而欲安受라 所以引者는 無始는 顯昔苦時長이오 諸苦는 明其事廣이라 雖事廣時長이나 而空無二利러니 今時促苦少에 能成忍度하야 自利利他하사 安不忍哉아 故鍊磨頌에 云, 汝已惡道經多劫하야 無益受苦를 尙能超어든 今行少善得菩提하야는 大利에 不應生退屈이라하니라 由斯重自勸勉誡勵하야 令淨而無亂하며 喜不憂感하야 調其瞋蔽하고 攝護根門이 是自住忍法이니 令物同忍이니라

■ (b) 菩薩爾時 아래는 고통을 감수하는 인욕이다. 비록 앞의 경문을 인하였지만 이치는 고통을 감수함에 해당되므로 예전에 받은 고통을 이끌어 지금의 고통과 비교하여 고통을 감수하려 한다. 인용한 이유는 시작함 없음은 예전의 고통받을 때가 오랫동안임을 밝힘이요, 모든 고통은 그 일이 광대함을 밝힘이다. 비록 일이 광대한 때가 오래이지만 2리행이 공하여 없어질 것이니 지금의 시간이 촉박하고 고통이 작아짐에 능히 인욕바라밀을 성취하여 자리행과 이타행으로 어찌 참지 못하겠는가? 그러므로 '(마음을) 연마하는 게송'에 이르되, "네가 이미 악도에서 오랜 세월 지내면서 이익 없이 받은 고통을 오히려 초월하려거든 지금의 작은 선행을 닦아서 보리를 얻고는 큰 이익에는

응당히 퇴굴심을 일으키지 말아야 한다"고 하였다. 이로 인해 거듭하여 스스로 힘쓰기를 권하고 경책하여 하여금 청정하고 산란함이 없으며, 기쁘고 근심이 없어서 그 성냄과 폐단을 조화하고 육근(六根)의 문을 보호 섭수함이 곧 스스로 인욕법에 머무는 것이니, 사물로 하여금 함께 인욕하게 하는 것이다.

[鈔] 故鍊磨頌者는 卽三種鍊磨心하야 斷除四處障中之一이니 卽無性攝論第六에 釋入現觀에 云, 由何能入고 由善根力所任[156]持故라 謂三種鍊磨心하야 斷除四處障故라하니라 若唯識論第九인대 明資糧位에 釋於二取隨眠猶未能伏滅에 云, 此位에 二障을 雖未伏除나 修勝行時에 有三退屈을 而能三事鍊磨其心하야 於所證修에 勇猛不退하니 一, 聞無上正等菩提하야 廣大深遠하고 心便退屈을 引他已證大菩提者하야 鍊磨自心하야 勇猛不退라하니라 釋曰, 卽第一菩提廣大屈을 引他況己鍊이라 廣者는 無邊이오 大者는 無上이오 深者는 難測이오 遠者는 時長이니 由斯故로 退를 引他鍊之라 攝論頌에 云, 十方世界諸有情이 念念에 速證善逝果라 彼旣丈夫我亦爾니 不應自輕而退屈이라하니라 唯識論에 云, 二, 聞施等波羅蜜多를 甚難可修하고 心便退屈을 省已意樂하야 能修施等하야 鍊磨自心하야 勇猛不退라하니라 釋曰, 卽第二萬行難修屈을 省己增修鍊이니 頌에 云, 汝昔惡道經多劫하야 無益勤苦를 尙能超어든 今行少善得菩提하니 大利에 不應生退屈이라하니라 唯識論에 云, 三, 聞諸佛圓滿轉依를 極難可證하고 心便退屈을 引他麤善하야 況己妙[157]因하야 鍊磨自心하야 勇

---

156) 任은 甲南續金本作住.
157) 妙는 南金本作善, 論原續本作妙.

猛不退라하니라 釋曰, 卽第三轉依難證屈을 引麤況妙鍊이니 頌에 云,
博地一切諸凡夫가 尙擬遠證菩提果라 汝已勤苦經多劫하니 不應
退屈却沉淪이라하니라 唯識論에 云, 由斯三事하야 鍊磨其心하야 堅
固熾然하야 修諸勝行이라하니라 釋曰, 今是十行이 正是其位일새 故
疏引之니라 …〈아래 생략〉…

● 그러므로 '(마음을) 연마하는 게송'이란 곧 세 종류로 마음을 연마하
여 네 곳의 장애 가운데 하나를 끊어 없애는 것이다. 곧『무성섭론』
제6권에 현관에 들어감에 대해 해석하기를, "무엇으로 인하여 능히
들어가는가? 선근력을 지탱[任持]하게 되기 때문이다. 말하자면 삼종
상으로 마음을 연마하기 때문이며, 네 곳의 장애를 끊기 때문이며,
(법과 대상경계를 반연하는 사마타[止] 위빠사나[觀]를 항상 그리고 은근하고 진중하
게 가행하며 방일하지 않기 때문이다.)"라고 하였다. 만일『성유식론』제9
권에 의지한다면 자량위(資糧位)에서 '이취(二取)의 수면(隨眠)에 대해서
아직 조복하고 단멸할 수 없도다'에 대하여 해석하되, "이 지위에서는
두 가지 장애를 아직 조복하고 제거하지 못하므로 뛰어난 수행을 닦
을 때 세 가지 퇴굴심이 있긴 하지만, 세 가지 일로써 그 마음을 연마
함으로써, 닦고 증득한 것에 대해서 용맹으로써 퇴전하지 않는다. 첫
째, 최고의 바른 깨달음은 광대하고 심원하다는 말을 듣고서 마음이
문득 퇴굴할 때에, 남이 이미 대보리를 증득한 것을 상기하고 자기
마음을 연마하여 용맹심으로써 퇴전하지 않는다"라고 하였다. 해석
하자면 첫째 최고의 깨달음은 광대함에서 퇴굴하는 마음을 다른 사
람의 사례를 인용하여 자기의 연마와 비교함이다. 광이란 그지없음
이요, 대란은 위없다는 뜻이요, 깊음은 헤아리기 어렵다는 뜻이요, 멀
다는 것은 시간적으로 길다는 뜻이다. 이로 인하여 퇴굴함에 대해 다

른 이의 연마를 인용하였다. 섭론 게송에 이르되, "시방세계 모든 유정들은 생각마다 선서(善逝)의 과를 속히 증득하게 되나니 저 사람이 이미 장부라면 나 또한 그러하니 스스로 가벼이 여겨 퇴굴하지 말라"고 하였다. 『성유식론』에 또 이르되, "둘째, 보시 등 바라밀행은 닦기가 매우 어렵다는 말을 듣고서 마음이 문득 퇴굴할 때에, 자신의 의지에 능히 보시 등을 닦고자 즐거워한 것을 회상하고 자기 마음을 연마하여 용맹심으로써 퇴전하지 않는다"라고 하였다. 해석하자면 곧 둘째 만 가지 수행은 닦기 어렵다고 퇴굴하다가 자신을 반성하고 연마를 더 해야 하나니 게송에 이르되, "네가 예전 악도에 떨어져 오랜 세월 지내면서 이익 없이 부지런히 고행함은 오히려 초월할 수 있지만 금생에 작은 선근 닦아 보리를 얻었으니 광대한 이익에 응당 퇴굴심을 일으키지 말아야 한다"라고 하였다. 『성유식론』에 또 이르되, "셋째, 부처님의 원만한 전의(轉依)¹⁵⁸⁾는 증득하기가 매우 어렵다는 말을 듣고서 마음이 문득 퇴굴할 때에, 타인의 드러나는 선행¹⁵⁹⁾을 상기하고 자신의 승묘한 수행을 비교하고 자기 마음을 연마하여 용맹심으로써 퇴전하지 않는다." 해석하자면 셋째 전의(轉依)는 증득하기 어렵다고 퇴굴함을 듣고 타인의 거친 수행을 상기하고 자신의 승묘한 수행과 비교하고 자기 마음을 연마하여 용맹심으로써 퇴전하지 않는다. 게송에 이르되, 복이 엷은 모든 범부들이 오히려 보리의 과를 증득하기가 멀다고 말하되 네가 이미 부지런히 고행을 오랫동

---

158) 유식학에서는 깨달음을 성취하는 원리를 轉識得智, 즉 현상계의 허망된 識을 진여의 無分別智로 전환시키는 과정으로 설명한다. 轉識得智는 轉依로써 이루어진다. 전의(āśraya-parāvrtti)에서 '轉'은 轉捨轉得, 즉 번뇌장과 소지장의 종자를 轉捨하고, 열반과 보리를 轉得한다. '依'는 轉捨轉得의 의지처[所依], 즉 의타기성인 8식을 말한다. 자기 존재의 基體(依他起인 8식)를 허망된 상태[遍計所執性]로부터 진실된 상태[圓成實性]로 質的으로 전환시킴으로써 8식이 4가지 지혜로 전환된다. 즉 아뢰야식이 大圓鏡智로, 말나식이 평등성지로, 의식이 妙觀察智로, 五識이 成所作智로 된다.
159) 보시 등을 행할 때에 드러나는 장애가 있는 선행[有障善]을 말한다.

안 지났으니 응당히 퇴굴하여 도리어 (윤회에) 빠져들지 말아야 한다. 『성유식론』에 또 이르되, "이러한 세 가지 일에 의해 그 마음을 연마하여 여러 뛰어난 수행을 견고하고 치열하게 닦는다"라고 하였다. 해석하자면 지금은 십행(十行)이 바로 그 지위이므로 소가가 인용한 것이다. …〈아래 생략〉…

(c) 법의 이치를 관찰하는 인욕[諦察法] 2.
㉠ 의미를 밝히고 가름을 열다[敍意開章] (第三 43下2)

復更思惟하되 此身이 空寂하여 無我我所하며 無有眞實하며 性空無二하며 若苦若樂이 皆無所有하니 諸法空故로 我當解了하여 廣爲人說하여 令諸衆生으로 滅除此見이라 是故我今에 雖遭苦毒이나 應當忍受니라
"다시 생각하기를 '① 이 몸은 공한 것이어서 ② 나도 없고 내 것도 없으며, ③ 진실하지 아니하고 성품이 공하여 둘이 없으며, ④ 괴롭고 즐거움이 모두 없는 것이며, ⑤ 모든 법이 공한 것'을 내가 이해하고 다른 이에게 널리 말하여 여러 중생들로 하여금 이런 소견을 없애게 할 것이니, 그러므로 내가 비록 이런 고통을 당하여도 참고 견디어야 할 것이니라."

[疏] 第三, 復更已下는 諦察法忍이라 亦仍前起일새 故云復更이라 斯則 一忍之中에 便具三忍하니 表非全異故라 一境에 具明이라 文分三別하니

■ (c) 復更 아래는 법리를 관찰하는 인욕이다. 또한 앞으로 인하여 일어났으므로 '다시'라고 하였다. 이렇다면 하나의 인욕 중에 문득 세 가지 인욕을 구비하나니 전부가 다르지 않음을 표하였다. 한 가지 경계에 (세 가지를) 구비하여 밝혔다. 경문을 세 가지로 나누어 구별하였으니,

㈁ 경문을 따라 열어서 해석하다[隨文開釋] 3.
① 스스로 법리를 이루는 인욕[自成法忍] (一自 43下4)

[疏] 一, 自成法忍이라 文有五句하니 初句는 總標오 無我已下는 釋成空義니 以苦空無常無我四行으로 釋之하야 何爲其次라 又約大乘일새 故苦樂等을 雙遣하니 一, 人我法我를 兩亡이오 二, 常與無常이 非實이니 相待有故라 三, 空有俱寂일새 故云無二오 四, 苦樂皆遣일새 云無所有라

■ ① 스스로 법리를 이루는 인욕이다. 경문에 다섯 구절이 있으니 ㉮ 첫 구절은 총합하여 표방함이요, ㉯ 無我 아래는 공한 이치를 이룸이니 괴롭고, 공하고, 무상하고, 내가 없다는 네 가지 행법으로 해석하여 무엇으로 순서를 삼았는가? 또한 대승법에 의지한 연고로 괴로움, 즐거움 등을 함께 보냈으니 ① 나와 남, 법과 나 둘 다 없음이요, ② 항상함과 무상함이 둘 다 실법이 아니니 있음을 상대한 까닭이다. ③ 공과 유가 모두 고요하므로 '둘이 없다'고 하였다. ④ 괴로움과 즐거움을 모두 보냈으므로 '있는 바가 없다'고 말한 것이다.

② 다른 이로 하여금 법리를 이루게 하는 인욕[令他成忍] (二諸 43下8)

[疏] 二, 諸法空下는 令他成忍이니 衆生迷空일새 故應爲說이니 皆淸淨忍
也라

■ ② 諸法空 아래는 다른 이로 하여금 법리를 이루게 하는 인욕이니 중
생이 공에 미하는 연고로 응당 (중생을) 위하여 설함이니 모두 '마음을
텅 비우는 인욕'이다.

[鈔] 二, 諸法空下는 令他成忍으로 至皆淸淨忍者는 淸淨有十은 如前已
引이니 今但總相이라 是彼之意를 亦不別配니라

● ② 諸法空 아래는 '다른 이로 하여금 법리를 이루게 하는 인욕으로
모두 마음을 텅 비우는 인욕에 이른다'는 것은 청정함에 열 가지가 있
음은 앞에서 이미 인용한 바와 같나니 지금은 단지 총상일 뿐이다. 저
것의 의미를 또한 별도로 배대하지는 않았다.

③ 행법을 결론하여 응하여 닦다[結行應修] (三是 44上2)

[疏] 三, 是故下는 結行應修라 然이나 莊嚴論中에 由三思五想하야 則能
忍受하니 一, 思他毁辱我가 是我自業이오 二, 思彼我가 俱是行苦오
三, 思聲聞自利도 尙不以苦加人이니 此三은 文在安受忍中이니 思
昔諸苦하야 自他調攝故라 言五想者는 一, 本親想이니 衆生無始로
無非親屬故오 二, 修法想이니 打罵不可得故오 三, 修無常想이오
四, 修苦想이오 五, 修攝取想이니 卽此文攝이라 對前可思니라

■ ③ 是故 아래는 행법을 결론하여 응하여 닦음이다. 그러나 『대승장
엄론』160) 중에 세 가지 사유와 다섯 가지 생각으로 인해 능히 인욕하

---

160) 『대승장엄론(大乘莊嚴論)』【범】Sūtrālakāraśāstra 15권. K-587, T-201. 인도의 마명보살 지음. 구마라집

고 감수한다. (이른바 세 가지 사유란) ① 다른 이가 나를 훼방하고 욕하는 것이 나 자신의 업이라고 사유함이요, ② 저와 내가 모두 행고임을 사유함이요, ③ 성문의 자리행도 오히려 다른 이에게 고통을 더하지 않음이라고 사유함이니, 이 셋은 경문은 (b) 고통을 감수하는 인욕 속에 있음이니 예전의 모든 고통을 사유하여 자신과 다른 이를 조복하고 섭수하기 때문이다. '다섯 가지 생각'이라 말한 것은 ① 본래로 친속이란 생각이니 중생은 시작 없는 옛적부터 친지나 권속 아님이 없는 까닭이요, ② 법을 수행하려는 생각이니 때리고 욕해도 얻을 수 없는 까닭이요, ③ 무상함을 수행하려는 생각이요, ④ 고제를 수행하려는 생각이요, ⑤ 수행으로 섭수하여 취하려는 생각이니 곧 이 경문에 포섭되었으니 앞과 대조하면 생각할 수 있으리라.

[鈔] 然莊嚴論者는 即第二論中이라 此三等者는 前念無始劫受諸苦惱니 即是自業과 及行苦也라 亦令他得此法은 即況二乘也라 對前可思者는 前性空無二가 即不可得이오 無有眞實이 即是無常이오 若苦若樂이 即是苦想이오 廣爲人說等이 即攝取想이라 略無本親은 攝在無始生死之中이니라

● 그러나 『대승장엄론』이란 곧 제2권이다. 이 셋 등이란 앞에서 '시작 없는 옛적부터 (생사 속에 있으면서) 모든 고통을 받았다'고 생각하나니 곧 자신의 업과 행고(行苦)이다. 또한 다른 이로 하여금 이 법을 얻게 함은 곧 이승과 비교함이다. '앞과 대조하면 생각할 수 있다'는 것은

번역. 또는 『대장엄경론경』·『대장엄론』·『대장엄경』이라고도 함. 아름답고 분명한 글로써 불교 교리의 깊고 넓은 것을 장엄한 것으로 89의 이야기로 됨. 여러 가지 사전(史傳)·우화(寓話)·비유(譬喻)·인연(因緣)·본생담(本生譚) 등을 통해 불교적인 교훈을 설한 것. 대개는 문답체로써 적고, 바라문으로서 불교에 돌아온 인연을 말함.

앞의 성품이 공하여 둘이 없음이 곧 얻을 수 없음이요, 진실함이 없는 것이 곧 무상함이요, 고통과 즐거움이 곧 괴롭다고 생각함이요, '다른 이에게 널리 말하는' 등이 곧 섭수하고 취하는 생각이다. 본래로 친속이란 생각이 생략하여 없음은 시작 없는 옛적부터 생사 속에 포섭되어 있다.

b. 인욕을 수행하는 의미[修忍意] (第二. 44下8)

爲慈念衆生故며 饒益衆生故며 安樂衆生故며 憐愍衆生故며 攝受衆生故며 不捨衆生故며 自得覺悟故며 令他覺悟故며 心不退轉故며 趣向佛道故라하나니

"① 중생을 염려하는 연고며 ② 중생에게 이익 주려는 연고며, ③ 중생을 안락케 하는 연고며, ④ 중생을 가엾이 여기는 연고며, ⑤ 중생을 거두어 붙드는 연고며, ⑥ 중생을 버리지 않는 연고며, ⑦ 스스로 깨달으려는 연고며, ⑧ 다른 이를 깨닫게 하려는 연고며, ⑨ 마음이 퇴전하지 않는 연고며, ⑩ 부처님 도에 향하여 나아가기 위한 연고라' 하나니,

[疏] 第二, 爲慈念下는 明修忍意라 文有十句하니 義兼通別이라 通則三忍이 皆爲此十이니 在義可知니라 別則爲初五故로 修耐寃害니 慈念爲總이라 次, 但欲饒益於他니 不懼他不饒益이라 本欲安人이니 豈當加報아 愍彼淪倒어니 寧懷恨心이리오 以忍調行하야 攝諸恚怒라 次一은 安受苦忍이니 隨逐衆生호대 無疲苦故라 次二句는 爲覺自他하야 修諦察法이니 後二는 通於前三이라 上一爲言이 下流至此니 斯卽

九中에 二世樂也니라

- ■ b. 爲慈念 아래는 인욕을 수행하는 의미를 설명함이다. 경문에 열 구절이 있으니 이치는 전체와 개별을 겸하고 있다. a) 전체로는 세 가지 인욕이 모두 여기 열 구절이 되었으니 이치는 알 수 있으리라. b) 개별로는 처음의 다섯 가지로 인해 (a) 원수의 해침을 참는 인욕을 수행하나니 ㉠ 중생을 염려함이 총상이 된다. ㉡ 단지 다른 이를 이익되게 하려는 것이니 다른 이가 이익되지 않을까 두려워하지 않는 것이다. ㉢ 본래 다른 이를 편안케 하려는 것이니 어찌 미래에 보답이 더해질까? ㉣ 저들이 빠져 전도할까 가엾이 여길 텐데 어찌 한탄하는 마음을 가지겠는가? ㉤ 인욕으로 행동을 조절하여 모든 성냄을 거두는 것이다. c) 다음 한 구절[不捨衆生故]은 고통을 감수하는 인욕이니 중생을 따르되 피곤해 하거나 고통이 없는 까닭이다. d) 다음 두 구절[自得覺悟故 令他覺悟故]은 자신과 다른 이를 깨닫게 하려고 법리를 관찰하는 인욕을 수행함이요, e) 뒤의 두 구절[心不退轉故 趣向佛道故]은 앞의 셋[攝受衆生 不捨衆生 自得覺悟 令他覺悟]과 통한다. 위의 '위하여[爲]'라는 한마디가 아래로 여기까지 흘러왔으니 이것은 아홉 구절 중에 '두 세상의 안락'이란 뜻이다.

[鈔] 愍彼淪倒者는 準智論云인대 羅睺羅가 被外道打하야 悲泣이어늘 人問其故한대 答曰, 我苦少時爾나 奈渠長苦何오 卽愍其淪溺이라 而言倒者는 亦愍其因이 但由顚倒니 如提婆菩薩이 被外道開腹이러니 弟子欲追한대 菩薩이 廣說法空하니 誡諸弟子云하사대 此等顚倒는 妄見我人일새 故生此惡하니 不了性空에 無有眞實等이라하니라

斯卽九中二世樂者는 論에 云, 二世樂忍에 有九하니 謂菩薩이 住不

放逸이오一 於諸善法에 悉能堪忍이오二 於諸寒[161]熱에 悉能堪忍이오
三 於諸飢渴이오四 於蚊蛇觸이오五 於諸風日이오六 於蛇蝎觸이오七
於諸劬勞에 所生種種인 若身若心의 疲倦憂惱오八 於墮生死生老病
死等苦[162]는 有情을 現前哀愍하야 而修忍行이니九 上七에 皆有悉能
堪忍之言하니라 論에 云, 如是順忍이 得二世樂이 斯亦總相이오 愍念
衆生하야 令得二世樂也하니라

● '저들이 빠져 전도할까 가엾이 여긴다'는 것은 『대지도론』에 준하여
말하면, "라후라가 외도에게 얻어맞아 슬피 울거늘 사람들이 그 까
닭을 물었는데 답하기를, '내가 잠시 괴로웠지만 무엇이 나를 괴롭히
는가? 곧 거기에 빠질까 전도됨을 가엾이 여긴다'고 말한 것은 또한
그 원인이 단지 넘어짐으로 인함인 줄만 가엾이 여겼으니 마치 제바
(提婆)보살이 외도들에게 배를 열어 보였더니 제자가 뒤쫓아 가려 함
과 같은데 보살이 법이 공함에 대해 자세히 설하니, 모든 제자들에게
훈계하여 말하기를, '이들의 전도됨은 망녕되게 나와 남을 본 까닭이
므로 이런 악이 생겼으니 성품이 공하여 진실이 없음을 요달하지 못
한다'는 등으로 말하였다."
'이것은 아홉 구절에서 두 세상의 안락함'이란 『유가사지론』제42권
에 이르되, "두 세상의 안락함의 인욕에 아홉 가지가 있으니 이른바
보살이 방일하지 않음에 머무름이요(1), 모든 착한 법에 대하여 모두
잘 견디고 참음이요(2), 모든 추위와 더위에 대해 잘 견디고 참음이
요(3), 모든 배고픔과 목마름에 잘 견디고 참음이요(4), 모기와 등에
가 쏘는 데 대해 잘 견디고 참음이요(5), 모든 바람 부는 낮에 대해
잘 견디고 참음이요(6), 뱀과 전갈이 무는 데 대해 잘 견디고 참음이

---

161) 寒은 甲南續金本作業誤.
162) 等苦는 南續金本作苦等, 甲本作等等.

요(7), 여러 가지 고생하는 곳에서 생긴 갖가지 몸과 마음의 고달픔에서 오는 근심과 괴로움에 대해 잘 견디고 참음이요(8), 나고 죽음과 나고 늙고 병들고 죽는 따위의 괴로움에 떨어진 유정들에 대하여 바로 그 앞에서 가엾이 여기면서 참음을 수행함이다"라고 하였다. 위의 일곱 가지에 모두 '모두 능히 견디고 참는다'는 말이 있다. 논에 이르되, "이러한 인욕을 수순하면 두 세상의 안락함을 얻게 됨이니 이것이 또한 총상이요, 중생을 연민히 생각하여 하여금 두 세상의 안락함을 얻게 하는 것이다"라고 하였다.

(다) 위배되지 않는 행의 명칭을 결론하다[結名] (經/是名 44下6)

　　是名菩薩摩訶薩의 第三無違逆行이니라
　　이것을 보살마하살의 셋째 어기지 않는 행이라 하느니라."

라) 제4 굽히지 않는 행[無屈撓行] 3.

(가) 명칭에 대해 질문하다[徵名] (第四 45下7)

　　佛子여 何等이 爲菩薩摩訶薩의 無屈撓行고
　　"불자들이여, 어떤 것이 보살마하살의 굽히지 않는 행인가?"

[疏] 第四, 無屈撓行이라 撓者는 曲也며 弱也니 卽牢強精進也라
　■　라) 제4 굽히지 않는 행이다. 어지러움은 구부러짐이요, 겁약함의 뜻

이니 곧 '굳건한 정진'을 뜻한다.

[鈔] 撓者曲也弱也者는 卽周易大過卦意니 易에 云, 大過는 棟撓니 利有
攸往하야 亨하니라 象曰, 大過는 大者가 過也오 棟撓는 本末이 弱也
라하니라 釋曰, 大過는 兌上巽下하야 上下皆陰일새 故云本末弱也라
易文에 以弱으로 釋撓하니라 音義에 云, 撓者는 曲也니 曲之與弱으로
義相似也라 今取弱義하야 釋無屈撓하니 則屈[163]者는 亦曲也라 旣
曰牢强하니 則無屈弱이라 然梵云鉢履耶捺多는 此云無盡이니 卽晉
經之名이니 謂大願之力이 無有盡耳라 此亦大同이니라

● '어지러움은 구부러짐이요, 겁약함'이란 곧 주역의 대과괘(大過卦)의
뜻이니『주역(周易)』에 이르되, "큰 허물은 기둥이 흔들림이니 갈 바를
둠이 이로워서 형통하니라.『단전(象傳)』에 가로되, '대과는 큰 것이
지나침이요, 기둥이 흔들림은 근본과 지말이 약하다는 뜻이다.'" 해
석하자면 대과는 위를 빛나게 하고 아래가 공순하여 위와 아래가 모
두 음이므로 근본과 지말이 약함이다. 주역의 문장에서는 약함으로
요(撓)를 해석하였다.『음의(音義)』에 이르되, "흔들림은 구부러짐이니
구부러짐과 약함은 이치가 비슷하다. 지금은 약하다는 뜻을 취하여
'굽거나 흔들림 없음[無屈撓]'을 해석하였으니 굴(屈)이란 구부러짐이
요, 이미 '굳건하다'고 말했으니 굽거나 약함이 없다. 그러나 범어에
발리야나다(鉢履耶捺多)는 '끝없다'고 번역하였으니 곧 진경(晉經)의 명
칭이니 큰 서원의 힘이 다함이 없다는 뜻일 뿐이다. 이것 또한 큰 뜻
으로는 같다.

---

163) 屈은 甲南續金本作弱.

(나) 무굴요행의 양상을 해석하다[釋相] 2.

ㄱ. 총합하여 과목 나누다[總科] (二釋 46上9)

ㄴ. 개별로 해석하다[別釋] 2.

ㄱ) 10종 정진에 대해 총합적으로 밝히다[總顯其相] 2.

(ㄱ) 과목 나누고 의미를 밝히다[分科顯意] (前中)

此菩薩이 修諸精進하되 所謂第一精進과 大精進과 勝精
進과 殊勝精進과 最勝精進과 最妙精進과 上精進과 無
上精進과 無等精進과 普徧精進이니라
"이 보살이 모든 정진을 수행하나니, 이른바 제1 정진과 큰
정진과 수승한 정진과 특별히 수승한 정진과 가장 수승한 정
진과 가장 묘한 정진과 상품 정진과 위가 없는 정진과 같을
이 없는 정진과 두루 한 정진이니라."

[疏] 二, 釋相中에 二니 先, 總顯其相이오 後, 隨難別釋이라 前中에 文三
이니 初, 正顯精進이오 二, 性無下는 明離過失이오 三, 但爲下는 辨
進所爲라 此之三段은 初, 即總擧오 次, 是釋精이니 謂無雜故오 三,
是釋進이니 趣所爲故라

■ (나) 무굴요행의 양상을 해석함 중에 ㄱ. 십종 정진에 대해 총합적으
로 밝힘이요, ㄴ. 힐난을 따라 별도로 해석함이다. ㄱ. 중에 경문이
셋이니 ㄱ) 10종 정진에 대해 바로 밝힘이요, ㄴ) 性無 아래는 과실
을 여읨에 대해 밝힘이요, ㄷ) 但爲 아래는 정진의 역할을 밝힘이다.
이런 세 문단은 (ㄱ) 첫 구절은 총합하여 거론함이요, (ㄴ) '정(精)' 자
를 해석함이니 잡됨이 없음을 말함이요, (ㄷ) '진(進)' 자를 해석함이

니 역할로 취향하는 까닭이다.

(ㄴ) 과목에 따라 개별로 해석하다[隨科別釋] 3.

a. 정진에 대해 바로 밝히다[正顯精進] 2.

a) 첫 구절을 해석하다[釋初句] (今初)

[疏] 今初正顯中에 初句는 標行所屬이오

■ 지금은 a. 정진에 대해 바로 밝힘 중에 a) 첫 구절은 행법의 소속을
표방함이요,

b) 나머지 구절을 해석하다[釋餘句] 2.

(a) 총합하여 설명하다[總明] (所謂 46下3)

(b) 개별로 해석하다[別釋] (初第)

[疏] 所謂已下는 顯勝列名이라 精進의 多名은 望業用故라 初第一者는
亦是首義라 此義有三하니 一, 大故로 第一이니 謂爲大菩提故라 二,
勝故로 第一이니 光明功德故라 三, 殊勝故로 第一이니 謂超出故라
第二에 大亦三義니 一, 最勝故로 大니 勝中極故가 如世大王이라 二,
最妙故로 大니 事理融通故가 如世大德이라 三, 上故로 大니 行體高
上이 如世尊長이라 第三勝者는 亦有三義하니 一, 無上故로 勝이니 不
可加故오 二, 無等故로 勝이니 不可匹故오 三, 普徧故로 勝이니 體周
法界하야 無可勝故니라

■ b) 所謂 아래는 뛰어남을 밝히고 명칭을 나열함이다. 정진의 여러 명
칭은 업과 작용을 바라보는 까닭이다. 첫째, 제1정진이란 또한 우두

머리의 뜻이다. 이런 뜻에 셋이 있으니 (1) 큰 연고로 제일이니 큰 보리가 됨을 말한다. (2) 뛰어난 연고로 제일이니 광명의 공덕인 까닭이다. (3) 수승한 연고로 제일이니 초월하고 특출한 까닭이다. 둘째, 큰 정진에도 또한 세 가지 뜻이니 (1) 가장 뛰어난 연고로 크나니 뛰어난 중에 끝인 연고로 마치 '세상의 대왕'과 같다. (2) 가장 묘한 연고로 크나니 현상과 이치가 융합하고 통하는 까닭이니 마치 '세간의 크게 덕스러움'과 같다. (3) 위인 연고로 크나니 행법의 체성이 높고 위인 것이 마치 '세간의 존귀한 어른'과 같다. 셋째, 수승한 정진에도 또한 세 가지 뜻이 있으니 (1) 위가 없는 연고로 뛰어남이니 더할 수가 없기 때문이요, (2) 같을 것이 없는 연고로 수승하나니 짝할 수가 없기 때문이요, (3) 두루 보편하므로 수승하나니 체성이 법계에 두루하여 이길 수가 없기 때문이다.

[鈔] 此義有三者는 此取十地勢하야 十句相釋이니 以二三四로 釋於初句하고 以五六七로 釋第二大字하고 以八九十으로 釋第三勝字라 文並可知로다

● '이런 뜻에 셋이 있으니'란 여기서 십지품의 세력을 취하여 열 구절의 모양을 해석하였으니 둘째, 셋째, 넷째 구절로 첫 구절[第一精進]을 해석하고, 다섯째, 여섯째, 일곱째 구절로 '둘째 큰 정진'을 해석하고, 여덟째, 아홉째, 열째 구절로 '셋째 수승한 정진'을 해석하였다. 경문과 함께하면 알 수 있으리라.

b. 허물과 과실을 여읨에 대해 설명하다[明離過失] (離過 47上5)

性無三毒하며 性無憍慢하며 性不覆藏하며 性不慳嫉하며 性無諂誑하며 性自慚愧하여 終不爲惱一衆生故로 而行精進이요

"① 성품에 세 가지 독함이 없고 ② 성품에 교만이 없고 ③ 성품에 덮어 숨김이 없고 ④ 성품에 간탐과 질투가 없고 ⑤ 성품에 아첨과 속임이 없고 ⑥ 성품이 스스로 부끄러워함이요, ⑦ 마침내 한 중생이라도 시끄럽게 하기 위하여 정진을 행하지 아니하느니라."

[疏] 過中에 卽難行精進이니 性無間雜이 最爲難故라 先, 離自惱之過니 謂本隨煩惱가 任運不起일새 故曰性無니 圓融敎中에는 地前에도 得爾라 後, 終不爲下는 明離惱他니라

■ b. 허물을 여읨 중에 곧 행하기 어려운 정진이니, 성품이 섞임이 없음이 가장 어렵기 때문이다. a) 자신을 괴롭히는 허물을 여읨이니 이른바 본래로 번뇌를 따름이 마음대로 일어나지 못하므로 '성품에 없다'고 하였으니 원융한 교법 중에는 십지 이전에도 그것을 얻는다. b) 終不爲 아래는 번뇌를 여읨에 대해 설명함이다.

[鈔] 卽難行者는 在文易知로다 然皆忘三輪故라 精進三輪者는 卽衆生과 高下事用과 分別이니라

● 곧 행하기 어려움이란 경문에 있으니 알기 쉬우리라. 그러나 모두 세 바퀴를 잊은 까닭이다. '정진의 세 가지 바퀴'란 곧 ① 중생과 ② 높고 낮은 일의 작용과 ③ 분별이다.

c. 정진의 역할을 밝히다[辨進所爲] 2.

a) 총합하여 설명하다[總明] (三辨 47下2)

但爲斷一切煩惱故로 而行精進하며 但爲拔一切惑本故
로 而行精進하며 但爲除一切習氣故로 而行精進하며
"① 오직 일체 번뇌를 끊기 위하여 정진을 행하고, ② 일체
번뇌의 근본을 뽑기 위하여 정진을 행하고, ③ 일체 습기를
제하기 위하여 정진을 행하고,

[疏] 三, 辨進所爲中에 有二十句하니 具含三種精進이라 但爲是被甲이오
四弘願故오 而行은 卽是方便加行이오 所爲之法은 是所攝善이라

■ c. 정진의 역할을 밝힘 중에 20구절이 있으니, 삼종 정진을 갖추어 포
함하였다. 단지 갑옷 입은 것이 되고, 네 가지 큰 서원인 까닭이요,
행법은 곧 방편과 가행이요, 행할 대상의 법은 포섭할 바 선법이다.

[鈔] 具含三種者는 唯識에 說三이니 一, 被甲이오 二, 攝善이오 三, 利樂라
無性이 釋云호대 一, 被甲이오 二, 加行이오 三, 無怯弱이며 無退轉이
며 無喜足이라 初者는 謂最初時에 自勵言호대 我當作如是事니 卽是
解戒經所說이라 初는 有勢力句오 次는 卽加行有勤句라 無怯等者는
謂隨事意樂하야 所作善事와 乃至安坐妙菩提座며 復[164]不放捨하고
於自疲苦에 心無退屈이 名無怯弱이오 於他逼惱에 心不動移를 名無
退轉이오 乃至菩提히 於其中間에 進修善品호대 常無懈廢를 名無喜
足이라하니 如是三句는 解釋契經의 所說有勇猛하야 於諸善法에 不

---

164) 復는 論作終, 甲南續金本作後.

捨離故라 世親이 釋三精進호대 大同無性의 釋經五句하니 復云호대
所以者何오 或有最初에 求於無上正等菩提할새 雖有勢力이나 而加
行時에 不能策勵일새 故說有勤이오 雖復有勤이나 心或怯弱하니 爲
對治彼일새 故說有勇이라 由有勇故로 心無退屈이니라 心雖無怯이나
逢生死苦하야는 心或退轉일새 由此退失所求佛果니 爲對治彼하야
立無退轉이라 無退轉者는 卽是堅猛으로 故不¹⁶⁵⁾退轉이니 顯示堅猛
이라 由有堅故로 逢苦不退오 由有猛故로 不懼於苦오 雖逢衆苦에
能不退轉이오 而得少善에 便生喜足이라 由此하야 不證無上菩提일새
是故로 次說無喜足者니 是不得少善하야 生喜足이니 此義¹⁶⁶⁾는 卽顯
示不捨善軛라 由此義故로 說三精進이라하나라 然被甲者는 從喩立
名이니 如人入陣에 先須被甲하야 以防弓矢인달하야 今求菩提에 必先
誓願하야 以防退屈이니라 本業經에는 直云, 一, 起大誓願之心이오
二, 方便進修오 三, 勤化衆生이라하니라

● '삼종 정진을 갖추어 포함했다'는 것은『성유식론』에서 세 가지를 말
하였으니 ① 큰 서원을 일으키는 정진[被甲精進], ② 모든 선법을 닦는
정진, ③ 중생을 이롭고 안락하게 하는 정진을 말한다. 무성(無性)보
살이 (무성섭론에서) 해석하되, "① 피갑정진 ② 가행정진 ③ 무겁약정
진 ④ 무퇴전정진 ⑤ 무희족정진이다. ① 피갑정진은 최초의 때에 스
스로 '나는 마땅히 이와 같은 일을 짓겠다'라고 격려하는 것이다. 즉
이것은 계경에서 설한 바, 처음에 '세력이 있다'라고 하는 구절을 해석
하는 것이다. 다음 ② 가행정진에는 '부지런함이 있다'고 한 구절이
다. ③ 무겁약정진 등이란 말하자면 의요에 따라서 지은 바 착한 일
은 마침내 묘한 보리좌에 앉을 때까지 끝내 버리지 않는 것이다. 자

---

165) 不은 論甲南續金本作無.
166) 此義는 論甲南續金本作義此.

신의 피곤해 하는 고통에 대해서 마음이 퇴굴하지 않는 것을 무겁약(無怯弱)이라 하고, 다른 이의 핍박과 시달림에 대해 마음이 동요하지 않는 것을 무퇴전이라 이름하며, 나아가 보리에 이를 때까지 그 중간에 나아가 선품을 수습하고 일찍이 게으름이 없는 것을 무희족(無喜足)이라 이름한다. 이러한 세 구절은 계경에서 설한 바 '용맹이 있고 굳건하게 맹리하여 모든 선법에 대해 버리거나 여의지 않는다'"라고 하였다. 세친보살은 '세 가지 정진'을 해석하되 무성(無性)보살이 경전의 다섯 구절을 해석함과 크게는 같다. 다시 말하되, "왜냐하면 혹은 최초에 무상정등보리를 구하므로 비록 세력이 있지만 가행할 때에 능히 책려(策勵)할 수 없으므로 '부지런함이 있다'고 말함이요, 비록 다시 부지런함이 있지만 마음이 혹은 겁약하기도 하나니 저것을 상대하여 다스리기 위하는 연고로 '용감함이 있다'고 말한다. 용감함이 있음으로 말미암아 마음에 물러나 굽힘이 없는 것이다. 마음이 비록 겁약함이 없지만 나고 죽음의 고통을 만나서는 마음이 혹은 물러나기도 하므로 여기서 구할 대상인 부처님 과덕을 물러나 잃음이니 저것을 상대하여 다스리기 위하여 물러나고 바뀜이 없음을 세웠다. '퇴전함이 없다'는 것은 곧 굳세고 용맹한 연고로 퇴전하지 않나니 굳세고 용맹함을 밝혀 보인 것이다. 굳셈이 있음으로 말미암아 괴로움을 만나도 물러나지 않음이요, 용맹함이 있음으로 말미암아 고통을 두려워하지 않음이요, 비록 여러 가지 고통을 만나더라도 능히 퇴전하지 않는다는 뜻이요, 그러나 작은 선행을 얻을 적에 문득 기쁘고 만족함이 생겨난다. 이로 말미암아 위없는 보리를 증득하지 못하나니, 이런 연고로 다음에 말한 기쁘고 만족함이 없음을 말하였으니, 작은 선행을 얻지 못해도 기쁘고 만족함이 생겨난다는 뜻이니 이런 뜻은 곧 착함의 멍에를 버리지 못한다는 뜻이다. 이런 뜻으로 말미암은 까닭에 세 가지 정진을 말한다"라고 하였다. 그러나 피갑정진은 비유로부터 명칭을 세웠으니 마치 사람이 진중에 들어갈 적에 먼저 모름지기 갑옷을 구하고 활과 화살을 방어함과 같아서 지금 보리를 구할 적에 반드시 먼저 원을 맹서하여 물러나는 마음을 방어해야 한다. 『보살본업경』에는 바로 말하되, "(1) 크게 서원하는 마음을 일으킴이요, (2) 부지런히 정진하고 수행함이요, (3) 부지런히 중생을 교화하여 제도함이다"라고 하였다.

b) 개별로 해석하다[別釋] 2.
(a) 과목 나누다[分科] (文分 48下6)

[疏] 文分爲四니 初三은 斷惑이오 次七은 度生이오 次四는 知法이오 後六은 求佛이니 卽四弘也라

■ 경문을 넷으로 나누리니, ㉠ 처음 세 구절은 미혹을 단절함이요, ㉡ 다음 일곱 구절은 중생을 제도함이요, ㉢ 다음 네 구절은 법을 아는 것이요, ㉣ 뒤의 여섯 구절은 불도를 구함이니 곧 사홍서원을 뜻한다.

(b) 과목에 따라 해석하다[隨釋] 4.
㉠ 세 구절은 미혹을 단절하다[初三斷惑] (今初 48下7)
㉡ 일곱 구절은 중생을 제도하다[次七度生] (二度)

但爲知一切衆生界故로 而行精進하며 但爲知一切衆生의 死此生彼故로 而行精進하며 但爲知一切衆生煩惱故

로 而行精進하며 但爲知一切衆生心樂故로 而行精進하며 但爲知一切衆生境界故로 而行精進하며 但爲知一切衆生의 諸根勝劣故로 而行精進하며 但爲知一切衆生心行故로 而行精進하니라

④ 일체 중생의 세계를 알기 위하여 정진을 행하고, ⑤ 일체 중생이 여기서 죽어 저기 나는 것을 알기 위하여 정진을 행하고, ⑥ 일체 중생의 번뇌를 알기 위하여 정진을 행하고, ⑦ 일체 중생의 마음에 좋아함을 알기 위하여 정진을 행하고, ⑧ 일체 중생의 경계를 알기 위하여 정진을 행하고, ⑨ 일체 중생의 근성이 승하고 열함을 알기 위하여 정진을 행하고, ⑩ 오직 일체 중생의 마음으로 행함을 알기 위하여 정진을 행하느니라."

[疏] 今初에 初, 斷現行이오 次, 斷種子오 後, 斷餘習이니라 二, 度衆生中에 爲成十力智故라 煩惱是漏니 意令其盡이오 境界는 卽徧趣行이오 心行은 義兼於業이오 生死는 義兼宿住라 處非處力은 總故로 不明이니라

■ 지금은 ㉠에서 ① 첫 구절은 현행번뇌를 단절함이요, ② 종자번뇌를 단절함이요, ③ 남은 습기를 단절함이다. ㉡ (일곱 구절은) 중생을 제도함 중에 십력(十力)의 지혜를 이루기 위한 까닭이다. 번뇌는 유루이니 뜻으로 하여금 그것이 누진지력(漏盡智力)이요, 경계는 곧 변취행지력(徧趣行智力)이요, '마음으로 행함'은 이치가 업을 겸하며, '나고 죽음'은 이치가 숙주수념지력(宿住隨念智力)을 겸하고, 처비처지력(處非處智力)은 총상인 연고로 밝히지 않았다.

㊂ 네 구절은 법을 알다[次四知法] (三有 49下1)

但爲知一切法界故로 而行精進하며 但爲知一切佛法根
本性故로 而行精進하며 但爲知一切佛法平等性故로 而
行精進하며 但爲知三世平等性故로 而行精進하며
"⑪ 또 일체 법계를 알기 위하여 정진을 행하고, ⑫ 일체 불
법의 근본 성품을 알기 위하여 정진을 행하고, ⑬ 일체 불법
의 평등한 성품을 알기 위하여 정진을 행하고, ⑭ 삼세의 평
등한 성품을 알기 위하여 정진을 행하고,

[疏] 三, 有四句는 知法中에 初는 總이오 餘는 別이라 別中에 一은 事法界
니 若自入法인대 則以淨信으로 爲根本이오 若約利他인대 則以慈悲로
爲根本等이라 二, 卽理法界니 云平等性이오 三, 事理無礙法界오 三
世之事는 卽平等理性也니 事隨理融이라 義含事事無礙니라

■ ㊂ 네 구절은 법을 아는 것 중에 ① 첫 구절은 총상이요, ② 나머지는
별상이다. ② 별상 중에 (1) 현상법계이니 만일 스스로 법에 들어간
다면 깨끗한 믿음으로 근본을 삼고, 만일 이타행에 의지하면 자비로
써 근본을 삼는 등이다. (2) 이치의 법계이니 평등한 법성이라 하며,
(3) 현상과 이치가 무애한 법계요, 삼세의 일은 곧 평등한 이치의 법
성이니 현상이 이치를 따라 융합함이므로 (4) 현상과 현상이 무애한
법계를 포함하고 있다.

㊃ 여섯 구절은 불도를 구하다[後六求佛] (四有 50上1)

但爲得一切佛法智光明故로 而行精進하며 但爲證一切
佛法智故로 而行精進하며 但爲知一切佛法一實相故로
而行精進하며 但爲知一切佛法無邊際故로 而行精進하
며 但爲得一切佛法廣大決定善巧智故로 而行精進하며
但爲得分別演說一切佛法句義智故로 而行精進이니라
⑮ 일체 불법의 지혜 광명을 알기 위하여 정진을 행하고, ⑯
일체 불법의 지혜를 증득하기 위하여 정진을 행하고, ⑰ 일
체 불법의 한결같은 실상을 알기 위하여 정진을 행하고, ⑱
일체 불법의 끝 간 데 없음을 알기 위하여 정진을 행하고, ⑲
일체 불법의 광대하고 결정하고 공교한 지혜를 얻기 위하
여 정진을 행하고, ⑳ 일체 불법의 구절과 뜻을 분별하여 연
설하는 지혜를 얻기 위하여 정진을 행하는 것이니라.”

[疏] 四, 有六句는 求佛中에 初二는 即智라 初句는 教智光明이오 後句는
證智라 次二는 知境이니 先은 眞이오 後는 俗이라 後二는 皆權智니 前
句는 知機識藥이오 後句는 四辯宣陳이라 分別演說은 即是樂說이니
說於法義라 句는 即是辭라 上之四弘에 初二는 知苦斷集이오 後二는
修道證滅이니 即無作四諦之境也니라

■ ⑭ 여섯 구절은 불도를 구함 중에 ① 처음 두 구절은 지혜와 합치한
정진인데 첫 구절은 교도의 지혜광명이요, 뒤 구절은 증도의 지혜이
다. ② 다음 두 구절은 경계를 아는 것이니 앞은 진제요, 뒤는 속제이
다. ③ 뒤의 두 구절은 모두 방편의 지혜이니 앞 구절은 중생을 알고
약을 인식함이요, 뒤 구절은 네 가지 변재로 선설하여 말함이다. 분
별하여 연설함은 곧 요설변재이니 법과 이치를 말한다. ‘구절’은 곧

언사를 가리키니 위의 네 가지 큰 것에서 처음 둘[⑰ ⑱]은 고통을 알고 원인을 단절함이요, 뒤의 둘[⑲ ⑳]은 도제(道諦)를 수행하여 멸제(滅諦)를 증득함이다. 이는 곧 지음 없는 사성제의 경계이다.

ㄴ) 힐난을 따라 개별로 해석하다[隨難別釋] 2.

(ㄱ) 가름을 열다[開章] (第二 50下2)

(ㄴ) 가름에 따라 해석하다[隨釋] 2.

a. 갑옷 입은 정진에 대해 설명하다[明被甲精進] 2.

a) 경문과 논서를 회통하다[會通經論] (今初)

佛子여 菩薩摩訶薩이 成就如是精進行已에 設有人이
言하되 汝頗能爲無數世界의 所有衆生하여 以一一衆生
故로 於阿鼻地獄에 經無數劫토록 備受衆苦하여 令彼衆
生으로 一一得値無數諸佛이 出興於世하고 以見佛故로
具受衆樂하며 乃至入於無餘涅槃하여야 汝乃當得阿耨
多羅三藐三菩提하리니 能爾不耶아하면 答言我能이니라
"불자들이여, 보살마하살이 이러한 정진행을 성취하고는,
가령 어떤 사람이 말하기를 '네가 능히 무수한 세계에 있는
중생들을 위할 적에, 하나하나의 중생을 위하여 아비지옥
에서 수없는 겁 동안에 모든 고통을 두루 받으면서, 저 중생
들로 하여금 날날이 수없는 부처님이 세상에 출현하심을 만
나게 하고, 부처님을 뵈온 연고로 여러 가지 낙을 받으며,
내지 무여열반에 들게 하고야, 네가 마땅히 아눗다라삼약
삼보디를 얻으리니, 그렇게 할 수 있느냐' 하면, '그렇게 하

겠노라'고 대답하리라.

[疏] 第二, 佛子菩薩下는 隨難別釋이라 於中에 二니 先, 明被甲精進이오 後, 明利樂精進이라 今初라 全同瑜伽之文이나 但論은 以被甲爲初하니 約先心自誓故라 本業三進之中에 初, 名大誓어니와 今居攝善之後하니 就假設遇緣耳라

■ ㄴ) 佛子菩薩 아래는 힐난을 따라 개별로 해석함이다. 그중에 둘이니 a. 갑옷 입은 정진을 설명함이요, b. 이롭고 안락함의 정진을 밝힘이다. 지금은 a.이니 유가론의 문장과 완전히 같다. 단지 『유가사지론』에서는 피갑정진으로 처음을 삼았으니 먼저 마음으로 스스로 서원함을 의지한 까닭이다. 『보살본업경』의 세 가지 정진 중에 '크게 서원한 정진'이라 이름하였다. 본경은 선근을 포섭한 정진의 뒤에 있는 것이니 가짜로 설정하여 인연을 만남에 입각했을 뿐이다.

b) 경문을 바로 해석하다[正釋經文] 2.
(a) 첫 번째 질문과 대답[第一番問答] (文有 50下5)
(b) 두 번째 질문과 대답[第二番問答] (後設)

設復有人이 作如是言하되 有無量阿僧祇大海어든 汝當以一毛端으로 滴之令盡하며 有無量阿僧祇世界어든 盡末爲塵하고 彼滴及塵을 一一數之하여 悉知其數하여 爲衆生故로 經爾許劫토록 於念念中에 受苦不斷이라도 菩薩이 不以聞此語故로 而生一念悔恨之心하고 但更增上歡喜踊躍하여 深自慶幸하되 得大善利로다 以我力故로

令彼衆生으로 永脫諸苦하니라

또 어떤 사람이 말하기를 '한량없는 아승지 큰 바닷물을 네가 한 털끝으로 찍어내어 다하게 하고, 한량없는 아승지 세계를 모두 부수어 티끌을 만들어서 그 물방울과 그 티끌을 낱낱이 세어 그 수효를 알고는, 중생을 위하여서 그렇게 많은 겁을 지나면서 생각 생각마다 고통받기를 간단 없이 하라' 하더라도, 보살이 이 말을 들었다고 해서 잠깐이라도 후회하는 마음을 내지 아니하고, 다시 환희용약함을 더하며 스스로 다행하게 생각하고 큰 이익을 얻노라 하면서, 나의 힘으로써 저 중생들로 하여금 모든 고통에서 길이 벗어나게 하리라 하느니라."

[疏] 文有兩番問答하니 初番은 可知로다 後, 設復有下는 第二番中에 更難於前이라 得大善利者는 我本發心이 願代物苦하니 但慮不容相代러니 今聞苦身能遂하야 順本悲心하니 不慮時長하고 但增喜慶이라 長劫不懈은 況盡壽耶아 一念不悔는 卽忘身無間이오 自慶得利는 得平等通達이오 有深功德이 爲難行也니라

■ 경문에 두 번의 질문과 대답이 있으니 (a) 첫 번째 질문과 대답은 알 수 있으리라. (b) 設復有 아래는 두 번째 질문과 대답 중에 ㉠ 다시 앞에 대해 질문함이다. '큰 이익을 얻었다'는 것은 내가 본래 발심한 것이 중생의 고통을 대신하기를 원함이니 단지 서로 대신함을 용납하지 않을 것을 염려하더니 지금은 고통받는 몸이 능히 성취하여 본래의 대비심을 따른 것을 들었으니 시간이 긴 것을 염려하지 않고 단지 기쁨과 다행함을 더할 뿐이다. 오랜 세월에도 게으르지 않을 텐데

하물며 목숨이 다함이겠는가? '한 생각도 후회하지 않음'은 곧 몸이 간단없음을 잊는 것이요, '스스로 다행하고 이익을 얻음'은 평등하게 통달함을 얻음이요, '깊은 공덕이 있음'은 행하기 어려운 정진[難行精進]이 된다.

[鈔] 今初全同瑜伽者는 四十二論에 云, 一은 被誓願甲이니 若我脫一有情苦호대 以千大劫으로 爲一日夜하야 處於地獄하야 經爾所時하야사 證大菩提커나 乃至過此千俱胝倍라도 無懈怠心이온 況短時苦薄耶아 有能於此에 生少淨信已하고 長養無量勇猛大菩提性이어든 況成就耶아 故云約先心自誓니라

● '지금은 a.이니 유가론의 문장과 완전히 같다'는 것은 『유가사지론』 제42권에 이르되, "① 서원의 갑옷을 입는다. 만일 내가 한 유정의 괴로움을 벗어나게 하기 위해서라면 천 대겁과 똑같은 하룻밤 동안을 지옥에서 산다 하더라도 다른 세상에서 있지 않으리라. 내지 보살은 그러한 많은 때를 겪으면서 위없는 대보리를 증득해야 하거니와 설령 백천 구지 갑절 수의 때와 겁을 지나더라도 게으른 마음이 없을 텐데 하물며 시간이 짧고 고통이 엷은 것이겠는가? 어떤 이가 능히 여기서 적더라도 맑은 믿음을 일으키고 나서 무량한 용맹심과 대보리의 성품을 길러 가거든 하물며 성취함이겠는가?" 그러므로 '먼저 마음에 의지하여 스스로 서원한다'고 말하였다.

有深功德者는 瑜伽難行精進에 有三하니 若諸菩薩이 無間遠離諸衣服想과 諸飮食想과 諸臥具想과 及己身想하고 於諸善法에 無間修習하야 曾無懈怠하나니 是名第一難行精進이니라 若諸菩薩이 如是精

進호대 盡衆同分하야 於一切時에 曾無懈廢하면 是名第二難行精進이니라 若諸菩薩이 平等通達하야 功德相應하야 不緩不急하야 無有顚倒하고 能引義利하야 精進成就하면 是名第三難行精進이라하니라 今文에 具三하니 長劫不懈어든 況盡壽耶는 卽是第二오 一念不悔卽亡身無間은 卽是第一이오 自慶已下는 卽第三이라 前行의 初, 離過오 亦此第一이니라

● '깊은 공덕이 있다'는 것은 『유가사지론』의 행하기 어려운 정진[難行精進]'에 셋이 있으니 "만일 모든 보살로서 끊임없이 모든 의복이라는 생각을 하거나 음식이란 생각이거나 침구라는 생각이거나 자기 몸이라는 생각 따위를 멀리 여의고, 모든 착한 법에 대하여 끊임없이 닦아 익히며 게으르거나 그만두는 일이 없다면 이것을 제1 행하기 어려운 정진이라 말한다. 만일 모든 보살로서 이와 같이 정진하여 중동분(衆同分)을 다하고 언제나 게으르거나 그만두는 일이 없다면 이것을 제2 행하기 어려운 정진이라 말한다. 만일 모든 보살로서 평등하게 통달하고 공덕과 상응하며, 느슨해지지 않고 급하지도 않으며 뒤바꿈 없이 옳음과 이익을 이끌어서 정진이 성취된다면 이것을 제3 행하기 어려운 정진이라 말한다"라고 하였다. 본경의 경문에 셋을 구비하였으니 오랜 세월 게으르지 않는데 하물며 목숨이 다함이겠는가? 곧 둘째 난행정진이요, 한 생각도 후회하지 않고 몸이 다하도록 간단없음은 곧 첫째 난행정진이요, 自慶 아래는 곧 셋째 난행정진이다. 앞의 행법에서 (ㄱ) 허물을 여읨이요, 또한 이것이 첫째 난행정진이 된다.

b. 이롭고 안락한 정진에 대해 밝히다[明利樂精進] (第二 52上4)

菩薩이 以此所行方便으로 於一切世界中에 令一切衆生
으로 乃至究竟無餘涅槃하나니
"보살이 이렇게 행하는 방편으로 일체 세계에서 일체 중생
으로 하여금 내지 무여열반을 끝까지 얻게 하나니,

[疏] 第二, 菩薩以此下는 利樂精進이라 卽用前加行攝善하야 以利衆生
하야 令彼涅槃眞安樂也라

■ b. 菩薩以此 아래는 이롭고 안락한 정진에 대해 밝힘이다. 곧 앞의
가행정진과 섭선법정진을 사용하여 중생을 이롭게 하여 저로 하여금
열반의 진정한 안락을 얻게 한다.

(다) 굽히지 않는 행을 결론하다[結名] (經/是名 53上3)

是名菩薩摩訶薩의 第四無屈撓行이니라
이것을 보살마하살의 넷째 굽히지 않는 행이라 하느니라."

제21. 십행법문을 말하는 품[十行品] ②

마) 우치와 산란을 여의는 행[離癡亂行] 3.

(가) 명칭을 묻다[徵名] (第五 1上5)
(나) 이치란행의 양상을 해석하다[釋相] 2.
ㄱ. 가름을 열다[開章] (釋相)
ㄴ. 가름을 따라 해석하다[隨釋] 2.

ㄱ) 이치란행에 대해 총합적으로 밝히다[總顯無癡難] 2.
(ㄱ) 구절의 수를 총합하여 표방하다[總標句數] (今初)

> 佛子여 何等이 爲菩薩摩訶薩의 離癡亂行고 此菩薩이
> 成就正念하여 心無散亂하며 堅固不動하며 最上清淨하
> 며 廣大無量하며 無有迷惑이라
> "불자들이여, 어떤 것이 보살마하살이 우치와 산란을 여의
> 는 행인가? 이 보살이 바른 생각을 성취하여 마음이 산란하
> 지 않고 견고하여 동하지 아니하며, 최상이고 청정하고 넓
> 고 크고 한량없어 미혹하지 않느니라."

[疏] 第五, 離癡亂行이라 釋相中에 二니 先, 總顯無癡亂이오 後, 別明無

癡亂이라 今初라 句雖有六이나 義乃有十하니 初는 總이오 餘는 別이라
■ 마) 제5 우치와 산란을 여의는 행이다. (나) 이치란행의 양상을 해석함 중에 둘이니 ㄱ) 이치란행에 대해 총합하여 밝힘이요, ㄴ) 이치란행에 대해 개별로 밝힘이다. 지금은 ㄱ)이다. 구절이 비록 여섯이 있으나 이치는 바야흐로 열 가지가 있다. a. 첫 구절은 총상이요, b. 나머지는 별상이다.

(ㄴ) 가름을 열고 경문을 해석하다[開章釋文] 2.
a. 총상 구절을 해석하다[釋總句] 3.
a) 바로 해석하다[正釋] (總云 1上10)

[疏] 總에 云, 成就正念者는 然通三義하야 皆名正念하니
■ a. 총상 구절에 이르되, '바른 생각을 성취한다'고 말한 것은 그런데 세 가지 이치를 통달하여 모두 '바른 생각'이라 이름하였다.

[鈔] 總云成就下는 釋此總句에 有二하니 先, 正釋이오 後, 解妨이라 前中에 卽瑜伽九門中의 自性禪也라 論에 云, 靜慮自性者는 聞思爲先이오 所有心一境性으로 總也라
● a. 總云成就 아래는 총상 구절을 해석함에 둘이 있으니 a) 바로 해석함이요, b) 비방을 해명함이다. a) 중에 『유가사지론』제43권의 아홉 문(門) 중에 제 성품의 정려[自性禪]이다. 논에서 말한 '정려의 제 성품[靜慮自性]'이라 말한 것은 들음과 생각함이 먼저가 되고, 가진 바인 '마음이 한 경계인 성품[心一境性]'으로 총상을 삼았다.

b) 개별로 해석하다[別釋] 3.

(a) 사마타에 입각한 해석[就奢摩他釋] (一就 1下4)

(b) 위빠사나에 입각한 해석[就毘鉢舍那釋] (二就)

(c) 둘을 함께 부리는 도에 의지한 해석[雙運道] (三雙)

[疏] 一, 就奢摩他品하야 名爲正念이니 正念卽定이라 以彼定心에 離妄念
之亂일새 故名爲正이라 此從業用立名이오 亦隣近立稱이라 故로 八
正道中에 正念이 定攝이니라 起信論에 云, 心若馳散하면 卽當攝來하
야 令住正念이라하니라 二, 就毘鉢舍那品하야 亦名正念이니 謂不偏
鑒達하야 明了於緣이라 故로 下經에 云, 正念諸法하야 未曾忘失이라
하니라 三, 雙運道를 名爲正念이니 次下經에 云, 以正念故로 善解世
間等이라하니라 謂於緣에 明了를 是無癡義오 不異所緣이 名無亂義니
卽雙運也라 又下經에 云,[167] 禪定持心常一緣이오 智慧了境同三昧
라하니

■ (a) 사마타품에 입각하여 바른 생각이라 이름하였으니 바른 생각이
곧 삼매이다. 저 삼매의 마음에서 망념의 산란함을 여읜 연고로 '바
르다'고 하였다. 이것은 업과 작용에서 나온 이름이요, 또한 인근석
(隣近釋)으로 세운 명칭이다. 그러므로 팔정도(八正道) 중에는 바른 생
각이 삼매에 포함된다. 『기신론』에 이르되, "마음이 만일 흩어지거든
곧 거두어 바른 생각에 머물게 해야 한다"라고 하였다. (b) 위빠사나
품에 입각하여 또한 바른 생각이라 이름하였으니 이른바 치우침 없이
비추고 통달하여 인연을 밝게 요달한다는 뜻이다. 그러므로 아래 경
문에 이르되, "모든 법을 바르게 생각하여 일찍이 잊지 아니한다"라

---

167) 이는 十廻向品 제10 회향의 게송이다. 經云, "禪定持心常一緣하고 智慧了境同三昧하야 去來現在皆通達
하니 世間無有得其邊이로다."(교재 권2 p.372-)

고 하였다. (c) 둘을 함께 부리는 도에 의지하여 바른 생각이라 이름하니, 다음의 아래 경문에 이르되, "바르게 생각하는 까닭에 세간을 잘 안다"는 등으로 말하였다. 말하자면 인연법에 밝게 아는 것은 '어리석지 않다'는 뜻이요, 인연의 대상과 다르지 않음이 '산란함이 없다'는 이치라 말하나니, 이것이 곧 둘을 함께 부리는 것이다. 또 아래 경문에 "선정을 닦는 마음 한 곳에 있고, 지혜로 아는 경계 삼매와 같다"고 말하였다.

c) 비방을 해명하다[解妨] (雖有 2上8)

[疏] 雖有毘鉢舍那와 及雙運道나 皆就心一境辨하야 名禪自性이니라
■ 비록 위빠사나와 둘을 함께 부리는 도이지만 모두 마음이 한 경계인 성품에 입각해 밝혔으므로 '선정의 제 성품'이라 이름하였다.

[鈔] 一은 或奢摩他品이오 二는 或毘鉢舍那品이오 三은 或雙運道也라하니라 疏中에 隨[168]標하야 便引文釋成을 文意可知로다 言善解世間等者는 下에 云, 以正念故로 善解世間一切語言하며 能持出世諸法言說하며 乃至心無癡亂이라하니라 疏自配無癡亂은 卽正是雙運이니라 又以別義에는 善解是觀이오 能持是止니 故爲雙運이니라 故下經云 禪定持心等者는 卽[169]第十廻向偈中이니라 雖有毘鉢下는 第二, 解妨이니 在文可知니 正是瑜伽에 出禪自性也니라
● (a) 혹은 사마타품이요, (b) 혹은 위빠사나품이요, (c) 혹은 둘을 함

---

168) 隨는 甲南續金本作便.
169) 上三字는 南續金本作者卽是.

께 부리는 도이다. 소문에는 표방함을 따라서 문득 경문을 인용하여 해석하였으니 경문의 뜻은 알 수 있으리라. '세간을 잘 안다'고 말한 것은 아래에 이르되, "바른 생각인 연고로 세간의 온갖 말을 알며 출세간의 모든 법과 언설을 잘 지켜 가며 나아가 마음에 우치와 산란이 없다"고 말하였다. 소가가 스스로 우치와 산란이 없음은 곧 둘을 함께 부리는 도라고 배대하였다. 또한 별도의 뜻으로는 '잘 아는 것'이 위빠사나요, '잘 지키는 것'이 사마타이니 그래서 둘을 함께 부리는 것이다. 그러므로 '아래 경문에서 선정을 닦는 마음은 한 곳에 있고' 등은 곧 제10 회향의 게송에 있는 말이다. 雖有毘鉢 아래는 c) 비방을 해명함이니 경문에 있으니 알 수 있으리라. 바로 『유가사지론』제43권의 '제 성품의 정려[自性靜慮]'에서 나온 말이다.

b. 별상 구절을 해석하다[釋別句] 2.
a) 바로 해석하다[正釋] (別中 2下1)
b) 거두어 묶다[收束] (上九)

[疏] 別中에 初句는 復是無亂之總이니 謂不隨境轉일새 故無散亂이라 三,
障不能壞를 名爲堅固오 四, 緣不能牽일새 故云不動이오 五, 超劣顯
勝일새 故云最上이오 六, 異世無染일새 故云清淨이라 上五는 釋無亂
也오 下四는 義釋無癡니 謂七은 稱法界故로 云廣이오 八, 趣一切智
故로 云大요 九, 引發難量일새 故云無量이오 十, 不捨大悲일새 名無
迷惑이라
上九는 別句를 攝爲三禪이니 前六은 現法樂住오 次二는 引生功德이
오 後一은 饒益有情이니라

■ b. 별상 중에 첫 구절은 다시 산란하지 않음의 총상이니 이른바 경계를 따라 바뀌지 않으므로 산란함이 없다는 말이다. 셋째, 장애가 무너뜨리지 못함을 '견고하다'고 이름함이요, 넷째, 인연이 능히 당기지 못하므로 '동하지 않는다'고 말함이요, 다섯째, 열등을 뛰어넘어 뛰어남을 밝힌 연고로 '최상'이라 함이요, 여섯째, 세간과 다르게 물듦이 없는 연고로 '청정하다'고 함이니, 이상 다섯 구절은 '산란하지 않음'에 대한 해석이요, 아래 넷은 '어리석지 않음'의 뜻을 해석함이니, 이른바 일곱째, 법계와 칭합한 연고로 '넓다'고 함이요, 여덟째, 온갖 지혜로 취향하는 연고로 '크다'고 함이요, 아홉째, 헤아리기 어려움을 이끌어 시작한 연고로 '한량없다'고 함이요, 열째, 대비심을 버리지 않음을 '미혹하지 않음'이라고 말하였다.

b) 위의 아홉 구절은 별상 구절을 섭수하여 세 가지 선정으로 삼았으니, (a) 앞의 여섯 구절[無散亂~廣]은 현재 안락한 경지에 머무는 선정이요, (b) 다음의 두 구절[大,無量]은 공덕을 끌어당겨 일으키는 선정이요, (c) 뒤의 한 구절[無迷惑]은 유정의 부류를 요익하는 선정이다.

[鈔] 上九別句者는 三禪은 卽瑜伽의 一切禪也라 唯識에는 但列하고 而不釋名이어니와 瑜伽에 釋廣하니라 今依攝論컨대 無性이 釋云호대 一, 安住靜慮니 謂得現法樂住하야 離慢見愛하야 得淸淨故오 二, 引發靜慮니 謂能引發六神通等殊勝功德故오 三, 成所作事靜慮니 謂欲饒益諸有情類하야 以能止息饑儉疾疫인 諸怖畏等苦惱事故라하니라 梁攝論中에 釋三定云호대 有現世得安樂住하니 何以故오 能離一切染汚法故라— 依此定者는 爲生自利니 謂三明故오 能引成六通이니二 因引

成通定하야 生隨利他라 利他는 卽是三輪이니 一, 神通輪이니 謂身通
과 天耳通과 天眼通이라 此輪은 爲引向邪[170]者하야 令其歸正이오 二,
記心輪이니 謂他心通과 天耳通과 天眼通이라 此輪은 爲引已歸正者
하야 若未信受하야 令其信受오 三, 正敎輪이니 謂宿住通과 漏盡通이
니 由[171]宿住通하야 識其根性하고 由漏盡通하야 如目所得하야 爲說正
敎하야 令得下種成熟解脫이니 由具此義일새 是故로 說定에 有其三品
이니 爲離癡亂行이라하니라

- b) '위의 아홉은 별상 구절'에서 세 가지 선정은 곧 『유가사지론』의
주장인 온갖 선정이다. 『성유식론』에는 열거만 하고 명칭은 해석하지
않았지만 유가론에는 해석이 자세하다. 지금은 『섭대승론』에 의지한
다면 무성(無性)보살이 해석하되, "(정려의 세 가지 품이란) ① 안주정려(安
住靜慮)니 이른바 현재 안락한 경지에 머물러서 아만과 삿된 소견, 애
정을 여의고 청정함을 얻은 까닭이요, ② 인발정려(引發靜慮)는 능히
여섯 가지 신통 등 수승한 공덕을 끌어당겨 일으키는 것이요, ③ 성
소작사정려(成所作事靜慮)는 모든 유정의 부류를 요익하기 위해 능히
굶주리고 어려움에 시달리는 여러 가지 두려움 등의 고통스런 일을
끊어 주기 때문이다"라고 하였다. 『양섭론』에는 세 가지 선정을 해석
하되, "현세에 안락하게 머물 수 있게 되나니 왜냐하면 모든 더러움
에 물든 법을 여읠 수 있기 때문이요, 이 선정에 의지하면 스스로의 이
익을 생하게 된다. 이른바 삼명(三明) 때문에 육신통(六神通)을 이끌어
이룰 수 있다. 신통을 이끄는 선정으로 인하여 남을 이익되게 함을
좇는 선정을 생한다. 남을 이익되게 하는 것은 곧 삼륜(三輪)이다.

---

170) 向邪는 原南續金本作邪向正, 論作向邪.
171) 由는 原南續金本無, 論有.

(1) 신통륜(神通輪)이니 신통과 천안통 그리고 천이통을 말한다. 이 윤은 삿된 자를 이끌어 구하여 그를 올바름으로 돌아가게 한다. (2) 기심륜(記心輪)이니, 타심통과 천안통 그리고 천이통을 말한다. 이 윤은 이끌어서 이미 올바름으로 돌아온 사람이 만일 믿고 받아들이지 못한다면 그것을 믿고 받아들이게 하는 것이다. (3) 정교륜(正教輪)이니 숙주통과 누진통을 말한다. 숙주통으로 말미암아 그 근성을 인식하고 누진통으로 인해 스스로 얻은 것과 같이 바른 가르침을 설하게 되어 하열한 종류의 것이 성숙하여 해탈을 얻게 한다. 이러한 의미를 갖추었기 때문에 선정에 세 가지 품류가 있다고 말한다. 그런 까닭에 어리석음과 산란함을 여읜 행이 된다"라고 하였다.

ㄴ) 이치란행에 대한 개별 해석[別明無癡亂] 2.
(ㄱ) 의미를 밝히고 과목 나누다[顯意分科] (第二 3下4)
(ㄴ) 과목에 따라 바로 해석하다[隨科正釋] 2.

a. 앞의 첫째 총상 구절을 해석하다[釋前第一總句] 2.
a) 앞을 결론하고 뒤를 시작하다[結前生後] (初結)

以是正念故로
"생각이 바름으로써

[疏] 第二, 以是下는 別顯無癡亂이니 如次釋前十義라 即爲十段이니 亦
    初一은 爲總釋前正念이라 於中에 分二니 初, 結前生後라
■ ㄴ) 以是 아래는 이치란행에 대한 별도 해석이니 순서대로 앞의 열 가

지 뜻을 해석하였다. 곧 열 문단이 되었으니 또한 a. 하나는 총합하여 앞의 바른 생각을 해석하였다. 그중에 둘로 나누리니, a) 앞을 결론하고 뒤를 시작함이다.

b) 바른 생각의 공능[顯正念之能] 2.
(a) 함께 표방하다[雙標] (後善 3下8)

善解世間一切語言하고 能持出世諸法言說하나니
세간의 온갖 말을 잘 알고, 출세간법의 말을 능히 지니나니,

[疏] 後, 善解已下는 顯正念之能이라 文을 曲分二니 先, 雙標오 後, 雙釋이라 今初也라 正念에 有觀일새 故能善解오 正念에 有止일새 所以能持라 世言은 無益이나 但須善解오 出世는 有益일새 偏語憶持라 出世도 不解하면 應不持義오 世言不持하니 應無記憶이라 故文雖影略이나 義必兩兼이라 解事解理일새 故名善解니라

■ b) 善解 아래는 바른 생각의 공능을 밝힘이다. 경문을 자세히 둘로 나누었으니 (a) 함께 표방함이요, (b) 함께 해석함이다. 지금은 (a)이다. 바른 생각에 위빠사나[觀]가 있으므로 능히 잘 아는 것이요, 바른 생각에 사마타[止]가 있으므로 잘 지니는 것이다. 세간의 언사는 유익하지 않지만 단지 잘 아는 것만을 구함이요, 출세간은 유익하므로 말을 기억하고 지님에 치우쳐 있는 것이다. 출세간도 알지 못하면 응당히 지니지 못한다는 뜻이요, 세간의 말은 지니지 않으므로 응당히 기억하지 못한다는 뜻이다. 그러므로 경문이 비록 비추어 생략하였지만 이치로는 반드시 둘을 겸하였다. 현상법을 알고 이치도 아는

연고로 잘 안다고 말하였다.

[鈔] 正念有觀下는 疏文有五하니 初, 正釋順文이오 二, 世言無益下는 出經局意오 三, 出世不解下는 立理顯通이오 四, 故文雖下는 結成通義오 五, 解事下는 別釋善解라

- (a) 正念有觀 아래는 소문에 다섯이 있으니 ㊀ 경문을 따라 바로 해석함이요, ㊁ 世言無益 아래는 경문의 국한된 의미를 내보임이요, ㊂ 出世不解 아래는 이치를 세우고 통함을 밝힘이요, ㊃ 故文雖 아래는 통하는 이치를 결론함이요, ㊄ 解事 아래는 잘 아는 것에 대해 별도로 해석함이다.

(b) 함께 해석하다[雙釋] 2.
㊀ 총합하여 과목 나누다[總科] (二所 4下2)
㊁ 과목에 따라 해석하다[隨釋] 2.

① 여러 경계에 모두 나아가 우치와 산란 없음에 대해 해석하다
   [通就諸境明無癡亂] 2.
㉮ 구절의 숫자로 총합하여 표방하다[總標句數] (今初)

所謂能持色法非色法言說하며 能持建立色自性言說과 乃至能持建立受想行識自性言說에 心無癡亂하며 於世間中死此生彼에 心無癡亂하며 入胎出胎에 心無癡亂하며 發菩提意에 心無癡亂하며 事善知識에 心無癡亂하며 勤修佛法에 心無癡亂하며 覺知魔事에 心無癡亂하며 離

諸魔業에 心無癡亂하며 於不可說劫修菩薩行에 心無癡
亂이니라

이른바 색법과 색 아닌 법의 말을 능히 지니며, 색의 성품을
건립하는 말을 능히 지니고, 내지 수, 상, 행, 식의 성품을 건
립하는 말을 능히 지니어, 마음이 우치, 산란치 않으며, 세
간에 있어 여기서 죽고 저기 나는 데 마음이 우치, 산란치
않으며, 태에 들고 태에서 나오는 데 마음이 우치, 산란치
않으며, 보리심을 내는 데 마음이 우치, 산란치 않으며, 선
지식을 섬기매 마음이 우치, 산란치 않으며, 불법을 부지런
히 닦는 데 우치, 산란치 않으며, 마군의 일을 알아서 마음
이 우치, 산란치 않으며, 마군의 업을 여의어 마음이 우치,
산란치 않으며, 말할 수 없는 겁 동안 보살행을 닦으매 마음
이 우치, 산란치 않느니라."

[疏] 二, 所謂下는 雙釋이라 分二니 先, 通就諸境하야 明無癡亂이오 後,
此菩薩下는 別約所持하야 明無癡亂이라 今初也라 據無癡亂인대 文
但有九나 開初爲二일새 句亦有十하니 謂法義別故라

■ (b) 所謂 아래는 함께 해석함이다. 둘로 나누니 ① 여러 경계에 모두
나아가 우치와 산란 없음에 대해 해석함이요, ② 此菩薩 아래는 지
닐 대상에 의지하여 우치와 산란 없음에 대해 설명함이다. 지금은 ①
(여러 경계에 모두 나아가 우치와 산란 없음에 대해 해석함)이다. 무치란(無癡亂)
을 의거한다면 경문에 단지 아홉 구절만 있지만 첫 구절을 열면 둘이
되므로 역시 열 구절이 되니 법과 이치가 다른 까닭이다.

④ 아홉 문단을 개별로 해석하다[別釋九段] 5.

㉠ 첫째와 둘째 구절을 해석하다[釋初二句] (初句 4下4)

[疏] 初句는 即法無礙니 合蘊成二니 謂色與心이라 非色은 謂心이니 即餘
四蘊이라 二, 能持建立下는 義無礙也라 義有二種하니 自性도 亦二
니 一, 事오 二, 理라 事는 即質礙니 爲色性等이오 理即無性이니 爲色
等性이니 皆無名相中에 施設建立이라 持言及義는 即文義二持니 今
正覺理事하야 離妄分別일새 名無癡亂이라 此二는 釋上能持오 下八
은 釋上善解라 義必兼具일새 故癡亂을 雙擧니라

■ ㉠ 첫 구절은 곧 법에 무애함이니 오온을 합하여 두 구절을 이루었으
니 색법과 심법이다. 색 아닌 법은 심법을 말함이니 곧 나머지 사온이
다. ㉡ 能持建立 아래 (둘째 구절)은 이치에 무애함이니, 이치에 두 종
류가 있다. 자성도 또한 둘이니 ① 현상과 ② 이치이다. ① 현상은
곧 물질을 장애함이니 색의 성품 등이요, ② 이치는 곧 성품이 없음이
니 색법 등의 성품이니 모두 이름과 모양이 없음에서 시설하여 건립함
이다. 지닌다는 말과 이치는 곧 문지(文持)와 의지(義持)이니 지금은
이치와 현상을 바로 깨달아서 망녕된 분별을 여읜 것을 '우치와 산란
이 없다'고 말한다. 이 둘은 위의 지니는 주체를 해석함이요, 아래 여
덟 구절은 위의 잘 아는 것을 해석함이다. 이치는 반드시 겸하여 갖
추었으므로 우치와 산란을 함께 거론한 것이다.

㉡ 셋째 구절을 해석하다[釋第三句] (三於 5上1)

[疏] 三, 於五蘊生滅에 得無癡亂이니 十地品에 云, 死有二種業하니 一,

能壞諸行이오 二, 不覺知故로 相續不絕이라하니 今此菩薩이 於二事理에 靜無遺照일새 故無癡亂이라

■ ㉡ 오온이 나고 죽음에서 우치와 산란이 없음을 얻었으니, 십지품에 이르되, "죽음에 두 가지 업이 있으니 ① 모든 행을 능히 파괴함이요, ② 깨달아 알지 못하는 연고로 상속하여 단절되지 않는다"라고 하였으니, 지금은 이 보살이 현상과 이치의 두 가지에서 고요하여 남기고 비춤이 없으므로 우치와 산란이 없는 것이다.

㉢ 넷째 구절을 해석하다[釋第四句] 2.
ⓐ 표방하다[標] (四編 5上4)
ⓑ 해석하다[釋] 2.

㉮ 우치와 산란이 없는 모양을 해석하다[正釋無癡亂相] (瑜伽)
㉯ 우치와 산란한 모양을 보이다[示癡亂相] (凡夫)

[疏] 四, 偏語胎生하야 明無癡亂이라 瑜伽第二에 說四種入胎하니 一, 正知入而不知住出이니 所謂輪王이오 二, 正知入住나 不正知出이니 所謂獨覺이오 三, 俱能正知니 所謂菩薩이오 四, 俱不正知니 謂餘有情이라 前之二人도 尙有癡亂也니라 凡夫癡亂相者는 謂下者는 見所生處가 在於厠穢오 中者는 見在舍宅[172)]이오 上者는 見處華林이니 若男인대 於母生愛하고 於父生瞋이니 謂競母故라 女則反上이니라 大集二十七과 涅槃十八과 二十九와 俱舍第九에 皆具說之하니라

■ ㉢ 태생(胎生)을 치우쳐 말하여 우치와 산란이 없음을 밝혔다. 『유가

---

172) 舍宅은 續金本作宅舍.

사지론』제2권에 네 가지로 태에 드는 모양을 말하였으니 ① (태에) 들어감은 바로 알지만 (태에) 머물고 나옴은 알지 못함이니 전륜왕을 말함이요, ② 들어가고 머무름은 바로 알지만 나옴은 바로 알지 못함이니 연각을 말함이요, ③ 모두 능히 바로 앎이니 보살을 말함이요, ④ 모두 알지 못함이니 유정 등이다. 앞의 두 사람도 오히려 우치와 산란함이 있다. ㉫ 범부가 우치하고 산란한 모양은 이른바 ① 아래인 사람은 태어난 곳이 측간의 더러움에 있다고 보는 것이요, ② 중간 사람은 집에 있음을 보는 것이요, ③ 위의 사람은 꽃 숲에 있음을 보는 것이니, 남자라면 어머니에게 애정이 생기고, 아버지에게는 성냄이 생기나니, 어머니와 경쟁하는 까닭이다. 여자는 위와 반대이다. 『대집경』제27권과 『열반경』제18권, 제29권과 『구사론』제9권에 모두 갖추어 설한다.

[鈔] 瑜伽第二下는 疏文有二하니 先, 正釋無癡亂言이오 二, 示癡亂相이라 前中에 文顯하니라 俱舍第九論에 問起云호대 前說倒心으로 入母胎藏이라하니 一切胎藏이 皆定爾耶아 釋曰, 此牒前倒心으로 趣欲境인 濕化染香處하야 爲問也니라 論中에 答云호대 不爾니 經에 言하사대 入胎有四라하니 其四者는 何오 頌에 云, 一, 於入에 正知오 二三, 兼住出이오 四, 於一切位와 及卵에 恒無知라 前三種入胎는 謂輪王과 二佛이니 業智俱勝故오 如次餘四生이라하니라 釋曰, 但觀上瑜伽하면 頌文을 易了나 但業智俱勝을 更須略釋이니 第一輪王은 以業勝故로 正知於入이니 宿世에 曾修廣大福故오 第二는 辟支佛이니 但智勝故로 正知入住하니 久習多聞하고 勝思擇故라 第三, 大覺은 福智俱勝이니 三皆正知라 謂曠劫에 修行勝福智故라 除此前三코 餘胎卵濕은

福智俱劣일새 故皆癡亂이니라

● ⓑ 瑜伽第二 아래는 소문에 둘이 있으니 ㉮ 우치와 산란이 없는 모양을 바로 해석함이요, ㉯ 우치와 산란한 모양을 보임이다. ㉮ 중에 경문이 분명하다. 『구사론』제9권에 질문으로 시작해 말하되, "앞에는 '뒤바뀐 마음으로 모태에 들어 숨는다'고 하였으니 온갖 태에 숨는 것이 모두 정해져 있는가?"라고 하였다. 해석하되, "이것은 앞의 뒤바뀐 마음으로 욕계의 경계인 습생과 화생의 향기가 나는 곳에 나아가서 질문한 것이다." 논문에서 답하되, "그렇지 않나니 경문에 말씀하되, '태에 들어감에 네 가지가 있다'고 하였으니 그 네 가지가 어떠한가? 게송에 이르되, '하나는 들어감에 바로 아는 것이요, 둘과 셋은 주태(住胎)와 출태(出胎)를 겸하고, 넷은 온갖 지위와 난생은 영원히 알지 못한다. 앞의 세 가지 입태(入胎)는 전륜왕과 이승의 부처이니 업과 지혜가 모두 뛰어난 까닭이요, 순서대로 나머지 사생(四生)과 같다' "고 하였다. 해석하자면 다만 위의 유가론만 보면 게송 문장은 쉽게 알 수 있겠지만 단지 업과 지혜 모두 뛰어남에 대해 다시 모름지기 간략히 해석하리니, 제1에 전륜왕은 업이 뛰어난 연고로 입태에 바로 아는 것이니 숙세에 일찍이 광대한 복을 닦은 까닭이요, 제2는 벽지불이니 지혜만 뛰어난 연고로 입태와 주태를 바로 아나니 다문(多聞)을 오래 익히고 사유하고 선택함이 뛰어난 까닭이다. 제3은 크게 깨달음은 복과 지혜가 모두 뛰어남이니 이 셋은 모두 바로 아는 부류이다. 이른바 오랜 세월 동안 수행하여 복과 지혜가 뛰어난 까닭이다. 이런 앞의 셋을 제외하고 나머지 태생 난생 습생은 복과 지혜가 모두 하열하므로 우치하고 산란한 것이다.

凡夫癡亂相下는 則第二別示癡亂이니 先, 總舉其相이오 後, 指其
源이라 大集二十七은 多同涅槃이라 涅槃十八者는 南本十六이니 經
에 云, 善男子야 人有三品[173]하니 謂上中下라 下品之人은 初入胎時
에 作是念言호대 我今在廁하니 衆穢歸處며 如[174]死屍間이며 衆棘刺
中[175]이며 大黑暗處[176]라하며 初出胎時에 復作是念호대 我今出廁하야
衆[177]穢處하며 乃至出於大黑暗處라하며 中品之人은 作是[178]念言호
대 我今入於衆樹林間[179]이며 淸淨河中이며 房舍屋[180]宅이라하고 出
時에 亦爾하며 上品之人은 作是念言호대 我昇殿堂이라하며 在花林間
이라하며 乘馬乘象하야 登陟[181]高山이라하고 出時亦爾하며 菩薩摩訶
薩은 初入胎時에 自知入胎하고 住時知住하고 出時知出하야 終不生
於[182]貪欲瞋恚之心이나 而[183]未得階初住地也[184]일새 是故로 復名
不可思議니라

● ㉴ 凡夫癡亂相 아래는 우치하고 산란한 모양을 별도로 보임이니 ㉠
그 모양을 총합하여 거론함이요, ㉡ 그 원인을 지적함이다. 『대집경』
제27권은 대부분 열반경의 내용과 같다. 『열반경』제18권은 남본으
로는 제16권이니 경문에 이르되, "선남자여, 사람은 세 가지 품류가
있으니 상품 중품 하품이다. 하품인은 처음 태에 들어갈 때에 이런

---

173) 品은 甲南續金本作種.
174) 如는 甲南續金本作諸.
175) 上四字는 甲本作衆棘叢林, 南續金本作棘刺叢林.
176) 處는 南續金本作中.
177) 出衆穢는 南續金本作諸穢惡, 甲本作出棘穢.
178) 上七字는 甲南續金本作中中者.
179) 林間은 經作林中, 甲南續金本作花果園林.
180) 舍屋은 北經宋元宮本及南經作室舍.
181) 陟은 南續金本作上.
182) 上四字는 甲南續金本作不起.
183) 而는 南續金本作而亦.
184) 地也는 南續金本作之地.

생각을 하되, '내가 이제 측간에 있으니 더러운 것들이 돌아오는 곳이며, 죽은 시체 중간과 같으며, 여러 가시 속이며 아주 어두운 곳이다'라고 하며, 처음 태에서 나갈 때에 다시 생각하되, '내가 이제 측간의 더러운 곳에서 나가는 것이며, 나아가 아주 어두운 곳에서 나가는 것이다'라고 한다. 중품인은 이런 생각을 하되, '내가 이제 많은 숲속에 들어가며 깨끗한 강물 속에 들어가고 저택의 방에 들어간다'고 하고 나올 때에도 마찬가지로 생각한다. 상품인은 이런 생각을 하되, '내가 궁전으로 올라간다'고 생각하고, '꽃나무 숲속에 있으며, 말이나 코끼리를 타고서 높은 산에 올라간다'고 하고 나올 때에도 마찬가지로 생각한다. 보살마하살은 처음 태에 들어갈 때에 스스로 태 속에 들어가는 줄 알고, 머물 때 머무는 줄 알고, 나올 때에도 나오는 줄 알아서 마침내 탐욕과 진에의 마음을 내지는 않지만 또한 처음 머무는 단계를 얻지 못한다. 이런 연고로 다시 불가사의하다고 말한다'라고 하였다.

二十九者는 南經[185]二十七이니 經에 云, 中陰二種이니 一, 善業果오 二, 惡業果라 因善業故로 得善覺觀하고 因惡業故로 得惡覺觀이라 父母가 交會和合之時에 隨業因緣하야 向受生處하야 於母生愛하고 於父生瞋호대 父精出時에 謂是己有라하야 見已코 心悅而生歡喜라 以是三種煩惱因緣으로 中陰陰壞하고 生後五陰이 如[186]印印泥에 印壞文成이라하니라 釋曰, 此略擧男이어니와 俱舍第九에는 則具男女하니 論에 釋倒心趣欲境云호대 此明中有가 先起倒心하야 馳趣欲境호대 彼由業力所起眼根하야 雖住遠方이라도 能見生處父母交會하야

185) 經은 甲南續金本作本.
186) 如下에 甲南續金本有蠟字, 經原本無.

而起倒心하나니 若男中有인대 緣母起愛하야 生於欲心이오 若女中有
인대 緣父起愛하야 生於欲想하고 翻此緣二에 俱起瞋心이라 彼由起
此二種倒心하야 便謂己身이 與所愛合이라하고 所泄不淨이 流至胎
時에 謂是己有라하야 便生歡喜하며 此心生已에 中有便沒하고 受生
有身이라하니라 餘廣如彼하니라 瑜伽에 又說호대 彼胎藏者는 若當爲
女인대 於母左脇에 倚脊向腹而住하고 若當爲男인대 於母右脇에 倚
腹向脊而住라하니라 又此胎藏은 業報所發로 生分風起하야 令頭向
下하고 足便向上하야 胎衣纏裹而趣産門하니 其正出時에 胎衣遂裂
하야 分之兩腋이라 出産門時에 名正生位라하니 並可知니라

● 『열반경』제29권이란 남경으로는 제27권이다. 경문에 이르되, "중음
신이 두 종류이니 ① 선업의 과보요, ② 악업의 과보이다. 선업으로
인한 까닭에 좋은 각관을 얻고 악업으로 인한 까닭에 나쁜 각관을
얻는다. 부모가 만나서 교합할 때에 업의 인연을 따라 몸을 받아 나
는 곳을 향하여 어미에게 애정이 생기고 아비에게는 성냄이 생기되 아
비의 정자가 나올 때에 자신의 소유라고 해서 보고 나서는 마음으로
기뻐하고 환희심을 내게 된다. 이런 세 가지 번뇌의 인연으로 중음신
의 오온이 무너지고 태어난 후 오음은 마치 도장을 진흙에 찍을 적에
도장을 찍으면 무늬가 만들어짐과 같다"고 하였다. 해석하자면 여기
서 남자만 간략히 거론하였지만『구사론』제9권에는 남자와 여자를
구비해 밝혔다. 논에서 뒤바뀐 마음으로 욕심의 경계에 나아감을 해
석하되, "여기서는 중간 존재가 먼저 뒤바뀐 마음을 일으켜서 욕심 경
계에 치달아 나아감을 설명하되 저들은 업력으로 일으킨 선근으로
인해 비록 먼 곳에 살더라도 태어난 곳의 부모가 교합하여 뒤바뀐 마
음을 일으킨 것을 능히 볼 수 있나니 만일 남자의 중간 존재라면 어

미에게 애정을 일으킨 인연으로 욕심이 생기고, 만일 여자의 중간 존재라면 아비에게 애정을 느낌을 인연하여 욕심을 일으키고 이런 인연의 반대인 둘에 대해 모두 성내는 마음을 일으킨다. 저들은 이런 두 가지 뒤바뀐 마음을 일으킴으로 인하여 문득 말하되, '자신의 몸이 문득 사랑하는 대상과 교합했다'고 하고, 배설한 더러운 것이 흘러서 태에 이를 때에 자신의 소유라 말해서 문득 환희심을 일으키며, 이런 마음이 생긴 뒤에 중간 존재가 바로 없어지고 생의 존재인 몸을 받는다"라고 하였다. 나머지 자세한 것은 저 논과 같다. 『유가사지론』에도 말하되, "저 태장(胎藏)이란 만일 응당히 여자라면 어미의 왼쪽 옆구리에 척량골을 의지하여 배 쪽을 향해서 머물고, 만일 응당히 남자라면 어미의 오른쪽 옆구리에 배를 의지하여 척량골을 향해 머문다"고 하였다. "또한 이런 태장은 업보에서 나온 것으로 생분(生分)에서 바람을 일으켜 머리를 아래로 향하게 하고 발은 문득 위를 향하여 태를 옷처럼 두르고 산문(産門)에 나아가니 그 바로 나올 때에 탯줄의 옷이 마침내 찢어져서 두 겨드랑이로 나누어진다. 산문에서 나올 때를 바로 태어나는 위라 이름한다"라고 하였으니 경문과 함께하면 알 수 있으리라.

㉣ 다섯째, 여섯째, 일곱째와 열째 구절을 해석하다[釋第五六七及十句]

(次三 7下1)

[疏] 次三과 及十은 文並可知로다
■ 다음의 다섯, 여섯, 일곱의 세 구절과 열째 구절도 경문과 함께하면 알 수 있으리라.

⑩ 여덟째, 아홉째 구절을 해석하다[釋第八九句] (八九 7下1)

[疏] 八九는 各有通別하니 別은 謂四魔와 十魔와 及業이니 如離世間品과
及如大品魔事品과 起信論說하니라 若依智論인대 除諸法實相코 皆
菩薩魔事라하니 起心動念이 悉是魔業이어니와 今以智覺察하야 不隨
其轉이 如人이 覺賊과 及偸狗故라 知魔界如가 與佛界如하야 如無
二故라 既覺其事일새 即不造其業이니라

■ 여덟째와 아홉째 구절은 각기 전체와 개별이 있으니, 개별은 네 가지
마군과 열 가지 마군과 업을 말함이니, 저 이세간품과 『대품반야경』
마사품(魔事品)과 『기신론』에 설명한 바와 같다. 만일 『대지도론』에
의지한다면, "모든 법의 실다운 모양을 제외하고 모두가 보살의 마
군의 일이다"라고 하였다. 마음을 일으키고 생각함이 모두 마군의 업
이지만 지금은 지혜로 깨닫고 살펴서 따라 굴러가지 않는 것이 마치
사람이 도적이나 도둑개인 줄 알았기 때문이다. 마의 세계의 진여가
부처님 세계의 진여와 같아서 둘이 없음을 아는 까닭이다. 이미 그런
일을 알았으므로 그런 업을 짓지 않는다는 뜻이다.

[鈔] 別謂四魔者는 四는 謂天과 陰과 煩惱와 及死라 言十魔者는 所謂[187)
一蘊魔니 生取着故오 二煩惱魔니 恒雜染故오 三業魔니 能障礙故오
四心魔니 起高慢故오 五死魔니 捨生處故오 六天魔니 自慢縱故오
七善根魔니 恒執取故오 八三昧魔니 久耽味故오 九善知識魔니 起
着心故오 十菩提法智魔니 不願捨離故니라 言十魔[188)業者는 一, 忘
失菩提心하고 修諸善根이 是爲魔業이오 二, 惡心布施하며 瞋心持

---

187) 所謂는 甲南續金本作一, 下二至十凡九字注 南續金本皆作正文.
188) 十魔는 甲南續金本作言及.

戒하며 捨惡性人하고 遠懈怠者하며 輕慢亂意하며 譏嫌惡慧하며 乃至第十에 增長我慢하야 無有恭敬하고 於諸衆生에 多行惱害하고 不求正法眞實智慧하며 其心弊惡하야 難可開悟니 是爲魔業이니라 四魔는 如常所辨이니 謂天魔와 陰魔와 煩惱魔와 死魔라 故로 大品之中에 四魔가 而多說天魔煩惱魔라하니라

● 개별로 '네 가지 마군'에서 넷은 (1) 천마(天魔) (2) 오음마(五陰魔) (3) 번뇌마(煩惱魔) (4) 사마(死魔)를 말한다. '열 가지 마군'이라 말한 것은 이른바 (1) 오온마이니 취착을 내는 연고요, (2) 번뇌마이니 항상 염오와 섞이는 연고요, (3) 업의 마이니 장애하는 주체인 연고요, (4) 마음의 마이니 공고하고 거만함을 일으키는 연고요, (5) 죽음의 마이니 태어난 곳을 버리는 연고요, (6) 하늘 마이니 스스로 거만함을 따르는 연고요, (7) 선근의 마이니 항상 고집하여 취착하는 연고요, (8) 삼매의 마이니 오래 맛을 탐하는 연고요, (9) 선지식의 마이니 집착하는 마음을 일으키는 연고요, (10) 보리법의 지혜 마이니 버리기를 원하지 않는 연고이다. 열 가지 마의 업이라 말한 것은 ① 보리심을 잊어버리고 모든 선근을 닦는 것이 바로 마의 업이 됨이요, ② 나쁜 마음으로 보시하거나 ③ 성내는 마음으로 계를 지키거나 ④ 악한 성품의 사람을 버리고 ⑤ 게으른 이를 멀리 하며, ⑥ 남을 업신여기거나 ⑦ 생각을 산란하게 하며 ⑧ 나쁜 지혜를 나무라거나 ⑨ 미워하며 나아가 ⑩ 아만을 증장하여 공경함이 없고 모든 중생에게 괴롭힘과 해침을 자주 행하고 정법의 진실한 지혜를 구하지 않으며, 그 마음이 폐악하여 열어서 깨닫기가 어려우니 이것이 마의 업이 된다. 네 가지 마군은 일반적으로 밝힌 내용과 같나니 이른바 천마, 오음마, 번뇌마, 사마이다. 그러므로『대품반야경』에서 "네 가지 마군이 대부분

천마와 번뇌마라고 말한다"라고 하였다.

起信論者는 餘論에 廣有나 此論分明하야 人易尋故로 今略¹⁸⁹⁾示耳라 卽修行信心分中에 論에 云, 或有衆生이 無善根力에 則爲諸魔가 外道와 鬼神之所惑亂하나니 若於坐中에 現形恐怖하며 或現端正男女等相이어든 當念唯心하면 境界則滅하야 終不爲惱하리라 或現天像과 菩薩像하고 亦作如來像인 相好具足하며 若說陀羅尼하며 若說布施와 持戒忍辱精進禪定智慧하며 或說平等空無相無願과 無怨無親無因無果와 畢竟空寂이 是眞涅槃이라하며 或令人으로 知宿命過去之事하며 亦知未來之事하며 得他心智하고 辯才無礙하야 能令衆生으로 貪着世間名利之事하며 又¹⁹⁰⁾令人으로 數瞋數喜하야 性無常準하며 或多慈愛하고 多睡多病하야 其心懈怠¹⁹¹⁾하며 卒起精進이라가 後便休廢하고 生於不信하야 多疑多慮하며 或捨本勝行하고 更修雜業하야 若着世事하야 種種牽纏하며 亦能使人으로 得諸三昧호대 少分相似하리니 皆是外道所得이라 非眞三昧니라 或復令人으로 若一日, 若二日, 若三日로 乃至七日히 住於定中하야 得自然香美飮食하야 身心適悅하고 不饑不渴하야 使人愛着하며 或亦令人으로 食無分齊하야 乍多乍少하고 顔色變異하리니 以是義故로 行者는 當¹⁹²⁾應智慧觀察하야 勿令此心으로 墮於邪網하고 當勤正念하야 不取不着하면 則能遠離是諸業障等이라하니 釋曰, 此一段文은 雖則稍廣이나 亦爲要用이오 其中에 兼有對治하야 則顯菩薩心無癡亂이니라

---

189) 今略은 甲南續金本作故依.
190) 又下에 甲南續金本有復字.
191) 怠下에 論有惑字.
192) 當은 論作常.

● 『기신론』이란 다른 논서에도 널리 있지만 이 기신론이 분명하여 사람들이 찾기 쉬운 연고로 지금 간략히 보인 것일 뿐이다. 곧 수행신심분의 내용이다. 『기신론』에 이르되, "만일 (1) 어떤 중생이 선근의 힘이 없으면 곧 모든 마와 외도와 귀신의 혹난을 받으리니, 혹 좌중에 형상을 나타내어 공포케 하거나, (2) 혹 단정한 남녀 등의 상을 나타내더라도 유심(唯心)을 생각하면 경계가 곧 사라져서 마침내 괴롭히지 못하리라. (3) 혹은 천인의 모습이나 보살의 모습이 나타나며, (4) 혹은 여래의 모습이 상호가 갖춰진 채 나타나서 때로는 다라니를 설하며, (5) 혹은 보시 · 지계 · 인욕 · 정진 · 선정 · 지혜를 말하며, (6) 혹은 평등 · 공 · 무상 · 무원(無願) · 무원(無怨) · 무친(無親) · 무인(無因) · 무과(無果)이어서 필경에 공적한 것이 참된 열반[眞涅槃]이라 설하며, (7) 혹은 사람들로 하여금 과거 숙명의 일을 알게 하며, (8) 또한 미래의 일도 알게 하며, (9) 남의 마음을 아는 지혜를 얻게 하며, (10) 말하는 솜씨가 걸림이 없게 하며, (11) 모두 능히 중생으로 하여금 세간의 명예나 이익의 일에 욕심부리게 하며, (12) 또 사람들로 하여금 자주 성을 내거나 기뻐하는 등 성질이 안정됨이 없게 하며, (13) 혹은 자애로운 마음이 많게 하며, (14) 잠과 병이 많아서 그 마음이 게을러지게 하며, (15) 혹은 갑자기 정진할 마음을 일으켰다가 나중에 갑자기 미루거나 그만두게 하며, (16) 불신의 마음을 내어 의심과 걱정이 많게 하며, (17) 혹은 본래의 수승한 인을 버리고 다시 잡된 업을 닦게 하며, (18) 혹은 세상사에 집착되어 갖가지로 매달리게 하며, (19) 또 사람들로 하여금 모든 삼매를 얻어서 조금 비슷해지기도 하나니 모두가 외도들이 얻는 바이라, 참된 삼매가 아니니라. (20) 혹은 사람들로 하여금 1일, 2일, 3일 내지 7일까지 선

정 가운데 머무르게 하며, (21) 자연스러이 향기롭고 맛난 음식을 먹고는 몸과 마음이 즐거워 주리거나 목마르지 않아 다른 사람들로 하여금 애착하게 하며, (22) 혹은 사람들로 하여금 음식에 한정이 없이 많이 먹다 적게 먹다 하며 얼굴색이 변해 달라지나니, 이렇기 때문에 수행자들은 항상 지혜롭게 관찰하여 이 마음으로 하여금 사도의 그물에 떨어지지 않게 하고 항상 부지런히 바른 생각으로 취하지도 말고 집착하지도 않으면 능히 모든 업장을 멀리 여의게 되리라"라고 하였다. 해석하자면 이 한 문단의 논문은 비록 자세하지 않지만 또한 중요하게 사용되고 있고, 그중에 겸하여 상대하여 다스러서 보살의 마음에 우치와 산란이 없음을 밝혔다.

智論에 除諸法實相等者는 論에 有喩云[193]호대 譬如蠅能緣一切物호대 唯不能緣火燄하니 緣火燄에 即爲燒故라 魔亦如是하야 能緣一切法호대 唯不能緣諸法實相하나니 若入實相하면 魔即實相이니 何所惑耶아 故로 論에 云, 魔界如며 佛界如며 一如無二如라 皆法界印이어니 豈以法界印으로 更壞法界印이리오 又八十二에 云, 魔見解般若菩薩에 如捕魚人이 見一大魚가 入深大水에 鉤網所不及하고 則絶望憂愁하나니 以離六十二見網故라하며 又七十三中에 魔作大沙門하야 有重威德等하야 或時에 語菩薩호대 般若三解脫門호대 是魔說이니라 但是空이니 汝常習此空하야 於中에 得證이라 不得[194]證이면 云何作佛이리오 作佛法에 先行布施持戒等하야 修三十二相福德이오 坐道場時에 爾乃用空이라하면 菩薩이 或行或信或疑하야 遠離般若라하니라 釋曰,

---

193) 『대지도론』 제94권에 云, "譬如蠅無處不著이나 唯不著火焰인달하야 衆生愛著도 亦如是라"고 하다.
194) 得下에 甲南續金本有不字, 論原本無.

依此世魔가 甚多니라 七十一에 又云,[195] 魔作知識身하야 說般若空호대 雖有罪福名이나 而無道理라하며 或說空可卽取涅槃이라하니라 釋曰, 前七十三에는 魔가 令莫修空하고 而須修事行이라하고 此中에는 說斷滅空하야 令其趣證이라할새 故人多惑耳니라 若得諸法實相하면 亦不捨空修事하며 亦不謂空礙有하며 亦不以空爲證하고 則以般若性空으로 導一切行하고 修無所修하나니 則魔不能令菩薩癡亂이니라

● 『대지도론』에 '모든 법의 실상만 제외한다'는 것은 『대지도론』 제94권에서 어떤 이가 비유하되, "비유컨대 파리가 능히 온갖 것에 발붙이지만 오직 불꽃에는 발붙이지 못함과 같나니 불꽃에 닿으면 곧 타 버리기 때문이다. 마군도 그와 같아서 능히 온갖 법을 반연하지만 오직 모든 법의 실상만은 반연하지 못하나니 만일 실상에 들어가면 마군이 곧 실상과 합치하나니, 어떻게 미혹하게 하겠는가?" 그러므로 논에 이르되, "마군의 세계가 여여하고 부처님 세계도 여여하며 여여함이 하나뿐으로 두 가지 여여가 없느니라. 모두 법계의 인장인데 어찌 법계의 인장으로 다시 법계의 인장을 무너뜨리겠는가?" 또 제82권(확인해 보니 80권)에 이르되, "마군이 반야를 아는 보살을 볼 적에 마치 고기잡이가 한 마리의 큰 고기가 큰 물속으로 깊이 들어가는 것을 보고 갈고리나 그물로써 잡을 수 없으므로 절망하고 근심하는 것과 같나니, 62종의 삿된 소견의 악마그물을 여의었기 때문이다"라고 하였다. 또 제73권(확인해 보니 69권) 중에는 "악마가 큰 사문의 형상이 되어 정중한 위덕 등이 있어서 혹은 때로는 (악마가) 보살에게 말하되, '반야바라밀에서 세 가지 해탈문을 말하지만 이것은 마군의 설법이다.

---

195) 又云은 甲南續金本作云.

단지 〈공〉일 뿐이니 그대는 항상 이 〈공〉을 익히는데 그 안에서 증득하거나 증득하지 못하거나 어떻게 부처가 되겠는가? 부처님이 되는 법은 먼저 보시와 지계 등을 행하고 32가지 상의 복덕을 닦으며, 도량에 앉을 때에 비로소 공이 유용하다'고 하면 보살은 혹은 믿기도 하고 혹은 의심하면서 반야바라밀을 여의게 된다"라고 하였다. 해석하되, 이것에 의지한 세간의 마군이 매우 많다. 제71권(확인해 보니 67권)에 또 이르되, "(바르게 기억하지 못한다 함은 악마가 좋은 몸이나 혹은 선지식의 몸이나 혹은 공경하고 믿을 만한 사문의 형상이 되어서) 그에게 '반야바라밀은 공하여 아무것도 없고 비록 죄와 복의 이름이 있다 하더라도 도의 이치가 없다'고 말하기도 하며, 혹은 반야바라밀은 공하므로 곧 열반을 취해야 한다"라고 하였다. 해석하되, 앞의 제73권(69권)에는 마군이 하여금 공을 닦지 말고 모름지기 현상적인 행법만 닦으라 하고, 여기서는(67권) 단멸하는 공을 설하여 하여금 나아가 증득하라고 하였으므로 사람들이 대부분 현혹되었을 뿐이다. 만일 모든 법의 실상을 얻으면 또한 〈공〉을 버리지 않고 현상적인 행법을 닦을 것이며, 또한 공이 유를 장애한다고 말하지 않으며, 또한 공으로 증득함을 삼지도 않고 반야의 성품이 공함으로 온갖 행법을 인도하고 닦을 것 없음을 닦게 되나니 곧 마군이 능히 보살로 하여금 우치하고 산란케 하지 못하는 것이다.

今以智覺察者下에 示不爲癡亂所以니 如人覺賊及偸狗者는 卽涅槃南經邪正品[196]이며 北經亦如來性品이니 卽第七經[197]이라 如人覺賊하면 賊無能爲라 又因迦葉이 問依四種人하야 難云호대 世尊하 魔

---

196) 案文見今本四依品.
197) 案下所引은 今本南北經均見卷六.

等도 尙能變作佛身이온 況當不能作羅漢等이닛가 佛言하사대 善男子
야 於我所說에 若生疑者인대 尙不應受온 況如是等가 是故로 應當善
分別知니라 善男子야 譬如偸狗가 夜入人舍에 其家婢使가 若覺知者
인대 卽應驅罵호대 汝疾出去하라 若不出者인대 當奪汝命하리라 偸狗
聞之하고 卽去不還하나니 汝等이 從今亦[198]應如是降伏波旬이니 應
作是言호대 波旬아 汝今不應作如是像이니라 若故作者인대 當以五繫
로 繫縛於汝호리라 魔聞是已에 便當還去가 如彼偸狗가 更不復還이
라하고 下乃廣說佛說廣說之相하나니 此文이 但令覺察이니라

● 今以智覺察者 아래에 우치와 산란하지 않는 이유를 보여 줌이니, '마
치 사람이 도적이나 도둑개인 줄 안다'는 것은 곧 『남본열반경』 사정
품(邪正品)이며, 『북본열반경』도 여래성품이니 제7권이다. (주에 남본·
북본경 똑같이 제6권) 마치 사람이 도적인 줄 알면 도적이 어찌 할 수가
없음과 같다. 또한 가섭존자가 질문함으로 인하여 네 가지 사람에
의지해 힐난하되, "세존이시여, 악마 등이 하물며 능히 부처님의 몸으
로도 변화하는데 하물며 아라한 등의 몸으로 변화하지 못하겠습니
까? 부처님이 말씀하시되 '선남자여, 내가 하는 말에도 의혹을 일으
키면 오히려 수용할 수 없을 텐데 하물며 그런 것이겠는가? 그러므로
마땅히 잘 분별하여 알아야 한다. 선남자여, 비유하건대 도둑개가
밤에 사람 사는 집에 들어오는 것을 그 집 노비나 하인들이 알았으면
곧 그 개를 꾸짖고 고함쳐 쫓아 보내되 '재빨리 나가지 아니하면 너
의 목숨을 빼앗겠다'고 하면 도둑개가 듣고는 곧 나가서 돌아오지
않을 것이다. 너희도 오늘부터 마땅히 파순을 항복시켜야 하니 파순
에게 이렇게 말하여라. '너는 그런 형상을 짓지 말라. 만일 고의로 짓

---

198) 亦은 甲南續金本作不誤..

는다면 다섯 가지 속박으로 너를 묶을 것이다.' 그러면 파순이 듣고 는 곧 되돌아가서 그 도둑개처럼 다시는 오지 아니할 것이다"라 하 였고, 아래에 부처님께서 자세하게 말한 모양을 널리 설하였으니 이 경문이 하여금 단지 알고 살피게 할 것이다.

② 별도로 지니는 법문을 의지하여 우치와 산란 없음에 대해 설명하다
  [別約所持明無癡亂] 2.
㉮ 바로 설명하다[正明] 3.
㉠ 앞을 결론하고 뒤를 표방하다[結前標後] (第二 10下7)

此菩薩이 成就如是無量正念하고 於無量阿僧祇劫中에
從諸佛菩薩善知識所하여 聽聞正法하나니
"이 보살이 이렇게 한량없는 바른 생각을 성취하고는, 한량
없는 아승지 겁 동안 부처님과 보살과 선지식에게서 바른
법을 듣나니,

[疏] 第二, 此菩薩下는 別約所持法門하야 明無癡亂이라 文有二別하니
  先, 正明이오 後, 徵釋이라 前中에 三이니 初, 結前標後오 次, 所謂下
  는 正顯所持오 三, 菩薩下는 結無癡亂이라
■ ② 此菩薩 아래는 별도로 지니는 법문을 의지하여 우치와 산란 없음
  에 대해 설명함이다. 경문에 두 가지 별상이 있으니 ㉮ 바로 설명함이
  요, ㉯ 묻고 해석함이다. ㉮ 중에 셋이니, ㉠ 앞을 결론하고 뒤를 표
  방함이요, ㉡ 所謂 아래는 지니는 법문을 바로 밝힘이요, ㉢ 菩薩 아
  래는 우치와 산란 없음을 결론함이다.

ⓛ 지니는 법문을 바로 밝히다[正顯所持] 2.
ⓐ 표방하다[標] (二正 11上5)

> 所謂甚深法과 廣大法과 莊嚴法과 種種莊嚴法과 演說
> 種種名句文身法과 菩薩莊嚴法과 佛神力光明無上法과
> 正希望決定解淸淨法과 不着一切世間法과 分別一切世
> 間法과 甚廣大法과 離癡翳照了一切衆生法과 一切世間
> 共法不共法과 菩薩智無上法과 一切智自在法이라

이른바 ① 매우 깊은 법, ② 넓고 큰 법, ③ 장엄한 법, ④ 가
지가지 장엄한 법, ⑤ 가지가지 낱말 구절 소리의 굴곡을 연
설하는 법, ⑥ 보살의 장엄하는 법, ⑦ 부처님 신력과 광명
의 위없는 법, ⑧ 바른 희망으로 결정한 이해인 청정한 법,
⑨ 일체 세간에 집착하지 않는 법, ⑩ 일체 세간을 분별하는
법, ⑪ 매우 깊고 광대한 법, ⑫ 어리석음을 떠나 일체 중생
을 분명히 아는 법, ⑬ 일체 세간이 함께하고 함께하지 않는
법, ⑭ 보살 지혜의 위없는 법, ⑮ 온갖 지혜로 자재한 법이
니라.

[疏] 二, 正顯中에 有十五法하니
■ ⓛ (지니는 법문)을 바로 밝힘 중에 15가지 법이 있으니,

ⓑ 해석하다[釋] 2.
㉮ 일곱 구절은 전체적으로 네 가지 법을 밝히다[初七句通明四法] 2.
① 첫 구절에 대한 해석[釋初句] (一所 11上5)

Ⓕ 나머지 구절에 대한 해석[釋餘句] (二卽)

[疏] 一, 所證理體니 大分深義라 所謂空故며 卽事眞故라 二, 卽體業用
之法이오 三, 具德相故오 四, 一具一切니 故云種種이라 上四는 卽所
詮理法이니라 五, 卽能詮敎法이니 義見初卷하니라 六, 行法이니 以因
嚴果故오 七, 果法이라 上七은 通明四法이라

■ ⓕ 첫 구절[甚深法]은 증득할 대상인 법의 체성이니 크게는 깊다는 뜻
으로 분별하였다. 이른바 공한 연고이며, 현상에 합치하여 진실한 까
닭이다. ⓛ 둘째 구절[廣大法]은 체성과 합치한 업의 작용인 법이요,
ⓛ 셋째[莊嚴法]는 덕스러운 모양을 구족한 연고요, ⓓ 넷째[種種莊嚴
法]는 하나에 모두를 구족함이니 그래서 갖가지라 하였다. 위의 네
구절은 말할 대상인 이치의 법과 합치함이다. ⓛ 다섯째[演說種種名句
文身]는 곧 말하는 주체의 교법이니 이치는 첫 권에서 보았다. ⓜ 여섯
째[菩薩莊嚴法]는 행법이니 인행으로 과덕을 장엄하는 연고요, ⓣ 일곱
째[佛神力光明無上法]는 과덕의 법이다. 위의 일곱 구절은 전체적으로
네 가지 법을 밝힌 내용이다.

[鈔] 大分深義者는 卽十二門論이니 但改彼의 也字하야 爲故字耳니라

● '크게는 깊다는 뜻으로 분별함'이란 곧 『십이문론(十二門論)』이니 단지
저 논서의 '야(也)' 자를 고쳐서 '고(故)' 자로 바꾸었을 뿐이다.

ⓔ 여덟 구절은 오직 지위에 의지해 분별하다[後八句唯約地位] 2.
ⓣ 세로로 의지하여 해석하다[約竪釋] 2.
Ⓐ 여섯 구절에 대한 해석[釋初六句] (八唯 11下1)

[疏] 下八은 唯約地位라 亦果行收니 謂八은 卽初地大願이니 已證理故로 名正希望決定解오 斷二障故로 云淸淨이라 九, 卽根本智오 十, 卽後得이니 此二는 通至七地니라 十一, 甚[199]廣大法이니 卽八地法이라 證深法忍하야 如法界故라 十二, 九地니 是法師位니 了物機故라 十三, 十地니 知世間集共不共等故라 苦無常等이 通色心故로 名之爲共이오 色心類殊를 名爲不共이라 又器世間은 名共이니 共業感故오 衆生世間은 名不共이니 自業成故라 此二는 唯約所知니라 又隨他意行이 名共이오 隨自意行이 名不共이라 又靜慮無色四等五通이 雖共凡小나 菩薩은 無漏大悲일새 故名不共이니라

■ 아래 여덟 구절은 오직 지위에 의지한 분별이다. 또한 과덕의 행법으로 거두었으니 이른바 ⑪ 여덟째[正希望決定解淸淨法]는 곧 제1 환희지의 십대원이니 이미 중도의 이치인 연고로 '결정된 이해'를 바로 희망함이요, 두 가지 장애를 끊은 연고로 '청정하다'고 말하였다. ① 아홉째[不着一切世間法]는 곧 근본지요, ⑫ 열 번째[分別一切世間法]는 후득지이니 이 둘은 통틀어 제7지에까지 해당된다. ⑬ 매우 깊고 광대한 법으로 곧 제8지의 법이니 깊은 법인을 증득하여 법계와 같은 까닭이다. ⑭ 열둘째[離癡翳照了一切衆生法]는 제9지이니 법사의 지위로 중생의 근기를 아는 까닭이다. ⑮ 열셋째[一切世間共法不共法]는 제10 법운지이니 세간이 함께하고 함께하지 않는 법 등을 모은 것임을 아는 까닭이다. 괴롭고 무상함 따위가 형색과 마음에 통하는 연고로 '함께한다'고 이름하였고, 형색과 마음이 유례함과 다른 것을 '함께하지 않는다'고 말하였다. 또한 기세간은 공법(共法)이니 공업(共業)으로 감득한 연고요, 중생세간은 불공법이니 자업으로 성취한 까닭이다. 이

---

199) 甚下에 續金本有深字.

둘은 오직 소지장을 의지한 구분이다. 또한 다른 이의 생각을 따라 행함이 공법이요, 자신의 생각을 따라 행함이 불공법이다. 또한 정려와 무색계의 네 가지 무량심과 다섯 가지 신통이 비록 범부나 소승과 함께하지만 보살은 무루의 대비심인 연고로 '함께하지 않는다'고 말한다.

[鈔] 共不共等은 此有二義하니 前義는 十地에 更釋하고 後義는 出現品에 明하나라 又隨他意行下는 卽涅槃經意라 明佛有三語하니 隨自意語와 隨他意語와 隨自他意語라 立行은 亦然하니 如前已引하나라

● '함께하고 함께하지 않는' 따위는 두 가지 뜻이 있으니 앞의 이치는 십지품에서 다시 해석할 것이고, 뒤의 뜻은 여래출현품에서 밝힐 것이다. 又隨他意行 아래는 곧 『열반경』의 주장이다. 부처님에게 세 가지 말씀이 있음을 밝혔으니 ① 자신의 생각을 따라 말함과 ② 다른 이의 생각을 따라 말함과 ③ 자신과 남의 생각을 따라 말함이다. 행법을 세운 것은 마찬가지이니 앞에서 이미 인용한 바와 같다.

Ⓑ 뒤의 두 구절을 해석하다[釋後二句] (十四 12上3)

[疏] 十四, 等覺智오 十五, 如來智라 上에 豎明諸位어니와

■ Ⓝ 열넷째[菩薩智無上法]는 등각의 지혜요, ◎ 열다섯째[一切智自在法]는 여래의 지혜이다. 위까지 세로로 여러 지위를 설명하였고,

㉡ 가로로 의지해 해석하다[約橫釋] (若約 12上4)

[疏] 若約橫配者인대 初一은 唯因이오 後一은 唯果오 中間은 六智가 通於 因果니 而別義相이 顯하니라

- ㊤ 만일 가로로 의지해 배대한다면 Ⓐ 처음 한 구절[⑧正希望決定解淸 淨法]은 오직 인행의 지위일 뿐이요, Ⓑ 뒤의 한 구절[⑮一切智自在法]은 오직 과덕의 지위일 뿐이요, Ⓒ 중간[⑨不着一切世間法~⑭菩薩智無上法] 은 여섯 지혜가 인행과 과덕에 통하나니 하지만 별도의 이치와 모양 이 드러나게 된다.

㉢ 우치와 산란이 없음을 결론하다[結無癡亂] (三結 12上9)

菩薩이 聽聞如是法已에 經阿僧祇劫토록 不忘不失하고 心常憶念하여 無有間斷이니라
보살이 이런 법을 듣고는 아승지 겁을 지내어도 잊지 않고 잃지 않고 항상 기억하여 간단함이 없느니라."

[疏] 三, 結無癡亂者니 不忘은 不癡오 不失은 無²⁰⁰⁾亂이라 心常憶下는 通 結相續이니라

- ㉢ 우치와 산란이 없음을 결론함에서 '잊지 않음'은 우치하지 않음이 요, '잃지 않음'은 산란이 없다는 뜻이다. 心常憶 아래는 통틀어 상 속함으로 결론함이다.

㉮ 묻고 해석하다[徵釋] (第二 12下4)

---

200) 無는 金本作不.

何以故오 菩薩摩訶薩이 於無量劫에 修諸行時에 終不惱亂一衆生하여 令失正念하여 不壞正法하며 不斷善根하여 心常增長廣大智故니라

"무슨 까닭이냐? 보살마하살이 한량없는 겁 동안 모든 행을 닦을 때에 한 중생이라도 시끄럽게 하여 바른 생각을 잃게 하지 아니하며, 바른 법을 파괴하지 않고 선근을 끊지 아니하여 마음에 항상 광대한 지혜를 증장하는 연고이니라."

[疏] 第二, 何以故下는 徵釋이라 釋中에 以因深故로 不亂衆生일새 得無亂果라 不壞正法하고 增廣大智할새 得無癡果하며 不斷善根일새 得相續果하니 因果影響이 屏然無差로다

■ ⑭ 何以故 아래는 묻고 해석함이다. 해석 중에 인행이 깊은 연고로 중생을 시끄럽게 하지 않으므로 산란함 없는 결과를 얻었다. 바른 법을 무너뜨리지 않고 광대한 지혜를 늘어나게 하므로 우치함이 없는 결과를 얻게 되며, 선근을 끊지 않으므로 상속하는 결과를 얻었으니 인행과 과덕이 비추고 메아리침이 잔잔하여 차별이 없다.

[鈔] 屏然無差者는 屏은 猶現也니라

● '잔잔하여 차별이 없다'는 것에서 잔잔함은 나타남과 같은 뜻이다.

b. 아래 아홉 구절은 모두 선정으로 섭수하여 해석하다[釋前次下九句] 2.
a) 의미를 밝히고 과목 나누다[顯意分科] (第二 12下9)
b) 과목에 따라 해석하다[隨科隨釋] 10.

(a) 마음에 산란함이 없다[釋前心無散亂] 2.

○ 표방하다[標] (今初)

　　復次此菩薩摩訶薩은 種種音聲이 不能惑亂하나니
　　"또 이 보살마하살은 가지가지 음성으로도 산란케 하지 못
　　하나니,

[疏] 第二, 復次下는 別釋上九하야 攝爲三禪이니 初六은 釋前現法樂住
　　　라 卽爲六段이니 今初는 釋前心無散亂이라 文이 二니 初, 標오

■ ㄴ) 復次 아래는 위의 아홉 구절은 모두 제3선정으로 섭수하여 별도
　　로 해석함이니, 처음 여섯 구절은 앞의 현법에 즐겨 머무는 선정을 해
　　석함이다. 곧 여섯 문단이니, 지금은 (a) 마음에 산란함이 없음을 해
　　석함이다. 경문에 둘이니 ○ 표방함이요,

○ 해석하다[釋] 2.
① 가지가지 음성을 해석하다[釋種種音] (二所 13上4)
② 육근을 망가뜨림에 대해 개별로 해석하다[別釋沮壞根] (言沮)

　　所謂高大聲과 麤濁聲과 極令人恐怖聲과 悅意聲과 不
　　悅意聲과 諠亂耳識聲과 沮壞六根聲이라
　　이른바 높고 큰 음성, 거칠고 탁한 음성, 사람을 공포케 하
　　는 음성, 뜻에 기쁜 음성, 기쁘지 않은 음성, 귀를 시끄럽게
　　하는 음성, 육근을 망그러뜨리는 음성이니라."

[疏] 二, 所謂下는 釋이라 釋中에 又二니 前은 釋種種音聲이니 略列七種이라 言沮壞六根者는 非唯引奪耳根이라 亦令餘根으로 不能緣境일새 故名沮壞니 根以見等으로 而爲義故니라 又沮壞者는 如治禪病經에 云, 因於外聲이 動六情根하야 心脈顚倒하며 五種惡風이 從心脈入이라 風動心故로 或歌或舞하야 作種種變이라하니 此卽破壞之義니라 旣壞意身에 餘皆隨壞니라 然色可冥目이오 觸味는 合知오 香少詮顯이오 爲禪定刺는 唯在於聲이니 故偏語之하야 明無癡亂이언정 非餘四塵이 不能亂也니라 故로 上忍中에 遇身加害하야도 心無癡亂이라하니라

㈢ 所謂 아래는 해석함이다. 해석 중에 또한 둘이니 ① 가지가지 음성을 해석함이니 대략 일곱 가지를 나열하였다. ② '육근을 망그러뜨린다'고 말한 것은 이근(耳根)을 빼앗음에 인용할 뿐만 아니라 또한 나머지 근으로 하여금 경계를 능히 반연하지 못하게 하는 까닭에 '망그러뜨린다'고 하였으니, 근은 보는 따위로 이치를 삼은 까닭이다. 또한 망그러뜨림이란『치선병비요경(治禪病秘要經)』에 이르되, "바깥 음성이 육정(六情)의 근을 동요시킴으로 인하여 심맥이 뒤바뀌어 다섯 가지 나쁜 바람이 심맥으로부터 들어가며, 바람이 심장을 요동하는 연고로 노래하기도 하고 춤추기도 하면서 갖가지 변화를 일으킨다"고 하였으니, 이것은 '파괴한다'는 뜻이다. 이미 생각과 몸을 파괴할 적에 나머지는 모두 따라서 무너지게 된다. 그런데 형색은 눈을 어둡게 할 수 있고, 감촉과 맛은 지각과 합하고, 향기는 적어도 말하여 밝힘이요, 선정의 자극은 오직 음성에 있다. 그러므로 치우쳐 말하여 우치와 산란 없음을 밝혔을지언정 나머지 네 가지 경계가 능히 산란하지 않게 한 것은 아니다. 그러므로 위에서 "법인 중에는 몸에 해를 가함을 만나더라도 마음에 우치와 산란함이 없게 된다"고 하였다.

[鈔] 五種惡風者는 卽治禪病秘要經第一에 標云호대 治阿蘭若亂心病이
七十二種法이라하고 經에 云하사대 尊者舍利弗所問이니 出雜阿含阿
蘭若事하니라 下取意引하리니 卽諸釋子比丘坐禪이러니 因毘琉璃王象
戲하야 驚怖發狂이어늘 阿難이 令閉門하고 白舍利弗하사대 舍利弗이
牽其問佛이라 經에 云, 唯願天尊하 慈悲一切하사 爲未來世하소서 諸
阿蘭若比丘가 因五種事하야 令心發狂이니다 一, 因亂聲이오 二, 因惡
名이오 三, 因利養이오 四, 因外風이오 五, 因內風이라 此五種病을 當
云何治닛고 唯願天尊은 爲我解說하소서 爾時世尊이 卽便微笑하시니
有五色光이 從佛口出하야 繞佛七匝하고 還從頂入이라 告舍利弗하사
대 諦聽諦聽하야 善思念之하라 吾當爲汝하야 分別解說호리라 若有行
者가 於阿蘭若修心하야 十二頭陀인대 於阿那般那에 因外惡聲이 觸
內心根하야 四百四脈이 治心急故로 一時動亂하야 風力强故로 最初
發狂하야 心脈動轉하며 五風入咽하야 先作惡口하나니 汝等은 應當敎
是行者하야 服食酥蜜과 及阿梨勒하고 繫心一處하야 先想作一頗梨
色鏡호대 自觀己身이 在彼鏡中하야 作諸狂事하고 見此事已에 復當更
觀하야 而作是言호대 汝於明鏡에 自見汝作狂癡事等이로다 廣有治法
하며 末後에 結云하사대 是名治亂倒心法이라하니라

● '다섯 가지 나쁜 바람'이란 곧『치선병비요경』제1권에 표방하여 말
하되, "적정처에서 마음이 산란한 병을 다스림에 72가지 법이 있다"
라고 하였고, 경문에 이르되, "존자 사리불의 질문이니『잡아함경』의
아란야사의 일[事]에서 나온다. 아래에는 의미를 취하여 인용할 것이
다. '모든 석자(釋子)인 비구가 좌선하더니 비유리왕자로 인하여 코끼
리 놀이를 하다가 놀라고 두려워 미친 증세가 일어났는데 아난존자
가 문을 닫게 하고 사리불에게 사뢰었는데, 사리불존자가 그를 이끌

고 부처님께 가서 여쭈었다.'" 경문에 이르되, "세존이시여, 원컨대 미래세상을 위하여 모두를 자비로 섭수하소서! 모든 아란야 비구가 다섯 가지 일로 인하여 발광합니다. 첫째는 어지러운 소리 때문이요, 둘째는 나쁜 이름 때문이며, 셋째는 이양 때문이며, 넷째는 바깥 바람 때문이며, 다섯째는 안 바람 때문입니다. 어떻게 하면 이 다섯 가지 병을 고치겠나이까?" 오직 원컨대 부처님께서 해설하여 주소서! 그때에 부처님께서는 빙그레 웃으시니 오색 광명이 입에서 나와 부처님을 일곱 번 돌고는 다시 정수리로 들어갔다. 그리고 부처님은 샤아리푸트라에게 말씀하셨다. '자세히 듣고 잘 생각하라. 나는 그대를 위해 분별하고 해설하리라. 만일 어떤 행자가 아란야의 법을 행하고 열두 가지 두타행으로 마음을 닦아 아나반나(阿那般那)에서 바깥의 사나운 소리가 마음에 부딪침으로 말미암아 마음을 급하게 가지기 때문에 4백 4맥(脈)이 한꺼번에 어지럽게 움직이고 바람의 힘이 세기 때문에 최초로 발광하고 심맥(心脈)이 움직여 다섯 바람이 목구멍에 들어가면 먼저 나쁜 말을 하게 된다.' 이럴 때에는 그 행자를 가르쳐야 한다. 즉 소(酥)와 꿀과 아리륵(阿梨勒)201) 열매를 먹고 마음을 한 곳에 매되 먼저 파려 빛깔의 거울을 생각하고는 그 자신이 그 거울 속에서 온갖 미친 짓을 하는 것을 관하게 한다. 그가 이것을 보고 난 뒤에는 다시 그에게 이렇게 말한다. '너는 거울에서 네가 하는 미친 짓을 스스로 보았고 부모와 친족들도 다 너의 좋지 못한 짓을 보았다. 나는 지금 너에게 미친 짓을 떠나는 법을 가르칠 것이니 너는 기억하라.' 마지막에 결론하기를, "이것은 어지럽고 뒤바뀐 마음을 다스리는 법이다"라고 하였다.

---

201) 아리륵(阿梨勒) : 범어 haritaki 의 音寫. 訶梨勒이라고도 한다. 인도에서 나는 喬木의 과수로서 그 열매는 달걀형의 쓴맛이 나는데 약용으로 쓰인다.

復次舍利弗아 旣去外聲已에 當去內聲이니 內聲者는 因於外聲이 動
六情根하야 心脈顚倒 五種惡風이 從心脈入이니 風動心故로 或歌或
舞하야 作種種變하나니 汝當敎令作洗心觀이니라 洗心觀者는 先自觀
心하야 令漸漸明이 猶如火珠오 四百四脈이 如毘琉璃等이니라 廣說
治法하나니 今疏에 卽引後段之文이니라 然彼에 但云五種惡風이라하
고 下更不說하나니 然似前因五種事하야 便爲五風이라 準金七十論
하면 說五種風하니 一者, 波那요 二者, 阿波那요 三者, 優陀那요 四
者, 婆那요 五者, 婆摩那라 是五種風이 一切根에 同一事라 婆那風
者는 口鼻가 是其路오 取外塵이 是事니 謂我止我行이 是其作事라
外曰,[202] 是波那를 何根能作고 答曰, 是十三根이 共一事니謂十一根
幷大我慢 譬如籠中鳥가 鳥動故로 籠動이라 是故로 十三根이 同其事
라 阿波那風者는 見可畏事에 卽縮避之니 是風若多에 令人怯弱이니
라 優陀那者는 我欲上山에 我勝코 他不如我라하야 我能作此니 是風
若[203]多에 令人自高니 謂我勝我富等이 是優陀那事니라 婆那風者는
徧滿於身이며 亦極離身이니 是風若多에 令人離他하야 不得安樂이오
若稍稍離에 分分如死오 離盡便卒이니라 婆摩那風者는 住在心處하
야 能攝持가 是事니 是風若多에 令人慳惜하야 覓財覓伴이라 是五種
風事는 並十三根所作이니라 釋曰, 此五가 必是也니 不依常位하고 從
心脈入故로 發狂亂耳니라

● 또 사리불이여, 바깥 소리를 버린 뒤에는 안 소리를 버려야 한다. 안
소리란 바깥 소리가 여섯 정(情)을 동요시킴으로 말미암아 심맥이 뒤
바뀌어 다섯 가지 나쁜 바람이 심맥으로부터 들어가며, 바람이 심장
을 흔들기 때문에 노래하기도 하고 춤도 추면서 갖가지 변화를 일으

---

202) 曰은 甲南金本作日誤.
203) 風若은 甲南本作若風.

킨다. 그럴 때에는 그대는 그에게 세심관(洗心觀)을 가르쳐야 한다. 세심관이란 먼저 심장을 관하여 점점 밝게 하되 마치 화주(火珠)와 같이 하고 4백 4맥(脈)은 비유리, 황금, 파초 등과 같이 되며, (바로 심장 곁에 이르면 화주는 기운을 내는데 그것은 차지도 않고 뜨겁지도 않으며 굵지도 않고 가늘지도 않다. 그것은 온갖 맥상(脈想)을 단련시키기 때문에 한 범왕(梵王)은 여의주 거울을 가지고 행자의 가슴을 비춘다. 그때에 행자는 그 가슴이 여의주와 같이 맑고 깨끗하여 사랑할 만하며 화주로 된 심장을 본다. 대범천왕의 손바닥 안에는 구르는 바퀴의 인(印)이 있고 그 인 속에는 흰 연꽃이 있으며 흰 연꽃 위에는 어떤 천상의 소년이 손에 젖 그릇을 들고 여의주에서 나와 젖을 모든 혈맥에 쏟으면 젖은 차츰 내려와 심장 끝으로 온다. 소년은 두 개의 바늘을 가졌는데 하나는 황금색이요, 하나는 푸른 빛이다. 심장 양쪽에 두 개의 금꽃을 두고 바늘로 뚫되 일곱 번 뚫은 뒤에는 심장은 전처럼 도로 부드러워지며 다시 젖은 돌아와 심장을 씻는다.) 널리 다스리는 법을 설명하였는데, 지금 소에서는 뒤 문단의 글을 인용하고 있다. 그러고 나서 단지 다섯 가지 나쁜 바람만 말하고 아래에서 다시 설명하지 않았다. 그러나 앞의 다섯 가지 일로 말미암음과 같아서 문득 다섯 가지 바람이 되었다. 『금칠십론(金七十論)』에 의거하면 다섯 가지 바람을 설하였으니 (1) 파나(波邪) (2) 아파나(阿波邪) (3) 우타나(優陀邪) (4) 바나(婆邪) (5) 파마나(婆摩邪)이다. 이 다섯 가지 바람이 온갖 근에 함께하는 인연이다. (1) 파나 바람이란 입과 코가 그 길이요, 바깥 티끌을 취한 것이 일이니 이른바 내가 그치고 내가 행하는 것이 그 일을 짓는 것이다. 바깥에서 말하되, "이 파나를 어느 감관으로 지었는가?" 답하되, "이 13가지 감관이 한 가지 일을 함께 함이니 (이른바 11가지 근과 대아만이다), 비유하건대 새장 속의 새는 새가 움직이므로 새장이 움직이는 것과 같다. 이런 연고로 13가지 근이 그 일을 함께 한다.” (2) 아파나 바람이란 두려워할 일을 볼 적에 줄여서 피하나니 바람이 만일 많이 불면 사람을 겁약하게 만든다. (3) 우타나 바람이란 내가 산으로 오르려 하면 내가 이겼는가? 남이 나와는 같지 않다고 하면 내가 이것을 능히 할 수 있나니, 이런 바람이 만일 많으면 사람으로 하여금 자연히 높게 하나니, 이른바 내가 이기고 내가 부자이다’ 따위가 우타나의 일이다. (4) 바나 바람이란 몸을 두루 가득 채우며 또한 지극하게 몸을 여의나니, 이런 바람이 만일 많으면 사람으로 하여금 남을 여의게 하여 안락함을 얻지 못함이요, 만일 점차 점차 여일 적에 부분 부분 죽어 감과 같고, 여윔을 다하면 바로 죽게 된다. (5) 파마나 바람이란 마음의 처소에 머물러서 능히 거두어 가짐이 일이니, 이런 바람이 만일 많아지면 사람으로 하여금 아까워하게 해서 재물을 찾고 친구를 찾는다. 이런 다섯 가지 바람은 함께 13근에서 지은 것이다. 해석한다면 이런 다섯 가지가 반드시 이것이니 평상의 지위에 의지하였고 마음에서 맥이 들어가는 연고로 광기와 혼란이 일어날 뿐이다.

(b) 무엇에도 미혹하거나 산란되지 않는다[釋不能惑亂] 2.

㉠ 오랜 시간 산란하지 않는다[總明長時不亂] (二此 15下2)

㉡ 산란되지 않은 모양을 밝히다[別顯不亂之相] (後所)

此菩薩이 聞如是等無量無數好惡音聲하되 假使充滿阿僧祇世界라도 未曾一念心有散亂하나니 所謂正念不亂과 境界不亂과 三昧不亂과 入甚深法不亂과 行菩提行不亂과 發菩提心不亂과 憶念諸佛不亂과 觀眞實法不亂

과 化衆生智不亂과 淨衆生智不亂과 決了甚深義不亂이
니라

"이 보살은 이렇게 한량없고 수없는 좋고 나쁜 음성이 아승
지 세계에 가득함을 들더라도, 잠깐 동안도 마음이 산란치
아니하나니, 이른바 바른 생각이 산란치 않고, 경계가 산란
치 않고, 삼매가 산란치 않고, 깊은 법에 들어감이 산란치
않고, 보리행을 닦음이 산란치 않고, 보리심을 내는 것이 산
란치 않고, 부처님들을 생각함이 산란치 않고, 진실한 법을
관찰함이 산란치 않고, 중생을 교화하는 지혜가 산란치 않
고, 중생을 청정케 하는 지혜가 산란치 않고, 깊은 이치를
결정적으로 아는 것이 산란치 아니하나니라."

[疏] 二, 此菩薩下는 釋不能惑亂이라 文亦分二니 先, 總明長時不亂이오
後, 所謂下는 別顯不亂之相이라 句有十一하니 初는 總이오 餘는 別이
라 別爲五對니 一, 境審心定이오 二, 教達行成이오 三, 憶因念緣이오
四, 觀眞起用이오 五, 外淨他惑하야 自決義門이라 雖遇惡聲이라도
此皆無損이라 上皆一切種禪이니 謂通名義와 止觀과 及二利故니라

■ (b) 此菩薩 아래는 무엇에도 미혹하거나 산란되지 않음이다. 경문을
또한 둘로 나누리니, ㉠ 오랜 시간 산란하지 않음을 총합하여 설명함
이요, ㉡ 所謂 아래는 산란하지 않은 모양을 별도로 밝힘이다. 11구
절이 있으니 ① 첫 구절[正念不亂]은 총상이요, ② 나머지 열 구절은 별
상이다. ② 별상에 다섯 대구가 있으니 (1) 경계를 관함과 마음이 삼
매에 듦이 대구요, (2) 교도를 통달함과 행법을 이룸이 대구요, (3) 원
인을 기억함과 인연을 명심함이 대구요, (4) 진실법을 관함과 작용을

일으킴이 대구요, (5) 밖으로 다른 이의 미혹을 정화함과 스스로 이치의 문을 결정함이 대구이다. 비록 나쁜 소리를 만나더라도 여기에 모두 손해남이 없다. 위는 모두 '온갖 종류의 선정'이니 이를테면 이름과 뜻, 사마타와 위빠사나, 자리와 이타가 서로 통하는 까닭이다.

[鈔] 上皆一切種禪者는 瑜伽四十三에 一切種禪이 有六種과 七種하니 總成十三이라 言六種者는 一, 善靜慮오 二, 無記變化靜慮오 三, 奢摩他靜慮오 四, 毘鉢舍那品이오 五, 於自他利에 正審思惟오 六, 能引神通威力功德靜慮라 言七種者는 一, 名緣靜慮오 二, 義緣靜慮오 三, 止[204]相緣이오 四, 擧相緣이오 五, 捨相緣이오 六, 現法樂住오 七, 能饒益他靜慮라 今云名義는 卽後七中의 一과 二[205]오 止觀은 卽六七中의 各是三과 四오 二利는 卽前六中의 五와 六이오 及後七中의 五와 六과 七이라 故攝十三이니 善及與無記에 亦有通也니라

● '위는 모두 온갖 종류의 선정'이란 『유가사지론』 제43권에서, "온갖 종류의 선정이 여섯 가지와 일곱 가지가 있으니 총합하여 열세 가지가 되었다. 여섯 가지 정려라 함은 (1) 착함의 정려 (2) 보람 없음으로 변화하는 정려 (3) 사마타품의 정려 (4) 위빠사나품의 정려 (5) 자리와 이타에 대해 바르고 자세하게 사유하는 정려 (6) 신통과 위력의 공덕을 이끄는 정려이다. 일곱 가지라 함은 ① 이름과 반연하는 정려 ② 이치와 반연하는 정려 ③ 사마타의 모양과 반연하는 정려 ④ 드는 모양과 반연하는 정려 ⑤ 버림의 모양과 반연하는 정려 ⑥ 현재법에 즐겨 머무는 정려 ⑦ 다른 이를 이롭게 하는 정려이다. 지금 '이름과 뜻'이라 말함은 곧 뒤의 일곱 가지 중의 ① 명연정려(名緣靜慮)와

---

204) 止는 甲南續金本作心誤.
205) 二下에 甲南續金本有是也二字.

② 의연정려(義緣靜慮)이고, '사마타와 위빠사나'는 곧 여섯 가지와 일곱 가지 중의 각기 (3) 사마타 정려와 (4) 위빠사나 정려와 ③ 지상연(止相緣)과 ④ 거상연(擧相緣)이요, '두 가지 이익'은 곧 앞의 여섯 가지 중의 (5) 자리와 이타에 대해 바르고 자세하게 사유하는 정려와 (6) 신통과 위력의 공덕을 이끄는 정려이고, 또한 뒤의 일곱 가지 중의 ⑤ 버림의 모양과 반연하는 정려 ⑥ 현재법에 즐겨 머무는 정려 ⑦ 다른 이를 이롭게 하는 정려이다. 그래서 합쳐서 열세 가지이니 (1) 선(善) 정려와 (2) 무기(無記) 정려에도 역시 통함이 있다.

(c) 견고함으로 해석하다[釋前堅固] (第三 16下2)

不作惡業故로 無惡業障하며 不起煩惱故로 無煩惱障하며 不輕慢法故로 無有法障하며 不誹謗正法故로 無有報障하니라

"악업을 짓지 아니하므로 악업의 장애가 없고, 번뇌를 일으키지 아니하므로 번뇌의 장애가 없고, 법을 가벼이 여기지 아니하므로 법의 장애가 없고, 정법을 비방하지 아니하므로 과보의 장애가 없느니라."

[疏] 第三, 不作下는 釋前堅固니 謂四障不壞가 是知[206]正念堅固로다 亦是出前不亂之因이라 言法障者는 於法不了가 如彼牛羊이니 此卽所知障也라 三障으로 爲言에 攝在煩惱니 體卽無明故라 斯亦淸淨靜慮也니라

---

206) 知下에 南續金本有菩薩二字.

■ (c) 不作 아래는 견고함으로 해석함이니 이를테면 네 가지 장애에 파괴되지 않음이 바로 바른 생각이 견고함이다. 또한 앞의 산란치 않음의 원인에서 나온 개념이다. '법의 장애'라 함은 법을 알지 못함이 마치 저 소나 양과 같나니 이것은 소지장에 해당한다. 세 가지 장애로 말할 적에는 번뇌장에 섭수될 것이니, 체성이 무명인 까닭이다. 이 또한 청정한 정려에 속한다.

[鈔] 斯亦九中淸淨者는 瑜伽四十三에 云, 有十種하니 一, 由世間淨하야 離諸愛味淸淨靜慮오 二, 由出世淨하야 無有染汚오 三, 由加行이오 四, 由根本이오 五, 由本勝進이오 六, 由入住自在오 七, 捨靜慮已에 復還證入自在오 八, 神通變現自在오 九, 離一切見趣오 十, 一切煩惱所知障淨이라하니 皆有淸淨靜慮之言이니라 若配經者인대 正是九와 十과 及與初二는 離垢障故라 然大意淸淨者는 由離三輪故라 定三輪者는 謂一, 境界오 二, 衆生이오 三, 惑²⁰⁷⁾이니라

● 이 또한 '아홉째 중의 청정 정려'라 함은 『유가사지론』 제43권에 이르되, "여기에 열 종류가 있으니 (1) 세간이 깨끗해짐으로 인해 모든 사랑의 맛을 여의는 맑고 깨끗함의 정려요, (2) 출세간이 깨끗해짐으로 인해 물듦과 더러움이 없는 맑고 깨끗함의 정려요, (3) 가행이 깨끗해짐으로 인해 맑고 깨끗함의 정려요, (4) 근본이 깨끗해짐을 얻음으로 인해 맑고 깨끗함의 정려요, (5) 근본의 훌륭하게 나아감이 깨끗해짐으로 인해 맑고 깨끗함의 정려요, (6) 들고 머무르고 나고[入 · 住 · 出] 함이 자재하고 깨끗해짐으로 인해 맑고 깨끗함의 정려요, (7) 정려를 버린 뒤에 다시 돌아와 증득하여 들어감이 자재하여져서 맑

---

207) 惑下에 續金本有故字 係大下鈔文 誤移於此.

고 깨끗함의 정려요, (8) 신통변화가 자재하고 깨끗하여져서 맑고 깨끗함의 정려요, (9) 온갖 소견과 갈래[見趣]를 여읜지라 맑고 깨끗함의 정려요, (10) 온갖 번뇌와 소지장이 깨끗하여져서 맑고 깨끗함의 정려이다"라고 하였으니 모두에 '청정한 정려'라는 말이 붙어 있다. 만일 경문과 배대한다면 (9)와 (10)과 처음의 (1)과 (2)는 번뇌의 때와 장애를 여읜 까닭이다. 그러나 큰 의미로 청정함이란 삼륜을 여읜 까닭인데, '선정의 삼륜'이란 ① 경계와 ② 중생과 ③ 번뇌를 말한다.

(d) 보살의 부동심으로 해석하다[釋前不動] (第四 17上6)

佛子여 如上所說如是等聲이 一一充滿阿僧祇世界하여
於無量無數劫에 未曾斷絶하여 悉能壞亂衆生身心의 一
切諸根하되 而不能壞此菩薩心이며
"불자들이여, 위에 말한 음성들이 낱낱이 아승지 세계에 가득하여 한량없고 수없는 겁에 잠깐도 끊이지 않으면서 중생의 몸과 마음과 모든 근을 무너뜨리더라도 이 보살의 마음은 무너뜨리지 못하며,

[疏] 第四, 佛子如上下는 釋前不動이니 謂惡緣이 不能牽故라 悉能壞亂
衆生身心者는 彰聲之過오 不能壞亂菩薩心者는 對顯難思니라

■ (d) 佛子如上 아래는 앞의 (보살의) 부동심으로 해석함이니 이른바 나쁜 인연이 능히 끌고 가지 못하는 까닭이다. '중생의 몸과 마음과 모든 근을 무너뜨린다'는 것은 음성의 허물을 밝힘이요, '보살의 마음을 무너뜨리지 못한다'는 것은 불가사의함과 상대하여 밝힌 내용

이다.

(e) 최상의 마음으로 해석하다[釋前最上] 2.
㊀ 열등함을 초월하다[超劣] (第五 17下1)

菩薩이 入三昧中하여 住於聖法에 思惟觀察一切音聲하
여 善知音聲의 生住滅相하며 善知音聲의 生住滅性하나
니라
보살이 삼매에 들어 성인의 법에 머물고, 일체 음성을 생각
하고 관찰하여, 음성의 나고 머물고 멸하는 모양을 잘 알며,
음성의 나고 머물고 멸하는 성품을 잘 아느니라."

[疏] 第五, 菩薩入下는 釋前最上이니 謂超劣顯勝故라 此下三段은 亦即
出前無癡亂緣이오 正示現法樂住之相이라 言超勝者는 初標人揀禪
하야 云菩薩入하니 異凡小故라 住於已下는 擧法以揀이라 聖法은 即
是無漏니 揀於凡夫오 思惟觀察은 揀於二乘이니 二乘入禪에 不能緣
境이라 故로 身子는 不覺刑害之手하고 迦葉은 不聞涅槃之音이라

■ (e) 菩薩入 아래는 앞의 최상의 마음으로 해석함이니 이른바 열등함
을 초월하여 뛰어남을 밝히는 까닭이다. 여기부터 아래 세 문단은 또
한 앞의 우치와 산란이 없는 인연에서 나온 것이요, 바로 현재 법에
즐겨 머무는 선정의 모양을 보인 것이다. '초월하여 뛰어남'이라 말한
것은 처음에는 사람을 내세워 선정을 구분하려고 '보살이 (삼매에) 들
어간다'고 하였으니 범부나 소승과 다른 까닭이다. 住於 아래는 법
을 거론하여 구분함이다. '성인의 법'은 곧 번뇌 없는 무루이니 범부

와 구분함이요, '생각하고 관찰함'은 이승과 구분함이니 이승이 선정에 들 적에 능히 경계를 반연하지 못한다. 그러므로 사리불[身子]은 형벌 받는 손을 알지 못하였고, 가섭은 (부처님이) 열반했다는 소리를 듣지 못한 것이다.

[鈔] 身子不覺者는 準智論說컨대 舍利弗이 當道坐禪이러니 有大力鬼하니 名爲刑害라 以手搏之러니 從禪定起하야 微覺頭痛하야 白佛한대 佛言하사대 賴汝定力이니라 此鬼之力이 搣須彌山하야 令如微塵이니라 自今已後로 莫當道坐니라 迦葉不聞者는 如來가 二月十五日에 晨朝出聲하야 普告一切言하사대 如來가 今日中夜에 當入無餘涅槃하리니 若有疑者는 今悉可問하라 爲最後問이니라 然以佛神力으로 其聲이 徧滿三千大千世界하야 萬類皆至호대 而迦葉不聞이라가 定起하야사 方覺世界變異하야 驚怪詢問코는 方知如來가 入般涅槃하니라 上之二事는 一, 定中에 不能覺觸이오 二, 定中에 不能聞聲이니 故知劣也로다 今菩薩은 善知할새 故爲超勝이니라

● '사리불이 알지 못함'이란 『대지도론』에 준하여 말하되, "사리불이 길에서 좌선하였는데 힘이 센 귀신이 있었으니 이름은 형해(刑害)이다. 손으로 (사리불을) 밀쳤는데 선정에서 일어나서 머리가 아픈 것을 느꼈으므로 부처님께 사뢰었다. 부처님이 말씀하시되, '너의 선정의 힘 때문이다. 이 형해라는 귀신의 능력이 수미산을 후려쳐서 먼지로 만들 수 있다. 지금부터는 길에서 좌선하지 말지니라' 하였다." '가섭이 듣지 못했다'는 것은 부처님이 2월 15일 새벽에 음성을 내어서 모두에게 널리 고하시기를 '여래가 오늘 한밤중에 무여열반에 들 것이니, 만일 의심 있는 사람은 지금 모두 물어보아라. 마지막 질문이

될 것이다.' 그런데 부처님의 신력으로 그 음성이 삼천대천세계에 두루 하여 온갖 무리가 다 모였는데, 가섭존자는 듣지 못하다가 선정에서 일어나서야 비로소 세계가 변화함을 느끼고는 놀라고 두려워서 묻고 나서 바야흐로 부처님이 반열반에 드신 것을 알게 되었다. 위의 두 가지 일은 (1) 선정 중에는 능히 부딪치거나 알지 못함이요, (2) 선정 중에는 소리도 듣지 못하나니 그러므로 열등함을 알 수 있다. 지금에 보살은 잘 앎으로 '초월하여 뛰어나다'고 말하였다.

㉡ 바로 밝히다[正顯] (善知 18上7)

[疏] 善知已下는 正顯勝相이니 了性相故라 相則念念不住니 取不可得이오 性則三相性空이니 固無所得이라 不得性相이어니 違順何依아

■ ㉡ 善知 아래는 (뛰어난 모양을) 바로 밝힘이니 체성과 모양을 아는 까닭이다. 모양으로는 생각 생각에 머물지 않나니 취하여도 얻을 수 없고, 체성으로는 세 가지 모양이 체성이 공함이니 진실로 얻은 바가 없다. 체성과 모양을 얻지 못하는데 어기고 순함 그 어디에 의지하겠는가?

[鈔] 相則念念不住等者는 然三相과 四相이 一念具足하니 已如初卷하니라 今性相別明이어니와 若相融爲四者인대 攬緣名生이니 生卽無生이라 空有無礙니라 虛相安立을 名之爲住니 住卽無住라 圓融形奪이니라 隨緣轉變을 名之爲異니 異卽無異라 兩相都盡이니라 各無自性을 名之爲滅이니 滅卽無滅이라 斯則卽相而性일새 固無所得이니라

● '모양으로는 생각 생각에 머물지 않음' 등이란 그런데 세 가지 모양과

네 가지 모양이 한 생각 사이에 구족하니 이미 첫째 권의 내용과 같다. 지금은 체성과 모양을 별도로 설명하였지만 만일 서로 융합하여 넷으로 한다면 인연을 잡아서 '생(生)'이라 이름한 것이니 생은 곧 무생이니 공과 유에 무애함이다. 텅 빈 모양을 안립한 것을 이름하여 '머문다'고 하였으니 머무름은 곧 머물지 않음이니 원융하게 형상을 뺏는 도리이다. 인연 따라 바뀌고 변함을 이름하여 '달라짐[異]'이라 하나니 달라짐은 곧 달라짐 없음이니 두 모양이 모두 다한 뜻이다. 각기 자체 성품이 없는 것을 이름하여 없어짐이라 하나니 없어짐은 곧 없어진 것도 아님이다. 이렇다면 모양과 합치한 체성이므로 진실로 얻은 바가 없게 된다.

(f) 앞의 깨끗한 마음을 해석하다[釋前淸淨] (第六 18下7)

如是聞已에 不生於貪하며 不起於瞋하며 不失於念하여 善取其相하되 而不染着하며
"이렇게 듣고는 탐심을 내지 아니하고 성을 내지 아니하고 생각을 잃지 아니하며, 그 모양을 잘 취하여서 물들지 아니하며,

[疏] 第六, 如是聞已下는 釋前淸淨이니 卽淸淨禪이라 順違中境에 不生三毒하고 不染善取하니 有定慧故라 了相無相故로 名善取라 有斯正念에 大地로 爲鼓하고 妙高로 爲椎런들 豈能亂哉아

■ (f) 如是聞已 아래는 앞의 깨끗한 마음을 해석함이니 곧 청정한 선정을 뜻한다. 따르고 어기는 경계 중에서 삼독심을 일으키지 않고 잘

취함에 물들지 않으니 선정과 지혜가 있기 때문이다. 모양과 모양 없음을 아는 연고로 '잘 취한다'고 말하였다. 이처럼 바른 생각이 있을 적에는 대지로써 북을 삼고 수미산[妙高]으로 방망이를 삼은들 어찌 능히 산란할 수 있겠는가?

[鈔] 大地爲鼓等者는 如幻三昧經에 云, 假使以大地爲鼓하고 須彌爲搥하야 於須菩提耳邊打라도 不能生微念心亂이니 何以故오 入空定故라하니라

● '대지로써 북 따위를 삼는다'는 것은 『여환삼매경(如幻三昧經)』에 이르되, "가령 대지로써 북을 만들고 수미산으로 북채를 삼아 수보리의 귓가를 때리더라도 능히 조금도 마음을 산란케 하지 못할 것이다. 왜냐하면 공한 삼매에 들어갔기 때문이다"라고 하였다.

(g) 앞의 광(廣) 자를 해석하다[釋前廣字] (第七 19上5)

知一切聲이 皆無所有하여 實不可得이라 無有作者하며
亦無本際하여 與法界等하여 無有差別이니라
온갖 음성이 다 없는 것이어서 실로 얻을 수 없으며, 지은
이도 없고 근본의 경계도 없어서 법계와 평등하여 차별이
없느니라."

[疏] 第七, 知一切下는 釋廣이니 謂稱法界하야 如虛空故라 亦近釋前이라 文[208]有六句하니 初는 總이오 餘는 別이라 別中에 無得은 相空이오 無

---

208) 文은 金本作又誤.

作은 人空이오 無際는 性空이니 此三相盡故로 法界理現이라 與法界
等은 事如理故오 無有差別은 理卽事故니라

■ (g) 知一切 아래는 앞의 '광(廣)' 자를 해석함이니 이른바 법계와 칭합
하여 허공과 같은 까닭이다. 또한 앞을 해석함과 가깝다. 경문에 여
섯 구절이 있으니 ㉠ 첫 구절은 총상이요, ㉡ 나머지 구절은 별상이
다. ㉢ 별상 중에 얻을 것 없음은 '모양이 공함'이요, 지은 이가 없음
은 '사람이 공함'이요, 근본 즈음이 없음은 체성이 공함이니 이렇게 세
가지 모양이 다한 연고로 법계의 이치가 나타난다. '법계와 더불어 평
등함'은 현상이 이치와 같은 까닭이요, '차별이 없음'은 이치가 현상
과 합치한 까닭이다.

(h) 앞의 크다는 뜻을 해석하다[釋前大義] (第八 19上10)

菩薩이 如是成就寂靜身語意行에 至一切智하여 永不退
轉하고
"보살이 이렇게 적정한 몸과 말과 뜻으로 하는 행을 성취하
고는 온갖 지혜에 이르도록 영원히 퇴전치 아니하고,

[疏] 第八, 菩薩如是下는 釋前大義라 此下二段은 釋引生功德이라 今云
大者는 趣一切智하야 不退轉故니 卽難行禪也니라

■ (h) 菩薩如是 아래는 앞의 크다는 뜻을 해석함이다. 여기부터 아래
두 문단은 공덕을 이끌어 내는 선정을 해석함이다. 본경에서 크다고
말한 것은 온갖 지혜에 나아가서 퇴전하지 않는 까닭이니 곧 '행하기
어려운 선정'이다.

[鈔] 卽難行禪者는 難行은 瑜伽에 有三하니 明法에 已引이어니와 今重取 意出之호리라 謂住深靜慮하야 捨而利生하야 生於欲界가 爲一이오 依止靜慮하야 發無量菩薩과 二乘의 境界等持가 爲二오 依此하야 速 證無上菩提가 爲三이니 今文은 正當第三이니라

● 곧 행하기 어려운 선정에서 '행하기 어려움'은 『유가사지론』에 셋이 있 으니 명법품(明法品)에 이미 인용하였는데 지금은 거듭 의미를 취하여 내보이겠다. 이른바 깊은 정려에 머물러서 버리고는 중생을 이롭게 하기 위해 (도로) 욕계에 태어나는 것이 하나가 됨이요, (보살이) 정려에 의지하여 한량없는 보살과 이승의 등지(等持)를 내는 것이 둘이 됨이 요, 또 여기에 의지하여 빠르게 위없는 평등한 보리를 증득함이 셋이 됨이니 지금의 경문은 바로 세 번째에 해당된다.

(i) 앞의 한량없음을 해석하다[釋前無量] 3.
㊀ 자리행의 공덕을 이끌어 오다[引自利德] (第九 20上1)

善入一切諸禪定門하여 知諸三昧가 同一體性하며 了一 切法이 無有邊際하며 得一切法眞實智慧하며 得離音聲 甚深三昧하며 得阿僧祇諸三昧門하여 增長無量廣大悲 心하나니 是時에 菩薩이 於一念中에 得無數百千三昧일새 聞如是聲하되 心不惑亂하여 令其三昧로 漸更增廣하니라
온갖 선정의 문에 잘 들어가서 모든 삼매가 동일한 성품임 을 알며, 일체법이 끝이 없음을 알며, 일체법의 진실한 지혜 를 얻으며, 음성을 여읜 깊은 삼매를 얻으며, 아승지 삼매 문을 얻어서 한량없이 광대한 대비심을 증장하나니, 이때

에는 보살이 잠깐 동안에 수없는 백천 삼매를 얻어서 이런 음성을 들어도 마음이 산란하지 않고 삼매로 하여금 점점 더 커지게 하느니라."

[疏] 第九, 善入下는 釋前無量이니 謂能引發難量德故라 文分爲三이니 初, 引自利德이라 文有六句하니 初, 標一切門禪이오 次四는 別顯이오 後一은 類結多門이라 則何定不攝이리오마는 復云門者는 三昧가 無量하야 數如虛空이라 今一中에 攝多일새 故名爲門이니 如牽衣一角이며 如蜂王來라

■ (i) 善入 아래는 앞의 한량없음을 해석함이니 이를테면 헤아리기 어려운 공덕을 이끌어 내는 까닭이다. 경문을 셋으로 나누었으니 ㊀ 자리행의 공덕을 이끌어 옴이다. 경문에 여섯 구절이 있으니 ① 첫 구절[一切諸禪定門]은 온갖 문의 선정을 표방함이요, ② 다음 네 구절[知諸三昧同一體性—]은 개별로 밝힘이요, ③ 뒤의 한 구절[得阿僧祇諸三昧門—]은 여러 문을 유례하여 결론함이다. 그러면 어떤 선정은 섭수되지 않으리요마는 다시 문이라 말한 것은 삼매가 한량없어서 숫자가 허공과 같다. 지금은 하나 가운데 여럿을 포섭한 연고로 문이라 이름하였으니 마치 옷의 한 귀를 끌어옴과 같고 꿀벌의 왕을 잡아오는 것과 같다.

[鈔] 初句, 標擧一切門者는 瑜伽에 云, 略有四種하니 一, 有尋有伺靜慮오 二, 喜俱行이오 三, 樂俱行이오 四, 捨俱行靜慮라하니라
復云門者는 卽智論에 問云호대 何以不但言三昧하고 而復說門고 答이라 但語三昧無量하야 數如虛空無邊하면 菩薩이 云何盡得이리오 是

故로 說門이니 菩薩이 入一三昧中에 攝無量三昧라하니라 如牽衣下는 同此中意니라

● 첫 구절은 온갖 문의 선정을 표방함이란 『유가사지론』 제43권에 이르되, "대략 네 가지가 있으니 (1) 머트러운 생각이 있고 세밀한 생각이 있는 정려요, (2) 기쁨이 함께 행해지는 정려요, (3) 즐거움이 함께 행해지는 정려요, (4) 기쁘지도 즐겁지도 아니함이 행해지는 정려이다"라고 하였다.

다시 문이라 말한 것은 『대지도론』에서 묻기를, "무엇 때문에 삼매만 말하지 않고 다시 삼매의 문을 말하는가?"라고 하였다. 답이라. "모든 삼매는 한량없고 숫자가 마치 허공이 끝없는 것과 같으니 보살이 어떻게 모두 얻겠는가? 이런 까닭에 문을 말하나니 보살이 한 삼매 문으로 들어가면 한량없는 삼매를 포섭하게 된다"라고 하였다. 如牽衣 아래는 이 가운데 의미와 같다.

㋁ 이타행의 공덕을 이끌어 오다[引利他德] (次增 20下1)
㋂ 산란되지 않음으로 결론하다[結不爲亂] (後是)

[疏] 次, 增長下는 引利他德이오 後, 是時下는 結不爲亂이니 非唯不亂이라 本定更增이 如猪揩金山이며 風熾於火니라

■ ㋁ 增長 아래는 이타행의 공덕을 이끌어 옴이요, ㋂ 是時 아래는 산란되지 않음으로 결론함이니, 산란하지 않을 뿐만 아니라 본래의 선정을 더욱 증장함이 마치 돼지가 금산을 문지름과 같고 바람이 불을 치성하게 함과 같다.

[鈔] 非唯不亂者下는 出增相이라 猪以穢身으로 揩於金山에 非唯不汚라 而令山이 色轉益明淨이니 斯乃外境之猪가 益定山之淨이니라

● 非唯不亂者 아래는 증장하는 모양을 내보임이다. 돼지가 더러운 몸으로 금산을 문지를 적에 더러워지지 않을 뿐만 아니라 산으로 하여 금 색깔이 더욱더 밝고 깨끗해지게 하나니, 이렇게 되어야 비로소 바 깥 경계인 돼지가 선정의 산을 더욱 깨끗하게 한다는 뜻이다.

(j) 중생을 미혹함이 없다[釋前無迷] (第十 20上8)

作如是念하되 我當令一切衆生으로 安住無上淸淨念中
하여 於一切智에 得不退轉하여 究竟成就無餘涅槃이라
하나니
"생각하기를 '내가 일체 중생으로 하여금 위가 없이 청정한 생각에 편안히 머물러 온갖 지혜에 퇴전치 아니하고 필경 에 무여열반을 성취케 하리라' 하나니,

[疏] 第十, 作如是下는 釋無迷惑이니 謂耽着禪味하야 不起大悲가 是爲 迷惑이라 今悲以導禪일새 故無迷也니 此卽饒益有情禪也니라 住淸 淨念은 卽現世樂이오 得智斷果는 卽後世樂이니 是謂與二世樂也니라

■ (j) 作如是 아래는 중생을 미혹함이 없음으로 해석함이다. 이른바 선 정의 맛에 빠져서 대비심을 일으키지 못하는 것이 바로 미혹함이다. 지금은 대비가 선정을 이끄는 연고로 미혹함이 없나니, 이것은 곧 중 생을 이익케 하는 선정이다. '청정한 생각에 머무는 것'은 곧 현세의 낙이요, 지혜를 얻어 번뇌를 단절하는 결과는 곧 후세의 낙이니, 이것

을 두 세상과 함께하는 낙이라 말한다.

[鈔] 住淸淨念等者는 瑜伽에 二世樂이 有九하니 一, 神通變現調伏有情靜慮오 二, 記心變現調伏有情靜慮209)오 三, 敎誡變現調伏有情靜慮오 四, 於造惡者에 示現惡趣靜慮오 五, 於失辯者에 能施辯才靜慮오 六, 於失念者에 能施正念靜慮오 七, 制造建立無顚倒論과 微妙讚頌과 摩怛理迦하야 能令正法으로 久住於世靜慮오 八, 於諸世間工巧業處에 能引義利하야 饒益有情하는 種種書算과 測度數印과 牀座等事를 能隨造作靜慮오 九, 生於惡趣하야 所化有情을 爲欲暫時息彼衆苦하야 放大光明하야 照觸靜慮라하니 今但通擧二世樂義耳니라

● 청정한 생각에 머무는 따위는 『유가사지론』 제43권에 이르되, "두 세상에서 안락함의 정려는 아홉 가지가 있으니 (1) 신통변화로 유정을 조복시키는 정려요, (2) 법을 말하며 변화를 나타내어 유정을 조복시키는 정려요, (3) 가르치고 경계하며 변화를 나타내어 유정을 조복시키는 정려요, (4) 나쁜 짓을 하는 이에게 나쁜 세상을 나타내 보이는 정려요, (5) 말을 잘 못하는 이에게는 말하는 재주를 베푸는 정려요, (6) 기억을 상실한 이에게 바른 기억을 베푸는 정려요, (7) 뒤바뀜 없는 이론과 미묘한 게송과 마달리카[摩怛理迦]를 만들고 세워서 바른 법으로 하여금 오래도록 머물게 하는 정려요, (8) 모든 세간의 교묘한 솜씨의 일로써 옳음과 이익을 이끌어 유정을 이롭게 하는 갖가지의 책과 산수[書算]와 측량과 도량형과 수인(數印)과 평상 따위의 서로 다른 살림 도구를 그에 맞게 조작하는 정려요, (9)

---

209) 靜慮는 甲南續金本無, 下三至八皆同.

나쁜 세상에 나서 있는 교화할 유정들에게 잠깐 동안이나마 그 뭇 고통을 쉬게 하기 위하여 대광명을 방출하여 비추는 정려이다"라고 하였으니 지금은 단지 두 세상의 안락의 뜻을 전체적으로 거론했을 뿐이다.

(다) 명칭을 결론하다[結名] (經/是名 20下6)

是名菩薩摩訶薩의 第五離癡亂行이니라
이것을 보살마하살의 다섯째 우치와 산란을 여의는 행이라 하느니라."

바) 제6 잘 나타나는 행[善現行] 3.

(가) 명칭을 묻다[徵名] 2.
ㄱ. 체성을 내보이다[出體] (第六 21下1)
ㄴ. 명칭 해석[釋名] 2.

ㄱ) 바로 명칭을 해석하다[正釋名] 2.
(ㄱ) 모든 경론을 인용하다[引諸經論] (瑜伽)

佛子여 何等이 爲菩薩摩訶薩의 善現行고
"불자들이여, 어떤 것이 보살마하살의 잘 나타나는 행인 가?

[疏] 第六, 善現行이니 體卽般若니라 瑜伽에 一切般若에 亦有三種하니 一, 能於所知眞實에 隨覺通達慧오 二, 能於如所說五明處와 及三聚中에 決定善巧慧오 三, 能作一切有情義利慧라 攝論에 以加行根本後得으로 爲三하니 皆六度明義니라 唯識에는 以生과 法과 俱空하며 本業에는 以照於三諦하니 皆十度明義니라

■ 바) 제6 잘 나타나는 행이니 체성은 곧 반야바라밀이다. 『유가사지론』에서, "온갖 반야[210]에 또한 세 가지가 있다. (1) 알 바의 진실을 따라 깨닫고 통달하는 지혜요, (2) 설명한 바와 같은 오명처(五明處)와 삼정취(三定聚) 안에서 결정하는 교묘한 지혜요, (3) 온갖 유정의 옳음과 이익을 짓는 지혜이다"라고 하였다. 『섭대승론』에는 (1) 가행지와 (2) 근본지와 (3) 후득지로 셋을 삼았으니 모두 육바라밀로 뜻을 설명한 내용이다. 『성유식론』에는 (1) 생지와 (2) 법지와 (3) 모두 공한 지혜[俱空智]이다. 『보살본업경』에는 (세 가지 지혜로) 삼제(三諦)를 비추었으니 모두 십바라밀로 뜻을 설명한 내용이다.

[鈔] 體卽般若者는 亦忘三輪而照也라 般若三輪者는 境智와 衆生分別이라 就標名中에 二니 一, 總顯體오 二,[211] 瑜伽下는 正釋名이라 於中[212]에 二니 先, 引三慧立名不同이오 後, 依之釋名이라 前中에 略出四說이니 就攝論三中하야 準論具列云[213]인대 一, 無分別加行慧오 二, 無分別根本慧오 三, 無分別後得慧라 論에 具釋云호대 無分別加行慧는 謂眞如觀前勝方便智오 二, 無分別根本慧者는 謂眞如觀智오

---

210) 『유가사지론』 제43권을 참고하면 이 다음에 "두 가지가 있으니 (1) 세간의 반야요, (2) 출세간의 반야이다. 이 두 가지에는 요약하여 설명하면"이 더 있다.

211) 上十字는 南金本無, 此下에 續本有正釋名.

212) 於中은 南續金本作有.

213) 云은 甲南續金本作之.

三, 無分別後得慧者는 現諸世俗智하야 能起種種等事라하며 …〈아래 생략〉…

● 체성은 곧 반야바라밀이라 함은 또한 세 가지 바퀴를 잊고서 비추는 것이다. 반야의 세 가지 바퀴란 경계와 지혜와 중생이라는 분별이다. (가) 명칭을 내보임에 나아가면 둘이니 ㄱ. 총합하여 체성을 밝힘이요, ㄴ. 瑜伽 아래는 바로 명칭을 해석함이다. 그중에 둘이니 (ㄱ) 세 가지 지혜를 인용해 세운 명칭이 같지 않음이요, (ㄴ) 그것을 의지하여 명칭을 해석함이다. (ㄱ) 중에 요약하면 네 가지 설명을 내보였으니 『섭대승론』의 세 가지에 나아가서 논에 준하여 구체적으로 나열하면 (1) 분별없는 가행의 지혜요, (2) 분별없는 근본 지혜요, (3) 분별없는 후득의 지혜이다. 논의 해석을 갖추어 말하면 "(1) 분별없는 가행의 지혜는 진여로 앞의 뛰어난 방편을 관찰한 지혜를 말하고, (2) 분별없는 근본 지혜는 진여로 관찰한 지혜를 말하고, (3) 분별없는 후득의 지혜는 모든 세속의 지혜를 나타내어 갖가지 여러 일을 잘 일으킨다"라고 하였다. …〈아래 생략〉…

(ㄴ) 그 의지한 논문을 보이다[示其所依] (經有 22上10)

[疏] 經有十度를 應依本業이어니와 今爲順文하야 且依瑜伽니 則權實無礙를 皆名善現이라

■ 경문에서 십바라밀을 응당히 『보살본업경』에 의지하였거니와 지금은 경문을 따라서 우선 『유가사지론』에 의지하였으니 방편과 실법에 장애 없음을 모두 '잘 나타난다'고 이름하였다.

ㄴ) 비방과 힐난을 해명하다[解妨難] (雖彼 22下1)

[疏] 雖彼依六度나 今圓行菩薩은 則十度齊修라 據行布分에 兼正不同
이며 亦不相濫이니라

■ 비록 저기『섭대승론』에서 육바라밀을 의지하였지만 지금은 원교의
행법을 닦는 보살은 십바라밀을 함께 수행한다. 항포문에 의거하여
분별할 적에 다른 점을 겸하여 바로잡았으며 또한 서로 잘못되지 않
도록 해야 한다.

[鈔] 經有十度下는 第二, 依之釋名이라 言今爲順文者는 多同瑜伽故라
雖彼依下는 解妨이니 妨云, 唯識에 云, 若依六度인대 則般若에 具攝
三慧하니 謂加行과 根本과 後得이라 若爲十度인대 第六에 唯攝無分
別智어늘 今何引六而成十耶아할새 故今釋云호대 約圓行說인대 亦兼
正明義니 如本業이 是니라

● (ㄴ) 經有十度 아래는 (논문에) 의지하여 명칭을 해석함이다. '지금은
경문을 따라서'라 말한 것은 대부분『유가사지론』과 같은 까닭이다.
ㄴ) 雖彼依 아래는 비방과 힐난을 해명함이니 비방하여 말하되,『성
유식론』에 이르되, "만일 육바라밀을 의지한다면 반야에 세 가지 지
혜를 갖추어 섭수하였으니 이른바 가행지와 근본지와 후득지이다.
만일 십바라밀로 한다면 제6은 오직 무분별지혜에 포섭될 텐데 지금
은 어찌하여 육바라밀을 이끌어서 십바라밀로 만들었는가?"라고 하
였으므로 지금 해석하기를 원교(圓敎)의 행법에 의지하여 설한다면
또한 바르고 밝은 이치를 겸하였으니『보살본업경』과 같다는 것이
이것이다.

(나) 모양을 해석하다[釋相] 2.

ㄱ. 해석한 뜻을 총합하여 보이다[總示釋義] 3.

ㄱ) 예전 해석을 말하다[敍昔] (就釋 22下10)

ㄴ) 잘못을 밝히다[辨非] (此得)

ㄷ) 바른 뜻을 밝히다[辨正] (今約)

此菩薩이 身業淸淨하며 語業淸淨하며 意業淸淨하며 住
無所得하며 示無所得身語意業하여 能知三業이 皆無所
有하며 無虛妄故로 無有繫縛하며 凡所示現이 無性無依
니라

이 보살의 몸으로 짓는 업이 청정하고 말로 짓는 업이 청정
하고 뜻으로 짓는 업이 청정하여, 얻은 것 없는 데 머물러서
얻을 것 없는 몸과 말과 뜻의 업을 보이나니 세 가지 업이
모두 없는 것인 줄을 아는 것이며, 허망함이 없으므로 얽매
임이 없으며, 무릇 나타내어 보이는 것이 성품도 없고 의지
함도 없느니라.”

[疏] 就釋相中하야 古人이 亦依本業三慧하야 分三하니 初, 明中道오 次,
念生無性等이 以爲照無오 普入已下는 明其照有라 此得次第三諦하
고 失於圓融이로다 又照無는 經中에 佛法世法이 二互不異며 亦不雜
亂이니 豈獨是無아 今約圓融하야 依於瑜伽兼正以辨인대 各具三諦
라 故彼論에 釋初慧云호대 於一切法에 悟平等性하야 入大總相하야
究達一切所知邊際하야 遠離增益損減二邊하니 順入中道故라하니라

■ (나) 모양을 해석함에 나아가 옛 사람이 또한 『보살본업경』의 세 가지 지혜에 의지하여 셋으로 나누었으니 (1) 중도를 밝힘이요, (2) 생이 성품 없음을 기억함 따위가 그것으로 무를 비추기 위함이요, (3) 普入 아래는 그것으로 유를 비춤을 밝힘이다. 여기서는 순서대로 세 가지 진리[空諦 假諦 中諦]를 얻고 원융문을 잃었다. 또한 무를 비춤은 경문 중에 불법과 세간법이 둘이 서로 다르지 않으며 또한 잡되고 산란하지도 않나니 어찌 유독 무일 뿐이겠는가? 지금은 원융문에 의지하여 『유가사지론』에서 함께 바른 점을 의지하여 밝힌다면 각기 세 가지 진리를 갖추었다. 그러므로 저 논에서 첫째 지혜를 해석하기를, "온갖 법에서 평등한 성품을 깨달으며 대총상(大總相)에 들어가서 온갖 알 바에 끝까지 궁구하여 통달하며, 늘어나거나 줄어듦의 두 가지 치우친 편을 멀리 여의고 중도에 따라 들기 때문이다"라고 하였다.

[鈔] 古人亦依下는 初, 敍昔이오 二, 此得次第下는 辨非오 三, 今約下는 辨正이라 文中에 猶略하니 今具引三慧인대 瑜伽에 釋三慧相云호대 云何菩薩의 一切慧오 此有二種하니 一者, 世間慧오 二者, 出世間慧라 復有三種하니 一, 能於所知에 眞實隨覺通達慧니 謂若諸菩薩이 於離言說法無性하야 或於眞諦에 將欲覺悟하며 或於眞諦正覺悟時와 或於眞諦覺悟已後에 所有妙慧가 最勝寂靜하야 明了現前호대 無有分別하고 離諸戲論하며 於一切法에 悟平等性하야 入大總相하야 究達一切所知邊際하야 遠離增益損減二邊하야 順入中道하면 是名菩薩能入所知眞實隨覺通達慧라하니라 釋曰, 據此에 卽具足加行과 根本과 後得인 三慧며 亦具照有와 照無와 照中道인 三慧之體

니 是第一慧니라 今經文中第一段內에 便具三諦之慧일새 故與之同이니라

二, 釋上第二慧[214]니 證眞코 善了於俗故로 廣知五明等이라 論에 云호대 若諸菩薩이 於五明處에 決定善巧로 廣[215]說如前力種性品하며 應知其相하며 及於三聚中에 決定善巧니 謂於能引義利法聚하며 能引非義利法聚하며 能引非義利非非義利法聚하야 皆如實知하며 於是八處所有妙慧를 善巧攝受하며 能速圓滿廣大無上妙智資糧하야 速證無上正等菩提라하니라 釋曰, 此是後得이니 廣知諸法이니 三聚는 卽前能引義利等이며 亦卽善惡無記니 兼五明하야 爲八이라 五明은 卽內明과 因明等이니라 三, 釋能作一切有情義利慧니 云有十一種이라 如前應知者는 卽三十七論의 成熟品이니 成熟自性에 自有十一하니 謂由有善法種子와一 及數習諸善法과二 獲得能順二障斷淨과三 增上身[216]心有堪任性과四 極調善性과五 正加行滿과六 安住於此하야 若遇大師커나 不遇大師에 皆有堪任과七 有大勢力과八 無間能證煩惱障斷과九 所知障斷과十 譬如癰癤熟에 至究竟無間可破를 說名爲熟이니라十一 前十은 別明이오 後一은 總喩熟相이니라

● ㄱ) 古人亦依 아래는 예전 해석을 말함이요, ㄴ) 此得次第 아래는 잘못을 밝힘이요, ㄷ) 今約 아래는 바른 뜻을 밝힘이다. 경문 중에는 생략한 듯하니 지금 갖추어 세 가지 지혜에 대해 설명한다면 『유가사지론』제43권에서 세 가지 지혜의 모양을 해석하기를, "무엇이 보살의 온갖 지혜냐 하면, 이 지혜에는 요약하여 두 가지가 있다. 첫째는 세간의 지혜요, 둘째는 출세간의 지혜이다. 이 두 가지에는 다

214) 上五字는 甲南續金本作將上.
215) 廣은 原南續金本作演, 論作廣.
216) 身은 原南續金本無, 論有.

시 세 가지 지혜가 있다. (1) '알 바의 진실을 따라 깨닫고 통달하는 지혜'요, 둘째는 설명한 바와 같은 오명처(五明處)와 삼취(三聚) 안에서 결정하는 교묘한 지혜요, 셋째는 온갖 유정의 옳음과 이익을 짓는 지혜이다. 모든 보살이 언설을 떠난 법과 '나' 없는 성품에서나, 혹은 진실한 진리에 대하여 장차 깨닫고자 하거나, 혹은 진실한 진리에 대하여 바르게 깨닫는 때이거나, 혹은 진실한 진리에 대하여 깨달은 이후에 있는 바 미묘한 지혜가 가장 훌륭하고 교묘하고 명료하게 앞에 나타나서 분별이 없으며 모든 희론을 여의고 온갖 법에서 평등한 성품을 깨달으며 대총상에 들어가서 온갖 알 바에 끝까지 궁구하여 통달하며, 늘어나거나 줄어듦의 두 가지 치우친 편을 멀리 여의고 중도에 따라 든다면 이것을 보살의 알 바의 진실을 따라 깨닫고 통달하는 지혜라고 한다." 해석하자면 이것에 의거하면 곧 가행지와 근본지, 후득지인 세 가지 지혜를 구족하며, 또한 유를 비춤과 무를 비춤과 중도를 비춤인 세 가지 지혜의 체를 갖추나니 바로 제일의 지혜[가행지]이다. 지금 본경의 첫째 문단 안에 문득 세 가지 진리의 지혜를 갖추었으므로 그와 같은 것이다.

(2) 위의 둘째 지혜를 해석하니 진리를 증득하고 세속을 잘 알게 되는 까닭에 널리 오명처 등을 아는 것이다. 『유가사지론』에 이르되, "모든 보살이 오명처에서 결정하는 교묘함은 앞의 역종성품(力種姓品)에서 자세히 설명한 것과 같으므로 그의 모양을 알아야 하며, 세 가지 무더기 안에서 결정하는 교묘함이라 함은 옳음과 이익을 이끄는 법무더기와 옳음과 이익이 아닌 것을 이끄는 법무더기와 옳음과 이익도 아니고 옳음과 이익이 아닌 것도 아닌 법 무더기에 대하여 모두를 사실대로 아는 것이니, 이 여덟 가지 곳에서 있는 바의 미묘한 지혜를

교묘하게 섭수하면 빠르게 넓고 크고 위없는 미묘한 지혜의 양식이 원만하여지고, 빠르게 위없는 바르고 평등한 보리를 증득한다." 해석하자면 이것은 후득지이니 모든 법을 널리 아는 것이니 세 가지 무더기는 곧 앞에서 옳음과 이익 따위를 이끄는 것이며 또한 선과 악과 무기이니 오명처를 겸하여 여덟 가지가 된 것이다. 오명은 곧 내명과 인명 등이다. (3) 온갖 유정의 옳음과 이익을 짓는 지혜를 해석하였으니 이르되, 11가지가 있다. '앞에서와 같은 줄 알아야 한다'는 것은 곧 제37권의 『유가사지론』의 성숙품이니 "자성을 성숙함에 자연히 11가지가 있으니, 말하자면 ① 착한 법의 종자와 ② 자주 익힌 모든 착한 법과 ③ 능히 순조롭게 두 가지 장애가 끊어져서 깨끗함이 왕성함을 획득함과 ④ 몸과 마음에 감당해 내는 성품과 ⑤ 극히 고르고 착한 성품과 ⑥ 바르게 가행함이 원만함과 ⑦ 여기에 편안히 머무르게 되어서는 큰 스승을 만나거나 큰 스승을 만나지 못하거나 간에 모두를 감당해 냄과 ⑧ 큰 세력을 지님과 ⑨ 이내 번뇌장이 끊어짐과 ⑩ 소지장이 끊어짐을 증득하게 되는 것과 ⑪ 비유하면 부스럼이 다 곪아서 마지막에 가서는 이내 터지는 것을 말하여 익었다고 말함이다." 앞의 열 가지는 개별로 설명함이요, 위의 한 가지는 성숙한 모양을 총합하여 비유한 것이다.

ㄴ. 과목 나누고 해석하다[分科正釋] 2.
ㄱ) 과목 나누기[分科] (文分 24下5)

[疏] 文分二別이니 先, 明行相이오 後, 顯成益이라 前中에 亦二니 先은 略이오 後는 廣이라 前中에 又二니 先, 總標요 後, 能知下는 解釋이라

■ 경문을 나누어 두 가지 별상이니 (ㄱ) 행법의 모양을 설명함이요,
(ㄴ) 이룬 이익을 밝힘이다. (ㄱ) 중에 또한 둘이니 a. 간략히 해석함
이요, b. 자세히 해석함이다. a. 중에 또한 둘이니 a) 총합하여 표방
함이요, b) 能知 아래는 해석함이다.

ㄴ) 과목에 따라 해석하다[隨釋] 2.
(ㄱ) 행법의 모양[明行相] 2.

a. 간략히 해석하다[略] 2.
a) 총합하여 표방하다[總標] (今初 24下6)

[疏] 今初也니 三業淸淨이 是能示體오 示於三業이 正是現義라 住無得
現과 現卽無得과 寂用無礙가 斯卽中道니 可稱善現이라 若異後有
無而說中者인대 相待中也니라

■ 지금은 a) (총합하여 표방함)이니 삼업이 청정함이 보여 주는 주체의 바
탕이요, 삼업을 보이는 것이 바로 '나타남'의 뜻이다. ① 얻을 것 없
음에 머물러 나타남과 ② 나타남이 곧 얻음이 없는 것과 ③ 고요와
작용에 무애함이 바로 중도이니 (이것을) '잘 나타난다[善現]'고 말한
다. 만일 뒤의 유와 무와 다르게 중도를 말한다면 그것은 (유와 무를)
상대하는 중도이다.

[鈔] 住無得現者는 住無所得은 卽空觀也오 示無所得身等은 假觀也니 故
云住無得現이라 言現卽無得이니 上二不二가 中道觀也라 故云寂用
無礙가 斯爲中道니라 從若異後下는 結彈古人이 以瓔珞三慧로 別配

得中道慧니 是는 相待中이오 非得中也니라

● '얻을 것 없음에 머물러 나타남'이란 얻을 것 없음에 머무는 것은 곧 공관이요, 얻을 것 없는 신업 따위를 보임은 가관이니, 그러므로 '얻을 것 없음에 머물러 나타난다'고 말하였다. 나타남이 곧 얻음이 없음을 말한 것이니 위의 둘이 둘이 아닌 것이 중도관이다. 그러므로 고요와 작용에 무애함이 바로 중도가 된다. 若異後 아래는 옛사람이 『보살영락경』의 세 가지 지혜로써 별도로 중도의 지혜에 배대함을 비판하였으니, 이것은 상대하는 중도요, 중도관을 얻은 것이 아니다.

b) 해석하다[解釋] (二釋 25上4)

[疏] 二, 釋中에 能知三業이 皆無所有는 是住無得義오 不妄取有하야 離二邊縛은 是淸淨義라 凡所示現이 無性無依는 釋示無得義니 以境無定性이며 心無所依가 皆不可得也라 三業에 皆示일새 故致凡言이니라

■ b) 해석함 중에 삼업(三業)이 모두 없음을 잘 아는 것이 곧 얻을 것 없음에 머무는 이치요, 망녕되게 유를 취하여 두 가지 편에 속박됨을 여읨이 곧 청정함의 이치이다. 무릇 나타나는 것이 체성 없고 의지함 없는 것은 얻을 것 없음을 보여 주는 이치로 해석함이니 경계가 정한 성품이 없는 까닭이며, 마음에 의지할 곳 없는 것이 모두가 얻을 수 없음이다. 삼업에 모두 보여 주는 연고로 '무릇[凡]'이란 말에 이르게 되었다.

b. 자세하게 해석하다[廣] 2.

a) 과목 나누기[分科] (二住 25上10)

[疏] 二, 住如實下는 廣辨行相이라 中에 三이니 初, 如實隨覺慧오 二, 佛
子此菩薩作如是下는 於五明等善巧慧오 三, 菩薩爾時下는 能作有
情義利慧라

■ b. 住如實 아래는 행법의 모양을 자세히 해석함이다. 그중에 셋이니
(a) 여실한 마음으로 깨달음을 따르는 지혜요, (b) 佛子此菩薩作如
是 아래는 오명(五明) 등 뛰어난 지혜요, (c) 菩薩爾時 아래는 유정
(有情)의 옳음과 이익을 짓는 지혜이다.

b) 과목에 따라 해석하다[隨釋] 3.
(a) 여실한 마음으로 깨달음을 따르는 지혜[如實隨覺慧] 2.
㉠ 의미를 밝히고 과목 나누다[顯意分科] (今初 25下2)

住如實心하여 知無量心自性하고 知一切法自性이 無得
無相하여 甚深難入하며
"실제와 같은 마음에 머물러 한량없는 마음의 성품을 알며
온갖 법의 성품을 알지마는, 얻은 것도 없고 형상도 없고 매
우 깊어 들어가기 어려우며,

[疏] 今初니 如實覺於三業하야 而現三業이라 於中에 先은 別明이오 後는
總結이라 前中에 三業이 卽爲三段이니 今初는 意業이니 是二本故로
首而明之라 如實心者는 用所依也오

■ 지금은 (a)이니 여실한 마음으로 삼업을 깨달아서 삼업을 나타낸다

는 뜻이다. 그중에 ① 삼업에 대해 별도로 설명함이요, ② 총합하여 결론함이다. ① 중에 삼업이 곧 세 문단이 되나니 지금은 ㉠ 의업이니 두 가지 업의 근본인 연고로 앞서서 설명하였다. '여실한 마음'은 작용의 의지처이다.

㊁ 경문을 따라 별도로 해석하다[隨文別釋] 2.
① 삼업에 대해 별도로 설명하다[別明三業] 3.

㉠ 의업에 대한 해석[意業] 3.
㉠ 바로 해석하다[正釋] (三住 27上6)

[疏] 住者는 心冥體也오 知無量心等者는 不礙用也라 卽所示意業과 多心多法이 皆有諦也나 境旣無相이어니 心何所得이리오 卽無諦也라 有無不二일새 故曰甚深이니 卽中道義也라 不可以次第三觀而觀일새 故名難入이니 唯圓機라야 方能入故라

■ 머무름이란 마음이 자체와 그윽이 합한 것이요, '한량없는 마음을 안다'는 따위는 '작용에 걸리지 않는다'는 뜻이다. 말하자면 보여 주는 대상인 의업과 여러 가지 마음과 여러 가지 법이 모두 진리가 있겠지만 경계가 이미 모양이 없는데 마음이 어찌 얻을 대상이겠는가? 곧 '없다는 진리[無諦]'이다. 유와 무가 둘이 아닌 까닭에 '매우 깊다'고 하였으니 곧 중도의 이치이다. 세 가지 관법의 순서대로 관하는 연고로 들어가기 어렵나니 오직 원교의 근기라야만 비로소 능히 들어가는 까닭이다.

ⓛ 허물된 모양을 내보이다[出過相] (何者 25下9)

[疏] 何者오 若偏觀三諦하면 是常是斷이니 是相待故라 若總觀者인대 一
則壞於三諦오 異則迷於一實이니 故로 卽一而三이며 卽三而一이며
非三非一이며 雙照三一이니 在境則三諦圓融이오 在心則三觀俱運이
라 住之與知가 卽是觀也니라

■ 무슨 까닭인가? 만일 세 가지 진리를 치우쳐 관찰하면 상견이나 단견
(斷見)일 것이니 서로 상대인 까닭이다. 만일 총합하여 관찰한다면 하
나라면 세 가지 진리를 무너뜨림이요, 다르다면 하나의 실법을 미혹
한 것이다. 그러므로 (1) 하나와 합치한 셋이며 (2) 셋과 합치한 하
나이며 (3) 셋도 아니며 하나도 아님이며 (4) 셋과 하나를 동시에 비
춤이니 (5) 경계에 있으면 세 가지 진리가 원융함이요, (6) 마음에 있
으면 세 가지 관법을 모두 움직이는 것이다. 머무름과 아는 것이 바
로 관법이다.

[鈔] 何者若偏觀下는 出次第三觀過니 相有則定有오 定有에 着常이니 以
離空故라 定無에 着斷이니 以離有故라 離二明中일새 故是相待니라 若
總觀下는 示圓融三觀之德이라 於中에 先有兩句하니 向上에 成次第
之過니 明次第三觀에 有一異過故라 二者, 卽初二句는 反釋雙遮三
一이라 故卽一而三下는 雙融三一이라 具有四句皆融하니 卽一而三
은 是一句요 卽三而一은 是第二句오 雙非三一은 是雙非句니 由卽
一而三故로 非三이오 卽三而一故로 非一이라 四, 雖卽一體나 而三
用이 歷然이오 雖有三用이나 而一體無二일새 故雙照三一이니 卽遮而
照며 卽照而遮故로 圓融也니라 在境下는 結成諦觀이니라

● 何者若偏觀 아래는 순서대로 세 가지 관법의 허물을 내보임이니 모양이 있으면 유로 정해짐이요, 유로 정해질 적에 상견(斷見)에 집착함이니 공을 여읜 까닭이다. 무로 정해질 적에 상견에 집착함이니 유를 여읜 까닭이다. 둘을 여의고 중도를 밝히는 연고로 서로 대대인 것이다. 若總觀 아래는 세 가지 관법에 원융한 공덕을 보임이다. 그중에 먼저 두 구절이 있으니 첫째, 위를 향함에 순서대로의 허물이 되나니, 순서대로 세 가지 관법을 설명할 적에 하나다, 다르다는 허물이 생기는 까닭이다. 둘째, 처음 두 구절[一則壞於三諦 異則迷於一實]은 세 가지 진리와 한 가지 실법을 함께 막음을 반대로 해석함이다. 故卽一而三 아래는 세 가지 진리와 한 가지 실법을 함께 원융함이다. 구체적으로 네 구절이 모두 원융함이 있으니 (1) 즉일이삼(卽一而三)은 하나라는 구절이요, (2) 즉삼이일(卽三而一)은 둘째 구절이요, (3) 쌍비삼일(雙非三一)은 함께 부정하는 구절이니 하나와 합치한 셋으로 말미암아 셋이 아니요, 셋과 합치한 하나이므로 하나도 아니다. (4) 비록 하나의 체와 합치했지만 세 가지 진리의 작용이 뚜렷함이요, 비록 세 가지 진리의 작용이 있지만 하나의 체에 둘이 없으므로 세 가지 진리와 하나의 실법을 함께 비추었으니 막음과 합치하여 비춤이며, 비춤과 합치하여 막은 까닭에 원융이 되는 것이다. 在境 아래는 세 가지 진리의 관법을 결론함이다.

㉢ 예전 해석을 말하다[敍昔] (古德 26下3)

[疏] 古德이 以凡所下로 至於難入을 明唯識觀하니 非無所以나 唯識之義가 不彰이로다 又有釋云호대 心非境外故로 無得이오 境非心外故

로 無相이오 卽心是境故로 甚深이오 卽境是心故로 難入이라하니 亦是
一理로다

■ 옛 어른이 凡所 아래로 難入까지를 유식의 관법으로 설명하였으니,
없음이 아닌 이유나 유식의 이치가 드러나지 않았다. 또한 어떤 이가
해석하기를, "마음은 경계의 밖이 아닌 연고로 얻은 것이 없음이요,
경계는 마음의 밖이 아닌 연고로 형상이 없음이요, 마음이 곧 경계인
연고로 매우 깊음이요, 경계가 곧 마음인 연고로 들어가기 어렵다"라
고 하였으니 또한 일리가 있다.

[鈔] 古德下는 敍昔이니 雖非經意나 釋文稍巧일새 故復敍之하야 故云亦
是一理라하고 以唯識觀이 相不明顯故로 故不爲正이니라

● ㉢ 古德 아래는 예전 해석을 말함이니 비록 경문의 뜻은 아니지만 경문
해석이 점점 교묘하므로 다시 말해서 '또한 일리가 있다'라고 하였고,
유식의 관법이 모양을 분명하게 밝히지 못한 연고로 옳은 것은 아니다.

㉨ 신업에 대한 해석[身業] (二住 26下10)

住於正位眞如法性하여 方便出生하되 而無業報하여 不
生不滅하며
바른 자리인 진여의 법성에 머물러서 방편을 내지마는 업보
가 없는 것이어서 나지도 않고 멸하지도 않으며,

[疏] 二, 住於正位下는 釋示身業이라 正位等三은 卽示所依오 方便已下
는 依體起用이라 由非惑業之生일새 故生滅이 卽無生滅이라 此中正

位는 即眞如異名이오 非約見道니 以智[217]契會일새 故稱爲住니 無住
住者가 即住眞如니라

■ ㉤ 住於正位 아래는 신업을 해석해 보임이다. 바른 지위 등 셋은 곧
의지할 바를 보임이요, 方便 아래는 체성에 의지해 작용을 일으킴이
다. 번뇌와 업으로 생긴 것이 아님으로 인해 나고 멸함이 곧 나고 멸
함이 없음이다. 이 가운데 '바른 자리'는 곧 진여의 다른 이름이요, 견
도(見道)에 의지함이 아니니 지혜로 계합해 알기 때문에 '머문다'고 말
하였으니, 머무름 없이 머무는 것이 곧 진여에 머무는 것이다.

㉣ 어업에 대한 해석[語業] 2.
㉠ 어업에 대해 바로 해석하다[正釋語業] (三在 27上6)

> 住涅槃界하고 住寂靜性하고 住於眞實無性之性하여 言
> 語道斷하니 超諸世間하여 無有所依니라
> 열반계에 머무르고 고요한 성품에 머무르고 진실하여 성품
> 이 없는 성품에 머무르며, 말로 할 수도 없고 세간을 초월하
> 여 의지한 데가 없나니,

[疏] 三, 住涅槃下는 釋示語業이라 前之三句는 示之所依오 言語道斷은
顯示而無相이니 即言亡言이 是斷言道라 故로 晉經에 云, 非有說有
言語道斷이라하니라

■ ㉤ 住涅槃 아래는 어업에 대해 해석해 보임이다. 앞의 세 구절은 보
임의 의지처요, '말로 할 수 없음'은 보여 주되 모양 없음을 밝힘이니,

---

217) 智는 南續金本作知.

말에 합치하여 말 없음이 '말의 길이 끊어짐'이다. 그러므로 진경에 이르되, "없는 것을 있다고 말하지만 말의 길이 끊어졌다"라고 하였다.

[鈔] 故晉經云非有說有者는 今經無此하니 示言相隱하고 但有言語道斷하야 卽通身意라 故引晉經은 意在有說之言이니라

● '그러므로 진경에 이르되 없는 것을 있다고 말한다'는 것은 본경에는 이것이 없으니 말하는 모양이 숨은 것을 보여 주고 단지 말의 길이 끊어졌음만 있어서 곧 몸 전체의 의미가 된다. 그러므로 진경은 의미가 '말할 것이 있다'는 말에 있다.

㉡ 총합하여 삼업을 해석하다[總釋三業] (然上 27下1)

[疏] 然上之所住가 總有七種하니 體一名異하야 異從義別이라 一, 如實心者는 卽自性淸淨心이니 是爲總相이라 次, 正位等三은 卽心之體性이라 正位者는 法所住故라 眞如는 語其自體니 是實是常이오 法性은 約爲諸法之本이니 迷此眞如하야 有諸法故라 成諸法已에 不失自性일새 故名法性이라 亦卽因相이니라 涅槃等三은 卽是果相이라 住涅槃界는 卽是眞如니 體圓寂故며 出二礙故라 故로 智論에 云, 有菩薩發心에 卽觀涅槃行道라하니 恐此涅槃이 濫唯在果일새 故云住寂靜性이니 謂約眞如의 體無妄動에 卽是涅槃이라 如此之性이 體爲有無일새 故云無性이니 無性之性이 卽是實性이오 非謂斷無라 故擧多名하야사 方顯所住之深奧오 依此示現하야사 方明所現之爲善이니라

■ 그런데 위의 머무는 곳이 총합하여 일곱 종류가 있으니 체성은 하나인데 명칭이 달라서 다른 것은 이치로부터 차별한 것이다. (1) 실제

와 같은 마음이란 곧 자성청정심이니 총상이 된다. (2) 바른 자리 (3)
진여 (4) 법성 등 셋은 곧 마음의 체성이다. (2) 바른 자리는 법이 머
무는 곳인 까닭이다. (3) 진여는 그 자체를 말하나니 실제요, 항상
함이다. (4) 법성은 모든 법의 근본이 됨을 의지하였으니 이 진여를
미혹하여 모든 법이 있기 때문이다. 모든 법이 이루어진 뒤에 자체 성
품을 잃지 않는 연고로 법성이라 이름한다. 또한 인행 단계의 모양이
다. (5) 열반계 (6) 고요한 성품 (7) 진실하여 성품 없는 성품 등 셋
은 과덕의 모양이다. (5) 열반계에 머무름은 바로 진여이니 체성이 원
만하고 고요한 까닭이며, 두 가지 장애를 극복한 까닭이다. 그러므
로 『대지도론』에 이르되, "어떤 보살이 발심할 적에 열반을 관하면서
도를 실천한다"라고 하였으니, 이 열반이 오로지 과덕에만 있다고 할
까 염려하는 연고로 '고요한 성품에 머문다'고 하였다. 말하자면 진
여의 체성은 잘못 동요함이 없음을 의지하면 곧 바로 열반인 것이다.
이러한 성품의 체성이 유와 무가 되는 연고로 '성품이 없다[無性]'고 하
였으니 성품 없는 성품이 바로 진실한 성품이요, 단멸하여 없어짐을
말하는 것이 아니다. 그러므로 여러 명칭을 거론하여야만 비로소 머
무는 곳이 심오함을 밝힐 수 있는 것이요, 여기에 의지해 나타내 보
여야만 비로소 나타난 바가 좋은 것이 됨을 밝혔다.

[鈔] 然上之所住下는 總釋上三業의 所住不同이라 一, 如實心卽自性淸
淨心者는 勝鬘과 起信等에 皆立此名하니라 莊嚴論第六에 云, 衆生
이 於無性과 及有可得인 此二處中에 互[218]生怖畏일새 爲遮怖心하야
而說頌云호대 譬如淸水濁에 穢除還本淨하야 自心淨亦爾라 唯離客

---

218) 互는 甲南續金本作更.

塵故로 以說心性淨이오 而爲客塵染이라도 不離心眞如코 別有心性淨이라하니라 釋曰, 後偈는 釋前偈오 上半은 合上半이오 下半釋下半이라 旣不離心眞如코 別有心性하니 明知但是離於客塵을 說之爲淨이로다 淨體가 卽是自心이오 心卽眞如니 此는 自性淨心이며 卽如來藏이며 亦是本來淨識이라 故로 眞諦三藏이 說有九識이라하야 第九를 名阿摩羅識이라하며 若唐三藏인대 此翻無垢니 卽第八異名이라 謂成佛時에 轉第八識하야 以成此識이오 無別第九라하니라

● 然上之所住 아래는 위의 삼업의 머무는 곳이 같지 않음을 총합하여 해석함이다. (1) 실제와 같은 마음이 곧 자성청정심이란『승만경』과 『기신론』 등에 모두 이런 명칭을 세우고 있다.『대승장엄론』제6권 수수품(隨修品)에 이르되, "중생이 성품 없음과 얻을 수 있음인 이런 두 곳 가운데 번갈아 두려움을 일으키므로 두려워하는 마음을 막으려고 게송을 설해 말하되, '비유하면 맑은 물이 흐려짐과 같아서 더러움을 제거하면 다시 본래로 맑아지듯이 자기 마음이 청정함도 또한 그러해서 오직 객진번뇌만 여읠 뿐이다. 이미 마음의 성품이 깨끗하지만 그러나 객진번뇌로 더러워졌더라도 마음의 진여를 여의고 따로이 마음의 성품이 깨끗해졌다고 말한 것은 아니다' "라고 하였다. 해석하자면 뒤 게송은 앞 게송을 해석한 내용이요, (뒤 게송의) 위의 반 게송은 (앞 게송의) 위의 반과 합함이요, 아래 반의 게송은 아래 반의 게송을 해석한 내용이다. 이미 마음의 진여를 여의고 따로이 마음의 성품이 있는 것이 아니니 '단지 객진번뇌 여의는 것을 깨끗해졌다'고 말하는 줄을 분명히 알지니라. 깨끗함의 본체가 바로 자기 마음이요, 곧 여래장이며 또한 본래로 청정한 인식이다. 그러므로 진제(眞諦)삼장은 '제9식이 있다'고 말하고, '제9식을 이름하여 암마라식이라 한

다'고 하였으며, 저 당대 현장(玄奘)삼장은 '번역하여 무구식이라 하였으니 곧 제8식의 다른 이름이다. 말하자면 부처가 될 때에 제8식을 바꾸어서 이 식을 이루는 것이며 따로 제9식은 없다'고 하였다.

若依密嚴經인대 心有八種하고 或復有九라하며 又下卷에 云, 如來清淨藏을 亦名無垢智라하니 卽同眞諦所立第九라 又眞諦三藏의 所翻決定藏論九識品에 云, 第九阿摩羅識이라하며 三藏釋云호대 阿摩羅識이 有二種하니 一者, 所緣이니 卽是眞如오 二者, 本覺이니 卽眞如智라 能緣은 卽不空如來藏이오 所緣은 卽空如來藏이라하니 若據通論인대 此二가 並以眞如로 爲體로다 故로 起信一心二門인 生滅門中에 說其本覺이 卽眞如門이니 體無二也라 餘名은 隨釋可知로다 故擧多名者는 卽上七名이라 故收眞如法界에 略有百名이로대 權敎最多나라 言百名者는 謂法性과 不虛妄性과 不變異性과 平等性과 離生性과 法定과 法住[219]와 實際와 虛空界와 不思議界와已上大般若 眞如와 實有와 空不空性과 勝義와已上佛地論,攝論 無相과 無爲와 正性과已上思益中 法位와大品 眞性과 無我性과 眞實性과 心性 一心과上亦大品 下三亦華嚴 唯識性과 無性과 法印과第一廻向云 以法界印 印諸善根故 寂滅과智論 三性中에 名圓成實性이며 三身中에 名法身이며 三淨土中에 名法性土[220]이며 三佛性中에 名自性住性이며 五法中에 名如如며 五藏中에 名皆是니 謂法界藏과 法身藏과 出世間上上藏과 自性淸淨藏과 如來藏이라 四勝義中에 名勝義勝義오 亦通證得과 及道理中滅諦라瑜伽六十四中 六諦中에 亦名眞諦現觀이오 七諦通達中에 名法性이오顯揚 二種佛性中에 名理佛性이오 十四諦中에 名勝義諦오 三

---

219) 住는 甲南續金本作性.
220) 土는 南金本作上誤.

般若中에 名實相般若오 三三寶中에 名一體오 三解脫中에 名空이오
^{出智論七十四} 二果中에 名智果오 涅槃中에 名性淨과 方便淨이오 二諦
中에 名眞諦와 勝義諦오 三諦中에 名空諦오^{仁王經} 四諦中에 名滅諦
오 或名實諦라 顯揚에 名一諦오 或名中道며 或名解脫이라 涅槃中에
以一百門으로 顯解脫異 名이오 或名不二法門이오 或名無二性²²¹⁾이
오 或名實性이오 或名實相이오 或名無量義며 亦名第一義諦며 亦名
第一義空이라 上來衆名이 若在大乘權敎中者인대 但就理名之오 若
實敎中인대 或就卽事之理와 卽理之事와 事事無礙라 然皆通權實敎
니라

● 만일 『대승밀엄경』에 의지하면, "마음에 여덟 종류가 있으며 혹은 또
아홉 가지가 있다"고 하였으며, 또한 하권^{下卷}에 이르되, "여래 청정
한 식을 또한 때 없는 지혜[無垢智]라 한다"라고 하였으니 곧 진제삼
장이 주장한 제9식과 같다. 또 진제삼장이 번역한 『결정장론(決定藏
論)』 구식품(九識品)에 이르되, "제9는 암마라식이다"라 하였고, 삼장
이 해석하되, "암마라식이 두 종류가 있으니 (1) 반연할 대상이니 곧
진여요, (2) 본래 깨달음[本覺]이니 곧 진여의 지혜이다. 반연하는 주
체는 곧 불공(不空)여래장이요, 반연할 대상은 공(空)여래장이다"라
고 하였으니, 만일 전체적으로 논한다면 이런 두 가지가 함께 진여
로 체성을 삼는다. 그러므로 『기신론』에서 "한 마음과 두 가지 문
속에 생멸문 가운데 그 본각이 바로 진여문이다"라고 하였으니 체
성은 둘이 없는 까닭이다. 나머지 이름은 따라 해석하면 알 수 있으
리라. '그러므로 여러 명칭을 거론한다'는 것은 곧 위의 일곱 가지 명
칭을 뜻한다. 그러므로 진여의 법계로 거둘 적에 대략 백 가지 명칭

---

221) 性은 甲南續金本作無性.

이 있게 되는데, 권교가 가장 많다. '백 가지 명칭'을 말한 것은 이른 바 ① 법의 성품 ② 허망하지 않은 성품 ③ 변하거나 달라지지 않는 성품 ④ 평등한 성품 ⑤ 태어남을 여읜 성품 ⑥ 법다운 선정[法定] ⑦ 법으로 머무름[法住] ⑧ 실제 ⑨ 허공계 ⑩ 불가사의한 세계(이상은 대반야경의 주장) ⑪ 진여 ⑫ 진실로 있음[實有] ⑬ 공하고 공하지 않은 성품 ⑭ 뛰어난 이치[勝義](이상은 불지론과 섭대승론의 주장) ⑮ 모양 없음 ⑯ 하염없음[無爲] ⑰ 바른 성품(이상은 사익경 중권의 주장) ⑱ 법의 자리(대품반야경) ⑲ 진실한 성품[眞性] ⑳ 내가 없는 성품 ㉑ 진실한 성품[實性] ㉒ 마음의 성품 ㉓ 한 마음(위도 역시 대품반야경, 아래 셋도 역시 화엄경의 주장) ㉔ 유식의 성품 ㉕ 성품 없음[無性] ㉖ 법의 인장(제7회향에 이르되, "법계의 인장으로 모든 선근을 인치는 까닭이다"라고 함) ㉗ 고요히 멸함 (대지도론) ㉘ 세 가지 성품 중에서 원성실성 ㉙ 세 가지 몸 가운데 법의 몸[法身] ㉚ 세 가지 정토 중 법성토 ㉛ 세 가지 불성 중에 자성으로 머무는 성품[自性住性] ㉜ 다섯 가지 법 가운데 여여함[如如], 다섯 가지 창고 가운데 모두를 말하나니 이른바 ㉝ 법계장 ㉞ 법신장 ㉟ 출세간의 최고의 장 ㊱ 자성청정장 ㊲ 여래장, 네 가지 이치 중에 ㊳ 승의의 승의, 또한 증득함과 도의 이치에 통하는 ㊴ 멸의 성제(유가사지론 제64권 중), 여섯 가지 진리 중에서 ㊵ 진제의 현관, 일곱 가지 진리에 통달한 중에서 ㊶ 법성(현양성교론) 두 가지 불성 중에 ㊷ 이치의 불성[理佛性], 열네 가지 진리 중에서 ㊸ 승의제, 세 가지 반야 중에서 ㊹ 실상반야, 세 가지 삼보 중에서 ㊺ 하나의 체성[一體], 세 가지 해탈 중에서 ㊻ 공해탈(空解脫, 대지도론 제74권의 주장), 두 가지 과덕 중에서 ㊼ 지혜의 과덕[智果], 열반 중에서 ㊽ 성품이 청정한 열반[性淨涅槃] ㊾ 방편이 청정한 열반, 두 가지 진리 중에서 ㊿ 진제 ⓔ 승의제, 세 가지 진리 중에서 (52) 공제(空諦), 네 가지 진리 중에서 (53) 멸제, 혹은 (54) 실제[實諦], 현양성교론에서 말한 (55) 하나의 진리[一諦], 혹은 (56) 중도 혹은 (57) 해탈, 열반 가운데 (58) 1백 가지 문으로 해탈의 다른 이름을 밝힘, 혹은 (59) 둘이 아닌 법문[不二法門], 혹은 (60) 둘이 없는 성품[無二性], 혹은 (61) 실다운 성품, 또한 (62) 실다운 모양 (63) 무량한 이치, 혹은 (64) 제일의제, 또한 (65) 제일의공(第一義空)이라 이름한다. 여기까지 다른 명칭이 만일 대승법의 권교(權教) 중에 있다면 단지 이치에 입각해 이름한 것이요, 만일 실교(實教)라면 혹은 ① 현상과 합치한 이치와 ② 이치와 합치한 현상과 ③ 현상과 현상이 무애한 이치에 의지한 분석이다. 그런데 모두 권교와 실교에 통하는 주장이다.

② 삼업을 총합하여 결론하다[總結三業] (二入 30上6)

入離分別無縛着法하며 入最勝智眞實之法하며 入非諸世間所能了知出世間法하나니 此是菩薩의 善巧方便으로 示現生相이니라

분별을 여의어 속박이 없는 법에 들어갔으며, 가장 나은 지혜의 진실한 법에 들어갔으며, 세간으로는 알 수 없는 출세간법에 들어갔나니, 이것이 보살의 교묘한 방편으로 나는 모양을 나타내는 것이니라."

[疏] 二, 入離下는 總結三業中에 初句는 結心이니 故無縛着이라 次句는 結身이니 卽所住眞如等이라 三, 結前語니 卽超諸世間等이라 末句는 總結三業이니 皆寂用無礙일새 故名善巧라 善現之名은 從斯而立이니라

■ ② 入離 아래는 삼업을 총합하여 결론함 중에 ㉮ 첫 구절은 마음을 결론함이니 결국 속박과 집착이 없음이다. ㉯ 다음 구절[入最勝智眞實之法]은 몸을 결론함이니 곧 머무는 대상인 진여 등이다. ㉰ 셋째 구절[入非諸世間所能了知出世間法]은 앞의 말을 결론함이니 곧 모든 세간을 초월하는 등의 뜻이다. ㉱ 마지막 구절[此是菩薩善巧方便示現生相]은 삼업을 총합하여 결론함이니 모두 고요와 작용에 걸림 없는 까닭에 '교묘하다'고 하였다. '잘 나타난다'는 명칭은 여기서부터 세운 주장이다.

(b) 오명(五明) 등에서 결정된 선교의 지혜[於五明等善巧慧] 2.
㊀ 과목 나누기[分科] (第二 30下4)

佛子여 此菩薩이 作如是念하되 一切衆生이 無性爲性이며 一切諸法이 無爲爲性이며 一切國土가 無相爲相이며 一切三世가 唯有言說이며 一切言說이 於諸法中에 無有依處며 一切諸法이 於言說中에 亦無依處[222]라하나니라
"불자들이여, 이 보살이 생각하기를 '일체 중생이 성품이 없으므로 성품을 삼았고, 일체법이 함이 없으므로 성품을 삼았고, 일체 국토가 형상 없으므로 모양을 삼았으며, 일체 삼세가 오직 말뿐이니, 모든 말이 여러 법 가운데 의지한 곳이 없고 모든 법이 말 가운데 의지한 곳이 없다 하느니라.'"

[疏] 第二, 佛子下는 辨五明處三聚中決定善巧慧라 故於文中에 解世間

---

222) 唯有의 有는 磧合卍綱杭續金本作是, 杭注云 唐宋元本唯是 藏本唯有.

法이라 於中分三이니 初, 以理會事오 二, 菩薩如是下는 事理無礙오
三, 永不下는 順理起悲라

■ (b) 佛子 아래는 오명과 삼정취 중에서 결정된 선교의 지혜를 밝힘
이다. 그러므로 경문 중에 세간을 아는 법이다. 그중에 셋으로 나누
었으니 ① 이치로 현상을 아는 도리요, ② 菩薩如是 아래는 현상과
이치가 걸림 없음이요, ③ 永不 아래는 이치에 수순하여 대비심을 일
으킴이다.

㉡ 과목에 따라 해석하다[隨釋] 3.
① 이치로 현상을 아는 도리[以理會事] (今初 30下6)

[疏] 今初라 文有六句하니 一, 衆生緣生일새 故說無性이오 二, 法依眞起
일새 故會歸無爲오 三, 國是心之相分故오 四, 時依法以假言故오
五, 名無得物之功故니 若名在法中하면 見義에 應知名故오 六, 物
無當名之實故니 若法在名中인대 聞名에 則應識義오 召火에 應當燒
口故니라

■ 지금은 ①이다. 경문에 여섯 구절이 있으니 (1) 중생이 인연으로 생겼
으므로 성품이 없다고 말함이요, (2) 법이 진여에 의지해 생겼으므로
모아서 하염없음으로 돌아감이요, (3) 국토는 마음의 형상의 부분인
까닭이요, (4) 시간은 법에 의지해 말을 빌린 것인 까닭이요, (5) 이
름은 사물을 획득한 공이 없는 까닭이니, 만일 이름이 법 가운데 있
다면 이치를 발견할 적에 응당히 이름을 알게 되는 까닭이요, (6) 사
물은 이름과 맞는 실법이 없는 까닭이니, 만일 법이 이름 가운데 있다
면 이름을 들을 적에 응당히 이치를 알게 될 것이요, 불이라 부를 적

에 응당히 입을 태워야 하기 때문이다.

[鈔] 名無得物之功者는 若依世俗인대 名以召實하고 實以當名하니 故使
命火에 不得於水오 命水에 不得於火어니와 今約眞諦일새 故平等無
依라 此五六句는 皆先, 標無依오 後, 若名在法等은 反以釋成이라
如有一人이 雖先知有나 曾未相識하면 忽然見面에 終不得知此是
某人이니 此爲見義不知名耳라 義卽境義라 六中에 有人이 雖聞其名
이나 竟不識面하야 召火에 不燒口하니 明知名中에 無有義也로다 亦
應云, 言飯에 卽應已飽等이라 故로 智論四十七에 云, 凡有二法하니
一者, 名字오 二者, 名字義니 如火能照能燒가 是其義오 照是造色
이오 燒是火用이니 二法和合하야 名爲火也라하니 今聞火名에 不得照
燒之義일새 故無得物之功也²²³⁾니라

● '이름은 사물을 획득한 공이 없다'는 것은 만일 세속법에 의지한다면
이름은 실법을 부르고, 실법은 명칭과 맞아야 할 것이다. 그래서 하
여금 불을 명할 적에 물을 얻지 못하고, 물을 명할 적에 불을 얻지 못
하거니와 지금은 진제에 의지하므로 평등하여 의지할 데가 없는 것이
다. 여기서 (5)와 (6)의 구절은 모두 먼저 있는 줄 알았지만 일찍이
서로 알지 못했으면, 홀연히 얼굴을 볼 적에 마침내 어떤 사람인지 알
지 못함과 같나니, 이것은 이치를 보되 이름을 알지 못했을 뿐이다.
(여기서) 이치는 곧 경계의 뜻이다. 여섯 구절 중에 어떤 사람이 비록
그 이름을 들었지만 마침내 얼굴을 알지 못하며, '불이야!' 부를 적에
도 입을 태우지 못했으니, 분명히 알라. 이름에는 이치가 있는 것이
아니다. 또한 응당히 말하면 '밥이라 말할 적에 곧 응당히 배가 불러

---

223) 也는 南續金本作等.

야 한다'는 따위이다. 그러므로 『대지도론』제47권에 이르되, "무릇 두 가지가 있나니 첫째는 이름이요, 둘째는 이름의 뜻이다. 마치 불은 비출 수도 있고 태울 수도 있는 것이 그의 뜻인 것과 같나니, 비추는 것은 바로 만들어진 물질이요, 태우는 것은 바로 화대(火大)의 작용이다. 이 두 가지 법이 화합하면 불이라 한다"라고 하였다. 지금 불이란 이름을 들을 적에 비춤과 태움의 뜻이 아니므로 '사물을 획득한 공이 없는 것'이다.

② 이치와 현상이 걸림 없는 도리[理事無礙] (二菩 31下6)

菩薩이 如是解一切法이 皆悉甚深하며 一切世間이 皆悉寂靜하며 一切佛法이 無所增益하며 佛法이 不異世間法하고 世間法이 不異佛法하며 佛法世間法이 無有雜亂하고 亦無差別하며 了知法界가 體性平等하여 普入三世하니라
"보살이 이와 같이 (1) 모든 법이 모두 깊고 깊음을 알며, (2) 모든 세간이 다 고요하고, (3) 모든 불법이 더함이 없고 (4) 불법이 세간법과 다르지 않고, (5) 세간법이 불법과 다르지 않고, (6) 불법과 세간법이 섞이지 아니하며 (7) 또 차별도 없음을 이해하나니, 법계의 자체 성품이 평등하면 삼세에 두루 들어감인 줄을 분명히 아는 것이니라."

[疏] 二, 菩薩如是下는 明事理無礙라 文有七句하니 初一은 總顯甚深이오 餘句는 別顯深相이라 然世法과 與佛法이 實無二體나 假約事理하

야 以分其二라 故로 以五句로 顯非一異니 一, 世相卽空일새 故云寂
靜이오 二, 佛法平等일새 故無增益이오 三, 以理無不事일새 故佛法이
不異世法이오 事無不理일새 故世法이 不異佛法이오 四, 此全理之事
가 與全事之理로 而事理不雜이오 五, 各全收盡하야 互無所遺일새
故云亦無差別이니라 末句는 了前諸法이 同法界體니 故得鎔融하야
普入三世하야 橫竪該攝이니라

■ ② 菩薩如是 아래는 이치와 현상이 걸림 없는 도리를 밝힘이다. 경
문에 일곱 구절이 있으니 처음 한 구절은 매우 깊음을 총합하여 밝힘
이요, 나머지 여섯 구절은 깊은 모양을 개별로 밝힘이다. 그런데 세
간법과 불법이 실제로는 체성이 두 가지가 아니지만 가령 현상과 이
치에 의지하여 둘로 나누었다. 그러므로 다섯 구절로 하나도 다른
것도 아님을 밝혔으니 (1) 세간의 모양이 공과 합치하므로 '고요하
다'고 말하였다. (2) 불법은 평등하므로 이익 늘어남이 없으며 (3) 이
치에 현상 아님이 없는 연고로 불법이 세간법과 다르지 않음이요, 현
상은 이치 아님이 없는 연고로 세간법이 불법과 다르지 않는 것이요,
(4) 이런 전체가 이치인 현상과 더불어 현상과 이치가 섞이지 않음이
요, (5) 각기 전체를 모두 거두어서 번갈아 남기는 것이 없으므로 '또
차별이 없다'고 하였다. (6) 마지막 구절[了知─]은 앞의 모든 법이 법
계의 체성과 같음을 아는 것이니 그러므로 융화하여 널리 삼세에 들
어가서 횡과 종으로 갖추어 섭수함을 얻게 된다.

[鈔] 然世法者는 同一眞如故로 無事非眞이며 事亦卽如니 故云假約事理
以分其二니라 故以五句明非一異者는 初二句는 當相以辨하야 通非
一異니 正是非一이오 三, 一句는 正明不異오 四, 一句는 別明不一이

오 五, 亦無差別句는 即事事無礙오 第六, 了知는 總[224]出所以니라

● '그런데 세간법'이란 진여와 동일한 연고로 현상이 진실 아님이 없으며, 현상도 역시 여여함이니, 그러므로 "가령 현상과 이치에 의지하여 그 둘로 나눈다"고 말하였다. '그러므로 다섯 구절로 하나도 다른 것도 아님을 밝힌다'는 것은 처음 두 구절은 모양에 맞추어 말하여 하나도 다른 것도 아님을 회통하였으니 진정으로 하나도 아님이요, 셋째의 한 구절[世間法不異佛法]은 다르지 않음을 바로 밝힘이요, 넷째의 한 구절[佛法世間法無有雜亂]은 하나도 아님을 별도로 밝힘이요, 다섯째의 또한 차별도 없다는 구절은 곧 현상과 현상이 걸림 없는 도리요, 여섯째 구절의 분명히 아는 것은 총합적으로 원인을 내보임이다.

[疏] 若約漏無漏說하야 爲世法佛法이 各具事理釋者인대 一, 生死即涅槃일새 故云世間寂靜이오 二, 無有一法이 非佛法이어니 故更何所增가 三, 二法이 染淨雖殊나 同一眞性일새 故不相異오 四, 不壞相故로 無有雜亂이오 五, 皆是即理之事가 而各互收無遺일새 即無差也[225] 六, 同一法界니 總顯所因이니라

■ 만일 유루와 무루라는 주장에 세간법과 불법이 각기 현상과 이치를 갖추었다고 해석한다면 (1) 생사가 곧 열반이므로 '세간이 고요하다'고 말한 것이요, (2) 한 법도 불법 아님이 없는데 다시 무엇을 더하겠는가? (3) (불법과 세간법) 두 가지 법이 잡염과 청정으로 비록 다르지만 동일하게 진실한 성품이므로 서로 다르지 않음이요, (4) 모양을 무너뜨리지 않는 연고로 섞이거나 혼란스럽지 않음이요, (5) 모든 것이 이치와 합치한 현상이 각기 번갈아 거두어 남김이 없으므

---

224) 總은 甲南續金本作即.
225) 也는 續金本作別也.

로 차별이 없는 것이다. (6) 동일한 법계이니 원인 되는 바를 총합하여 밝힘이다.

[鈔] 若約漏無漏等者는 對上事理니 此二가 皆通事理라 上의 初二句는 卽是非一이오 今約漏等初二句義는 却成非異니 以相卽故오 三, 約同體오 四, 不壞事오 五, 事事無礙니라

● 만일 유루나 무루 등을 의지한 것은 위의 현상과 이치에 상대한 분석이니 이 둘이 모두 현상과 이치에 통한다. ① 위의 처음 두 구절[如是解一切法皆悉甚뇌]은 곧 하나가 아님이요, ② 지금 번뇌 등 처음 두 구절의 뜻을 의지함은 도리어 다르지 않음이 되었으니 서로 합치하는 까닭이요, ③ 체성이 같음을 의지한 분석이요, ④ 현상을 무너뜨리지 않는 분석이요, ⑤ 현상과 현상이 걸림 없음에 의지한 분석이다.

③ 이치에 수순하여 대비심을 일으키는 도리[順理起悲] (三永 32下9)

永不捨離大菩提心하며 恒不退轉化衆生心하며 轉更增長大慈悲心하여 與一切衆生으로 作所依處니라
"큰 보리심을 영원히 버리지 않고, 중생을 교화하는 마음이 항상 퇴전하지 않으며, 큰 자비심이 더욱 증장하여 일체 중생의 의지할 데가 되느니라."

[疏] 三, 永不下는 順理起悲니 謂無緣之悲로 以導前忘機之智하야 入假化物이라 初句爲總이니 謂雖深入智慧나 不忘本心이니 非如八地에 心欲放捨라 下三句는 別이니 一, 不捨願炷오 二, 增大悲油오 三, 兼

前智光이니 故堪爲依處니라

■ ③ 永不 아래는 이치에 수순하여 대비심을 일으킴이니 이른바 인연 없는 대비로 앞의 근기를 잊은 지혜를 인도하여 가관(假觀)에 들어가 중생을 교화한다는 뜻이다. ㉮ 첫 구절[永不捨離大菩提心]은 총상이니 이른바 비록 지혜에 깊이 들었지만 본래의 마음을 잊지 않나니 마치 제8지에 마음을 놓아 버리려 함과는 같지 않다. ㉯ 아래 세 구절[恒不, 轉更, 與一句]은 별상이니 (1) 발원의 심지를 버리지 않음이요, (2) 대비의 기름을 더함이요, (3) 앞의 지혜광명을 겸하나니 그러므로 의지할 데가 됨을 감당하는 것이다.

[鈔] 非如八地者는 八地菩薩이 證無生忍하고 便欲放捨利衆生事할새 諸佛이 勸起하사 令憶本願하야 利益衆生이라 是不忘本心이 不捨願炷等이니 卽菩提燈이니라

● '마치 제8지와 같지 않다'는 것은 제8지 보살이 무생법인을 증득하고 문득 중생 이익하는 일을 놓아 버리려 하므로 모든 부처님이 권하여 일으켜서 하여금 본래 서원을 기억하게 하여 중생을 이익케 함이다. 이는 본래 마음을 잊지 않는 것이 서원의 심지를 버리지 않는 따위이니 곧 보리의 등불이다.

(c) 중생의 옳음과 이익을 능히 짓는 지혜[能作有情義利慧] 2.
㊀ 의미를 밝히고 과목 나누다[顯意分科] (第三 33上10)
㊁ 과목에 의지해 해석하다[依科隨釋] 2.

① 중생을 섭수할 의지를 세우다[建攝生志] (今初)

菩薩이 爾時에 復作是念하되 我不成熟衆生이면 誰當成熟이며 我不調伏衆生이면 誰當調伏이며 我不敎化衆生이면 誰當敎化며 我不覺悟衆生이면 誰當覺悟며 我不淸淨衆生이면 誰當淸淨이리오 此我所宜요 我所應作이라하나라

"보살이 이때에 다시 생각하기를 '(1) 내가 중생을 성숙시키지 않으면 누가 성숙시키며, (2) 내가 중생을 조복하지 않으면 누가 조복하며, (3) 내가 중생을 교화하지 않으면 누가 교화하며, (4) 내가 중생을 깨우치지 않으면 누가 깨우치며, (5) 내가 중생을 청정케 하지 않으면 누가 청정케 하겠는가. 이 것은 나에게 마땅한 일이니 내가 하여야 하리라' 하느니라."

[疏] 第三, 菩薩爾時下는 作一切有情義利慧라 於中에 二니 先, 建攝生志오 二, 先人後己226)라 今初라 文有五句하니 成熟是總이니 或因成果熟故며 或始末勸奬故라 餘句是別이니 一, 折伏이오 二, 攝化오 三, 令悟本性하야 成大菩提오 四, 斷惑淸淨하야 得涅槃果라

■ (c) 菩薩爾時 아래는 중생의 옳음과 이익을 능히 짓는 지혜이다. 그 중에 둘이니 ① 중생을 섭수할 의지를 세움이요, ② 남을 먼저 교화하고 자기 교화를 나중에 함이다. 지금은 ①이다. 경문에 다섯 구절이 있으니 (중생을) 성숙시킴이 총상이니 혹은 인행을 이루어 과덕을 무르익게 하는 연고이며, 혹은 처음과 끝을 권장하는 연고이다. 나머지 구절은 별상이니 (1) 꺾어서 조복함이요, (2) 섭수해서 교화함이요, (3) 근본 성품을 깨닫게 하여 큰 보리를 성취함이요, (4) 번뇌

---

226) 上四字는 南續金本作後己先人.

를 끊어 청정케 하여 열반이란 결과를 얻음이다.

② 남을 먼저 교화하고 자기 교화를 나중에 하다[先人後己]

(二復 34上5)

復作是念하되 若我自解此甚深法인댄 唯我一人이 於阿
耨多羅三藐三菩提에 獨得解脫이요 而諸衆生은 盲冥無
目하여 入大險道하며 爲諸煩惱之所纏縛하며 如重病人
하여 恒受苦痛하며 處貪愛獄하여 不能自出하며 不離地
獄餓鬼畜生閻羅王界하며 不能滅苦하고 不捨惡業하며
常處癡闇하여 不見眞實하며 輪廻生死하여 無得出離하
며 住於八難하여 衆垢所着이며 種種煩惱가 覆障其心하
며 邪見所迷로 不行正道니라 菩薩이 如是觀諸衆生하고
作是念言하되, 若此衆生이 未成熟未調伏이어늘 捨而取
證阿耨多羅三藐三菩提인댄 是所不應이니 我當先化衆
生하여 於不可說不可說劫에 行菩薩行하여 未成熟者를
先令成熟하며 未調伏者를 先令調伏이라하나니라

"또 생각하기를 '만일 ① 나만 이 깊은 법을 알면 나 한 사람
만이 아눗다라삼약삼보디에 해탈할 것이니, ② 다른 중생
들은 캄캄하고 눈이 없어 큰 험난한 길에 들어갈 것이며, ③
모든 번뇌에 속박이 되어 중병에 걸린 사람이 항상 고통을
받는 것 같을 것이며, ④ 탐애의 옥에 떨어져 나오지 못할
것이요, ⑤ 지옥, 아귀, 축생, 염라왕 세계를 벗어나지 못하
여 ⑥ 고통을 멸하지 못하고 악업을 버리지 못할 것이며, ⑦

어두운 데 항상 있으면서 진실한 이치를 보지 못하고, ⑧ 생사에 헤매면서 뛰어나지 못하고, ⑨ 팔난에 있으면서 더러운 때에 물들고 ⑩ 가지가지 번뇌가 마음을 가리어서 삿된 소견에 빠져 바른 도를 행하지 못하리라' 하느니라. 보살이 이렇게 중생을 관찰하고는 이런 생각을 하느니라. '(1) 이 중생들이 성숙되지 못하고 조복되지 못한 것을 그냥 버려두고 아눗다라삼먁삼보디를 증득한다는 것은 차마 못할 일이니, (2) 내가 먼저 중생들을 교화하면서 말할 수 없이 말할 수 없는 겁에 보살의 행을 행하되, (3) 성숙하지 못한 이를 먼저 성숙케 하고 조복하지 못한 이를 먼저 조복케 하리라' 하느니라."

[疏] 二, 復作下는 先人後己라 文分爲四니 一, 假設自度오 二, 而諸衆生下는 觀物輪廻가 具業惑苦오 三, 菩薩如是下는 結所不應이 有二過故니 一, 違本誓心이오 二, 墮慳貪失이니 此爲不可라 四, 我當下는 決志先拔이니라

■ ② 復作 아래는 남을 먼저 교화하고 자기 교화를 나중에 함이다. 경문을 넷으로 나누리니, (1) 자신이 제도됨을 가정하여 설정함이요, (2) 而諸衆生 아래는 중생의 윤회가 업과 번뇌와 고통이 갖추어짐을 관찰함이요, (3) 菩薩如是 아래는 응당하지 못할 일에 두 가지 허물이 있기 때문이라고 결론함이니 첫째, 본래 서원한 마음을 어김이요, 둘째, 아끼고 탐내는 허물에 떨어짐이니 이것으로 인해 하지 못하는 것이다. (4) 我當 아래는 의지를 결정하여 먼저 (고통을) 없애 줌이다.

[鈔] 二墮慳貪失者는 法華第一에 云, 自證無上道인 大乘平等法하고 若
以小乘化하야 乃至於一人하면 我則墮慳貪이니 此事爲不可라하니라

● '둘째 아끼고 탐내는 허물에 떨어짐'이란 『법화경』(방편품) 제1권에 이
르되, "(선정 지혜 장엄하여 중생을 제도할새), 평등하고 위없는 도 대승법을
증득하고 다만 한 사람이라도 소승으로 교화하면 나는 간탐에 떨어
짐이니 옳지 못한 일이로다"라고 하였다.

(ㄴ) 행법으로 성취한 이익을 밝히다[顯行成益] (第二 34下6)

是菩薩이 住此行時에 諸天魔梵沙門婆羅門과 一切世間
乾達婆阿修羅等이 若有得見이어나 暫同住止어나 恭敬
尊重이어나 承事供養이어나 及暫耳聞하여 一經心者라도
如是所作이 悉不唐捐하여 必定當成阿耨多羅三藐三菩
提하나니

"이 보살이 이 행에 머물러 있을 때에 모든 하늘, 마군, 범
천, 사문, 바라문과 모든 세간의 건달바, 아수라들이 만일
만나 보거나 잠깐이라도 함께 있거나 공경하고 존중하고 섬
기고 공양하거나, 잠깐 귀에 들었거나 마음에 한번 거치기
만 하여도, 이런 일이 헛되지 아니하여 반드시 아뇩다라삼
약삼보디를 이룰 것이니,

[疏] 第二, 是菩薩下는 顯行成益이라 於中에 三業不空이 是爲偏益이오
終至菩提가 是究竟益²²⁷)이니라

---

227) 益下에 原本有此下入二十經六字注; 而次卷疏文標題下 又有此注 係重出; 南本僅一見 續金本無.

■ (ㄴ) 是菩薩 아래는 행법으로 성취한 이익을 밝힘이다. 그중에 헛
되지 않음이 '주변 이익'이요, 마침내 보리에 이름이 '구경의 이익'이
된다.

(다) 선현행을 결론하다[結名] (經/是名 34下4)

是名菩薩摩訶薩의 第六善現行이니라
이것을 보살마하살의 여섯째 잘 나타나는 행이라 하느
니라."

화엄경청량소 제10권

| 초판 1쇄 발행_ 2019년 5월 31일

| 저_ 청량징관
| 역주_ 석반산

| 펴낸이_ 오세룡
| 편집_ 손미숙 박성화 정선경 이연희
| 기획_ 최은영
| 디자인_ 김효선 고혜정 장혜정
| 홍보 마케팅_ 이주하
| 펴낸곳_ 담앤북스
　　　　　서울특별시 종로구 새문안로3길 23 경희궁의 아침 4단지 805호
　　　　　대표전화 02)765-1251 전송 02)764-1251 전자우편 damnbooks@hanmail.net
　　　　　출판등록 제300-2011-115호
| ISBN 979-11-6201-158-4 04220

정가 30,000원